21世纪应用型本科会计系列规划教材

国家级双语教学示范课程
辽宁省网络示范课程
省级精品课程教材

Foundations of Financial Management

财务管理基础

李伟 张楠 主编

东北财经大学出版社 Dongbei University of Finance & Economics Press | 大连

图书在版编目（CIP）数据

财务管理基础/李伟，张楠主编．—大连：东北财经大学出版社，2015.12

（21世纪应用型本科会计系列规划教材）

ISBN 978-7-5654-2156-3

Ⅰ．财…　Ⅱ．①李…②张…　Ⅲ．财务管理-高等学校-教材　Ⅳ．F275

中国版本图书馆CIP数据核字（2015）第283124号

东北财经大学出版社出版

（大连市黑石礁尖山街217号　邮政编码　116025）

教学支持：（0411）84710309

营 销 部：（0411）84710711

总 编 室：（0411）84710523

网　　址：http：//www.dufep.cn

读者信箱：dufep@dufe.edu.cn

大连住友彩色印刷有限公司印刷　　东北财经大学出版社发行

幅面尺寸：170mm×240mm　　字数：391千字　　印张：19

2015年12月第1版　　2015年12月第1次印刷

责任编辑：蔡　丽　周　慧　王　丽　　责任校对：刘　洋　孙　萍

封面设计：冀贵收　　版式设计：钟福建

定价：30.00元

版权所有 侵权必究　举报电话：（0411）84710523

前　言

在市场经济环境下，财务管理活动与每个人的生活品质、企业发展的兴衰成败以及政府的管理绩效都息息相关。财务管理活动不仅有助于企业立于不败之地，也给我们的生活和个人发展提供了更多的帮助与思考。然而复杂多变的外部经济环境和企业内部环境为企业的财务管理工作带来了新的机会与挑战，引发了学术界和实务界越来越多的人士开始关注与思考。

财务管理是指基于一定的法律、法规，根据资本运动的特征和规律，科学组织企业资本运动，正确处理企业财务关系，以提高资本使用效率和企业经济利益的管理活动。它是以资本市场为依托，以投资分析为手段，以企业价值最大化为目标的管理活动。它的基本内容包含了筹资活动、投资活动、股利分配活动以及营运资金管理活动。本书以财务管理的基本环节为核心框架，结合实际案例，以通俗易懂的语言系统地阐释了企业筹资活动、投资活动、股利分配活动以及营运资金管理活动等财务管理的基本理论与方法，旨在通过科学的决策，促进企业价值增值，达到企业价值最大化的目标。

作为财务管理基础教材，本书强调财务管理知识的原理性和基础性。本书一共分为 13 章。第 1 章和第 2 章介绍了财务管理的基本概念和财务管理的环境，是财务管理的理论概述；第 3 章、第 4 章和第 5 章介绍了财务报表、财务报表分析以及财务预测的基本内容，是财务管理的分析与预测；第 6 章、第 7 章和第 8 章介绍了货币时间价值、风险与收益以及证券估价的基本内容，是财务管理的理论基础；第 9 章与第 10 章介绍了筹资活动的基本内容，第 11 章介绍了投资活动的基本内容，第 12 章介绍了股利分配活动的基本内容，它们是财务管理长期决策活动的内容；第 13 章介绍了营运资金管理的内容，包括现金、应收账款以及存货的管理，是财务管理短期决策活动的内容。

本书采用灵活新颖的编写方式，按照由浅入深、循序渐进的原则安排，注重培养学生掌握财务管理基本概念和原理以及解决实际问题的方法与能力。每章开篇均设有本章学习目标和引例，采用层层深入的方式引导读者了解该章的基本内容，旨在激发和提升读者的学习兴趣；每章结束均设有关键词、基本训练等，使得每一章的内容都有的放矢，有助于读者课后复习与练习，以此强化实际操作的训练，加强应用能力的培养。

本书由大连海事大学交通运输管理学院财务管理系李伟博士设计提纲，组织编写，初稿完成后又由李伟博士进行审定。在编写过程中，编者参考了一些文章、图书和相关网站，在教材后面列示了参考文献。在此，谨向文章和图书的作者、相关期刊和网站表示由衷的感谢！

感谢大连海事大学审计处的张楠老师，她为本书的编写提供了第 3 章和第 4 章；感谢大连海事大学财务处的王琳老师，她为本书的编写提供了第 8 章。

感谢东北财经大学出版社的蔡丽编辑，没有她的大力支持，本书不可能这么及时与大家见面。

在编写过程中，得到了大连商品交易所交易部滕云经理、东北财经大学王云平教授以及大连海事大学硕士研究生王雪、陈虹、刘雪瑶的支持与帮助，在此一并表示感谢。

本书的编写得到辽宁省重点专业建设项目的资助。

由于编者水平和时间有限，书中难免存在疏漏和不妥之处，恳请读者批评指正，以完善此书。联系方式：13332267609@189.cn。

编 者

2015 年 10 月

目　录

第1章　财务管理导论

学习目标

◆ 重点掌握财务管理的概念和内容；掌握财务管理的目标和原则；了解财务经理的分类和职责。

❖引例

财务总监最头疼的事：CFO与管理层之间的关系

财务总监能做什么？本来有能力做好的事情，为什么不一定能够发挥出来？下面是几位财务总监的困惑。

1. 江泓（北京金州工程有限公司上海分公司财务主管）

我被总公司派驻到上海主管6个分、子公司的财务工作，按道理，我的工作应该与总公司的目标保持一致，但这恰恰是我比较困惑的问题。分、子公司的经理们总认为我应该以他们为重，跟他们站在同一个“战壕”里，像这种工作关系应该如何处理？母公司应该采取什么样的措施制约分、子公司？两者之间应该怎样进行沟通？

2. 冯越（上海交大汉芯僖科技有限公司）

我的老板是搞技术出身，对财务这一块也是很重视的，但是我辛辛苦苦做的财务报表他很少去看，他就关心材料用掉多少钱，这一点我挺头疼的。

3. 王晓群（上海中预营养食品有限公司）

我所困惑的是，如何沟通才能让老板接受。公司运营着一个项目，需要资金1 100万元左右，通过努力，我们找到两种资金来源：一笔资金是1 200万元，使用时间是2个月，它的利率几乎与银行相同。另外一笔是5 000万元的境外风险投资，对方要求一次性付息率是8%，使用期限是5到8年，并且提出要通过“三方委贷”的方式来进行。经过测算后，5 000万元拿到手里等于死，因为企业资本成本风险非常大；1 200万元是可以用的，我给老板建议使用1 200万元的贷款，但失败了。很多老总是“看着钱再找事做”，他认为资金到手后一切都可以做，根本不考虑资本成本，而这恰恰是财务总监必须解决的问题。由于我没有说服他，我现在正为这5 000万元找银行。

透过财务总监的这些困惑，我们可以初步感受到财务总监对于企业的重要性以及财务总监与管理层沟通失效所带来的危害。那么财务总监的职责到底是什么？企业通过财务总监要达到什么样的目标？为了保障财务目标的实现，财务总监在工作实施中又要遵循哪些原则？本章将对这些问题进行讲解。

资料来源 陈清清 . 财务总监最“头疼”三件事[EB/OL].（2006-03-20）[2015-09-18]. http://www.szceo.com/html/article/szceo116.html20060212/20060212205304O273.html.

1.1 财务管理概述

财务管理活动与每个人的生活品质、企业发展的兴衰成败以及政府的管理绩效都息息相关。财务管理活动不仅有助于企业立于不败之地，也给个人的生活和发展提供了更多的帮助与思考。它不仅是企业管理活动的重要组成部分，也是生活中必不可少的工具。财务管理以经济学和金融学为基础，小到一个家庭大到一个国家，焦点集中于对企业财务的管理。从这个意义上说，财务管理直接关系到企业的生存与发展，是企业可持续发展的关键环节。

1. 财务管理的概念

财务管理是一门古老的以钱生钱的学问。这门学问，既古老而简单，又全新而复杂。从企业角度来看，以钱生钱是指企业利用他人的钱创造出更多的价值增长，达到价值增值的目的。企业中，“他人的钱”指的是债权人和股东的钱，即“资本”。

简单地说，财务管理就是企业关于资本取得和使用的一种管理活动。资本的取得指的是筹资活动，即筹集企业经营活动和投资活动所需要的资本；资本的使用即投资活动，即将筹集的资本投入使企业价值增值的各项活动中。因此，财务管理是指基于一定的法律、法规，根据资本运动的特征和规律，科学组织企业资本运动，正确处理企业财务关系，以提高资本使用效率和企业经济利益的管理活动。它是以资本市场为依托，以投资分析为手段，以企业价值最大化为目标的管理活动。

2. 财务管理的作用

企业管理是对企业的生产经营活动进行组织、计划、指挥、监督和协调等职能的总称，涉及生产管理、营销管理、人力资源管理、财务管理等多个层次和内容。财务管理是企业组织财务活动、处理财务关系的一项综合性管理工作。无论企业规模大小或经济类型如何，只有抓好财务管理，以财务管理为中心，才能建立起比较完善的企业管理体系。

（1）财务管理是企业管理的基础。财务管理是企业管理的一种客观要求。它既是一种价值管理，渗透和贯穿于企业一切经济活动之中，又是企业管理的中心环节。企业资金的筹集、使用和分配都属于财务管理的范围。而企业的生产、经营、进、销、调、存每一个环节都离不开财务的反映和调控，企业的经济核算、财务监督，更是企业经济活动的有效制约和检查。

（2）财务管理是实现企业和外部交往的桥梁。财务管理的一个重要组成部分即是通过财务报表对企业财务绩效进行分析。在企业中，财务人员首先通过会计核算，对原始数据进行收集、传递、分类、登记、归纳、总结、储存，将其处理成有用的经济管理信息；然后对其有用的经济管理信息进行财务分析，对企业财务活动的过程和结果进行评价，并对未来财务活动及其结果作出预测。通过这一系列的财务管理环节，企业能够向外界提供准确、真实的信息，从而有助于国家宏观调控，使投资人进行合理投资，银行作出信贷决策以及税务机关依法征税。

（3）财务管理是医治企业管理问题的良方。财务管理具有很高的灵敏度，财务指标又可以及时反映企业生产经营管理各方面的效果和问题。例如决策是否得当，经营是否有方，生产组织是否合理，产品质量及品种是否满足需要，产销是否衔接畅通，耗费是否正常，收入和盈利的取得是否合理等都会对财务指标产生重大影响。财务部门可以通过对财务指标的经常性计算、预测、整理、分析、肯定成绩、揭露问题、寻找原因，从而提出改进措施，促使企业不断提高经济效益。

1.2　财务管理的内容

财务管理需要对企业活动的各项财务工作作出决策，其本质则是对企业资本活动的管理。所以，财务管理的内容就是企业资本活动所表现出来的各个具体方面，通常指资本的筹集、资本的使用、日常资金的营运以及利润的分配四个方面。这四个方面构成了财务管理的内容，即筹资管理、投资管理、营运资金管理和股利分配管理。

1.2.1　筹资管理

在商品经济条件下，无论是在企业创立之时，还是在企业扩张之际，企业想要从事经营活动，首先必须筹集到一定数量的资金，这是企业进行经营活动的前提条件。资金是企业的血液，有了血液的流动，才有企业的资金循环。所谓筹资是指企业为了满足投资和用资的需要，通过一定渠道、采取适当方式筹集所需资金的财务活动，是财务管理活动的首要环节。

在财务管理活动中，当预测到企业未来的现金流出量大于现金流入量，而动用银行存款又不能弥补这个差额时，企业就需要通过一定的方式来筹集资金。企业发行股票、债券等活动，表现为资金的收入；企业偿还贷款、支付利息和股利等活动，则表现为资金的支出。这种因筹资而产生的资金的收入与支出活动，便构成了企业的筹资活动。

按照不同的资金渠道，可以将筹资分为权益筹资和债务筹资。权益筹资是指企业通过发行股票、吸收直接投资和留存收益等方式来筹集资金；债务筹资是指企业通过银行借款、发行债券和应付款项等方式来筹集资金。按照不同的时间长短，可以将筹资分为短期筹资和长期筹资。短期筹资是指企业筹集的资金在1年以内要归还，以供企业临时之需；长期筹资是指企业筹集的资金在 1 年以上要归还，可供企业长期使用。

筹资管理所要解决的问题是如何取得企业所需要的资金，需要考虑的一些基本问题包括向谁、在什么时候、筹集多少资金。具体来说，筹资管理应该做好如下工作：(1) 预测资金的需求量；(2) 研究企业的筹资来源和筹资方式；(3) 确定企业的资本成本和资本结构。

1.2.2 投资管理

企业筹集资金的目的是把资金用于生产经营活动以获取盈利，实现企业价值增值。投资是以收回现金并取得收益为目的而发生的现金流出。换句话说，投资是把资金直接或间接投放于一定的对象，以期望在未来获取收益的经济活动。投资是企业获得利润的前提，是企业生存与发展的必要手段，也是企业降低风险的重要途径。如果企业不投资，企业的生产经营活动将无法开展，企业也不可能实现获利和价值增值；如果企业发生投资失误，企业可能因此而倒闭，这时企业投资远不如不投资。正是由于投资活动的重要性，投资管理也是企业财务管理的重要内容之一。

在财务管理活动中，企业将筹集到的资金用于购买其他企业的股票、债券或者与其他企业联营进行投资活动时，表现为资金的支出；而当企业变卖各种资产或者收回其对外投资时，则表现为资金的收入。这种因投资而产生的资金的收入与支出活动，便构成了企业的投资活动。

按照投资的不同作用，分为战略性投资和战术性投资。战略性投资泛指影响企业竞争地位、经营成败及中、长期战略目标实现的重大投资活动；战术性投资是指为实现某一特定目的，不会影响企业整个经营的投资。按照不同的时间长短，分为短期投资和长期投资。短期投资是指能够随时变现并且持有时间不准备超过 1 年的投资；长期投资是指不满足短期投资条件的投资，即不准备在 1 年或长于 1 年的经营周期之内转变为现金的投资。按照投资的不同方向，分为对内投资和对外投资。对内投资是指把资金投向企业内部，形成对各项流动资产、固定资产、无形资产和其他资产的投资；对外投资是指企业以购买股票、债券等有价证券方式或以现金、实物资产、无形资产等方式向企业以外的其他经济实体进行的投资。按照投资的不同现金流量，分为独立性投资和相关性投资。独立性投资是指各投资项目现金流量互不相关、互不影响的投资；相关性投资是指各投资项目现金流量具有相关性的投资。

投资管理所要解决的问题是如何进行投资决策，从而最大限度的保证投资决策的科学性和合理性，需要考虑的基本问题包括企业现在或者将来面临多少可供选择的投资项目？这些项目的盈利水平如何？风险又如何？具体来说，投资管理应该做好如下工作：(1) 确定企业的投资方向；(2) 预测企业的投资规模；(3) 研究企业的投资结构；(4) 评价企业的投资方案。

1.2.3 营运资金管理

企业的营运资金，是指由流动资产和流动负债构成的资金，是为满足企业日常经营活动所需要的资金。如果流动资产等于流动负债，则占用在流动资产上的资金是由流动负债融资；如果流动资产大于流动负债，则与此相对应的“净流动资产”要以非流动负债或所有者权益的一定份额作为其资金来源。一个企业要维持正常的运转就必须要拥有适量的营运资金，因此，营运资金管理是企业财务管理的重要组成部分。要搞好营运资金管理，必须解决好流动资产和流动负债两个方面的问题，即对资金运用和资金筹措的管理。

企业在日常的经营活动中，会产生一系列的资金收入与支出。首先，企业要购买原材料，以便从事生产和销售活动，同时还要支付职工的工资和其他营业费用，这表现为资金的支出；其次，当企业把产品或者商品售出后，便可取得收入，收回资金，表现为资金的收入；最后，当企业现有资金不能满足企业日常经营的需要，还要用财务短期借款等方式来筹集资金，表现为资金的收入；而偿还短期借款时，则表现为资金的支出。这种因日常经营活动而产生的资金的收入与支出活动，便构成了企业的营运资金活动。

从财务角度看，营运资金应该是流动资产与流动负债关系的总和，在这里“总和”不是数额的加总，而是关系的反映，这有利于财务人员意识到，对营运资金的管理要注意流动资产与流动负债这两个方面的问题。具体来说，营运资金管理应该做好如下工作：（1）合理安排流动资产与流动负债的比例关系，确保企业的短期偿债能力；（2）加强流动资产管理，提高流动资产的周转效率；（3）优化流动资产和流动负债的内部结构，确保企业短期信用能力得以维持。

1.2.4 利润分配管理

利润是企业生产经营的最终财务结果，企业将所获取的利润按照一定的比例分配给投资者，是投资者享受其价值增值的一种最常见的表现形式，也是投资者最为关心的问题。但是，企业在一定时期内所获取的利润是有限的，企业将利润以股利的方式分配给投资者，企业的留存收益将会减少。因此，利润分配的过程与结果，关系到所有者的合法权益能否得到保护，关系到企业是否能够长期、稳定发展。正是由于利润分配活动的重要性，利润分配管理也是企业财务管理的重要内容之一。

在财务管理活动中，企业会产生利润，也可能会因为对外投资而分得利润，这表明企业有了资金的增值或者取得了投资报酬。企业的利润首先要依法纳税，表现为资金的支出；其次，要用来弥补亏损，提取公积金、公益金等，表现为资金的支出；最后要向投资者分配利润，表现为资金的支出；由于对外投资而分得利润，则表现为资金的收入。这种因利润分配活动而产生的资金的收入与支出活动，便构成了企业的利润分配活动。

利润分配主要研究企业到底发放多少利润给股东，多少用于留存收益。股利发放得过少，不能满足股东的近期利益；股利发放得过多，不利于企业的长期发展。因此利润分配的关键是既要考虑到股东的近期和远期利益，又要兼顾企业的长远发展，还要考虑其他利益相关者诸如职工、经营者的利益。具体来说，利润分配管理应该做好如下工作：（1）确定股利支付的程序与方式；（2）研究影响股利政策的因素；（3）确定股利分配政策。

以上四个方面，构成了财务管理的基本内容。它们不是相互割裂的，而是相互联系、相互依存的。资金的筹集是资金运动的起点和首要条件；资金的投放是资金筹集的目的和运用；资金的运营表明资金的日常使用和控制；资金的分配则是资金运动的最终结果。这四个方面通过影响企业的资金状况，从而影响企业的风险与收益，促使财务人员必须将这四个方面加以综合分析、考虑，统筹安排，在风险与收益之间作出权衡，从而达到企业价值最大化。

1.3 财务经理的职责

大型企业的一个显著特点便是所有者（股东）一般不直接参与企业经营。企业雇佣经理代表所有者的利益，并以他们的名义进行决策。在实务中，企业的财务经理通常与企业高层管理人员有关，例如财务副总裁或者首席财务官。

1.3.1 财务经理的分类

企业与企业之间的组织结构并不完全相同，不同的企业由于业务的差异而导致侧重点不同，不同的企业机构设置也有所不同。图 1-1 是一个简化的企业组织结构图，它突现了典型的公司制企业的财务活动。如图所示，财务管理部门一般由一位财务副总裁（即财务经理）负责。财务经理，在大型企业中通常被称之为财务总监或者财务主管；在国有大中型企业中通常被称之为总会计师；在中小型企业中通常被称之为财务主任、财务科长等。在发达工业国家，财务经理的地位往往高于其他部门经理。其下设会计部门和财务部门，分别由主计长和司库负责。

1. 主计长

主计长，即通常所说的会计主管，主要负责会计和税务方面的活动。具体来说，则是通过各种会计核算工作向外部投资者和企业管理当局提供各种数量化的信息。主计长主管的会计部门一般下设财务会计、税务会计、成本会计、管理会计和会计信息系统等分部。

2. 司库

司库，即通常所说的财务主管，主要负责筹资、投资和股利分配的活动。具体来说，则是负责企业的现金管理、资本筹措，以及与银行、股东和其他投资者保持联系。风险管理、保险、兼并与收购活动也是司库的职责。司库主管的财务部门一般下设财务分析与预算、筹资管理、投资管理、现金管理和信用与保险管理等分部。

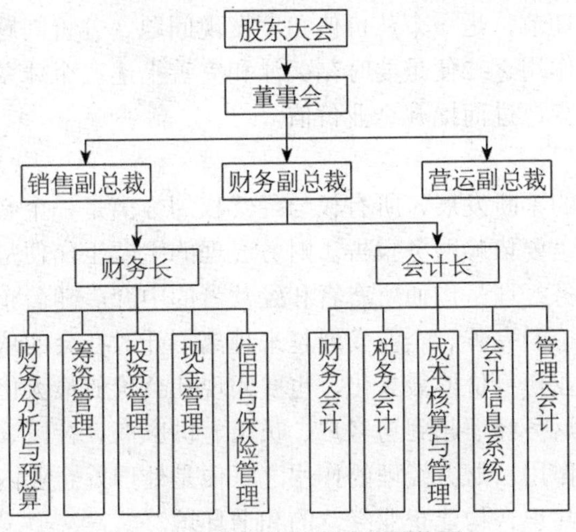

图 1-1 简化的企业组织结构图

在财务管理水平日益成为企业核心竞争力的今天，企业对财务经理的要求也越来越高。财务经理的职责不仅是监管主计长和司库的工作，还要作好财务核算，提供财务分析报告、编制预算、成本和资金，更重要的是根据企业战略规划和经营目标来编制和调整财务计划，编制企业的财务政策，需要对企业的全面运营管理甚至是战略决策提供强有力的支持。

1.3.2 财务经理的作用

财务管理方法和技巧的不断更新和发展变化是一个企业生存和发展的必要条件。良好的财务状况，健康的财务体系，对于一个企业而言，往往起着至关重要的作用。作为企业的财务经理，在企业的经营管理中起着不可替代的作用。

1. 监督与报告

财务经理需要对企业和财务报告的真实性和合理性，与总经理共同承担责任，需要对企业财务管理混乱、由于财务决策失误所造成的经济损失承担相应责任，需要对企业重大投资项目决策失误造成的经济损失承担相应责任，还需要对企业严重违反财经纪律的行为承担相应责任。财务经理的作用之一便是监督与报告运营的过程和结果，实现企业价值提升。

2. 制度建设和优化

财务经理首先需要在公司治理和企业管理层面中拥有较好的工作平台，为此，需要建设一整套制度，以保证决策和执行的效率。这些规范制度可以概括为会计信息报告系统、会计控制系统和财务管理系统这三个基本方面。会计信息报告系统规范企业会计工作中的确认、计量、记录和报告，是一套会计政策体系；会计控制系统是规范经营过程中资源流动和调配的授权、审批、稽核、复核、会计标准修订等工作的执行体系；财务管理系统是使用价值手段规范计划、预算、决算、决策、分析等工作，全面参与战略管理、业务规划、经营计划、预算管理、偏差管理、绩效计量、薪酬激励诸环节，是一个从价值角度发现问题、分析问题、解决问题的管理体系。财务经理的作用之二便是要时刻关注和完善上述三个体系的运行和改进，用制度创新来改善经营，进而提升企业价值。

3. 沟通

随着企业制度的不断发展，所有权与经营权的分离是一个必然趋势，所有者评价企业价值的渠道主要依赖财务报告。财务经理的主要工作便是对财务报告进行解释，因此可以说财务经理是沟通所有者和经营者的中介。随着企业社会责任的发展以及利益相关者理论的完善，企业发展越来越离不开对社会的依赖和融合，企业的运营除了要实现企业自身价值最大化，也要实现社会价值最大化。这就要求作为企业价值管理中心的财务经理起到与客户、员工、供应商、社区、政府部门等利益相关机构进行沟通的作用。财务经理的作用之三便是处理好企业内外各个方面的财务关系，寻求理解与共识，构建企业经营的和谐环境。

1.4 财务管理的目标

企业的目标是在一定时期内企业生产经营活动预期要达到的成果，是企业生产经营活动目的性的反映与体现。财务管理则是对企业的资金进行规划运筹和控制，来实现企业目标的一种管理活动。因此，财务管理的目标服务于企业的目标，是指企业进行财务活动所要达到的根本目的，它决定着企业财务管理的基本方向。财务管理的目标是一切财务活动的出发点和归宿，是评价企业理财活动是否合理的基本标准。

针对这一问题的研究，理论界与实务界在不同时期先后提出了多种财务管理的目标。随着经济体制的逐步完善，社会与政治环境的不断发展，财务管理的目标，也在不断推陈出新。根据企业财务管理的实践，具有代表性的财务管理的目标主要有以下几种。

1.4.1 利润最大化

利润最大化在西方经济学理论中是根深蒂固的，是西方微观经济学的理论基础。所谓利润是指企业在一定期间全部收入和全部成本费用的差额，体现了企业的经济效益，是企业扩大经营规模的源泉。利润最大化的观点认为，获取利润是企业的基本目标，利润代表企业新创造的财富，利润越多则说明企业的财富增加越多，越接近企业的目标。

1. 利润最大化的优点

（1）经济学角度。经济学家一般都是以利润最大化这一概念来分析企业行为和评价企业业绩的，认为企业经营的目的就是追求最大利润。企业追求利润最大化就必须讲求经济核算，加强管理，改进技术，提高劳动生产率，降低产品成本。这些措施有利于资源的合理配置，有利于经济效益的提高。

（2）会计学角度。利润是通过财务会计体系计算出来的财务指标，其计量方法是统一的，计量原则是固定的，反映了一定期间会计计量的结果。利润额直观、明确，容易计算，便于分解落实，以利润最大化作为财务管理的目标，具有合理性和可操作性。

（3）企业管理实践角度。利润不仅反映了一定时期的经营成果，也反映了一定时期经营活动中投入与产出对照的结果，直接体现了企业的价值增值。它既是国家税收的基础，也是股利分配的基础，还是职工获取经济利益的基础。对企业自身而言，利润是资本积累和扩大再生产的源泉；对于投资者而言，可以根据利润来判断企业的业绩，从而作出适当的决策。

2. 利润最大化的缺点

利润最大化的发展初期是在19世纪初，那时企业的特征是私人筹集，以私人财产和独资经营为特征，通过利润最大化可以满足单一投资主体对财富的要求。然而，进入20世纪，出现了以经营权和所有权相分离为主要特征的现代企业，企业由业主（或股东）投资，而由职业经理人来控制其经营管理。此时，利润最大化作为财务管理的目标已经不再合适，人们对利润最大化的观点提出许多批评。

（1）没有考虑利润取得的时间。企业经营的效果不仅取决于利润的多少，还取决于利润取得的时间。例如，今年获得的50万元利润和明年获得的50万元利润，哪一个更有价值？按照利润最大化的观点，很难作出判断。但是，如果考虑利润取得的时间，则今年获得的50万元利润更有价值。因为越早获得利润，越能尽早进行再投资，获取新的利润。

（2）没有考虑利润取得的风险。两个企业的预期利润相同，但可能承担不同的风险。例如甲乙两个企业，利润都是50万元，甲企业的利润全部是现金，乙企业的利润全部是应收账款，哪一个更有价值？按照利润最大化的观点，很难作出判断。但是，如果考虑利润取得的风险，则甲企业更具有价值。因为甲企业全部收到现金，而乙企业面临着坏账的风险。以利润最大化作为财务管理的目标，容易使企业在财务决策中选择高风险的项目，一旦出现不利情形，企业将陷入困境，甚至可能破产。

（3）没有考虑投入与产出的关系。利润是一个绝对指标，不能反映经营活动的效率，也无法用于不同时期、不同规模的企业进行比较。例如甲乙两个企业，利润都是50万元，甲企业投入100万元，乙企业投入1 000万元，哪一个更有价值？按照利润最大化的观点，很难作出判断。但是，如果考虑投入与产出的关系，则甲企业更具有价值。因为同样50万元的利润，投入100万元的甲企业比投入1 000万元的乙企业获得了更高的价值。以利润最大化作为财务管理的目标，会使企业在财务决策中选择高投入和低报酬率的项目，导致决策行为的短期化。

（4）没有考虑企业的现金流量。利润是按照权责发生制计算出来的，它与按照收付实现制计算出来的现金流量并不一致，以利润作为决策目标，容易导致决策失误。例如甲、乙两个企业，利润都是50万元，甲企业现金收入100万元，现金支付成本 80 万元，剩余 20 万元现金；乙企业以应收账款形式收取 100 万元，现金支付成本 20 万元，剩余-80 万元现金。按照利润最大化的观点，在投资时，甲、乙两个企业是一致的。但是剖析现金流量之后，可以看出，甲企业的现金流量优于乙企业。因此，对于投资者而言，以利润最大化作为财务管理的目标来进行决策并不理想。

1.4.2 每股收益最大化

每股收益也称每股盈余，是企业的税后净利润与流通在外的普通股股数的比率。股东是企业的出资者，也是企业的所有者，他们投资的目的就是取得投资收益，货币化表现为每股收益。

1. 每股收益最大化的优点

（1）考虑投入与产出的关系。与利润最大化目标相比，以每股收益最大化作为企业财务管理的目标，其优点在于能将企业利润与股东投入的股本相联系起来考虑，可以反映投入与产出的关系。

（2）可以用于不同行业之间的比较。每股收益最大化，把企业利润和股东投入的资本额进行对比，是一个相对指标，可以反映企业的盈利能力，并且能够在不同规模的企业之间进行比较。

2. 每股收益最大化的缺点

每股收益最大化，仍然无法克服利润最大化的两个缺陷，即没有考虑每股收益取得的时间价值与每股收益取得的风险，忽略了时间性和不确定性，同样会造成企业的短期行为。

1.4.3 股东财富最大化

股东财富是指股东持有企业股份的市场价值，股东财富最大化是指股东持有股份的市场价值达到最大。在股份制经济条件下，股东财富由股东所拥有的股票数量和股票市场价格两方面决定，在股票数量一定的前提下，当股票价格达到最高时，股东财富也达到最大，所以股东财富最大化又可以表现为股票价格最大化。

1. 股东财富最大化的优点

（1）考虑财富取得的时间。股东财富最大化，考虑了财富取得的时间，区分了不同时期的财富，并且运用货币时间价值的原理来计算股东价值。

（2）考虑财富取得的风险。股东财富最大化，考虑了财富取得的风险，因为风险的高低会对股票的价格产生重要影响，并且通过折现率高低来影响股东价值。

（3）考虑风险与收益的关系。股东财富最大化，考虑了风险与收益的关系，能够有效克服财务人员不顾风险大小、片面追求高额利润的倾向。

（4）克服企业的短期行为。股东财富最大化，在一定程度上能够克服企业追求利润的短期行为，因为股票价格在某种程度上反映了企业未来现金流量的现值。不仅目前的利润会影响股票的价格，预期未来的利润也会影响股票的价格。因此，企业在追求股东财富最大化的过程中，必须保证产品质量，搞好售后服务，有利于资源配置，维护社会公共利益。

（5）股票价格可计量。股东财富最大化，利用股票市价来计量，具有可计量性，利于期末对管理者的业绩考核和奖惩。

2. 股东财富最大化的缺点

（1）适用范围有限。由于股东财富最大化是以股票价格最大化来具体表现的，因此它只适用于上市公司。对于非上市公司，其股票没有公开市场，因此，其价格很难被准确发现。股东财富最大化，并不适用于非上市公司。

（2）片面强调股东利益。股东财富最大化，过分强调出资者的利益，对企业其他人员的利益不够重视。在实际工作中，可能导致企业所有者与其他利益主体之间的冲突与矛盾。

（3）要求金融市场有效。即使是上市公司，股票价格也受到多种因素影响。因此，股票价格并不能够完全客观地反映股东财富。股东财富最大化，要求金融市场有效。由于股票的分散和信息的不对称，经理人员为实现自身利益的最大化，有可能以损失股东的利益为代价作出逆向选择。

1.4.4 企业价值最大化

企业价值，指的是股东价值和债权人价值之和。企业价值最大化是指通过财务上的合理经营，采取最优的财务政策，充分利用货币时间价值和风险与报酬的关系，保证将企业长期稳定发展摆在首位，强调在企业价值增长中应满足各方利益关系，不断增加企业财富，使企业总价值达到最大，进而使股东价值和债权人价值达到最大。企业价值最大化具有深刻的内涵，其宗旨是把企业长期稳定发展放在首位，着重强调必须正确处理各种利益关系，最大限度地兼顾企业各利益主体的利益。

1. 企业价值最大化的优点

企业价值最大化最主要是把债权人融入企业主体中，兼顾股东和债权人的利益。在企业价值最大化的前提下，必能增加债权人价值。债权人价值可以通过债务的市场价格来反映。企业债务价值不断增值，说明企业债权人价值得到提升。当企业不断降低风险，提高企业的偿债能力和盈利能力，扩大资产的流动性时，将会引发债权人价值的上升。

2. 企业价值最大化的缺点

企业价值最大化最主要的问题在于对企业价值的评估上，由于评估的标准和方式都存在较大的主观性，估价能否做到客观和准确，直接影响到企业价值的确定。

对于上市公司而言，衡量公司价值的指标是所有股票的市价。但是股价受很多因素影响；对于大股东而言，他们对股价的短期变动不感兴趣，而对企业的控制更为关注；对于非上市公司，由于没有股价，企业价值不易衡量。

尽管如此，企业价值最大化仍是财务管理理论最经常采用的，也是被实务界所普遍接受的财务管理的目标。因此，我们认为目前最合适的财务管理目标即是企业价值最大化。

1.4.5 其他财务管理目标

在企业财务管理的实践中，除了上述几种典型的财务管理的目标外，还存在其他诸如市场份额最大化、职工福利最大化等其他目标。虽然这些财务管理的目标均是非公开公布的，但是在实际中确实存在，因此也需要引起注意。而财务理论最新的发展又提出了利益相关者价值最大化的目标。

1. 市场份额最大化

市场份额最大化是指市场占有率最大化，即该企业的产品在同类市场上所占份额或者销售量占比最大化。

（1）市场份额最大化的优点。

市场份额是企业的产品在市场上所占份额，也就是企业对市场的控制能力。市场份额越大，表明企业经营、竞争能力越强。企业市场份额的不断扩大，可以使企业获得某种形式的垄断，这种垄断既能带来垄断利润又能保持一定的竞争优势。

①规模经济。规模经济反映的是生产要素的集中程度同经济效益之间的关系。规模经济的优越性在于，随着产量的增加，长期平均总成本将会下降。根据资金的筹集、商品生产、市场和成本等因素，市场份额大的企业容易获得较高的收益率，因为这反映了企业的经营规模。

②竞争能力。市场份额大的企业有着较高收益率的其他原因是其竞争力强、资本雄厚、成本较低等。企业即便稍稍降低价格也会取得收益，而且可以自行定价。市场份额大的品牌往往是赢得顾客心中地位最有效的方法，故而占有极大的品牌竞争优势。

（2）市场份额最大化的缺点。

有些企业认为市场份额的增加，会自动改善企业的收益能力。事实上，这还要视企业为取得市场份额的增加所采取的策略而定。为了获得更大的市场份额，其花费的成本远远超过其收益，则是得不偿失的。

①经济成本。在市场份额超过某一水平之后，如果想要进一步扩大市场份额，可能会是收益率下降。

②营销策略。有时企业可能在争取更大的市场份额时，所采用的营销策略有误，导致企业的利润无法增加。例如，大规模广告促销需要额外支出；减价促销牺牲了短期利润却不一定换来客户对本品牌的忠诚等。另外，扩大市场份额的途径通常是增加单位销售量，这一点可以通过降低单位价格或者放宽信用条件来完成。显然，这些做法不利于企业的长远发展。

2. 职工福利最大化

职工福利最大化，是指在企业财务管理过程中，其目标均围绕如何提高员工福利这一中心来运转。以职工福利最大化作为财务管理的目标，在我国国有企业中十分常见，这与我国国有企业的职工代表大会管理体制密切相关。在其他国家，也有把劳动力产权主体作为服务目标的，例如南斯拉夫的“职工人均收入最大化”目标等。

（1）职工福利最大化的优点。把劳动力作为企业的产权主体，使其福利最大化，在一定程度上强调最大限度地满足整个社会经常增长的物质文化需要，从物质利益上强调共同富裕。这一目标能够调动企业经营者和广大职工的积极性，有利于建立企业内部的利益制衡机制。以职工福利最大化作为财务管理的目标，容易使企业形成凝聚力和向心力，能够激发广大职工的责任感和使命感。

（2）职工福利最大化的缺点。职工福利最大化也有自身的缺点。一方面，企业是一个营利组织，其最终目的是营利，而不是最大可能地提高职工福利；另一方面，增加职工的福利，对于企业来说是一项必不可少的成本，过高的职工福利会影响企业的收益状况。

3. 利益相关者价值最大化

利益相关者理论认为，企业的本质是利益相关者的契约集合体，利益相关者是所有在企业真正拥有某种形式的投资并且处于风险之中的人。企业利益相关者包括股东、经营者、员工、债权人、顾客、供应商、竞争者以及国家。利益相关者价值最大化，即企业应该以所有利益相关者的利益最大化为目标。

该观点弱化了股东在企业中的地位，否定了企业是由股东所有的传统管理；另一方面利益相关者价值最大化用多重价值最大化替代了单一价值最大化。

但是，多重价值最大化无法给企业管理者提供一个明确的目标函数，可能导致管理的混乱和无效；利益相关者价值最大化无法对管理者进行根本性的评价，会使管理者无法尽到他们本应对企业承担的责任。

企业财务管理的目标是企业的经营目标在财务活动上的集中和概括，是企业一切财务活动的出发点和归宿。制定财务管理的目标是现代企业财务管理成功的前提，只有明确了合理的财务管理的目标，财务管理的工作才能有明确的方向。因此，企业应根据自身的实际情况和市场经济体制对企业财务管理的要求，科学合理地选择、确定财务管理的目标。

1.5 财务管理的原则

财务管理的原则，是进行企业财务管理活动所应遵循的指导性的理念或标准，是人们对财务活动的共同的、理性的认识。它是联系理论与实务的纽带，是为实践所证明了的并且为多数财务管理人员所接受的行为准则，它是财务理论和财务决策的基础。在市场经济条件下，企业财务管理作为一门应用学科，有其自身的理论和规律性，但构成其理论和方法基础的主要有以下几个基本原则。

1.5.1 风险与收益对称

通常人们都有存钱的习惯。把钱存进银行，可以得到回报，以增大未来消费的机会。当然也有一些人愿意放弃未来的消费机会而在现在消费。假设面对不同的投资机会，我们应把钱投到哪儿呢？

首先，投资者由于延迟消费机会，会要求比预期的通货膨胀率更高的收益率，否则他们会提前购买目前不需要的产品或投资于那些能保值增值的资产。如果储蓄将导致购买力下降，那么推迟消费是不明智的，这是因为风险与收益不对称。

其次，不同投资项目的风险与收益是不相同的。由于高风险项目的预期收益比较高，所以有些人就会投资风险高的项目，以得到比预期收益率更高的投资回报。

最后，这里所讲的收益只能是预期收益而不可能是实际收益。额外的风险应当由额外的收益来补偿，这就是公司债券利率高于政府债券利率的原因所在。

1.5.2 今天的一元钱比明天的一元钱更有价值

财务管理最基本的观念是货币具有时间价值，即今天的一元钱比明天的一元钱更有价值。因为人们可以利用今天的钱去进行投资，赚取更多的回报，所以早收到的钱比晚收到的钱更有价值。货币只有被当作资本投入生产流通领域才能变得更有价值。运用货币时间价值的观念，要把项目未来的成本和收益都折算成现值。如果收益现值大于成本现值，则项目可以接受；如果收益现值小于成本现值，则项目应该拒绝。如果没有考虑货币时间价值，即没有考虑现值的概念，则可能导致错误的决策。

为把项目未来的收益和成本折现，必须确定货币成本的大小或利率高低。具体的利率是权衡风险后决定的，即由风险与收益对称原则确定。因此，风险投资的收益应当高于无风险投资的收益。如购买股票的风险肯定大于将货币存入银行的风险，因而，股票投资收益率必定高于存款收益率。

1.5.3 现金为王

这一原则说明，对于企业来说，现金流量比净利润更为重要。因为现金流量是企业收到并可用于再投资的现金。而按照权责发生制核算的会计净利润是企业赚得的收益而不是可用的现金。企业的现金流量和会计净利润的发生往往是不同时的。现金流量反映了收支的真实发生时间，因而比会计净利润更能衡量企业价值。

首先，现金流量是按照收付实现制计算的，只确认实际收到和支付的现金，不确认权利和义务的变化，如实反映企业的实力。企业净利润可以采用虚假销售、扩大赊销范围等不良行为操纵利润，以便获得收益，但是这种行为不能增加企业的现金流量。因此，现金流量可以弥补企业净利润在反映盈利能力上的缺陷，真实地反映企业收益质量。

其次，现金流量的大小可以反映企业的偿债能力。因为现金流量反映企业现金储备的多少，既不受不同会计政策和会计估计的影响，也不受流动资产变现能力的影响，所以可以直接反映企业经营活动创造现金流量的实际能力。而企业净利润则显示的是企业回报股东的能力。股利分配、提取公积金都来源于现金流量中的纳税收益即净利润，而与折旧等不纳税收益无关。

最后，现金流量是企业生产经营活动得以正常运行的前提条件，只有拥有现金，企业才能正常经营和投资，而会计净利润只是一个会计指标，不具有现实的支付意义。企业在进行经营活动的过程中，如果现金流量出现断裂，即使有盈利，企业也无法生存。

拓展案例 1-1

一朝被蛇咬，十年怕井绳。今年以来的股市大跌和基金净值缩水，使一些人选择了把资产存入银行，远离市场，他们遵循的理念是“现金为王”。但投资大师巴菲特的独到观点却是：现金资产是一种非常可怕的流动资产，最终不会带来任何回报，而且肯定会贬值。“现金为王”到底对不对？该怎么理解呢？

其实，“现金为王”不等于一直持有现金。“现金为王”并不仅仅针对股市，对楼市、商品市场也相同，它真正的含义是，意味着买方市场的到来。在2006、2007年的大牛市中，是卖方市场，投资人没有多少选择和议价的空间，不迅速买进的话，随后就面临着更高的价格。而在买方市场，持有现金的投资人说了算，有足够的时间和空间去“挑货”，买到让自己满意的物美价廉的资产。

因此，所谓“现金为王”的时代，绝不等于一直持有现金资产，而是应该到市场上去“挑货”。从当前的宏观经济形势来看，2009年可能是零通胀时期，现金资产缩水的风险固然不大，但目前积极的财政政策和适度宽松的货币政策却可能会在2011年、2012年催生温和的通胀，那时现金就很难称王，还可能贬值。

资料来源 冯静．动态理解“现金为王”[EB/OL].（2009-01-04）[2010-01-06].http://finance.ifeng.com/money/wealth/story/20090104/296359.shtml.

1.5.4 资本市场有效

财务管理的目标之一是使股东财富最大化。如何有效计量股东财富？这只能在有效的市场中实现。市场是否有效与信息反映到证券价格中的速度有关。一个有效的市场是由大量受利润驱动的独立行为的投资者组成的。在有效市场的假定前提下，信息反馈到价格中的速度之快使得投资者无法从公开信息中获利。只有当投资者确信证券价格已经恰当地反映了企业预期的利润和风险，进而反映了企业真实的价值，此时，投资者的投资行为才是理性的，资本市场才是有效的。

资本市场有效原则一方面要求投资时慎重使用金融工具。如果资本市场是有效的，购买或出售金融工具的交易的净现值就为零。企业作为从资本市场上取得资金的一方，不要企图通过筹资获取正的净现值（增加股东财富），应靠生产性投资增加股东财务。

资本市场有效原则另一方面要求投资时重视市场对企业的估价。资本市场是企业的一面镜子，又是企业行为的校正器。股价可以综合反映企业的业绩，弄虚作假，人为地改变会计方法对于企业价值的提高毫无用处。

1.5.5 代理问题

只要企业的所有权与经营权分离，就必然出现代理问题，在现实生活中，经理的所作所为并非一定能使股东财富最大化。例如，经理的收入往往与企业的规模、销售额、市场份额、员工数等有关。有些经理偏好于扩大投资规模，尽管这样做可能对股东财富的增加并没有贡献，在这样的环境中，经理更多考虑的是个人晋升、收入的增加、地位的提高等。

那么为什么股东不将这些经理解雇呢？理论上讲，股东选举董事会，董事会任命管理人员。但在现实生活中，往往是管理人员提出董事会的人选并分发选票。实际上股东所面对的候选人名单是由管理人员提供的。最终结果是管理人员选了董事，而这些董事更多地代表管理人员的利益而非股东利益。于是就出现了代理问题。股东往往花费很多时间来监督管理人员的行为，并试图使他们的利益和自己的利益相一致。对管理人员的监督可以通过对财务报表和管理人员工资的审计来完成。另外，把管理人员的奖金和他们的决策在多大程度上符合股东利益结合起来，也可以在一定程度上解决代理问题。

1.5.6 税收问题

企业在评价新项目时必须考虑税收的影响，确切地说所考虑的现金流量是以一个企业作为整体的税后现金流量。

在评估一个新项目是否可行时，税收将发挥很大的作用。例如，投资收益的衡量应当建立在税后的基础上。不同的税种对企业的财务结构会产生不同的影响，如债务融资所支出的利息在所得税前列支，可以使企业减免一定的所得税，是一项减税费用。而股利是在所得税后列支，不能抵减所得税。这也是债务融资优于股票融资的原因所在。

1.5.7 天下没有免费的午餐

我们常说："天下没有免费的午餐。"它的意思告诉我们，什么事情都要有所付出，不付出就想得收益，那是不可能的。在我们的日常生活中，什么商品都有一个价格，即使小到一根大头针也有它的市场价格。在财务管理活动中，更是如此。

从企业角度来讲，财务管理活动，是一门以钱生钱的学问，是用他人的钱创造出更多的钱。"他人的钱"是指股东和债权人提供的资本。这些资本并不是免费，企业作为资本的使用者，必须为资本的提供者提供一定的报酬。对于债权人而言，可以是利息；对于股东而言，可以是股利。因此，企业在利用他人资金创造财富的同时，必须考虑所付出的代价，即资本成本。

1.5.8 不要把所有的鸡蛋都放在一个篮子里

财务管理的重点之一是风险与收益对称，但风险又有不同类别，有些风险是可以分散消除的，有些则不能。所谓分散或消除就是将好的事件与不好的事件相互抵消，从而在不影响企业预期收益率的情况下降低整体的不确定性。

“不要把所有的鸡蛋都放在一个篮子里”，这是投资界的一句至理名言。说的是投资需要分解风险，以免孤注一掷失败之后造成巨大的损失。投资风险是指对未来投资收益的不确定性，在投资中可能会遭受收益损失甚至本金损失的风险。只有在风险和效益相统一的条件下，投资行为才能得到有效的调节。其实，如果广义的对投资进行理解的话，所有合作或交易都可以视为投资，也都适用这句经典名言。市场风险是投资者不能回避的，这解释了为何当大市全面下挫时，一家盈利良好及管理完善的企业的股价亦可能跟随市况下跌。非市场风险属个别投资项目特有的风险，投资者可通过分散投资，达到减低非市场风险的目标。所谓的“分散投资”，就是将资金投放于不同类别的资产上。所以不要把所有的鸡蛋都放在一个篮子里。

拓展案例 1-2

巴菲特曾多次强调：“多元化投资就像诺亚方舟一般，每种动物带 2 只上船，结果最后变成了一个动物园。这样投资的风险虽然降低了，但收益率也同时降低了，不是最佳的投资策略。我一直奉行少而精的原则，我认为大多数投资者对所投资企业的了解不透彻，自然不敢只投一家企业而要进行多元投资。但投资的公司一多，投资者对每家企业的了解相对减少，充其量只能监测所投企业的业绩。”

但是巴菲特也并不是完全反对分散投资，他反对的是过度分散，反对的是分散投资不了解的公司，他认为投资者应集中投资于 5 至 10 家最好的而又能以合理价格买入的公司。普通投资者是很难做到对投资有如巴菲特的洞察力，选好篮子是一件不可能完成的任务。那么，篮子不合适就装进了所有的鸡蛋，一旦篮子摔了，后果就是所有的鸡蛋都报销，投资的资金全部套牢。

资料来源 观云堂主 . 不要把鸡蛋放进一个篮子——分散投资降风险[EB/OL].（2009-07-10）[2015-08-16].http://blog.sina.com.cn/s/blog_5376cb330100dv05.html.

关键词

财务 财务管理 筹资管理 投资管理 营运资金管理 利润分配管理 主计长 司库 利润最大化 每股收益最大化 股东财富最大化 企业价值最大化

财务管理原则

基本训练

◆ 单项选择题

1. 现代企业财务管理的最优目标是（ ）。

A. 利润最大化　B. 股东财富最大化
C. 企业价值最大化　D. 现金流量最大化

2. 下列项目中，不属于财务部门基本职能的是（ ）。

A. 投资管理　B. 会计核算　C. 筹资管理　D. 利润分配管理

3. 在资本市场上向投资者出售金融资产，例如发行股票和债券等从而取得资本的活动，属于（ ）。

A. 投资活动　B. 营运资金活动　C. 筹资活动　D. 利润分配活动

4. 企业价值最大化目标与股东财富最大化目标相比，其最大的优点在于（ ）。

A. 考虑了时间价值　B. 考虑了相关利益主体的不同利益
C. 考虑了风险价值　D. 考虑了利润所得与投入资本的关系

5. 财务管理者与税收法规的关系可以表示为（ ）。

A. 精通税法，尽可能隐蔽地做好偷税工作
B. 精通税法，尽可能隐蔽地做好避税工作
C. 精通税法，尽可能隐蔽地做好减免税工作
D. 精通税法，切实做好税收筹划工作，以寻求节税利益的最大化

6. 所有者通常同时采取（ ）两种办法来协调自己与经营者的利益。

A. 解聘和接收　B. 解聘和激励　C. 激励和接收　D. 监督和激励

7. 反映股东财富最大化目标实现程度的指标是（ ）。

A. 每股市价　B. 销售收入　C. 每股净资产　D. 净资产收益率

8. 企业价值最大化的量化方式可以是（ ）。

A. 未来现金流量之和
B. 未来现金流量按照资本成本率的折现
C. 未来利润额之和
D. 未来销售收入之和

9. 下列各项中，不属于财务管理作用的表述是（ ）。

A. 财务管理是企业管理的基础
B. 财务管理是实现企业和外部交往的桥梁
C. 财务管理是企业组织财务活动的一项综合性管理工作
D. 财务管理是医治企业管理问题的良方

10. 企业价值最大化目标与股东财富最大化目标相比较的最大优点是（ ）。

A. 考虑了风险因素

B. 更客观地反映了股东利益

C. 兼顾了相关利益主体间的不同利益

D. 更容易计量

◆ 多项选择题

1. 关于财务管理的目标观点各异，具有代表性的观点一般有（　　）。

A. 企业价值最大化　　B. 股东财富最大化

C. 利润最大化　　D. 资本结构最优化

2. 投资决策按照投资的方向不同，分为（　　）。

A. 对内投资　　B. 战略性投资　　C. 对外投资　　D. 战术性投资

3. 企业的财务活动包括（　　）。

A. 筹资活动　　B. 利润分配活动

C. 投资活动　　D. 营运资金活动

4. 以下各项活动属于筹资活动的有（　　）。

A. 确定资金的需求量　　B. 选择资本取得方式

C. 确定企业资本结构　　D. 确定企业的投资方向

5. 利润最大化作为财务管理目标的缺点有（　　）。

A. 没有考虑利润取得的时间　　B. 没有考虑利润取得的风险

C. 没有考虑投入与产出的关系　　D. 没有考虑企业的现金流量

6. 股东财富最大化目标与利润最大化目标相比，其优点在于（　　）。

A. 考虑财富取得的时间　　B. 考虑风险与收益的关系

C. 考虑财富取得的风险　　D. 克服企业的短期行为

7. 按照不同的资金渠道，可以将筹资分为（　　）。

A. 长期筹资　　B. 权益筹资　　C. 短期筹资　　D. 债务筹资

8. 在强式有效市场条件下，股价的高低能够反映财务管理目标的实现程度，其原因有（　　）。

A. 它反映了所有公开的或未公开的信息

B. 它反映了不同利益主体的利益

C. 它反映了公司的风险

D. 它反映了公司未来潜在的发展能力

9. 关于风险-收益对称原则，下列说法正确的是（　　）。

A. 投资者必须对风险和收益作出权衡

B. 投资者为追求较高的收益需承担较大的风险

C. 投资者为降低风险需接受较低的收益

D. 在风险相同时，人们一般会选择收益较低的投资机会

10. 司库的职责包括（　　）。

A. 现金管理　　B. 财务分析与预算

C. 成本会计　　　　　　　　　　　D. 筹资与投资管理

◆ 判断题

1. 在投资既定的情况下，企业的利润分配政策可以看做投资活动的一个组成部分。　（　）

2. 利润最大化是现代企业财务管理的最优目标。　（　）

3. 现代企业财务管理的主要内容涉及投资管理、筹资管理和利润分配三项，不涉及其他方面的问题。　（　）

4. 权益筹资是指企业通过发行股票、吸收直接投资和留存收益等方式来筹集资金。　（　）

5. 按照投资的现金流量不同，分为独立性投资和相关性投资，其中独立性投资是指各投资项目现金流量互不相关、互不影响的投资。　（　）

6. 公司制背景下，解决股东和经营者之间代理问题的对策是建立约束经营者的合约。　（　）

7. 司库部门一般下设财务会计、税务会计、成本会计、管理会计和会计信息系统等分部。　（　）

8. 如果资本市场是有效的，那么购买或出售金融工具的交易的净现值就为零。　（　）

9. 税收的缴纳会增加企业的现金流出量，但不影响企业利润。　（　）

10. 股东财富最大化，考虑了财富取得的风险，因为风险的高低会对股票的价格产生重要影响，并且通过折现率高低来影响股东价值。　（　）

第2章 财务管理的环境

学习目标

◆ 重点掌握不同企业组织形式的优缺点；掌握经济环境对财务管理的影响；了解法律环境和金融环境对财务管理的影响。

❖ 引例

瓦伦汀商店企业组织形式的选择

瓦伦汀是一个成功的汽车经销商。25年来瓦伦汀一直坚持独资经营，身兼所有者和管理者两职，但是由于年事已高，他想要把自己的事业留给自己的儿孙们。瓦伦汀在考虑是否应该将他的商店转为公司制经营。如果他将商店改组为股份公司，那么他就可以给自己的每一位儿孙留数目合适的股份。另外，他还可以将商店整体留给儿孙们，让他们进行合伙经营。

为了能够选择正确的企业组织形式，瓦伦汀制定了下列目标：

（1）所有权。瓦伦汀希望他的两个儿子各拥有25%的股份，5个孙子各拥有10%的股份。

（2）存续能力。瓦伦汀希望即使发生儿孙死亡或放弃所有权的情况也不会影响经营的存续性。

（3）管理。当瓦伦汀退休后，他希望将产业交给一位长期服务于商店的雇员——乔·汉兹来管理。虽然瓦伦汀希望家族保持产业的所有权，但他并不相信他的家族成员有足够的时间和经验来完成日常的管理工作。事实上，瓦伦汀认为他的孙子中的两个根本不具备经济头脑，所以他并不希望他们参与管理工作。

（4）所得税。瓦伦汀希望产业采取的组织形式可以尽可能减少他的儿孙们应缴纳的所得税。他希望每年的经营所得都可以尽可能多地分配给商店的所有人。

（5）所有者的债务。瓦伦汀知道经营汽车会出现诸如对顾客汽车修理不当而发生车祸之类的意外事故，这要求商店有大量的资金。虽然商店已投了保，但瓦伦汀还是希望确保在商店发生损失时他的儿孙们的个人财产不受任何影响。

该企业到底应该采用公司制还是合伙制？公司制或合伙制对企业财务管理

会产生哪些影响？公司制或合伙制到底有什么样的优点和缺点？本章将对这些问题进行讲解。

资料来源 佚名．瓦伦汀商店企业组织形式选择案例[EB/OL].（2012-06-17）[2015-09-18]. http://wenku.baidu.com/view/3f01ca73f46527d3240ce0f1.html.

2.1 企业的组织形式

企业是由各种生产要素的提供者达成的一个契约组合。企业不同的组织形式决定着企业的财务结构、财务关系、财务风险以及所采用的财务管理方式。企业财务管理必须立足于企业的组织形式。企业的组织形式按照其法律上的特点分为独立经营人制、合伙制和公司制。

2.1.1 独立经营人制

独立经营人制又称独资企业，是指一个自然人所有的企业组织形式。独立经营人制是最古老、最简单的一种企业组织形式，从远古的手工作坊到资本主义初期的初级工厂，以及我国的个体经济都属于这种形式。其主要盛行于零售业、手工业、农业、林业、渔业、服务业和家庭作坊等。

独立经营人制是由个人出资经营、归个人所有和控制、由个人承担经营风险和享有全部经营收益的企业组织形式。从资本构成的角度来看，独立经营人制的资本主要来自投资者个人的资产，这一类型的企业受到个人信用的约束，企业的举债能力受到限制，不容易扩张，整体规模不大；从税收的角度来看，独立经营人制不具备法人资格，企业收入合计到投资者个人收入中，因此只缴纳个人所得税，而无需缴纳企业所得税；从企业经营的角度来看，其投资者个人享有企业生产经营的绝对决策和控制权，独享企业利益并承担企业全部风险和责任。一句话来概括，独立经营人制是由一个自然人独资出资、独立经营、独享收益、独担风险的企业组织形式。

1. 独立经营人制的优点

（1）建立与解散程序简单。独立经营人制一方面组织结构简单，容易组建并且费用较低；另一方面企业较少受到政府法律、法规的制约，即企业的外部法律、法规等对企业的经营管理、决策、进入与退出、设立与破产的制约较小。设立企业的条件不高，设立与破产的程序简单、方便。

（2）经营管理方式灵活自由。企业资产所有权、控制权、经营权与收益权高度统一。投资者独揽经营决策权，可以完全根据个人的意志确定经营策略，进行管理决策。其经营方式灵活，财务决策迅速，对市场信息反应灵敏，管理效率高。

（3）投资者独享经营收益。投资者独享企业的经营收益，只需缴纳个人所得税，无需缴纳企业所得税。一方面经营收益与投资者个人独享，不需要分配；另一方面，投资者个人自负盈亏和对企业的债务承担无限经济责任成为企业强硬的预算约束。企业经营的好坏同投资者个人的经济利益乃至身家性命紧密相联，因而，投资者会尽心竭力地把企业经营好。

2. 独立经营人制的缺点

（1）筹集资金困难。

首先，企业的规模小，企业的资本依赖于投资者个人，资金实力不可能十分雄厚，因此以个人名义贷款的难度较大，很难从社会获得更多资源，导致在激烈的市场竞争中面临较大的风险。

其次，由于独立经营人制不是法人机构，不能以法人的名义在资本市场上以发行股票和债券等方式进行融资，因此，独立经营人制限制了企业的扩展和大规模经营。

最后，独立经营人制资本薄弱，一旦经营不善，出现破产的状况，将会给债权人带来巨大损失，因此独立经营人制偿债能力有限，其对债权人缺乏吸引力，筹集资金比较困难。

（2）企业生命有限。企业的存续期较短，因为其受制于企业投资个人的寿命。投资者个人的病、死，个人及家属知识和能力的缺乏，都可能导致企业破产。一旦投资者死亡、丧失民事行为能力或者不愿意继续经营，企业的生产经营活动就只能终止。

（3）投资者风险巨大。投资者个人对企业债务承担无限连带责任，意味着当企业的资产不足以偿还企业债务时，投资者应当以个人财产进行偿还，因此，投资者面临的风险巨大。

2.1.2　合伙制

合伙制企业是由两个或两个以上的合伙人通过订立合伙协议组建的企业。合伙制企业在法律上同样不具备法人资格，不缴纳企业所得税。合伙制企业主要的形式是注册会计师事务所、律师事务所等专业服务机构。一句话来概括，合伙制企业是合伙人共同出资经营、共负盈亏、共担风险的企业组织形式。

合伙制企业与独立经营人制企业相似，只是合伙制企业的所有人是两个或者两个以上。合伙制企业的合伙协议可以是非正式的，经由口头协议达成合资关系，也可以是正式的，经由签署长期正式文件证实合资关系。

1. 合伙制企业的优点

（1）资本来源相对广泛。合伙制企业的资本来源比独立经营人制的企业广泛，它可以充分发挥企业和合伙人个人的力量，由更多的人筹集资金，提高了筹集资金的能力，增强企业的经营实力，扩大企业的规模。

（2）经营管理方式相对灵活自由。由于法律对于合伙关系的干预和限制较少，因此，合伙制企业在经营管理上具有较大的灵活和自主性。每个合伙人既是企业的所有者又是企业的经营者，有权参与到企业的经营管理中去，发挥每个合伙人的专长，提高合伙制企业的决策水平和管理水平。

(3) 投资者共享经营收益。合伙企业在生产经营活动中所取得和积累的经营收益，归合伙人共有。如有亏损则亦由合伙人共同承担。损益分配的比例，应在合伙协议中明确规定；未经规定的可按合伙人出资比例分摊，或平均分摊。法律对于合伙制企业不作为统一的纳税单位征收企业所得税，因此合伙人只需将从合伙制企业中分得的利润与其他个人收入汇总缴纳个人所得税即可。

(4) 投资者风险相对较小。由于合伙制企业的合伙人共同承担企业的经营风险和责任，一方面降低了债权人的风险，有利于合伙企业取得贷款；另一方面，使得投资者面临的风险和责任相对独立经营人制企业要分散一些。

2. 合伙制企业的缺点

(1) 企业生命有限。合伙制企业具有浓重的人合性。按照法律规定，合伙人签订了合伙协议，就宣告合伙企业的成立。新合伙人的加入，旧合伙人的退伙、死亡、自愿清算、破产清算等均可造成原合伙企业的解散以及新合伙企业的成立。因此，任何一个合伙人死亡或者退伙都有可能导致合伙制企业解散，企业的生命有限，其存续期限不可能很长。

(2) 相互代理。合伙制企业的经营活动，由合伙人共同决定，合伙人有执行和监督的权利。合伙人可以推举负责人。合伙负责人和其他人员的经营活动，由全体合伙人承担民事责任。换言之，每个合伙人代表合伙企业所发生的经济行为对所有合伙人均有约束力。因此，合伙人之间较易发生纠纷。另外由于合伙制企业的决策需要经过全体合伙人一致同意，因此合伙制企业的管理机制难以适应快速多变的环境。

(3) 筹资能力有限。尽管合伙制企业的筹资能力要优于独立经营人制企业，但是其资本来源和企业信用能力有限，不能发行股票和债券，这使得合伙制企业的规模不可能太大，大量融资时较为困难。这对于一个缓慢增长的企业来讲可能不是很特别的问题，但是如果一个企业的产品符合时代潮流，急需大量资金来利用这个机遇，那么筹资困难将是一个实实在在的缺陷。

(4) 责任无限。合伙制企业作为一个整体对债权人承担无限连带责任。按照合伙人对合伙企业的责任，合伙企业可分为普通合伙和有限合伙。普通合伙的合伙人均为普通合伙人，对合伙企业的债务承担无限连带责任。例如，甲、乙、丙三人成立的合伙企业破产时，当甲、乙已无个人资产抵偿企业所欠债务时，虽然丙已依约还清应分摊的债务，但仍有义务用其个人资产为甲、乙两人付清所欠的应分摊的合伙债务，当然此时丙对甲、乙拥有财产追索权。有限责任合伙企业由一个或几个普通合伙人和一个或几个责任有限的合伙人组成，即合伙人中至少有一个人要对企业的经营活动承担无限责任，而其他合伙人只能以其出资额为限对债务承担有限责任，因而这类合伙人一般不直接参与企业经营管理活动。

2.1.3　公司制

公司制企业是以营利为目的，依法登记成立的法人机构。公司制企业以有限责任公司和股份有限公司为典型形式。此外还有无限责任公司、两合公司等形式。在我国是指《中华人民共和国公司法》（以下简称《公司法》）所界定的两种最基本的组织形式，即股份有限公司和有限责任公司。

股份有限公司是指股东以其认购的股份为限对公司承担责任的企业法人。设立股份有限公司，应当有2人以上200人以下为发起人，注册资本的最低限额为人民币500万元。由于所有股份公司均须是负担有限责任的有限公司（但并非所有有限公司都是股份公司），所以一般合称“股份有限公司”。

有限责任公司，简称“有限公司”。《公司法》所称的有限责任公司是指在我国境内设立的，股东以其认缴的出资额为限对公司承担责任，公司以及全部资产为限对公司的债务承担责任的企业法人。根据《公司法》的规定，必须在公司名称中标明“有限责任公司”或者“有限公司”字样。有限责任公司的股东人数，有最高人数的限制，我国《公司法》规定，有限责任公司由1个以上50个以下股东共同出资设立。

公司制企业是企业法人，有独立的法人财产，享有法人财产权。公司制企业以其全部财产对公司的债务承担责任。股份有限公司的股东以其认购的股份为限对公司承担责任；有限责任公司的股东以其认缴的出资额为限对公司承担责任。一句话来概括，公司制企业是自主经营、自负盈亏的法人企业。

1. 公司制企业的优点

（1）责任有限。当公司制企业发生债务清偿时，公司的债务责任与股东的个人财产无关，股东只承担有限责任。对于有限责任公司，每个股东以其所认缴的出资额对公司承担有限责任；对于股份有限公司，每个股东以其认购的股份为限对公司承担责任。

（2）生命无限。公司制企业独立于所有者而依法存在。公司制企业的存在不依赖于所有者，它的寿命不受所有者生命的限制，即使某些所有者死亡或者出售股票，公司制企业依然能够继续存在。

（3）筹资方便。因其永续存在以及其具有较强的举债和增加股份的能力，因此公司制企业具有较强的筹集大额资金的能力。

（4）所有权转移方便。所有权分散在股份里，股份可以通过股票买卖转让，比转让独立经营人制企业和合伙制企业的所有权更为容易。

2. 公司制企业的缺点

（1）公司组建成本高。成立公司制企业需要政府的审批以及很多相关文件，设立的周期较长，程序较为繁琐。另外，成立公司制企业需要公开披露相关企业信息，上市公司则要求信息透明，因此企业的保密性较差。

（2）双重课税。公司制企业的收益要被征收两次税。公司作为独立的法人，其利润需缴纳企业所得税，企业利润分配给股东后，股东还需缴纳个人所得税。

(3) 代理问题。公司制企业中，经营者和所有者分开以后，经营者称为代理人，所有者称为委托人，代理人可能为了自身利益而伤害委托人利益，而监督和激励代理人的成本又相对较高。

企业组织形式的差异导致其对财务管理活动有着不同的影响。例如，独立经营人制企业，其财务管理活动相当简单。独立经营人制企业依靠投资者个人的资本和供应商提供的商业信用来提供企业需要的资金，其利润分配和资本撤回都十分简单。对于合伙制企业，由于投资者的增加，导致资本的来源增加，信用能力增强，而利润分配也相对复杂一些。对于公司制企业，其财务活动最为复杂。其筹资渠道众多，筹资方式复杂，而利润的分配也较为复杂。

不同类型的企业组织形式特征见表 2-1。

表 2-1 **不同类型的企业组织形式特征**

特征	独立经营人制	合伙制（普通）	公司制
经营实体	是	是	是
法人机构	否	否	是
无限生命	否	否	是
有限责任	否	否	是
缴纳企业所得税	否	否	是

2.2 经济环境

经济环境是指影响企业财务活动的各种经济因素之和。企业财务活动既要在一定的经济环境中运行，反过来经济环境又会对企业财务活动的过程和结果产生一定的影响。经济环境因素主要包括经济政策、经济周期和通货膨胀。

2.2.1 经济政策

经济政策是指政府有意识、有计划地运用所掌握的政策工具，调节控制宏观经济运行，以达到一定经济目标的行动准则和措施。经济政策主要包括财政政策和货币政策。

1. 财政政策

财政政策是指国家根据一定时期政治、经济、社会发展的任务而规定的财政工作的指导原则，通过财政支出与税收政策的变动来影响和调节总需求。财政政策主要包括紧缩性财政政策、扩张性财政政策和稳健性财政政策。

(1) 紧缩性财政政策。在经济发展过热、物价上涨、经济运行主要受供给能力制约时，政府可以采取紧缩性财政政策，通过减少财政支出、增加税收、抑制总需求、缩减政府开支、压缩投资规模等手段，稳定物价，给经济“降温”。2008年，我国经济增长速度偏快，固定资产投资增长持续高位运行，物价面临较大的上涨压力，国家通过适当减少中央财政赤字和长期建设国债发行规模，进一步调整中央政府投资结构，以防止经济增长由偏快转为过热，防止价格由结构性上涨演变为明显的通货膨胀，避免经济出现大的起落。因此，采用紧缩性财政政策，会导致企业的现金流入减少，现金流出增加，资金紧张，进而压缩投资。

（2）扩张性财政政策。扩张性财政政策也叫积极的财政政策，通常是在经济增长滞缓，经济发展主要受需求不足制约时，政府通过增加经济建设支出和减少税收，通过增加政府投资和补贴等手段来刺激总需求增长，降低失业率，拉动经济增长。2009年，我国出台了积极的财政政策，扩大政府公共投资、推进税费改革、提高低收入群体收入以及大力支持科技创新和节能减排。因此，采用扩张性财政政策，会导致企业的现金流出减少，筹资相对容易，就可能扩大投资，企业的现金流入增加，从而导致利润增加。

（3）稳健性财政政策。如果把扩张性财政政策与紧缩性财政政策看作两种“极端”的财政政策的话，那么，还有介于这二者之间的中性财政政策，我国习惯上称之为“稳健性财政政策”。稳健性财政政策的目标，首先是配合经济的宏观调控，缓解当前的结构性矛盾，从长远目标着眼，则必须标本兼治，致力于经济结构调整，转变经济增长方式，建设资源节约型、环境友好型社会，走新型工业化道路。其实质是全面协调可持续发展，也可称为协调发展政策。

2. 货币政策

货币政策是指中央银行为实现其特定的经济目标（稳定物价、促进经济增长、实现充分就业和平衡国际收支）而运用各种工具控制和调节货币供应量、利率以及汇率，进而影响宏观经济的方针和措施的总和。货币政策分为扩张性货币政策和紧缩性货币政策两种。

拓展案例 2-1

2015年3月5日在第十二届全国人民代表大会第三次会议上，政府工作报告指出：过去一年，困难和挑战比预想的大。我们迎难而上，主要做了以下工作：

一是在区间调控基础上实施定向调控，保持经济稳定增长。面对经济下行压力加大态势，我们保持战略定力，稳定宏观经济政策，没有采取短期强刺激措施，而是继续创新宏观调控思路和方式，实行定向调控，激活力、补短板、强实体。把握经济运行合理区间的上下限，抓住发展中的突出矛盾和结构性问题，定向施策，聚焦靶心，精准发力。向促改革要动力，向调结构要助力，向惠民生要潜力，既扩大市场需求，又增加有效供给，努力做到结构调优而不失速。

有效实施积极的财政政策和稳健的货币政策。实行定向减税和普遍性降费，拓宽小微企业税收优惠政策范围，扩大“营改增”试点。加快财政支出进度，积极盘活存量资金。灵活运用货币政策工具，采取定向降准、定向再贷款、非对称降息等措施，加大对经济社会发展薄弱环节的支持力度，小微企业、“三农”贷款增速比各项贷款平均增速分别高 4.2 和 0.7 个百分点。同时，完善金融监管，坚决守住不发生区域性系统性风险的底线。

资料来源 李克强总理 2015 年政府工作报告 .

（1）扩张性货币政策。扩张性货币政策是央行通过提高货币供应增长速度来刺激总需求，货币供应量较多地超过经济正常运行对货币的实际需求量，其主要功能在于刺激社会总需求的增加。在这种政策下，取得信贷更为容易，利息率会降低。因此经济萧条时多采用扩张性货币政策。例如，当经济萧条时，央行采取扩张性货币政策，增加货币供给量和贷款规模，引起利率下降，从而投资增加，促进经济增长。

（2）紧缩性货币政策。紧缩性货币政策是指央行通过削减货币供应增长来降低社会总需求水平。即当总需求大于总供给，经济增长过热，形成通货膨胀的压力时，中央银行通过紧缩银根，减少货币供应量，以抑制总需求的膨胀势头。具体做法有：提高法定准备金率，提高贴现率，在公开市场上抛售政策的债券等。例如，当经济过热时，央行采取紧缩性货币政策，提高商业银行上缴的法定准备金率，增加贷款条件，使企业融资受到一定限制，融资成本上升，融资方式受限，从而促使企业提高财务决策的准确性，避免盲目投资。

2.2.2 经济周期

在市场经济条件下，企业家们越来越多地关心经济形势，也就是“经济大气候”的变化。虽然经济运行的过程和结果，并不是一个企业能够决定的，但是其本身有内在规律可循，这种规律便是经济周期。经济周期是指经济的发展在一般情况下不会保持一种状态，其不可避免地存在强弱波动，呈现出的是一种增长和衰退交替出现的波浪式前进规律。这种规律一般呈现出繁荣、衰退、萧条、复苏到繁荣的周期性特征。周而复始的经济周期对企业财务管理活动有着巨大的影响，企业财务管理必须关注经济周期，并根据不同的经济周期采用不同的财务策略。

1. 经济繁荣期

在经济繁荣期，市场需求旺盛，购销活跃，销售规模大幅度上升，为了应付此种情况，企业需要加大投资规模，为了满足企业投资的需求，则要求企业能够及时并且足额地筹集到所需资金。另一方面，由于市场资金需求量的增加导致资金供求关系发生变化，致使企业筹资成本上升，筹资难度增加。因此，在经济繁荣期，企业应当关注如何能以较低的资本成本筹集到投资所需的资金，并要注意对风险的控制、提高资金的使用效率。

2. 经济衰退期

在经济衰退期，市场需求开始不断萎缩，于是便造成供过于求，企业的盈利能力较弱，利润率不断下降，连同大宗商品在内的整体物价水平开始不断下跌，造成企业的产品流通率低，大量产品积压，存货增多，从而让经济增长速度减缓甚至停滞。因此，在经济衰退期，企业应当关注如何加大财务控制和监督的力度，保持财务结构的稳定性，谨慎开展财务活动。

3. 经济萧条期

在经济萧条期，整个市场的供给和需求都处于较低的水平，特别是经济前景还比较迷茫，使得社会需求不足，资产缩水，失业率处于较高的水平。企业此时处于紧缩状态，产量和销量锐减、投资锐减，资金有时闲置、有时短缺。因此，在经济衰退期，企业应当确保公司能够偿还到期债务，避免公司破产，对财务决策要进行多角度的论证之后才能开展。

4. 经济复苏期

在经济复苏期，经济开始复苏，需求开始释放，生产逐渐活跃，价格水平趋稳并进入上升区间。企业要想在竞争中赢得主动，就需要对新产品进行筹资和投资，增加生产规模的投入，抢占先机，为繁荣时期的到来大显身手。因此，在经济复苏期，企业财务活动的重点又重新开始转移到筹资上来。

企业财务人员只有掌握了经济运行周期的规律和特征，才能根据企业的实际情况采取相应的对策和措施，及时调整企业财务工作的重点，使企业财务工作适应经济环境的变化。

2.2.3　通货膨胀

通货膨胀是指在纸币流通条件下，由于货币供给大于货币需求而引起的一段时间内物价持续而普遍地上涨、货币贬值现象。通货膨胀会给企业经营和财务管理活动带来很大的困难。

1. 企业经营方面

通货膨胀会使企业购入的原材料、生产设备以及劳动力的价格上涨，从而提高了企业的经营成本；另一方面，企业所拥有的资金价值不断下降，越来越承担不起逐渐上升的经营成本；而且消费者手中的资金价值贬值，物价上涨，导致消费者更加难以消费企业的产品，从而造成企业存货数量和金额的增加。

2. 企业财务管理方面

通货膨胀会引起企业资金占用的大量增加，从而增加企业的资金需求；在通货膨胀的情况下，人们预期货币购买力会持续下降，这种预期必然会抬高资金持有者出借资金的利率，从而也抬高了企业资金的筹集成本；如果企业持有的是货币性资产，其数额是固定不变的，但是它所能购买的商品却随通货膨胀的发展而逐渐减少。如果企业持有货币性资产的数量过多，意味着随着通货膨胀的不断发展，未来这些货币性资产所能代表的物品数量在减少，从而给企业带来额外的损失。

如何消除通货膨胀对财务管理的影响，真实地反映企业的财务状况和经营成果，已成为财务管理领域的主要课题。因此企业决策层及财务人员应积极主动地研究相关对策，以减轻通货膨胀对企业造成的不利影响。

2.3 法律环境

企业的法律环境就是企业进行财务管理活动的法律空间。我国已经建立了适应市场经济要求的经济法律环境体系，这一体系由关于市场主体、市场自由、市场秩序和社会保障的经济法律法规四个方面组成。

2.3.1 关于市场主体的经济法律和法规

有关市场主体的经济法律和法规是指规范企业组织形式和行为的法律和法规。该类法规是保障企业合法权益的基础。目前为止，这方面的法律和法规已经基本完成。过去按照所有制划分的企业形态，已经根据国际惯例改为按照出资形态进行划分。《中华人民共和国个人独资企业法》、《中华人民共和国合伙企业法》、《中华人民共和国外资企业法》等的出台，给了市场经营者充分的选择。

这些法律和法规规定了不同企业组织形式的企业行为，不同企业组织形式下企业拥有的权利和承担的义务不同。这些法律和法规在保证企业正常生产经营活动、处理投资者与企业间的关系、企业内部成员之间的关系等方面起着重要的作用。

2.3.2 关于市场自由的经济法律和法规

市场自由包括财产自由、交易自由和营业自由。市场自由的法律和法规目前大体完善，三大自由基本都有法律保护。例如财产自由方面，《中华人民共和国物权法》规定了国家不能随意征用公司财产、私人财产，确认了私人财产的基本权利；《中华人民共和国合同法》保证了企业交易自由和营业自由的权利；《中华人民共和国广告法》规范了企业的广告活动，促进广告业的健康发展，保护消费者的合法权益，维护社会经济秩序，发挥广告在社会主义市场经济中的积极作用；《中华人民共和国证券法》（以下简称《证券法》）保证了证券的发行、交易活动，必须实行公开、公平、公正的原则。

对于公司制企业而言，了解和熟悉有关证券方面的法律和法规具有重要的意义。因为在证券法律和法规中有关证券上市公司规则和交易规则中涉及许多对企业财务管理方面的要求。这些要求是对企业财务管理活动的制约。企业财务管理活动必须按照这些法律和法规的要求办事，才可以进入证券市场，进而从事筹资和投资的活动。

2.3.3 关于市场秩序的经济法律和法规

市场秩序的法律主要有三个方面的内容：一是商业欺诈，包括产品质量、信用、财务报告等方面的欺诈。我国的商业欺诈问题十分严重，如虚假的商业信息、药品食品质量低劣等。二是商业贿赂。商业贿赂在我国已经成为潜规则，是我国市场秩序中的一大顽症。三是商业垄断。市场经济是自由竞争，不能垄断。目前，我国的行业垄断十分严重，如石油行业、电力行业。

从最近的立法来看，政府在市场秩序方面花费了较大的力气。比如，《中华人民共和国破产法》、《中华人民共和国反垄断法》、《中华人民共和国食品安全法》等法律的出台，就是要解决安全、市场进入、产品质量等市场秩序的问题。在市场秩序的三个方面中，商业贿赂和商业垄断本质上是公权市场化造成的。我国市场秩序的完善，关键是解决好政府权力的限制和监督，防止政府权力滥用，而这恰恰是最难的问题。

2.3.4 关于社会保障的经济法律和法规

社会保障包括失业、工伤、医疗、养老保险和社会福利等方面的内容。社会保障制度具有强制性和互济性的特点，需要以国家法律和法规的形式出现，才能彻底贯彻实施。有关社会保障的经济法律和法规包括《中华人民共和国劳动法》（以下简称《劳动法》）、《中华人民共和国保险法》和《中华人民共和国社会保障法》等。

以《劳动法》为例，各国的劳动法都注重于保护劳动者的利益，企业家必须了解劳动法的强制性特征和趋势。社会保障程度高体现了文明，但如果福利过高、过度保护劳动者，又会出现社会倒退的现象。目前的新《中华人民共和国劳动合同法》只不过是对劳动者应该享受的合法权益给予法律上的保障，这是任何一个文明国家都应具备的最基本的制度。《公司法》中有一条是企业要有社会责任。企业的社会责任不能被片面地理解为捐赠、捐助等公益慈善事业，它不仅包括环保与资源，也包括民生与职工权益的内容。如果连这些起码的保障都做不到，就不能被称做文明社会。

对于企业财务人员而言，必须把握法律与法规的变化趋势。不仅要及时学习法律法规，认清自己的法律地位，还要比较守法成本和违法成本，做到守法经营，不能存在侥幸心理，保证企业的生产经营活动得以正常运行。

2.4 金融环境

筹资管理与投资管理是企业财务管理活动的核心内容，而筹资和投资活动离不开金融市场。金融市场的发展、金融机构的组织与运作方式以及金融工具的种类，都会对企业的财务管理活动产生重大的影响。金融环境是指一个国家在一定的金融体制和制度下，影响经济主体活动的各种要素的集合。在财务管理活动中，金融环境包括金融市场、金融机构和金融工具。

2.4.1 金融市场

金融市场是资金供应方与需求方通过各种形式融通资金的交易场所，所以金融市场又称为是资金融通市场。金融市场对经济活动的各个方面都有着直接的影响，如个人财富、企业经营、经济运行效率，都取决于金融市场的活动。

1. 金融市场的作用

金融市场，将想筹集资金的人和机构与拥有多余资金的人和机构联系起来。资金的供应方和资金的需求方可以通过金融市场形成交易，金融市场即是交易的中介。金融市场在市场经济体制中具有非常重要的作用（如图 2-1 所示）。

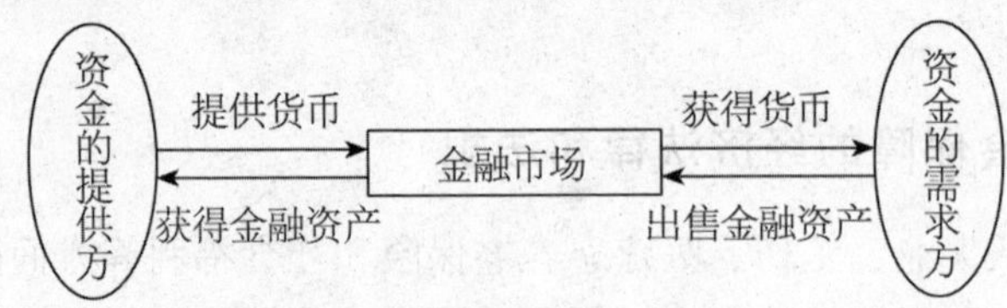

图 2-1 金融市场的作用

（1）有利于提高社会资金使用效率。金融市场能有效地从社会各个角落中吸收游资和闲散资金，形成根据货币供求状况在各部门、各地区之间重新分配资金的机制。另外，在金融市场上，资金在追逐利益中自由流动，因而必然流向经济效益高的部门。资金在市场上的融通，也有利于发挥资金的规模效益，而且资金融通能及时满足商品生产和商品流通变化的需要，有效地促进全社会生产要素的合理配置。

（2）有利于风险分散和风险转移。一方面，金融市场可以促进企业投资多样化，持有金融资产多样化，为风险的分散和转移开辟了道路；另一方面，金融市场还可以加强对企业的信用约束，增强企业的投资风险观念和时间价值观念，完善企业的自我约束机制，促进企业自主经营和自负盈亏。

（3）有利于市场机制功能的发挥。完整的市场机制是以价值规律、供求规律等客观规律为基础，通过供求变动、价格变动、资金融通以及利率升降等要素作用的总和而形成的一种综合的客观调节过程。培育和完善金融市场，资金可以顺利流动，信贷机制才能发挥调节作用，利率对企业财务管理活动才能起自发的调节作用，才能使市场机制发挥作用。

（4）有利于降低成本。一方面，金融市场扩大了资金供求双方接触的机会，便利了金融交易，能够降低企业的筹资成本；另一方面，金融市场降低了企业资金交易的搜寻成本和信息成本，因为这些功能主要是通过专业金融机构和咨询机构来完成的。

2. 金融市场的分类

按照不同的分类标准，金融市场可以划分为不同的类型：

（1）国际金融市场和国内金融市场。按地理范围不同，金融市场可分为国际金融市场和国内金融市场。国际金融市场，由经营国际货币业务的金融机构组成，其经营内容包括资金借贷、外汇买卖、证券买卖、资金交易等。国内金融市场，由国内金融机构组成，办理各种货币、证券及作用业务活动。国际金融市场的形成是以国内金融市场发展到一定高度为基础的。同时，国际金融市场的形成又进一步推动了国内金融市场的发展。

（2）现货市场和期货市场。按交割期限不同，金融市场可分为现货市场和期货市场。现货市场是指买卖双方成交后，在当天或者成交之后几天内进行买卖交割的市场。期货市场是指买卖双方成交后，双方约定在未来某一特定日期进行交割的市场。现货市场具有资金周转快、风险低的特点；而期货市场则具有风险高、可以进行套期保值的特点。

（3）发行市场与流通市场。按交易性质不同，金融市场可分为发行市场与流通市场。发行市场，是指从事原始股票和新证券等金融工具买卖的市场，是证券发行者筹集资金的场所，也称为一级市场或初级市场。流通市场，是指从事上市后的旧股票和证券等金融工具买卖的市场，是投资者之间转让证券的场所，也称为二级市场或次级市场。

（4）货币市场和资本市场。按照金融交易对象的期限，金融市场可分为货币市场和资本市场。货币市场，是指一年以下的短期资金的融通市场，如商业票据市场、银行承兑汇票市场、短期政府债券市场等，可以进行同业拆借、票据贴现、短期债券及可转让存单的买卖。资本市场，是指供应一年以上的中长期资金的融通市场，如债券市场、股票市场和基金市场，可以进行股票与长期债券的发行与流通。货币市场主要是实现资金的短期借贷，以满足金融市场上供求双方对短期资金的需求，其金融资产的流动性比较强、风险比较低；资本市场主要是为资金的需求者筹措长期资金，其风险比较高，同时回报也比较高。

（5）其他市场。按照交易对象不同，金融市场可分为拆借市场、贴现市场、大额定期存单市场、证券市场（包括股票市场和债券市场）、外汇市场、黄金市场和保险市场。

通过对金融市场的详细分类，企业可以根据自身的发展需要，开展与之对应的金融管理活动。

2.4.2　金融机构

金融机构，是指依法设立的从事金融业务活动的各类信用机构的总称，是金融市场的中介机构。金融市场的功能主要表现在以下两个方面：

（1）创造便于交易的金融工具，扩张信用；

（2）有效融通资金从盈余单位流向赤字单位，实现资源转移，推进资金在金融活动的参与者之间流转。

我国的金融机构，按地位和功能可分为四大类：第一，中央银行，即中国人民银行。第二，商业银行。包括国有独资商业银行、股份制商业银行等。第三，政策性银行，包括国家开发银行、中国农业发展银行等。第四，非银行金融机构，包括国有及股份制的保险公司，城市信用合作社，证券公司，财务公司等。以上各种金融机构相互补充，构成了一个完整的金融机构体系。

1. 中央银行

中央银行是特殊的金融机构，国家赋予其制定和执行货币政策，对国民经济进行宏观调控，对金融机构乃至金融业进行监督管理。中央银行是一国最高的货币金融管理机构，在各国金融体系中居于主导地位。中央银行是“发行的银行”，它对调节货币供应量、稳定币值有重要作用；中央银行是“银行的银行”，它集中保管银行的准备金，并对它们发放贷款，充当“最后贷款者”；中央银行是“国家的银行”，它是国家货币政策的制订者和执行者，也是政府干预经济的工具，同时为国家提供金融服务，代理国库，代理发行政府债券，为政府筹集资金；代表政府参加国际金融组织和各种国际金融活动。在我国，中国人民银行是中央银行。

由于中央银行对金融市场的调控方式和力度会直接影响到货币供应量、资金供求关系、利率、汇率、证券价格等变动，这些变动又会影响到金融市场上各参与主体的经济利益，从而对企业筹资、投资、利润分配以及营运资金管理等各个环节都会产生全面的影响。因此，企业财务管理工作要密切关注中央银行的各种政策，并评估这些政策对企业财务管理活动的影响，以便采取有效措施，达到财务管理的目标。

2. 商业银行

商业银行是以多种金融负债筹集资金，多种金融资产为经营对象，以营利为目的的金融机构。商业银行以追求最大利润为目标，能向客户提供多种金融服务。

与其他金融机构相比，商业银行有以下三个特征：

（1）商业银行的主要业务是吸收存款和发放贷款，并经营其他中间业务，如结算业务。

（2）商业银行与一般工商企业一样，是以营利为目的的企业。商业银行具有从事业务经营所需要的自有资本，它依法自主经营、自负盈亏，以利润为目标，并以其全部法人财产对外承担责任。商业银行以利润最大化为自己的目的。商业银行又是不同于一般工商企业的特殊企业。其特殊性具体表现在经营对象的差异。工商企业经营的是具有一定使用价值的商品，从事商品生产的流通；而商业银行经营的是特殊商品——货币。因此，商业银行是一种与工商企业有所区别的特殊企业——金融企业。

（3）商业银行的业务内容十分广泛。其资金来源包括活期存款、定期存款以及自身发行的股票和债券等。其资金运用，不仅包括发放短期、中期和长期贷款，还可以发放信托贷款，办理租赁业务、中间业务和其他非信用业务等。

3. 政策性银行

政策性银行，主要是指由政府创立或担保、以贯彻国家产业政策和区域发展政策为目的、具有特殊的融资原则、不以营利为目标的金融机构。我国政策性银行的金融业务受中国人民银行的指导和监督。我国组建了三家政策性银行，即国家开发银行、中国农业发展银行、中国进出口银行，均直属国务院领导。

（1）国家开发银行。国家开发银行负责筹措和引导社会资金，对国家基础设施建设、基础资产和支柱产业的大中型建设和技术改造项目办理政策性金融业务。设立国家开发银行的主要目的是：一方面为国家重点建设融通资金，保证关系国民经济全局和社会发展的重点建设顺利进行；另一方面把当时分散管理的国家投资基金集中起来，建立投资贷款审查制度，赋予开发银行一定的投资贷款决策权，并要求其承担相应的责任与风险，以防止盲目投资，重复建设。

（2）中国农业发展银行。中国农业发展银行负责筹集农业政策信贷资金、办理国家规定的农业政策性金融业务、代理财政性与支农资金拨付。设立中国农业发展银行的目的是为了集中财力解决农业和农村经济发展的合理的政策性资金需要，促进主要农产品收购资金的封闭运行。

（3）中国进出口银行。中国进出口银行负责执行国家产业政策和外贸政策，为机电产品成套设备等资本性货物进出口办理政策性金融业务。设立中国进出口银行的目的是为了按国际惯例运用出口信贷、担保等通行做法，扩大机电产品，特别是大型成套设备和高新技术、高附加值产品的出口，合理促进对外贸易的发展，创造公平、透明、稳定的对外贸易环境。

4. 非银行金融机构

非银行金融机构是以发行股票和债券、接受信用委托、提供保险等形式筹集资金，并将所筹资金运用于长期性投资的金融机构。非银行金融机构包括存款性金融机构和非存款性机构。存款性金融机构主要有储蓄信贷协会、储蓄互助银行、信用合作社。非存款性金融机构包括金融控股公司、公募基金、养老基金、保险公司、证券公司、小额信贷公司等。

拓展案例 2-2

非银行金融机构是随着金融资产多元化、金融业务专业化而产生的。早期的非银行金融机构大多同商业银行有着密切的联系。1681 年，英国成立了世界上第一家保险公司。1818 年，美国产生了信托投资机构。到 1980 年年底，美国信托财产总计达 5 712 亿美元。1849 年，德国创办了世界上第一家农村信用社。

20 世纪初，证券业务和租赁业务迅速发展，产生了一大批非银行性的金融机构。第二次世界大战后，非银行金融机构逐步形成独立的体系。例如证券业，美国有 7 000 多家证券公司，18 家全国性的证券交易所。20 世纪 70 年代以来，金融创新活动不断涌现，非银行金融机构起了主要作用，它有力地推动了金融业务的多元化、目标化和证券化，使得各类金融机构的业务日益综合化，银行机构与非银行金融机构的划分越来越不明显，非银行金融机构自身的业务分类也日趋融合。它们之间业务交叉进行，只是比重有所差别。

资料来源 佚名. 非银行金融机构[EB/OL].[2015-12-01].http://baike.haosou.com/doc/1181574-1249916.html.

2.4.3 金融工具

金融工具，也称信用工具，是指在金融市场中可交易的金融资产，是以书面形式发行和流通，以保证债务人义务和债权人权利的凭证。金融工具可以按照不同的标准进行分类。

1. 短期金融工具和长期金融工具

按照期限不同，金融工具可以分为短期金融工具和长期金融工具。短期金融工具是指期限在一年以下（含一年）的金融工具，主要包括商业票据、短期国库券、银行承兑汇票、可转让大额定期存单、回购协议等。长期金融工具是指期限在一年以上的金融工具，主要包括股票、企业债券、长期国债等。

2. 直接融资工具和间接融资工具

按照融资方式不同，金融工具可以分为直接融资工具和间接融资工具。直接融资工具是指最终贷款人与最终借款人之间直接进行融资活动所使用的金融工具，包括政府、企业发行的国库券、企业债券、商业票据、公司股票等。间接融资工具是指金融机构在最终贷款人与最终借款人之间充当媒介进行间接融资活动所使用的金融工具，包括银行债券、银行承兑汇票、可转让大额定期存单、人寿保险单等。

3. 所有权凭证和债务凭证

按照投资者拥有的权利不同，金融工具可以分为所有权凭证和债务凭证。所有权凭证的代表是股票，它是股份有限公司公开发行的、用以证明投资者的股东身份和权益并据以获得股利的凭证。债务凭证的代表是债券，是债务人向债权人出具的、在一定时期支付利息和到期归还本金的债权债务凭证。它分为企业债（即公司债）、国债（按偿还期不同分为短、中、长期债券）和金融债（是筹措中长期贷款的资金来源）三大类。

财务管理的环境是不断变化的，企业必须适应这种变化，才能取得良好的业绩。企业财务人员要站得高、看得远，才能充分预测未来环境的变化，作出符合长远发展趋势的决策。企业要做到这一点，必须认真研究财务管理的环境。

关键词

独立经营人制　合伙制　公司制　经济环境　法律环境　金融环境　经济政策　经济周期　通货膨胀　市场环境　金融市场　金融机构　金融工具

基本训练

◆ 单项选择题

1. 各类银行、证券公司和保险公司均可称为（　　）。

A. 金融市场　　B. 金融机构　　C. 金融工具　　D. 金融对象

2. 将金融市场分为发行市场与流通市场的标准是（　　）。

A. 金融交易的性质　　B. 金融交割的时间
C. 金融交易对象的期限　　D. 金融交易的地理范围

3. 独立经营人制的优点有（　　）。

A. 建立与解散程序简单　　B. 双重课税
C. 代理问题　　D. 企业生命有限

4.（　　）项不属于公司制企业的缺点。

A. 双重课税　　B. 责任有限
C. 代理问题　　D. 公司组建成本高

5.（　　）项不属于合伙制企业的优点。

A. 企业生命无限　　B. 投资者共享经营收益
C. 投资者风险相对较小　　D. 经营管理方式相对灵活自由

6. 采用紧缩性财政政策，会导致企业（　　）。

A. 现金流入减少　　B. 筹资相对容易
C. 现金流入增加　　D. 投资扩大

7. 金融市场可分为货币市场和资本市场，依据是（　　）。

A. 金融交易对象的期限　　B. 金融交易性质
C. 金融交割期限　　D. 金融交易地理范围

8. 下列金融机构中，不属于商业银行的有（　　）。

A. 广东发展银行　　B. 交通银行
C. 花旗银行　　D. 国家开发银行

9. 金融工具可以分为直接融资工具和间接融资工具，依据是（　　）。

A. 金融工具的期限　　B. 投资者是否拥有所投入的资本
C. 融资方式　　D. 金融交割期限

10. 非存款性金融机构包括（　　）。

A. 储蓄信贷协会　　B. 储蓄互助银行
C. 证券公司　　D. 信用合作社

◆ 多项选择题

1. 从财务管理的角度来看，金融市场的主要作用是（　　）。

A. 提高社会资金使用效率　　B. 转移和分散风险
C. 发挥市场机制　　D. 降低成本

2. 按交割期限不同，金融市场可分为（　　）。

A. 现货市场　　B. 货币市场　　C. 期货市场　　D. 资本市场

3. 公司制企业的优点有（　　）。

A. 建立与解散程序简单　　B. 责任有限
C. 筹资方便　　D. 企业生命无限

4. 合伙制企业的缺点有（　　）。

A. 企业生命有限　　B. 责任无限

C. 筹资能力有限　　D. 投资者共享经营收益

5. 独立经营人制的缺点有（　　）。

A. 筹集资金困难　　B. 双重课税

C. 投资者风险巨大　　D. 企业生命有限

6. 经济环境包括（　　）。

A. 经济政策　　B. 经济周期　　C. 通货膨胀　　D. 市场环境

7. 下列不属于财政政策的有（　　）。

A. 紧缩性财政政策　　B. 扩张性货币政策

C. 紧缩性货币政策　　D. 稳健性财政政策

8. 我国的政策性银行包括（　　）。

A. 国家开发银行　　B. 中国农业银行

C. 中国农业发展银行　　D. 中国进出口银行

9. 我国的国有独资商业银行不包括（　　）。

A. 中国工商银行　　B. 中国农业银行

C. 中国农业发展银行　　D. 中国进出口银行

10. 金融市场按交易的期限，分为（　　）。

A. 货币市场　　B. 资金市场　　C. 资本市场　　D. 外汇市场

◆ 判断题

1. 有限责任合伙企业由一个或几个普通合伙人和一个或几个责任有限的合伙人组成，即合伙人中至少有一个人要对企业的经营活动承担无限责任，而其他合伙人只能以其出资额为限对债务承担有限责任。（　　）

2. 货币政策是指国家根据一定时期政治、经济、社会发展的任务而规定的财政工作的指导原则，通过财政支出与税收政策的变动来影响和调节总需求。（　　）

3. 经济政策是指政府有意识、有计划地运用所掌握的政策工具，调节控制宏观经济运行，以达到一定经济目标的行动准则和措施。（　　）

4. 债务凭证的代表是股票，它是股份有限公司公开发行的、用以证明投资者的股东身份和权益并据以获得股息和红利的凭证。一经认购，持有者不能以任何理由要求退还股本，只能通过证券市场将股票转让和出售。（　　）

5. 直接融资工具是指金融机构在最终贷款人与最终借款人之间充当媒介进行间接融资活动所使用的金融工具，包括：银行债券、银行承兑汇票、可转让大额定期存单、人寿保险单等。（　　）

6. 政策性银行，主要是指由政府创立或担保、以贯彻国家产业政策和区域发展政策为目的、具有特殊的融资原则、不以营利为目标的金融机构。（　　）

7. 货币市场，是指供应一年以上的中长期资金的融通市场，如债券市场、股票市场和基金市场，可以进行股票与长期债券的发行与流通。（　　）

8. 公司制企业的收益要被征收两次税。公司作为独立的法人，其利润需缴纳企

业所得税，企业利润分配给股东后，股东还需缴纳个人所得税。（　）

9. 从企业经营的角度来看，合伙制企业的投资者对企业生产经营享有绝对决策和控制权，并且独享企业利益并承担企业全部风险和责任。（　）

10. 独立经营人制企业的投资者独享企业的经营收益，只需缴纳个人所得税，无需缴纳企业所得税。（　）

第3章　财务报表

学习目标

◆ 重点掌握资产负债表、利润表的概念和内容；掌握现金流量表的概念和内容；了解资产负债表、利润表和现金流量表的作用。

❖ 引例

解读卢卡·帕乔利的财富密码

2003 年，美国悬疑小说家丹·布朗（Dan Brown）出版了《达·芬奇密码》一书，历经 3 年多时间，全球畅销 4 000 多万册。经由作者丰富的想象力，达·芬奇的不朽杰作《最后的晚餐》和《蒙娜丽莎的微笑》，居然不是纯粹的艺术创作。这些画作里隐含了密码，借此传递了可以动摇基督教信仰基础的天大秘密。

如果也容我发挥一下天马行空的想象力，那么我想说，在《最后的晚餐》画作中，丹·布朗指证历历的那个隐藏的“M”，并不是抹大拉的玛丽亚（Mary Magdalene），而是“Money”（金钱）。这个推测可不是毫无根据，因为达·芬奇一直深受会计学之父卢卡·帕乔利（Luca Pacioli，1445—1515）的影响。

根据历史记载，自 1496 年起，达·芬奇跟着意大利修士帕乔利在米兰学了 3 年几何学，据说他还因为太过沉迷而耽误了艺术创作。在达·芬奇遗留的手稿中，他多次提到如何把学来的透视法及比例学运用在绘画创作中。为了答谢恩师，达·芬奇为帕乔利 1509 年的著作《神圣比例学》（讨论几何学所谓的“黄金比例”）画了 60 多幅精美的插图。

1494 年，帕乔利在威尼斯出版了会计学的鼻祖之作《算术、几何、比与比例概要》（会计史上简称《数学大全》），系统地介绍了“威尼斯会计方法”，也就是所谓的“复式会计”（double entry bookkeeping）。正因为帕乔利的贡献，一切商业活动都可转换为以“Money”为符号的表达。下次当你欣赏达·芬奇的作品时，别忘了其中所隐藏的 M 字，可能深具会计学含义！

除了介绍会计方法，帕乔利还在书中大力宣扬商业经营成功的三大法宝：充足的现金或信用、优良的会计人员与卓越的会计信息系统，以便商人能够一眼看清企业的财务状况，他的建议到目前为止仍大体适用。例如，有“经营之神”美誉的台湾塑料公司董事长王永庆先生认为，企业经营的两大支柱是“计算机系统”和“会计制度”，而计算机系统的很大部分是用来支持会计制度的。

帕乔利所提倡的会计方法，可以把复杂的经济活动及企业竞争的结果，转换成以货币为表达单位的会计数字，这就是笔者所谓的“帕乔利密码”。这些密码拥有极强大的压缩威力，即使再大型的公司（如通用电气、微软及联想），它们在市场竞争中所创造或亏损的财富，都能压缩汇总成薄薄的几张财务报表。这些财务报表透露的信息必须丰富、充足，否则投资人或银行不愿意提供公司资金。但是，这些财务报表又不能过分透明，否则竞争对手会轻而易举地学走公司的经营方法。因此，帕乔利密码所隐含的信息往往不易了解。而本书最主要的目的，就是帮助大家活用帕乔利密码，进而培养个人及组织高度的竞争力；对于投资者来说，也能透过薄薄的几张财务报表，充分读懂企业透露的信息，提升投资报酬率。

帕乔利密码对管理的最大贡献，不只是帮助经理人了解过去，更重要的在于启发未来。事实上，一个杰出企业的发展，经常奠基于看到简单会计数字后所产生的智慧，而这些智慧开创了新的竞争模式。阅读财务报表可以激发竞争模式的创意，而通过帕乔利密码，经理人也可学习华裔著名鉴识专家李昌钰博士观察微细证据的本领。李博士累积了超过 8 000 个刑事案件的处理经验，他提出鉴识学的三大关键要素：科学的态度、敏锐的观察力及逻辑推理能力。如果从鉴识学的角度来看，财务报表上的每个帕乔利密码，都是竞争与管理活动所留下的证据。一个有智慧的经理人，应该像李昌钰博士所说的那样，必须“让证据说话”，认识到任何不合理、不寻常的地方，都隐藏着解决问题的关键。例如当企业营收下降时，经理人必须加以追究，思考到底是因为总体经济的衰退所致，还是因为竞争对手侵蚀了自己的市场占有率，或者是产品或服务质量出了问题等各种可能原因。

在企业中，这薄薄的几张财务报表到底是什么？到底包含着什么样的信息？在企业遭遇困难时，我们能否用会计数字来缉拿“凶手”？能否透过帕乔利密码透露的细微证据，改善企业的竞争能力及投资管理绩效呢？本章将对这些问题进行讲解。

资料来源　佚名．解读卢卡·帕乔利的财富密码[EB/OL]．（2007-10-04）[2015-09-18]. http://blog.sina.com.cn/s/blog_4854309301000cc4.html.

财务管理的基础工作之一就是财务分析，进行财务分析需要各种财务信息资料，企业的财务报告是进行财务分析的重要资料来源。财务报告是企业对外提供的反映企业财务状况和经营成果等会计情况的文件，包括财务报表、报表附注、其他财务报告等。其中，财务报表是企业进行财务分析最重要和最基本的资料依据。本节关于财务报表的内容可以看做对会计知识的一种复习。但是，会计学的重点在于如何准备财务报表，而财务管理学的重点在于如何使用和分析财务报表，以获取决策所需要的信息。

3.1 资产负债表

资产负债表是反映企业在某一特定日期财务状况的会计报表，又称财务状况表。所谓财务状况，是指企业的资产、负债和所有者权益的构成状况以及资产、负债和所有者权益的内部结构。它反映了企业在某一特定时期所拥有或控制的经济资源、所承担的现有义务和所有者对企业净资产的要求权。

3.1.1 资产负债表的内容和格式

1. 资产负债表的内容

资产负债表应列示所有资产、负债和所有者权益的重要项目。

(1) 资产。

资产是指企业过去的交易或者事项形成的、由企业拥有或者控制的、预期会给企业带来经济利益的资源。它是企业从事生产经营活动的物质基础，具有以下几方面特征：

第一，资产是一项由过去的交易或者事项形成的资源。资产必须是现实的资产，而不能是预期的资产。企业过去的交易或者事项包括购买、生产、建造行为和其他交易或者事项，预期在未来发生的交易或者事项不形成资产。

第二，资产必须由企业拥有或控制。由企业拥有或者控制，是指企业享有某项资产的所有权，或者虽然不享有某项资产的所有权，但该资源能被企业所控制。

第三，资产预期会给企业带来经济利益。预期会给企业带来经济利益，是指直接或间接导致现金和现金等价物流入企业的潜力。资产必须具有交换价值和使用价值。没有交换价值和使用价值、不能给企业带来未来经济利益的资源不能确认为企业的资产。

资产按照不同的标准，可以分为不同的类别。按耗用期限的长短，可分为流动资产和非流动资产；根据具体形态，非流动资产还可以作进一步的分类：按是否有实体形态，可分为有形资产和无形资产。目前，我国会计实务中，综合这几种分类标准，将资产分为流动资产、长期投资、固定资产、无形资产、递延资产等类别。

①流动资产，指预计在一个正常营业周期中变现、出售或耗用，或者主要为交易目的而持有，或者预计自资产负债表日起一年内变现的资产，以及自资产负债表日起一年内交换其他资产或清偿负债能力不受限制的现金或现金等价物。包括库存现金、银行存款、交易性金融资产、应收利息、应收股利、其他应收款、应收及预付款项、存货等。

②长期投资，指不准备在一年内变现的投资，包括股票投资、债券投资、保险投资和其他投资。

③固定资产，指使用年限在一年以上，单位价值在规定标准以上，并在使用过程中保持原来物质形态的资产，包括房屋及建筑物、机器设备、运输设备、工具器具等。

④无形资产，指企业长期使用而没有实物形态的资产，包括专利权、非专利技术、商标权、著作权、土地使用权等。

⑤递延资产，指不能全部计入当期损益，应当在以后年度内分期摊销的各项费用，包括开办费、租入固定资产的改良支出等。

（2）负债。

负债是指企业过去的交易或事项形成的、预期会导致经济流出企业的现时义务。根据负债的定义，负债具有以下特征：第一，负债是企业承担的现时义务；第二，负债的清偿预期会导致经济利益流出企业；第三，负债是由过去的交易或事项形成的。

负债按其流动性，一般可分为流动负债和非流动负债。

①流动负债，是指将在一年或者长于一年的一个营业周期内偿付的债务，包括短期借款、应付票据、应付账款、预收货款、应付工资、应交税费、应付利润、其他应付款和预提费用等。

其中，短期借款是指企业借入的还款期限在一年或不超过一年的一个营业周期内的各种借款。例如，工业生产周转借款、临时借款等；应付票据是指企业在生产经营过程中对外发生债务时所承兑的汇票，包括银行承兑汇票和商业承兑汇票；应付账款是指企业生产经营过程中因购买材料、商品和接受劳务供应等发生的一项流动负债；预收账款是指企业按照合同规定向购货单位预收的购货款和定金；应付职工薪酬是指企业应付职工的工资总额以及包括在工资总额内的各种工资性奖金和津贴等；应交税费是指企业应缴纳的各种税费，包括增值税、营业税、消费税和所得税等；应付利润是指企业应付给投资者的利润，包括应付给国家、其他单位以及个人的投资利润；其他应付款是指除应交税金、利润以外的其他一切应交款项，包括应交教育费附加、车辆购置附加费等；预提费用是指企业事先预提而尚未实际支付的费用，如预提的保险费、借款利息、租金等。

②非流动负债，是指偿还期在一年或者超过一年的一个营业周期以上的各种债务，包括长期借款、应付债券、长期应付款等。非流动负债是企业向债权人筹集的可供长期使用的一种资本来源。同流动负债相比，非流动负债的特点是数额较大，偿还期限较长。

其中，长期借款是指企业向银行等金融机构或其他单位借入的，归还期限在一年以上的各种借款；应付债券是指企业为筹集长期使用的资金对外发行的一种还款期在一年以上的书面凭证；长期应付款是指企业除长期借款、应付债券以外的其他一切非流动负债。

（3）所有者权益。

所有者权益是指企业投资人对企业净资产的所有权。在数量上等于企业全部资产减去全部负债后的余额。所有者权益由实收资本、资本公积、盈余公积和未分配利润四部分构成。

其中，实收资本是指投资者按照企业章程，或合同、协议的约定，实际投入企业的资本；资本公积是指资本本身升值或其他原因而产生的投资者的共同权益，包括资本（或股本）溢价、接受捐赠资产、外币资本折算差额等；盈余公积是指企业从实现的利润中提取或形成的留存于企业内部的积累；未分配利润是指企业留于以后年度分配的利润或待分配利润。

2. 资产负债表的格式

资产负债表的格式分为三部分：表首、报表主体和表下附注。表首列示资产负债表的名称、编制单位、编制日期、报表编号、单位等。报表主体即表内部分，列示资产、负债、所有者权益各项目的期初余额和期末余额，各项目按一定标准分类和一定顺序排列。表下附注是对报表的主要项目和编制基础等作进一步的解释和说明，以揭示一些表内不便于或不能反映的重要信息。

资产负债表的格式一般有两种：账户式和报告式。账户式依据“资产=负债+所有者权益”的平衡原理，按照左右对照的账户形式来编制，左方列示资产项目，右方列示负债和所有者权益项目，左右平衡，其格式见表 3-1。报告式资产负债表是依据“资产-负债=所有者权益”的原理，把三大要素按上下顺序排列而编制的。先列资产，接着是负债，最后是所有者权益，资产合计减去负债合计等于所有者权益合计，其格式见表 3-2。我国采用账户式资产负债表的格式。

表 3-1 **A 公司资产负债表（账户式）**

编制单位： 年 月 日 单位：元

资 产	期末余额	年初余额	负债和所有者权益（或股东权益）	期末余额	年初余额
流动资产			流动负债		
非流动资产			非流动负债		
可供出售金融资产			负债合计		
持有至到期投资					
长期应收款			所有者权益（或股东权益）：		
长期股权投资			实收资本（或股本）		
投资性房地产			资本公积		
固定资产			减：库存股		
无形资产			盈余公积		
其他非流动资产			未分配利润		
非流动资产合计			所有者权益（或股东权益）合计		
资产总计			负债和所有者权益（或股东权益）总计		

表 3-2　**A 公司资产负债表（报告式）**

编制单位：　年　月　日　单位：元

项目	资产
流动资产	
非流动资产	
可供出售金融资产	
持有至到期投资	
长期应收款	
长期股权投资	
投资性房地产	
固定资产	
无形资产	
其他非流动资产	
资产合计	
	负债
流动负债	
非流动负债	
负债合计	
	所有者权益（或股东权益）
实收资本（或股本）	
资本公积	
盈余公积	
未分配利润	
所有者权益（或股东权益）合计	

3.1.2　资产负债表的作用

资产负债表能够揭示企业在报表日的财务状况，既反映企业经营活动的基础，又反映企业的规模和发展潜力，其提供的信息是评价企业偿债能力和筹资能力的重要依据，也是预测企业未来财务状况的出发点，因此资产负债表也被称为会计“第一报表”。

资产负债表的作用具体表现在以下方面：

第一，资产负债表能够揭示企业资产的构成及其状况，分析企业在某一日期所拥有的经济资源及其分布情况。流动资产可以了解企业的银行存款以及变现能力，掌握资产的流动性与质量；长期投资可以掌握企业从事的是实业投资还是股权债权投资以及是否存在新的利润增长点或潜在风险；固定资产以及在建工程可以掌握固定资产增减趋势；无形资产与其他资产可以掌握企业资产潜质。

第二，资产负债表能够揭示企业的资金来源及资本结构。企业的资金来源有两方面，一是债权人提供的资金，称为负债；二是所有者的出资，称为所有者权益。资本结构是指企业资金来源中负债和所有者权益的相对比例，它对企业的长期偿债能力以及债权人和所有者的相对风险均有影响。利用资产负债表可以了解企业的资金来源情况、资本结构、财务风险以及企业利用财务杠杆的能力。

第三，资产负债表能够揭示企业的流动性及短期偿债能力。资产转换为现金所需的时间越短，表明企业资产的流动性越强。资产负债表上的资产项目是按流动性排列的，负债项目又分成流动负债和非流动负债，因此，可以利用资产负债表的流动资产和流动负债了解企业的短期偿债能力。

第四，资产负债表能够揭示企业的经营绩效。企业的经营绩效主要表现为获利能力，而获利能力则可用资产收益率、成本收益率等相对值指标衡量，这样将资产负债表和利润表的信息结合起来，可据以评价和预测企业的经营绩效，并可深入剖析企业绩效优劣的根源，寻求提高企业经济资源利用效率的良策，也有助于投资者对资产负债进行动态的比较，进一步分析企业经营管理水平及发展前景与动力。

3.2 利润表

利润表又称损益表，反映企业在一定会计期间经营成果。利润表是一张动态报表，它根据收入实现原则和配比原则，把一定会计期间的收入与同一会计期间相关的费用（成本）相配比，计算出企业一定时期的净利润或净亏损。

3.2.1 利润表的内容和格式

1. 利润表的内容

利润表反映的主要内容包括营业收入、营业成本、营业税金及附加、销售费用、管理费用、财务费用、资产减值损失、公允价值变动收益、投资收益、营业外收入、营业外支出、所得税费用等。

（1）营业收入反映企业经营业务所得的收入总额。本项目应根据“主营业务收入”和“其他业务收入”账户的发生额分析填列。

（2）营业成本反映企业经营业务发生的实际成本。本项目应根据“主营业务成本”和“其他业务成本”账户的发生额分析填列。

（3）营业税金及附加反映企业经营业务应负担的营业税、消费税、城市维护建设税、资源税、土地增值税和教育费附加等。本项目应根据“营业税金及附加”账户的发生额分析填列。

（4）销售费用反映企业在销售商品和商品流通企业在购入商品等过程中发生的费用。本项目应根据“销售费用”账户的发生额分析填列。

（5）管理费用反映企业行政管理等部门所发生的费用。本项目应根据“管理费用”账户的发生额分析填列。

（6）财务费用反映企业发生的利息费用等。本项目应根据“财务费用”账户的发生额分析填列。

（7）资产减值损失反映企业发生的各项减值损失。本项目应根据“资产减值损失”账户的发生额分析填列。

（8）公允价值变动收益反映企业交易性金融资产等公允价值变动所形成的当期利得和损失。本项目应根据“公允价值变动损益”账户的发生额分析填列。

（9）投资收益反映企业以各种方式对外投资所取得的收益。本项目应根据“投资收益”账户的发生额分析填列；如为投资损失，以“-”号填列。

（10）营业外收入和营业外支出反映企业发生的与其生产经营无直接关系的各项收入和支出。这两个项目应分别根据“营业外收入”账户和“营业外支出”账户的发生额分析填列。

（11）所得税费用反映企业按规定从本期损益中减去的所得税。本项目应根据“所得税费用”账户的发生额分析填列。

拓展案例 3-1

资产负债表同利润表的表间关系主要是资产负债表中未分配利润的期末数减去期初数，应该等于利润表的未分配利润项，因为资产负债表是一个时点报表，而利润表是一个时期报表，两个不同时点之间就是一段时期，这两个时点上的未分配利润的差额，应该等于这段时期内未分配利润的增量。那可能有人要问了，为什么单单拿未分配利润来比较呢，不拿其他的来比较呢？首先简单解释一下，什么叫未分配利润，未分配利润就是企业支付成本费用，取得收入，然后交了税金，付完利息后，将余下的利润分给股东之后，最后余下的钱。企业的所有活动产生的经济效果，到最后都要体现到未分配利润上来，作个最后的了结，而其他的项目之间的关系，主要表现在表内的关系上，而不是通过表间关系体现的。

资料来源　佚名.资产负债表、利润表以及现金流量表之间的勾稽关系[EB/OL].（2011-12-03）.http://www.southmoney.com/zhishi/jbmfx/245884.html.

2. 利润表的格式

对利润表提供信息的要求不同，形成了不同的利润表格式。目前，比较普遍的格式有两种，即单步式利润表和多步式利润表。我国一般采用多步式利润表格式。

多步式利润表中的当期净利润是经过多步计算确定的，通常分四步反映净利润的形成过程。

第一步是计算营业收入：

营业收入=主营业务收入+其他业务收入 (3-1)

第二步是计算营业利润：

$$营业利润=营业收入-营业成本-营业税金及附加-销售费用-管理费用-财务费用-资产减值损失+公允价值变动收益+投资收益 \quad (3-2)$$

第三步是计算利润总额：

利润总额=营业利润+营业外收入-营业外支出 (3-3)

第四步是计算净利润：

净利润=利润总额-所得税费用 (3-4)

多步式利润表的格式见表3-3。多步式利润表弥补了单步式利润表的诸多不足，其优点在于能清楚地反映出企业净利润的形成步骤，准确地揭示企业净利润各构成要素之间的内在联系，便于对企业生产经营情况进行分析，便于在不同企业之间进行比较，便于会计报表使用者预测企业今后的盈利能力。

表3-3 A公司利润表 单位：元

项　目	本年金额	上年金额
一、营业收入		
减：营业成本		
营业税金及附加		
销售费用		
管理费用		
财务费用		
资产减值损失		
加：公允价值变动收益（损失以“-”号填列）		
投资收益（损失以“-”号填列）		
二、营业利润（亏损以“-”号填列）		
加：营业外收入		
减：营业外支出		
三、利润总额（亏损总额以“-”号填列）		
减：所得税费用		
四、净利润（净亏损以“-”号填列）		
五、每股收益		

3.2.2 利润表的作用

利润既是企业经营业绩的综合体现，又是进行利润分配的基础，其作用主要表现在以下几个方面：

第一，利润表可以反映企业的经营成果和获利能力。经营成果是一个绝对值指标，由一定期间的收入减掉相关成本和费用后的余额来反映。利润表可以反映企业在一定会计期间收入、费用、利润的数额、构成情况，全面的了解企业的经营成果，体现企业资本增值或财富增长的规模。获利能力是一个相对值指标，是企业运用一定的经济资源获取经营成果的能力。根据利润表提供的经营成果数据，可以比较企业在不同时期以及不同企业在相同时期的有关指标，分析与企业利润相关的情况，可以评估、预测企业的获利能力以及盈利增长趋势，为其作出经济决策提供依据。

第二，利润表可以有利于考核与评价经营管理者的经营业绩。在现代企业制度下，企业的所有权与经营权相分离，如何考核经营管理者的经营业绩，就成为一个重要而又现实的问题，也是企业所有者关心的首要问题。利润表所反映的经营成果，是企业生产经营过程中投入与产出对比的结果，它集中体现了企业在生产、经营、理财、投资等各项经营活动中的管理效率和效益，是一项综合性的信息。通过比较企业前后期以及同行业其他企业的经营成果及其变动情况，可以考核企业经营管理者的经营业绩，评价其功过得失。

第三，利润表可以帮助经营者作出经营决策。比较和分析利润表中各种构成要素，可知悉各项收入、成本、费用与收益之间的增减趋势，发现各方面工作中存在的问题，揭露缺点，找出差距，改善经营管理，努力增收节支，杜绝损失的发生，作出合理的经营决策。

第四，利润表可以间接地解释、评价和预测企业的偿债能力。利润表本身并不提供偿债能力的信息，然而企业的偿债能力不仅取决于资产的流动性和资本结构，也取决于获利能力。企业在个别年份获利能力不足，不一定影响偿债能力，但若一家企业长期丧失获利能力，则资产的流动性必然由好转坏，资本结构也将逐渐由优变劣，陷入资不抵债的困境。债权人和管理部门通过分析和比较利润表的有关信息，可以间接地解释、评价和预测企业的偿债能力，尤其是长期偿债能力，并揭示偿债能力的变化趋势，进而作出各种信贷决策和改进企业管理工作的决策。

3.3 现金流量表

现金流量表是反映企业一定会计期间现金和现金等价物流入和流出的报表。现金流量表是以现金为基础编制的。现金有广义与狭义之分。现金流量表中所指现金是广义的现金概念，它不仅包括库存现金（狭义现金），还包括可以随时用于支付的存款以及现金等价物。其中，现金等价物是指企业持有的期限短、流动性强、易于转换为已知金额的现金、价值变动风险很小的交易性金融资产。现金等价物虽然不是现金，但其支付能力与现金差别不大，因此可视为现金。

3.3.1 现金流量表的内容和格式

1. 现金流量表的内容

现金流量表是反映企业在一定时期现金流入和现金流出动态状况的报表。编制现金流量表的目的，是为会计报表使用者提供企业一定会计期间内现金和现金等价物流入和流出的信息。我国的《企业会计准则第31号——现金流量表》中将企业的业务活动按其发生的性质分为经营活动、投资活动和筹资活动。相应地，现金流量也分为三类：

（1）经营活动产生的现金流量。

经营活动，是指企业投资活动和筹资活动以外的所有交易和事项。经营活动流入的现金主要包括：①销售商品、提供劳务收到的现金；②收到的税费返还；③收到的其他与经营有关的现金。经营活动流出的现金主要包括：①购买商品、接受劳务支付的现金；②支付给职工以及为职工支付的现金；③支付的各项税费；④支付的其他与经营活动有关的现金。

（2）投资活动产生的现金流量。

投资活动，是指企业长期资产的购建和不包括在现金等价物范围内的投资及其处置活动。投资活动流入的现金主要包括：①收回投资收到的现金；②取得投资收益收到的现金；③处置固定资产、无形资产和其他长期资产收回的现金净额；④收到的其他与投资活动有关的现金。投资活动流出的现金主要包括：①购建固定资产、无形资产和其他长期资产支付的现金；②投资支付的现金；③支付的其他与投资活动有关的现金。

（3）筹资活动产生的现金流量。

筹资活动，是指导致企业资本及债务规模和构成发生变化的活动。筹资活动流入的现金主要包括：①吸收投资收到的现金；②取得借款收到的现金；③收到的其他与筹资活动有关的现金。筹资活动流出的现金主要包括：①偿还债务支付的现金；②分配股利、利润或偿付利息支付的现金；③支付的其他与筹资活动有关的现金。

拓展案例 3-2

资产负债表同现金流量表之间的关系，主要是资产负债表的现金，银行存款及其他货币资金等项目的期末数减去期初数，应该等于现金流量表最后的现金及现金等价物净流量。资产负债表是一个时点报表，现金流量表是一个时期报表，表间关系的原理同上。想进一步解释一下的就是，什么叫现金及现金等价物，这个概念对于现金流量表来说，是非常重要的。现金大家都明白，就是实实在在的票子和放在银行里的银行存款，是广义上的现金，而现金等价物是个什么概念呢？顾名思义，就是可以把这些东西当成现金来看待的，那企业里，哪些东西可以被当做现金来看呢？主要包括短期投资，以及可以马上变现的长期投资等，那为什么这些东西可以当做现金来看呢？主要是因为它们可以随时地变成现金，可以马上在交易市场上卖了，换回现金，这个同现金没有太大的差异，除了可以从交易市场上换回现金外，几乎还可以直接作为支付手段，支付给客户，因此，在现实运作中，可以将这些东西看成与现金一样的，在会计上，就叫现金等价物。

资料来源 佚名.资产负债表、利润表以及现金流量表之间的勾稽关系[EB/OL].（2011-12-03）[2015-12-02].http://www.southmoney.com/zhishi/jbmfx/245884.html.

2.现金流量表的格式

现金流量表的编制依据主要是资产负债表、利润表以及有关账户记录资料。现金流量表的编制基础是收付实现制。因此，编制现金流量表的过程就是将权责发生制下的会计资料调整为收付实现制下的现金流量。现金流量表的编制方法有直接法和间接法两种。

（1）直接法。

直接法，是指通过现金收入和现金支出的主要类别列示经营活动的现金流量。表中各项目的数据可从会计记录中直接获得，或在利润表营业收入、营业成本等数据的基础上，通过调整获得。在实际工作中，可以通过工作底稿法和T形账户法这两种技术方法来进行调整获得所需数据。

采用工作底稿法编制现金流量表，是以工作底稿为手段，以利润表和资产负债表数据为基础，对每一项目进行分析并编制调整分录，从而编制出现金流量表。工作底稿法的编制步骤如下：①将资产负债表、利润表数据过入工作底稿期初数栏、期末数栏；②对当期业务进行分析，编制调整分录；③将调整分录过入工作底稿的调整分录栏相应项目；④核对调整分录，调整分录借贷合计应相等，资产负债表项目期初数加减调整分录中的借贷金额后应等于期末数；⑤根据工作底稿现金流量表项目部分数据编制现金流量表。

T形账户法是以T形账户为手段，以利润表和资产负债表数据为基础，对每一项目进行分析并编制调整分录，从而编制出现金流量表。T形账户法的编制步骤如下：①为所有非现金项目（包括资产负债表、利润表项目）分别开设T形账户，并将各自的期末、期初数过入各T形账户；②开设一个大的“现金及现金等价物”T形账户，每边分为经营活动、投资活动和筹资活动三个部分，左边记现金流入，右边记现金流出；③以利润表项目为基础，结合资产负债表，逐项进行分析，编制调整分录；④将调整分录过入各T形账户，并进行核对，各账户借贷相抵后的余额与原先过入的期末、期初变动数应当一致；⑤根据大的“现金及现金等价物”T形账户编制正式现金流量表。

(2) 间接法。

间接法以本期净利润为出发点，通过对那些没有实际发生经营活动的现金流入和流出的收入、费用、营业外收支等有关项目进行调整，计算出经营活动产生的现金流量。

间接法下需要调整的项目可归纳为四类：第一类是实际没有支付现金的费用，如固定资产折旧、无形资产摊销等；第二类是实际没有收到现金的收益；第三类是不属于经营活动的损益，如处置固定资产、无形资产和其他长期资产的损益；第四类是经营性应收、应付项目的增减变动，如应收账款、应付账款等的增减变动。现金流量表的格式及主要内容见表 3-4。

3.3.2 现金流量表的作用

现金流量表是反映企业一定期间现金流入和现金流出的会计报表，它对于评价企业产生未来净现金流量的能力、偿还债务以及支付股利的能力、企业外部筹资的需求、净收益与现金收支之间的差异，以及企业现金和非现金筹资与投资活动等都有着十分重要的意义。具体而言，现金流量表具有以下作用：

第一，现金流量表有利于分析、评价和预测企业产生未来现金流量的能力。现金流量表反映企业一定期间内的现金流入和流出的整体情况，说明企业现金从哪里来，又运用到哪里去。经营活动产生的现金流量，代表企业运用其经济资源创造现金流量的能力；投资活动产生的现金流量，代表企业运用资金产生现金流量的能力；筹资活动产生的现金流量，代表企业筹资获得现金流量的能力。通过现金流量表及其他财务信息，可以分析企业未来获取或支付现金的能力。

第二，现金流量表有利于分析、评价和预测企业偿还债务和支付股利的能力。投资者投入资金、债权人提供企业使用资金，其主要目的是为了获利。通常情况下，报表阅读者比较关注企业的获利情况，并且往往以获利多少作为衡量标准。但是，企业一定期间内获利并不代表企业真正具有偿债或支付能力。在某些情况下，虽然企业利润表上反映的经营业绩很可观，但财务困难，不能偿还到期债务；还有些企业虽然利润表上反映的经营成果并不可观，但却有足够的偿付能力。通过现金流量表能够了解企业现金流入的构成，分析企业偿债和支付股利的能力，增强投资者的投资信心和债权人收回债权的信心；通过现金流量表，投资者和债权人可了解企业获取现金的能力和现金偿付的能力，从而使有限的社会资源流向最能产生效益的地方。

第三，现金流量表有利于了解企业筹措现金、生成现金的能力。通过现金流量表可以了解经过一段时间的经营，企业筹措了多少现金，自己生成了多少现金。筹措的现金是按计划用到企业扩大生产规模、购置固定资产、补充流动资金上，还是被经营方侵蚀掉了。企业筹措现金，生产现金的能力，是企业加强经营管理合理使用调度资金的重要信息，是其他两张报表所不能提供的。

第四，现金流量表有利于分析、评价和预测企业现金和非现金筹资、投资活动

表 3-4　**A 公司现金流量表**　单位：元

编制单位：　××年度

项目	本年金额	上年金额
一、经营活动产生的现金流量		
销售商品、提供劳务收到的现金		
收到的税费返还		
收到其他与经营活动有关的现金		
购买商品、接受劳务支付的现金		
支付给职工以及为职工支付的现金		
支付的各项税费		
支付其他与经营活动有关的现金		
经营活动产生的现金流量净额		
二、投资活动产生的现金流量		
收回投资收到的现金		
取得投资收益收到的现金		
处置固定资产、无形资产和其他长期资产收回的现金净额		
处置子公司及其他营业单位收到的现金净额		
收到其他与投资活动有关的现金		
购建固定资产、无形资产和其他长期资产支付的现金		
投资支付的现金		
取得子公司及其他营业单位支付的现金净额		
支付其他与投资活动有关的现金		
投资活动产生的现金流量净额		
三、筹资活动产生的现金流量		
吸收投资收到的现金		
取得借款收到的现金		
收到其他与筹资活动有关的现金		
偿还债务支付的现金		
分配股利、利润或偿付利息支付的现金		
支付其他与筹资活动有关的现金		
筹资活动产生的现金流量净额		
四、汇率变动对现金及现金等价物的影响		
五、现金及现金等价物净增加额		
期初现金及现金等价物余额		
期末现金及现金等价物余额		

的有效性。通过对现金流量表中筹资和投资活动现金流量信息的分析，可以评价企业筹资和投资活动的有效性、企业筹资使用的效果以及企业投资的回报率。这些信息有助于财务报表的外部使用者更好地评价企业经营者的业绩和能力，有助于管理者更有效地计划和使用现金，提高现金的使用效率。

关键词

资产负债表　资产　负债　所有者权益　流动性　资本结构　利润表　多步式　现金流量表　经营活动　筹资活动　投资活动　直接法　间接法

基本训练

◆ 单项选择题

1. 反映企业在某一特定日期财务状况的会计报表是（　　）。

A. 资产负债表　　B. 利润表

C. 现金流量表　　D. 所有者权益变动表

2. 依照我国的会计准则，利润表采用的格式为（　　）。

A. 单步式　　B. 多步式　　C. 账户式　　D. 报告式

3. 依照我国的会计准则，资产负债表采用的格式为（　　）。

A. 单步式　　B. 多步式　　C. 账户式　　D. 报告式

4. 反映企业在一定会计期间经营成果的会计报表是（　　）。

A. 资产负债表　　B. 利润表

C. 现金流量表　　D. 所有者权益变动表

5. 现金流量表中的三大类别是（　　）。

A. 现金流入、现金流出和流入流出净额

B. 期初余额、期末余额和当期发生额

C. 投资活动现金流量、经营活动现金流量和筹资活动现金流量

D. 营业收入、净利润和营业活动现金流量

6. 反映企业一定会计期间现金和现金等价物流入和流出的报表是（　　）。

A. 资产负债表　　B. 利润表

C. 现金流量表　　D. 所有者权益变动表

7. 现金流量表的编制基础是（　　）。

A. 收付实现制　　B. 权责发生制　　C. 配比原则　　D. 持续经营

8. 在我国，现金流量表正表以（　　）编制。

A. 间接法　　B. 直接法　　C. 单步式　　D. 报告式

9. 以下属于流动资产的有（　　）。

A. 长期股权投资　　B. 投资性房地产

C. 应收账款　　D. 应付债券

10. 以下属于非流动负债的有（　　）。

A. 长期股权投资　　B. 投资性房地产

C. 应收账款　　D. 长期借款

◆ 多项选择题

1. 财务报表分析可以帮助使用者（　　）。

A. 评估企业过去的经营绩效　　B. 制定投资决策

C. 预测未来发展趋势　　D. 以上都不是

2. 经营活动流入的现金主要包括（　　）。

A. 销售商品、提供劳务收到的现金　　B. 购买商品、接受劳务支付的现金

C. 支付给职工以及为职工支付的现金　　D. 收到的税费返还

3. 经营活动流出的现金主要包括（　　）。

A. 销售商品、提供劳务收到的现金　　B. 购买商品、接受劳务支付的现金

C. 支付给职工以及为职工支付的现金　　D. 支付的各项税费

4. 投资活动流入的现金主要包括（　　）。

A. 收回投资收到的现金

B. 取得投资收益收到的现金

C. 处置固定资产、无形资产和其他长期资产收回的现金净额

D. 投资支付的现金

5. 投资活动流出的现金主要包括（　　）。

A. 购建固定资产、无形资产和其他长期资产支付的现金

B. 投资支付的现金

C. 收回投资收到的现金

D. 取得投资收益收到的现金

6. 筹资活动流入的现金主要包括（　　）。

A. 吸收投资收到的现金　　B. 收回投资收到的现金

C. 取得借款收到的现金　　D. 取得投资收益收到的现金

7. 筹资活动流出的现金主要包括（　　）。

A. 支付的各项税费

B. 偿还债务支付的现金

C. 分配股利、利润或偿付利息支付的现金

D. 购买商品、接受劳务支付的现金

8. 通过资产负债表，可以了解（　　）。

A. 某一日期的资产总额和资产结构　　B. 债务的期限结构和数量

C. 资本的保值增值情况　　D. 某一会计期间的经营成果

9. 现金流量表中现金所包括的具体内容是（　　）。

A. 库存现金　　B. 银行存款　　C. 股票　　D. 其他货币资金

10. 下列内容中属于利润表主要反映的项目是（　　）。

A. 营业收入　　B. 营业利润　　C. 营业成本　　D. 实收资本

◆ 判断题

1. 资产负债表是反映企业在一定会计期间的经营成果的会计报表。（　　）

2. 资产负债表的格式一般有两种：账户式和报告式。账户式依据“资产=负债+所有者权益”的平衡原理，按照左右对照的账户形式来编制，左方列示资产项目，右方列示负债和所有者权益项目，左右平衡。（　　）

3. 所有者权益是指企业投资人对企业净资产的所有权。所有者权益由实收资本、资本公积、盈余公积和净利润四部分构成。（　　）

4. 资产是指企业过去的交易或者事项形成的、由企业拥有或者控制的、预期会给企业带来经济利益的资源。（　　）

5. 负债是指企业过去的交易或事项形成的、预期会导致经济流出企业的未来义务。（　　）

6. 利润表又称损益表，是反映企业在一定会计期间经营成果的会计报表。（　　）

7. 对利润表提供信息的要求不同，形成了不同的利润表格式。目前，比较普遍的格式有两种，即单步式利润表和多步式利润表。我国一般采用单步式利润表格式。（　　）

8. 多步式利润表弥补了单步式利润表的诸多不足，其优点在于能清楚地反映出企业净利润的形成步骤。（　　）

9. 现金流量表是反映企业一定会计期间现金和现金等价物流入和流出的报表。现金流量表是以权责发生制为基础编制的。（　　）

10. 我国的《企业会计准则第 31 号——现金流量表》中将企业的业务活动按其发生的性质分为经营活动、投资活动和筹资活动。（　　）

第4章　财务报表分析

学习目标

◆ 重点掌握比率分析法的指标、计算和意义；掌握杜邦分析法；了解财务报表分析的基本方法。

❖引例

秦丰农业亿元会计报表造假大案探秘

2005 年 4 月 19 日，从事各类农作物种子的培育、生产、加工和销售的杨凌秦丰农业科技股份有限公司（秦丰农业，600248）公告被陕西省证监局立案调查，8 月 20 日，它披露发现重大会计差错：2001 年度利润差错 6 189 万元，2002 年度利润差错 6 764 万元，多提坏账准备 8 万元。说是重大会计差错，其实就是造假。作为农业类公司造假的又一新案，公司却连一点歉意也不表达。细读公司历年年报，更是令观者疑问重重，秦丰农业真的只是在 2001 年和 2002 两年造假么？

秦丰农业此前公布的 2001 年和 2002 年净利润分别是 2 722 万元和 1 938 万元，如果减掉虚增的部分，则分别亏损 3 467 万元和 4 826 万元。明明是亏损，非要做出盈利，而企业盈利必然表现为资产增加（或者负债的减少，非常少见），既然利润是假的，那么显然公司的一部分资产也应该是假的。

秦丰农业半年报对以前年度的会计差错作了调整，可见公司虚增的主要是预付账款和存货。从 2004 年年报来看，预付账款已经很异常了，期初只有 6 673 万元，期末增长 1 倍到 13 616 万元，然而公司当年的主营业务收入反而比上年下降 7%；存货更是因为有 4 000 万元未能取得购货发票而受到注册会计师关注，成为其出具非标意见审计报告的主要理由之一；再结合前面讲到的坏账准备，按计提比例来分析，虚增的其他应收款账龄也在一年之内。综合以上情况来看，如果不是公司告诉我们它是在 2001 年和 2002 年虚增利润，人们会更加怀疑它 2004 年的业绩。

现在的问题是，既然调整的资产几乎都是在 2004 年虚增的，那么 2001 年和 2002 年虚增的又是什么资产？它们又是如何转化成存货和预付账款的呢？

2001 年秦丰农业应收账款、其他应收款、预付账款和存货比上一年增加了 1 346 万元，2002 年经营性应收项目和存货的增加也只有 4 183 万元，这些数字与公司虚增利润的数字相差甚远。而如果虚增的是长期投资、固定资产、无形资产和其他长期资产，又很难在以后转化成其他形态的资产，从年报中也未能发现有这样的迹象，因此，秦丰农业有极大的可能虚增了货币资金，而货币资金因为可以从银行那里验证其真实性，本应是最难造假的。报表显示2004年年初秦丰农业账面上有现金2.46亿元，与以前年度相比并不算少，然而管理层在总结亏损的原因时居然称“公司流动资金紧张，严重影响了公司主营业务的顺利开展，造成公司销售收入较上年明显降低”。现在看来，这句当初令人不解的话倒有可能是真实的。如果不是2001—2003年秦丰农业能够从银行借到款使得表中筹资活动产生的现金流量为较大的正数，恐怕造假行为早就露馅了。2004年公司借不到钱，于是很快就东窗事发了。

财务报表分析到底能为投资者提供什么样的信息？是否能够成为投资者决策的依据？是否还有其他有用的信息？财务分析有哪些方法？其能否为投资者指引迷航？本章将对这些问题进行讲解。

资料来源 佚名.秦丰农业亿元会计报表造假大案探秘[EB/OL].（2005-09-05）[2015-09-18]. http://stock.hexun.com/2005-09-05/100512364.html.

4.1 财务报表分析概述

财务报表分析是以财务报表及其他相关资料为主要依据，对企业一定时期的财务状况、经营成果、现金流量状况进行分析和评价，为企业财务管理工作和经济决策提供财务信息。

4.1.1 财务报表分析的主体

财务报表分析的主体是与企业存在着现实或潜在的利益关系，因而需要借助于财务报表信息了解企业财务状况、经营成果和现金流量状况的单位、团体和个人。这些利益相关者主要有企业经营管理者、投资者、债权人、供应商、客户、政府部门和职工等。其中经营管理者、投资者和债权人是基本的财务报表分析主体。

1. 企业经营管理者

企业经营管理者受托对企业的生产经营活动进行管理，围绕企业财务目标，实现经济效益最大化是其职责所在。企业管理者的财务分析要比其他分析主体更加全面和系统，他们需要全面掌握企业的生产经营状况和财务状况，他们关心企业的盈利情况如何、资产结构是否合理、偿债能力如何、发展前景如何等，而这些信息需要借助于财务报表分析获得。

2. 投资者

资金拥有者将资金投入企业，因而成为投资者或所有者，他们不但要求保全投入的本金，还要求获取投资回报。所以投资者必然要对企业的财务状况和经营成果进行分析评价，为其投资决策提供依据，同时又要对企业经营管理者的经营业绩进行分析评价，为选择经营管理者或执行奖励制度提供依据。投资者除了关心企业的获利能力外，还关心企业长期发展的可能性、偿债能力和利润分配政策等。

3. 债权人

债务资金是企业两大资金来源之一，向企业提供债务资金的组织和个人被称为债权人。债权人将资金提供给企业之后就会要求企业按期偿付本金和利息，而企业的偿债能力如何直接决定债权人能否顺利收回本金和利息。因此，债权人财务分析的出发点和首要目的是评估企业长期、短期债务的偿还能力。由于不同的债务结构对企业偿债能力有着不同的影响，所以长期债权人在进行报表分析时，不仅注重企业资本结构的分析，而且更关注企业未来现金流量及盈利能力情况；短期债权人则更关注和分析企业目前的资产构成、资产流动性等方面。

4. 供应商

在激烈的市场竞争中，供应商往往采取赊销这种方式以扩大销售规模。在赊购业务中，供应方和购货方形成商业信用关系。供应商在决定向哪个购货企业提供赊销、提供多长的信用期限之前，必然要了解企业的信用和风险情况以及偿债能力，因而需要对企业进行相应的财务报表分析。

此外，财务分析主体还包括注册会计师、财政税收部门、银行以及证券投资者等。他们基于自身需要，通常也会站在各自的立场上对企业财务活动及其成果进行分析。

4.1.2　财务报表分析的方法

财务报表分析的方法主要有比较分析法、比率分析法、因素分析法与趋势分析法等。

1. 比较分析法

比较分析法又叫对比分析法，是财务分析最基本的方法，主要通过财务指标对比，借以确定差异、分析原因和制定措施的一种方法。比较分析法的具体表现形式主要有以下三种：

（1）将实际指标与计划指标进行对比，差异额说明该指标的计划或目标完成情况如何。

（2）将实际指标与该指标的上期、上年同期或历史最高水平的实际数值进行对比。从差异额可以看出该指标在不同时期的增减变动情况，进而可以看出企业财务状况和经营成果的长期发展动态和财务工作的改进情况。

（3）将实际指标与国内或国外同行业先进单位的同类指标的数值进行对比。差异额表明本企业与先进企业之间的差距，反映了本企业目前所处位置，这样能够不断推动企业改进经营管理，赶超先进。

运用比较分析法时，关键是要注意指标可比性问题，在选择比较指标时，要求内容范围、计算方法、计量标准、时空跨度上保持口径一致，必要时应该进行调整。

2. 比率分析法

比率分析法是指通过计算两个相关财务指标的比值，来揭示指标关系及其合理性的分析方法。比率分析能够用于同一报表的不同项目之间，或不同报表的有关项目之间进行对比，应用广泛，是财务分析的重要方法。常用的比率指标分为三种：

（1）结构比率。结构比率又称为构成比率，是指计算某项经济指标的各个组成部分占总体的比重，反映经济指标的局部与整体的关系。例如，流动资产占总资产的比重、存货占流动资产的比重等。通过这些构成比率分析，可以考察总资产的内部构成、流动资产的内部构成是否合理。

（2）效率比率。效率比率指某经济活动所费与所得的比例，反映了投入与产出的关系。成本费用与利润的比率就是一个很明显的例子。分析效率比率指标，可以权衡得失，评价效益的高低，以便于作出正确的投资决策。

（3）相关比率。这里所指的相关比率是指除结构、效率比率以外的两个相互关联指标的比率。相关比率可以帮助分析者评判企业生产经营活动和财务安排是否合理和通畅，如流动比率、负债与所有者权益比率等。

运用比率分析法，必须注意指标之间应具有相关性，还要注意对比指标的计算口径的一致性。使用比率分析法时，仅求出其比值是不够的，还要找出一个基准与其比较，以便对企业的财务状况与经营成果作出评价。

3. 因素分析法

因素分析法是指利用各因素之间的依存关系，依次测定各构成因素的变动分别对综合性财务指标的影响程度的方法。反映企业经济活动的综合性财务指标通常要受到多种因素的影响，为了分析该指标的变化及其原因，有必要界定各因素的影响范围及影响程度，从而明确责任，找出问题的关键，以便于有的放矢地改进工作。

因素分析法有连环替代法和差额计算法两种。

（1）连环替代法。

连环替代分析法是依次用各项因素的实际数替换基数，借以计算各因素影响程度的一种分析方法。运用连环替代法时要注意以下几个问题：

①在确定某个经济指标的构成因素时，要使确定的因素与其有必然的因果关系；同时明确这些因素与经济指标的数量关系；根据各个因素对指标影响的内在联系来确定排列顺序。

②在测定某一因素对指标的影响时，必须假定只有这一个因素发生变动而其他因素不变。

③替代某个因素时，之前已替代完毕的因素保留其替代后的实际数值。把替代某因素后的数据与替代该因素前的数据作比较，以确定该因素变动对指标的影响。

【例 4-1】某公司 20××年 7 月份生产甲产品耗用材料成本总额资料见表 4-1，运用连环替代法，计算各因素变动对材料费用总额的影响程度。

表 4-1 相关因素的计划数与实际数

项目	单位	计划数	实际数
产量	件	80	90
单位产品材料消耗量	千克/件	8	7
材料单价	元/件	7	9
材料费用总额	元	4 480	5 670

【解】根据表 4-1 的资料，材料费用总额实际数较计划数增加 1 190 元，这是分析对象。其程序如下：

计划材料成本总额：80×8×7=4 480（元） ①

替代产量：90×8×7=5 040（元） ②

替代单位产品材料消耗：90×7×7=4 410（元） ③

替代材料单价：90×7×9=5 670（元） ④

产量增加的影响：②－①=5 040－4 480=560（元）

单位产品材料消耗降低的影响：③－②=4 410－5 040=-630（元）

材料单价增加的影响：④－③=5 670－4 410=1 260（元）

全部因素的影响为：560－630+1 260=1 190（元）

从上述计算结果来看，该公司材料费用超支主要是由于材料单价的上涨使材料费用超支 1 260 元，产量增加使材料费用超支 560 元，单位产品材料消耗的下降使材料费用降低 630 元。

（2）差额计算法。

差额计算法是根据各项因素的实际数与基数的差额来计算各项因素影响程度的方法，它是连环替代分析法的简化做法。

【例 4-2】承例 4-1，运用差额计算分析，计算各因素变动对材料费用总额的影响程度。

【解】如果采用差额计算分析法，则：

产量变动的影响：（90－80）×8×7=560（元）

单位产品材料消耗变动的影响：90×（7－8）×7=-630（元）

材料单价变动的影响：90×7×（9－7）=1 260（元）

上述计算结果与连环替代法的计算结果完全相同。

4. 趋势分析法

趋势分析法是将企业连续两期或数期财务报表中的相同指标进行比较，对它们增减变动的方向与幅度进行分析，以揭示企业生产经营状况的某一方面的发展变动趋势。趋势分析法常用于分析重要财务指标的变动趋势及财务报表中各项目金额的比较。运用趋势分析法进行财务报表的分析，一般要进行资产负债表比较、利润表比较及现金流量表比较。比较时，既要计算出表内各项目增减变动的绝对数，还要计算出增减变动的百分比，这样使变动情况一目了然。但是要注意的是，并非对所有的项目都要一视同仁进行分析，而要选择那些性质上重要或者金额较大或者两个特征兼有的项目进行分析。

4.2 比率分析法

用于财务报表分析的比率分析方法可以分为四类：偿债能力分析、营运能力分析、盈利能力分析、发展能力分析。为了便于分析说明，现列示简化的 A 公司主要财务报表见表 4-2 和表 4-3，来计算本节各项财务比率。

表 4-2 资产负债表

2015 年 12 月 31 日 单位：万元

资产	年初数	期末数	负债及所有者权益	年初数	期末数
流动资产			流动负债		
货币资金	300	400	短期借款	700	800
交易性金融资产	400	200	应付账款	900	700
应收账款	900	1 000	预收款项	30	50
预付款项	100	100	其他应付款	100	100
存货	1 600	1 700	流动负债合计	1 730	1 650
一年内到期的非流动资产	30	50	非流动负债	800	1 000
流动资产合计	3 330	3 450	负债合计	2 530	2 650
非流动资产			所有者权益		
长期投资	320	300	实收资本	1 000	1 000
固定资产净值	1 100	1 200	盈余公积	700	600
无形资产	80	100	未分配利润	600	800
非流动资产合计	1 500	2 600	所有者权益合计	2 300	2 400
资产总计	4 830	5 050	负债及所有者权益总计	4 830	5 050

4.2.1 偿债能力分析

偿债能力是指企业偿还各种债务的能力。偿债能力分为短期偿债能力和长期偿债能力。

表 4-3 **利润表**

2015 年 单位：万元

项目	上年数	本年数
一、营业收入	6 500	7 800
减：营业成本	4 000	4 500
营业税金及附加	400	450
销售费用	600	550
管理费用	160	300
财务费用	200	200
加：投资收益	160	100
二、营业利润	1 300	1 900
加：营业外收入	70	150
减：营业外支出	20	50
三、利润总额	1 350	2 000
减：所得税费用	405	600
四、净利润	945	1 400

1. 短期偿债能力分析

短期偿债能力是指企业偿还到期短期债务的能力，它取决于可以在近期转变为现金的流动资产的多少。如果企业短期偿债能力弱，就意味着企业的流动资产对其流动负债偿还的保障能力弱，企业的信用就可能受到损失。信用受损会削弱企业的筹资能力，增大筹资的成本，从而对企业的投资能力和获利能力产生重大的影响。因此，通过短期偿债能力分析，可以了解企业的财务状况、企业的财务风险程度、预测企业的筹资前景，是企业进行理财活动的重要参考。

企业短期偿债能力主要通过流动比率和速动比率等指标来衡量。

（1）流动比率。

流动比率是企业流动资产与流动负债的比值，其计算公式为：

$$流动比率=\frac{流动资产}{流动负债} \tag{4-1}$$

流动资产和流动负债的差，称为营运资金。营运资金越多，说明不能偿还负债的风险越小。由于营运资金是个绝对数，当企业规模不同时，就难以用绝对数大小进行比较；而流动比率是个相对数，排除了企业规模不同的影响，更适合企业之间以及本企业不同历史时期的比较。流动比率越高，说明企业短期偿债能力越强，但是这个比率也不是越高越好。一般认为，流动比率保持在 2.0 以上为好。流动比率高低的原因一般通过营业周期、应收账款数额和存货的周转速度等因素进行研究。但流动资产中的存货的变现能力较弱，因此，用它反映短期偿债能力有一定的局限性。

在运用流动比率时，应注意以下几个问题。

第一，虽然流动比率越高，企业偿还短期债务的流动资产保证程度越强，但这并不等于企业已有足够的现金或存款用来偿债，也可能存货积压，应收账款增多。

第二，从短期债权人的角度来看，自然希望流动比率越高越好。但从企业经营角度来看，过高的流动比率通常意味着企业闲置现金的持有量过多，必然造成企业机会成本的增加和获利能力的降低。企业应尽可能将流动比率维持在不使货币资金闲置的水平上。

第三，流动比率是否合理，不同行业、不同企业以及同一企业不同时期的评价标准是不同的。由此，不应用统一的标准来评价各企业流动比率合理与否。

【例 4-3】根据表 4-2 资料，计算 A 公司 2015 年的流动比率。

【解】 $2014年流动比率=\frac{3\,330}{1\,730}=1.92$

$2015年流动比率=\frac{3\,450}{1\,650}=2.09$

A 公司 2015 年的流动比率高于 2014 年，流动性较好，说明 A 公司不能偿还到期短期负债的财务风险较小。

(2) 速动比率。

速动比率又称为酸性测试比率，是企业速动资产与流动负债的比值。所谓速动资产，是指流动资产减去变现能力较差且不稳定的存货等流动资产之后的余额。其计算公式为：

$$速动比率=\frac{流动资产-存货}{流动负债} \tag{4-2}$$

由于在流动资产中，存货的变现速度相对要慢，另外有部分存货可能已经变质毁损而尚未处理，遵循谨慎性原则，在流动资产中剔除存货，从而使计算出来的速动比率比流动比率能够更加准确、可靠地评价企业资产的流动性及其偿还短期负债的能力。

一般认为，速动比率为 1.0 时是安全标准，此时，速动资产正好能偿付流动负债。对于很多行业来讲，速动比率保持在 1.0 以上较为合理，但也有例外情况。例如，一家超市仅以收取现金方式销售货品，所以没有应收账款。即使其速动比率远小于 1.0，也不能说明其短期债务偿付能力差。

【例 4-4】根据表 4-2 资料，计算 A 公司 2015 年的速动比率。

【解】 $2014年速动比率=\frac{3\,330-1\,600}{1\,730}=1$

$2015年速动比率=\frac{3\,450-1\,700}{1\,650}=1.06$

A 公司 2015 年的速动比率高于 2014 年，同样说明 A 公司流动性较好，不能偿还到期短期负债的财务风险较小。这个结果与流动比率分析得出的结果基本一致。

（3）现金流动债务比率。

现金流动债务比率是经营活动产生的现金流量净额和流动负债的比率。其计算公式为：

$$现金流动债务比率=\frac{经营活动现金流量净额}{流动负债} \tag{4-3}$$

该指标反映企业实际的短期偿债能力。因为债务最终是用现金偿还的，所以该比率越高，说明企业偿还短期债务的能力越强。它比流动比率和速动比率更真实，因为在计算流动比率和速动比率这两个指标的过程中，所涉及的应收账款及存货中存在着变现价值、变现能力和变现时间的问题，并且这两个指标受人为因素的影响大，有很强的掩饰作用，因而容易使反映的结果失真。而现金流量是一个没有任何弹性的数据，所以使用现金流动债务比率评价企业的偿债能力更为恰当。

2. 长期偿债能力分析

长期偿债能力是指企业按期偿付到期非流动负债本息的能力。非流动负债由于期限长，其偿还不仅仅取决于届时的现金流量，还与企业未来的盈利能力有关。对长期偿债能力的考察重点从两方面着手：企业的盈利水平和资本结构。盈利水平的高低是未来能否偿付债务的重要保障，主要通过已获利息倍数进行分析；资本结构分析侧重于债务风险的分析，主要通过资产负债率、产权比率和权益乘数等指标进行分析。

（1）资产负债率。

资产负债率是负债总额与资产总额的比值。其计算公式为：

$$资产负债率=\frac{负债总额}{资产总额} \tag{4-4}$$

该指标反映债权人所提供的资本占全部资本的比例，也称为举债经营比率。资产负债率越大，说明在企业总资产中由债权人提供的资金越多，对债权人的保障程度越低；资产负债率越小，则说明企业总资产中由债权人提供的资金越小，企业所有者权益提供的资金越多，债权保障程度就越高。一般认为，这个指标在50%左右比较好。但不同的人所站立场不同对该指标分析的角度就不同。债权人关心的是贷款的安全程度，因此希望该指标值越低越好。股东关心的是全部资本利润率是否超过借款的利率，若超过，希望负债比例越大越好。经营者则从财务管理角度审时度势，全面考虑在增加的利润和增加的风险之间进行权衡，作出正确决策。

拓展案例 4-1

1. 债权人对资产负债率的要求

从债权人的立场看，他们最关心的是各种融资方式安全程度以及是否能按期收回本金和利息等。如果股东提供的资本与企业资产总额相比，只占较小的比例，则企业的风险主要由债权人负担，这对债权人来讲是不利的。因此，债权人希望资产负债率越低越好，企业偿债有保证，融给企业的资金不会有太大的风险。

2. 投资者对资产负债率的要求

从投资者的立场看，投资者所关心的是全部资本利润率是否超过借入资本的利率，即借入资金的利息率。假使全部资本利润率超过利息率，投资人所得到的利润就会加大，如果相反，运用全部资本利润率低于借入资金利息率，投资人所得到的利润就会减少，则对投资人不利。因为借入资本的多余的利息要用投资人所得的利润份额来弥补，因此在全部资本利润率高于借入资本利息的前提下，投资人希望资产负债率越高越好，否则反之。

3. 经营者对资产负债率的要求

从经营者的立场看，如果举债数额很大，超出债权人的心理承受程度，企业就融不到资金。借入资金越大(当然不是盲目的借款)，越是显得企业活力充沛。因此，经营者希望资产负债率稍高些，通过举债经营，扩大生产规模，开拓市场，增强企业活力，获取较高的利润。

资料来源 刘琴，等.资产负债率[EB/OL].http://wiki.mbalib.com/wiki/资产负债率.

【例 4-5】根据表 4-2 资料，计算 A 公司 2015 年的资产负债率。

【解】 $2014年资产负债率=\frac{2\,530}{4\,830}=0.52$

$2015年资产负债率=\frac{2\,650}{5\,050}=0.52$

A 公司 2015 年的资产负债率与 2014 年一致，说明 A 公司这两年的资产负债率水平接近，资本结构较为合理，但是略高于该指标的平均水平，则说明 A 公司偿还长期债务的能力稍弱一些，有一定的长期财务风险。

（2）产权比率。

产权比率也称为负债权益比率，是负债总额与所有者权益的比率。其计算公式为：

$$产权比率=\frac{负债总额}{所有者权益} \tag{4-5}$$

该指标反映了债权人投入的资本受到所有者权益保障的程度，或者说是企业清算时对债权人利益的保障程度，反映企业基本财务结构是否稳定。在一般情况下，产权比率越低，表明企业的长期偿债能力越强、债权人权益的保障程度越高，承担的风险越小，债权人越有安全感，但企业不能充分地发挥负债的财务杠杆效应。反之，产权比率高，则是高风险、高报酬的财务结构。一般在保障债务偿还安全的前提下，应尽可能提高产权比率。从企业偿债能力和财务风险均衡的角度来看，该指标一般应小于或等于 1。

【例 4-6】根据表 4-2 资料，计算 A 公司 2015 年的产权比率。

【解】 $2014年产权比率=\frac{2\,530}{2\,300}=1.1$

$2015年产权比率=\frac{2\,650}{2\,400}=1.1$

A 公司两年的产权比率一致，略高于该指标的均值水平，得出的结果与资产负债率得出的结果基本一致。

（3）权益乘数。

权益乘数是资产总额与所有者权益（或称股东权益）的比率。其计算公式为：

$$权益乘数=\frac{资产总额}{所有者权益}=\frac{1}{1-资产负债率}=1+产权比率 \tag{4-6}$$

权益乘数越大，说明股东投入的资本在资产中所占比重越小，偿债能力越差；反之，偿债能力越强。

【例 4-7】根据表 4-2 资料，计算 A 公司 2015 年的权益乘数。

【解】 $2014年权益乘数=\frac{1}{1-0.52}=2.08$

$2015年权益乘数=\frac{1}{1-0.52}=2.08$

A 公司两年的权益乘数一致，说明股东投入的资本在资产中所占比重稍小，偿债能力稍弱，得出的结果与资产负债率得出的结果基本一致。

（4）已获利息倍数。

已获利息倍数又称利息保障倍数，是指一定期间内企业息前税前利润（简称息税前利润）与当期利息支出的比率。该比率表示企业的利息支出得到息税前利润的保障程度。其计算公式为：

$$已获利息倍数=\frac{息税前利润}{利息支出} \tag{4-7}$$

式中：息税前利润是指所得税前的利润总额和利息支出之和；利息支出指在企业生产经营过程中实际支付的借款利息、债券利息等，包括已计入当期财务费用中的债务利息和当期资本化利息。

很显然，从长期来看，该指标至少应该等于 1，且指标越大，说明长期偿债能力越强，但从短期来看，由于一些费用，如折旧费、摊销费等短期内不需支付资金，所以甚至已获利息倍数小于 1 时，企业通常也能偿还债务利息。所以，已获利息倍数究竟为多高才好，要根据往年经验，结合行业特点来判断。

【例 4-8】根据表 4-3 资料，假设 A 公司财务费用为全部利息支出，计算已获利息倍数。

【解】 $2014年已获利息倍数=\frac{1\,350+200}{200}=7.75$（倍）

$2015年已获利息倍数=\frac{2\,000+200}{200}=11$（倍）

A 公司 2015 年的已获利息倍数高于 2014 年的指标，说明 A 公司支付利息和履行债务契约的能力较强。

3. 影响企业偿债能力的其他因素

在分析企业偿债能力时，除广用上述财务比率指标以外，还应考虑到以下因素对企业偿债能力的影响，这些因素既可影响企业的短期偿债能力，也可影响企业的长期偿债能力。

（1）或有事项。或有事项是指过去的交易或事项形成的一种状态，其结果须通过未来不确定事项的发生或不发生予以证实。或有事项分为或有资产和或有负债。或有资产是指过去交易或事项形成的潜在资产，其存在要通过未来不确定事项的发生或不发生予以证实。产生或有资产会提高企业的偿债能力；产生或有负债会降低企业的偿债能力。因此，在分析企业的财务报表时，必须充分注意有关或有事项的报表附注披露，以了解未在资产负债表上反映的或有事项，并在评价企业长期偿债能力时，考虑或有事项的潜在影响。同时，应关注有否资产负债表日后的或有事项。

（2）租赁活动。企业在生产经营活动中，可以通过财产租赁的方式解决急需的设备。财产租赁通常有两种形式，即融资租赁和经营租赁。融资租赁是指由租赁公司垫付资金，按承租人要求购买设备，承租人按合同规定支付租金，所购设备一般于合同期满转归承租人所有的一种租赁形式。因而企业通常将融资租赁视同购入固定资产，并把与该固定资产相关的债务作为企业负债反映在资产负债表中。企业的经营租赁不在资产负债表上反映，只出现在报表附注和利润的租金项目中。当企业经营租赁量比较大、期限比较长或具有经常性时，则其租赁虽不包括在负债中，但对企业的偿债能力也会产生较大的影响。因此，必须考虑这类经营租赁对企业债务结构的影响。

（3）担保责任。在经济活动中，企业可能会以本企业的资产为其他企业提供法律担保，如为其他企业银行借款进行担保。这种担保责任，在被担保人没有履行合同时，就有可能成为企业的负债，增加企业的债务负担，但是，这种担保责任在会计报表中并未得到反映，因此在进行债务分析时，必须考虑到企业是否有巨额的法律担保责任。

4.2.2 营运能力分析

营运能力是指企业资产运用效率的高低。资产运用效率高，资金循环快，企业就能够以较少的投入获取较多的收益。评价企业营运能力的财务比率主要有应收账款周转指标、存货周转率、流动资产周转率、固定资产周转率和总资产周转率等。

1. 应收账款周转指标

（1）应收账款周转率。

应收账款周转率是指一定时期内销售收入与平均应收账款余额的比值。该指标反映了应收账款的周转速度。其计算公式为：

$$\text{应收账款周转率}=\frac{\text{赊销收入净额}}{\text{平均应收账款余额}} \tag{4-8}$$

式中：赊销收入净额指企业赊销收入净额扣除销售折扣与折让后的差额（下面指标计算中如不作特殊说明，赊销收入净额均指赊销收入净额扣除销售折扣与折让的差额）；平均应收账款余额指应收账款年初额和年末额的平均数，这里的应收账款应当包括与企业销售有关的应收账款和应收票据，不包括与销售无关的应收账款。

该指标越高，则说明企业应收账款账龄短，收现快，流动性强，短期偿债能力强，同时可减少企业坏账损失和收账费用。但是，如果该指标过高，可能是由于企业执行了严格的信用政策，这样有可能限制销售量的扩大，从而影响盈利水平；如果该指标过低，则说明企业账款回收不及时，应收账款占用资金较多，资金利用效率低，账款回收发生困难，引起收账费用增加，并存在发生坏账的可能性。

（2）应收账款周转天数。

反映应收账款变现速度的另一个指标是应收账款周转天数。其计算公式为：

$$应收账款周转天数=\frac{360}{应收账款周转率}=\frac{平均应收账款\times 360}{销售收入} \tag{4-9}$$

借助于该指标，一方面可以评价应收账款周转速度，另一方面如果将其与企业信用期限进行比较，可以评价应收账款管理效率。该指标如果超过企业信用期限太多说明应收账款回收不力。

【例 4-9】根据表 4-2 和表 4-3 资料，计算 A 公司 2015 年年末应收账款周转率和应收账款周转天数。

【解】 $应收账款周转率=\frac{7\,800}{\frac{900+1\,000}{2}}=8.21（次）$

$应收账款周转天数=\frac{360}{8.21}=44（天）$

A 公司应收账款周转率为 8.21 次，应收账款周转天数为 44 天，说明该公司的应收账款平均 44 天周转一次，在一年内周转约 8 次。可见，其对应收账款的管理水平较弱，有待提高。

2. 存货周转率

存货周转率是指一定期间内销售成本与平均存货的比值。这是反映企业采购、生产、储存、销售各环节中存货运营效率的综合性指标，其计算公式为：

$$存货周转率=\frac{销售成本}{平均存货} \tag{4-10}$$

存货周转率说明了一定时期内企业存货周转的次数。一般来讲，该比率越高越好，存货周转率越高，说明存货变现速度越快，销售能力越强，资金占用水平越越低。但是该比率过高，也有可能使企业存货水平过低，常常造成缺货，或者采购频繁，这样就会产生缺货成本和较高的购货成本；该比率太低，则说明企业销售状况不好，存货积压，资金占用水平高，应采取应对措施加以解决，但是要注意，有时企业调整经营方针，因某些原因增大库存也会造成存货周转率过低。所以为了正确、合理地评价、分析存货周转率，应该从存货各构成项目出发，深入调查分析，结合实际作出判断。

与存货周转率相关的另一个指标是存货周转天数，其计算公式为：

$$存货周转天数=\frac{360}{存货周转率}=\frac{平均存货\times 360}{销售成本} \tag{4-11}$$

该指标表示存货周转一次所需要的时间，天数越短则说明存货周转越快。

【例 4-10】根据表 4-2 和表 4-3 资料，计算 A 公司 2015 年年末存货周转率和存货周转天数。

【解】存货周转率 $=\dfrac{4\,500}{\dfrac{1\,600+1\,700}{2}}=2.73$（次）

存货周转天数 $=\dfrac{360}{2.73}=132$（天）

A 公司的存货周转率为 2.73 次，存货周转天数为 132 天，说明该公司的存货平均 132 天周转一次，存货在一年内周转约 3 次，可见，其对存货的管理水平较弱，有待提高。

3. 流动资产周转率

流动资产周转率是指在一定时期所完成的周转额（销售收入）与流动资产平均占用额的比值，反映企业流动资产的周转速度和利用效率。其计算公式为：

$$流动资产周转率=\frac{销售收入}{平均流动资产总额} \tag{4-12}$$

该比率越高，表明在一定时期内，流动资产周转次数越多，流动资产利用效率高。但是究竟流动资产周转率为多少才算好，还没有一个固定的标准，所以应同企业历史数据进行比较，并结合行业特点进行分析。

流动资产周转天数的计算公式为：

$$流动资产周转天数=\frac{360}{流动资产周转率} \tag{4-13}$$

该指标表示流动资产周转一次所需要的时间，天数越短则说明流动资产周转越快。

【例 4-11】根据表 4-2 和表 4-3 资料，计算 A 公司 2015 年年末流动资产周转率。

【解】流动资产周转率 $=\dfrac{7\,800}{\dfrac{3\,330+3\,450}{2}}=2.30$

4. 固定资产周转率

固定资产周转率，是指企业销售收入与固定资产平均余额的比值。该指标主要反映厂房、设备等固定资产的利用效率。其计算公式为：

$$固定资产周转率=\frac{销售收入}{平均固定资产总额} \tag{4-14}$$

上式中固定资产总额指固定资产原值扣除累计折旧后的净值。该比率越高，表明企业固定资产利用率高，企业固定资产管理水平较好，固定资产投资得当，结构合理；如果该指标偏低，说明固定资产使用效率不高，进而影响获利能力。

$$固定资产周转天数=\frac{360}{固定资产周转率} \tag{4-15}$$

该指标表示固定资产周转一次所需要的时间，天数越短则说明固定资产周转越快。

【例 4-12】根据表 4-2 和表 4-3 资料，计算 A 公司 2015 年年末固定资产周转率。

【解】 固定资产周转率 $=\dfrac{7\,800}{\dfrac{1\,100+1\,200}{2}}=6.78$

5. **总资产周转率**

总资产周转率是企业销售收入与平均资产总额的比值，可用来分析企业全部资产的使用效率。其计算公式为：

$$总资产周转率=\frac{销售收入}{平均资产总额} \tag{4-16}$$

该指标高，表明企业全部资产的使用效率高；如果该指标与行业平均水平相比较低，说明生产效率较低，会影响盈利能力，应该考虑通过提高销售收入或处置多余的资产来提高总资产利用率。

$$总资产周转天数=\frac{360}{总资产周转率} \tag{4-17}$$

该指标表示总资产周转一次所需要的时间，天数越短则说明总资产周转越快。

【例 4-13】根据表 4-2 和表 4-3 资料，计算 A 公司 2015 年年末总资产周转率。

【解】 总资产周转率 $=\dfrac{7\,800}{\dfrac{4\,830+5\,050}{2}}=1.58$

4.2.3 盈利能力分析

盈利能力是投资者、债权人、企业管理者等利益相关者都关心的一个重要方面。在分析盈利能力时，应该排除非正常营业项目，而分析正常营业情况下的盈利情况。例如：已经或将要停止的营业项目、证券买卖等非正常项目、会计准则、财务制度变更带来的累积影响等因素。这些项目虽然也会给企业带来收益或损失，但只是特殊情况下的个别结果，不能真正反映企业的盈利能力。

这里主要介绍四个反映盈利能力的比率：销售净利率、销售毛利率、资产净利率和净资产收益率。

1. **销售净利率**

销售净利率是指企业净利润占企业销售收入的百分比。该指标反映企业每一元的销售收入带入多少元的净利润，表明销售收入的收益水平。其计算公式为：

$$销售净利率=\frac{净利润}{销售收入}\times 100\% \tag{4-18}$$

从计算公式看出，销售净利率与净利润呈正比关系，而与销售收入呈反比关系。企业在扩大销售收入的同时，必须同时相应地多获取利润额，才能保持或提高销售净利率。通过将本指标计算结果同行业平均或先进水平进行对比，以分析企业在同行业中地位，通过将指标与企业历史数据进行比较，以分析销售净利率的变动趋势，促使企业改进经营管理，提高盈利水平。

【例 4-14】根据表 4-3 资料，计算 A 公司 2014 年和 2015 年销售净利率。

【解】 $2014年销售净利率=\frac{945}{6\,500}\times100\%=14.54\%$

$2015年销售净利率=\frac{1\,400}{7\,800}\times100\%=17.95\%$

A 公司 2015 年的销售净利率高于 2014 年的数值，说明该公司的盈利能力逐年增强。

2. 销售毛利率

销售毛利率是指毛利额占销售收入的百分比，其中销售毛利指销售收入与销售成本的差额。其计算公式为：

$$销售毛利率=\frac{销售收入-销售成本}{销售收入}\times100\% \tag{4-19}$$

该指标表示每一元的销售收入扣除销售成本后有多少可以用来补偿各项期间费用，形成盈利。毛利是企业盈利的最初的基础，没有毛利就不能有盈利。

【例 4-15】根据表 4-3 资料，计算 A 公司 2014 年和 2015 年销售毛利率。

【解】 $2014年销售毛利率=\frac{6\,500-4\,000}{6\,500}\times100\%=38.46\%$

$2015年销售毛利率=\frac{7\,800-4\,500}{7\,800}\times100\%=42.31\%$

A 公司 2015 年的销售毛利率高于 2014 年的数值，说明该公司的盈利能力逐年增强。

3. 资产净利率

资产净利率是指净利润与平均资产总额的百分比。该指标反映了企业利用总资产获取利润的能力，表明了企业资产利用的综合效果。其计算公式为：

$$资产净利率=\frac{净利润}{平均资产总额}\times100\% \tag{4-20}$$

该指标越高，说明企业资产的总体利用效果越好，企业在增加销售收入、节约资金占用方面做得较好，否则相反。

该指标是一个综合性指标，能够反映多方面工作的好坏。从指标的计算公式中看出，资产净利率的高低同产品价格的高低、单位成本高低、销售量的多少、资金占用量的大小都有关系，要提高资产净利率应从上述各方面着手。企业应将计算出来的上述比率同行业平均或先进水平及企业历史数据进行对比，分析差异形成的原因，采取针对性的改进措施。

【例 4-16】根据表 4-2 和表 4-3 资料，计算 A 公司 2015 年资产净利率。

【解】 $资产净利率=\frac{1\,400}{\frac{4\,830+5\,050}{2}}\times100\%=28.34\%$

4. 净资产收益率

净资产收益率又称权益报酬率，是指净利润与平均净资产的百分比。反映投资者投入企业的自有资本获取利润的能力，即反映投资与报酬的关系。其计算公式为：

$$净资产收益率=\frac{净利润}{平均净资产}\times100\% \quad (4-21)$$

一般认为净资产收益率越高，企业自有资本获取收益的能力越强，运营效益越好，对投资者和债权的保证程度越高。

【例 4-17】根据表 4-2 和表 4-3 资料，计算 A 公司 2015 年净资产收益率。

【解】 $净资产收益率=\frac{1\,400}{\frac{2\,300+2\,400}{2}}\times100\%=59.57\%$

4.2.4　发展能力分析

企业发展能力是指企业未来的发展潜力和发展前景，通常使用一系列反映企业成长性的指标进行衡量。

1. 主营业务增长率

主营业务增长率即当期主营业务收入相对于上期主营业务收入的增长程度，反映企业主营业务发展情况的指标。其计算公式为：

$$主营业务增长率=\frac{分析期主营业务收入-上期主营业务收入}{上期主营业务收入}\times100\% \quad (4-22)$$

通常情况下，企业收入来源是多元化的，但主营业务是企业发展的基本动力和主要方向，主营业务发展越快，则企业发展潜力就能够充分挖掘出来。但是，追求发展速度不应该是盲目的，超出企业资源和能力的发展速度是不可取的。另外，对于不同行业而言，发展速度是不能直接比较的，新兴行业通常会保持较快增长，传统行业的发展速度可能就明显缓慢。因此，衡量企业主营业务发展速度是否合理应在同行业内进行比较、判断。

【例 4-18】根据表 4-3 资料，计算 A 公司 2015 年主营业务增长率。

【解】 $主营业务增长率=\frac{7\,800-6\,500}{6\,500}\times100\%=20\%$

2. 净利润增长率

净利润增长率是指分析期净利润相对于上期净利润的增长额同上期净利润的比率，反映企业最终财务成果的增长情况。其计算公式为：

$$净利润增长率=\frac{分析期净利润-上期净利润}{上期净利润}\times100\% \quad (4-23)$$

净利润是反映企业经营活动综合情况的指标，净利润增长率通过对不同时期净利润的比较，反映企业经营成果和财务成果形成的发展趋势，从中可用观察出企业经营效益变动方向和潜力。

【例 4-19】根据表 4-3 资料，计算 A 公司 2015 年净利润增长率。

【解】 $净利润增长率=\frac{1\,400-945}{945}\times100\%=48.15\%$

3. 总资产增长率

分析期总资产相对于上期总资产的净增加额与上期总资产的比率，反映企业投资总规模的增长情况。其计算公式为：

$$总资产增长率=\frac{分析期资产总额-上期资产总额}{上期资产总额}\times 100\% \quad (4-24)$$

总资产反映企业经营资本总量，其增长速度在一定程度上反映企业经营规模的扩张或收缩情况，从中可用观察企业的成长性。

【例 4-20】根据表 4-2 资料，计算 A 公司 2015 年总资产增长率。

【解】 $总资产增长率=\frac{5\,050-4\,830}{4\,830}\times 100\%=4.55\%$

4. 净资产增长率

分析期净资产相当于上期净资产的增长额与上期净资产的比率，反映企业自有资本的发展速度。其计算公式为：

$$净资产增长率=\frac{分析期净资产额-上期净资产额}{上期净资产额}\times 100\% \quad (4-25)$$

净资产代表企业投资人投入资本的规模，是企业经营的基础，其增长率指标反映企业自有资本保值和增值状况、自有资本追加或减少以及经营积累速度等情况。正常情况下，净资产应保持一定增长速度，净资产长期负增长则是不正常的。

【例 4-21】根据表 4-2 资料，计算 A 公司 2015 年净资产增长率。

【解】 $净资产增长率=\frac{2\,400-2\,300}{2\,300}\times 100\%=4.35\%$

4.3 杜邦分析法

财务分析的目的在于全方位地了解企业经营理财状况，系统、合理、客观地评价企业的财务状况和经营成果。但是单纯依赖上述任何一类指标都难以做到评价的全面性、系统性，需要将各类指标纳入到一个有机整体中，采用适当方法进行相互关联的分析，即进行财务综合评价，以全面、深入剖析理财状况，正确、客观评价财务工作的成绩与不足。进行财务综合评价的方法较多，应用广泛的主要有杜邦分析法。

杜邦分析法就是利用各个主要财务比率指标之间的内在联系，来综合分析企业财务状况的方法。这种方法是由美国杜邦公司最先采用的，故称杜邦分析法。杜邦分析法是一种用来评价公司盈利能力和所有者权益回报水平、从财务角度评价企业绩效的一种经典方法。其基本思想是将企业净资产收益率逐级分解为多项财务比率乘积，这样有助于深入分析比较企业的经营业绩。

杜邦分析法模型的特点是将评价企业经营效率和财务状况的比率按内在联系有机结合起来进行分析，即

$$净资产收益率=销售净利率\times 总资产周转率\div(1-资产负债率) \quad (4-26)$$

式中：

资产净利率=销售净利率×总资产周转率

权益乘数=1÷（1-资产负债率）

所以，杜邦模型也可以用下式表示：

$$净资产收益率=销售净利率\times 总资产周转率\times 权益乘数=资产净利率\times 权益乘数 \quad (4-27)$$

杜邦分析法模型的基本结构也可以用图 4-1 加以说明。

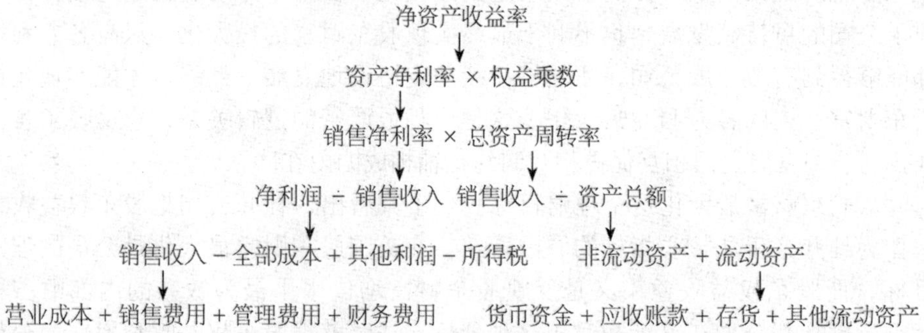

净资产收益率
↓
资产净利率 × 权益乘数
↓
销售净利率 × 总资产周转率
↓ ↓
净利润 ÷ 销售收入 销售收入 ÷ 资产总额
↓ ↓
销售收入 − 全部成本 + 其他利润 − 所得税 非流动资产 + 流动资产
↓ ↓
营业成本 + 销售费用 + 管理费用 + 财务费用 货币资金 + 应收账款 + 存货 + 其他流动资产

图 4-1 杜邦分析法模型图

从图 4-1 可以看出，可得到以下启示：

（1）净资产收益率是企业销售收益水平、资产营运效率与企业融资状况的综合体现。

（2）资产净利率是影响权益净利率的最重要的指标，具有很强的综合性，而资产净利率又取决于销售净利率和总资产周转率的高低。总资产周转率是反映总资产的周转速度。对资产周转率的分析，需要对影响资产周转的各因素进行分析，以判明影响公司资产周转的主要问题在哪里。销售净利率反映销售收入的收益水平。扩大销售收入，降低成本费用是提高企业销售净利率的根本途径，而扩大销售，同时也是提高资产周转率的必要条件和途径。

（3）权益乘数主要受资产负债率的影响。负债比率大，权益乘数高，说明公司有较高的负债程度，给公司带来了较多的杠杆利益，同时也给公司带来了较多的风险。公司既要充分有效地利用全部资产，提高资产利用效率，又要妥善安排资金结构。

总之，从杜邦分析法可以看出企业的获利能力涉及生产经营活动的方方面面。净资产收益率与企业的筹资结构、销售规模、成本水平、资产管理等因素密切相关，这些因素构成一个完整的系统，系统内部因素相互发生着作用。只有协调好系统内部各个因素之间的关系，才能使净资产收益率得到提高，从而实现股东财富最大化的理财目标。

拓展案例 4-2

关于公司的理财目标欧美国家的主流观点是股东财富最大化，日本等亚洲国家的主流观点是公司各个利益群体的利益有效兼顾。在我国公司的理财目标经历了几个发展时期，每一个时期都有它的主流观点。计划经济时期产值最大化是公司的理财目标，改革开放初期利润最大化是公司的理财目标，由计划经济向市场经济转轨时期有人坚持认为利润最大化仍然是公司的理财目标，有人则提出所有者权益最大化是公司的理财目标，但也有人提出公司价值最大化才是公司的理财目标。至今还没有形成主流观点笔者认为我国公司的理财目标应该是投资人债权人经营者政府和社会公众这五个利益群体的利益互相兼顾。在法律和道德的框架内使各方利益共同达到最大化，任何一方的利益遭到损害都不利于公司的可持续发展，也不利于最终实现股东财富的最大化，只有各方利益都能够得到有效兼顾公司，才能够持续稳定协调地发展，最终，才能实现包括股东财富在内的各方利益最大化。这是一种很严密的逻辑关系，它反映了各方利益与公司发展之间相互促进相互制约相辅相成的内在联系。

从股东财富最大化这个理财目标我们不难看出，杜邦公司把股东权益收益率作为杜邦分析法核心指标的原因所在。在美国股东财富最大化是公司的理财目标，而股东权益收益率又是反映股东财富增值水平最为敏感的内部财务指标，所以杜邦公司在设计和运用这种分析方法时就把股东权益收益率作为分析的核心指标。

资料来源 佚名.杜邦分析法[EB/OL].[2015-12-01].http://wiki.mbalib.com/wiki/杜邦分析法.

关键词

财务分析 比较分析法 比率分析法 因素分析法 趋势分析法 偿债能力 盈利能力 运营能力 发展能力 流动比率 速动比率 现金流动债务比率 产权比率 资产负债率 权益乘数 已获利息倍数 应收账款周转率 存货周转率 流动资产周转率 固定资产周转率 总资产周转率 销售净利率 销售毛利率 资产净利率 净资产收益率 主营业务增长率 净利润增长率 总资产增长率 净资产增长率 杜邦分析法

基本训练

◆ 单项选择题

1. 一般认为，流动比率保持在（ ）以上时，资产的流动性较强。

A.100% B.200% C.50% D.25%

2. 下列比率不属于偿债能力比率的是（ ）。

A. 流动比率 B. 资产负债率 C. 产权比率 D. 销售净利率

3. 营运能力分析主要是对（ ）进行分析。

A. 销售毛利率 B. 周转率 C. 成本费用率 D. 销售净利率

4. 假设其他情况相同时，下列说法错误的是（ ）。

A. 权益乘数越大，财务风险越大

B. 权益乘数越大，财务风险越小

C. 权益乘数=1+产权比率

D. 权益乘数越大，净资产收益率越大

5.（　　）是反映盈利能力的核心指标。

A. 资产净利率　B. 销售净利率　C. 总资产周转率　D. 净资产收益率

6. 下列不属于影响净资产收益率的因素的是（　　）。

A. 销售净利率　B. 总资产周转率　C. 速动比率　D. 权益乘数

7. 杜邦分析体系中的基本指标不包括（　　）。

A. 总资产周转率　B. 销售净利率　C. 资产负债率　D. 流动比率

8.M 公司 201×年利润总额为 450 万元，利息费用为 150 万元，该公司 201×年的利息偿付倍数是（　　）。

A.5　B.2　C.3　D.4

9.ABC 公司 201×年的资产总额为 50 万元，流动负债为 10 万元，非流动负债为 15 万元，该公司的资产负债率是（　　）。

A.50%　B.20%　C.30%　D.25%

10.ABC 公司 201×年度的净资产收益率目标为 20%，资产负债率为 35%，则其资产净利率应达到（　　）。

A.21%　B.25%　C.19%　D.13%

◆ 多项选择题

1. 在分析企业偿债能力时，除广用上述财务比率指标以外，还应考虑到以下（　　）因素对企业偿债能力的影响。

A. 或有事项　B. 租赁活动　C. 担保责任　D. 以上皆不是

2. 以下属于盈利能力比率的是（　　）。

A. 销售毛利率　B. 存货周转率　C. 资产净利率　D. 销售净利率

3. 财务分析的主体包括（　　）。

A. 经营管理者　B. 投资者　C. 债权人　D. 供应商

4. 以下属于营运能力比率的是（　　）。

A. 资产周转率　B. 存货周转率

C. 资产净利率　D. 应收账款周转率

5. 依据杜邦分析法，当资产负债率一定时，影响资产净利率的指标有（　　）。

A. 销售净利率　B. 权益乘数　C. 资产周转率　D. 产权比率

6. 根据资产负债表的数据，可以计算的指标有（　　）。

A. 销售净利率　B. 权益乘数　C. 资产周转率　D. 产权比率

7. 根据利润表的数据，可以计算的指标有（　　）。

A. 销售净利率　B. 净资产收益率　C. 销售毛利率　D. 产权比率

8. 必须同时利用资产负债表和利润表的数据才可以计算的指标有（　　）。

A. 销售净利率　B. 净资产收益率

C. 销售毛利率　D. 总资产周转率

9. 杜邦分析法的作用包括（　　）。

A. 杜邦分析法的核心作用是解释指标变动的原因及变动趋势

B. 通过杜邦分析法的分析，可以了解企业财务状况的全貌以及各项财务分析指标间的结构关系

C. 通过杜邦分析法的分析，可以查明各项主要财务指标增减变动的影响因素及存在的问题

D. 通过杜邦分析法的分析，可以为决策者优化资产结构和资本结构，提高偿债能力和经营效益提供了基本思路

10. 从杜邦分析体系可知，提高净资产收益率的途径在于（ ）。

A. 加强负债管理，降低负债比率

B. 加强成本管理，降低成本费用

C. 加强销售管理，提高销售利润率

D. 加强资产管理，提高资产周转率

◆ 判断题

1. 利息保障倍数的利息支出指在企业生产经营过程中实际支付的借款利息、债券利息等，包括已计入当期财务费用中的债务利息和当期资本化利息。（ ）

2. 一个企业的流动比率即使小于 2，也有可能具有较强的短期偿债能力。（ ）

3. 依据杜邦分析原理，在其他因素不变的情况下，降低权益乘数，将提高净资产收益率。（ ）

4. 净资产收益率是最具综合性的评价指标，既不受行业的限制，也不受企业规模的限制。（ ）

5. 产权比率反映了债权人投入的资本受到股东权益保障的程度，或者说是企业清算时对债权人利益的保障程度，反映企业基本财务结构是否稳定。（ ）

6. 为准确计算应收账款的周转效率，其周转额应使用赊销净额。（ ）

7. 企业销售一批存货，如果货款收回，速动比率则增大；如果货款未收回，速动比率则不变。（ ）

8. 趋势分析法是将企业连续两期或数期财务报表中的相同指标进行比较，对它们增减变动的方向与幅度进行分析，以揭示企业生产经营状况的某一方面的发展变动趋势。（ ）

9. 比率分析法是指利用各因素之间的依存关系，依次测定各构成因素的变动分别对综合性财务指标的影响程度的方法。（ ）

10. 运用比较分析法时，关键是要注意指标可比性问题，在选择比较指标时，要求内容范围、计算方法、计量标准、时空跨度上保持口径一致，必要时应该进行调整。（ ）

◆ 实务题

1. 某企业年销售额（全部为赊销）为 50 万元，毛利率为 20%，年末流动资产为 10 万元，流动负债为 8 万元，存货为 3 万元。

要求：如果企业的存货周转率达 20 次，则该企业的年初存货为多少？

2. 已知 A 公司 201×年财务报表的有关资料见表 4-4。

表 4-4　**A 公司 201×年财务报表项目**　单位：万元

资产负债表项目	年初数	期末数
资产	6 000	8 000
负债	4 500	6 000
所有者权益	1 500	2 000
利润表项目	上年数	本年数
营业收入	略	20 000
净利润	略	600

要求：计算杜邦财务分析体系中的下列指标（凡计算指标涉及资产负债表项目数据的，均按平均数计算）。

（1）净资产收益率；

（2）总资产净利率；

（3）销售净利率；

（4）总资产周转率；

（5）权益乘数。

3. 某企业全部流动资产为 20 万元，流动资产比率为 2.5，速动比率为 1，最近刚刚发生以下业务：

（1）销售产品一批，销售收入 2 万元，款项尚未收到，销售成本尚未结转。

（2）用银行存款归还应付账款 1 万元。

（3）应收账款 0.3 万元，无法收回，作坏账处理。

（4）购入材料一批，价值 1 万元，其中 60%为赊购，开出应付票据支付。

（5）以银行存款购入设备一台，价值 2 万元，安装完毕，交付使用。

要求：计算每笔业务发生后的流动比率与速动比率。

4. 从 AA 公司 201×年的财务报表中可以得出如下信息：201×年资产总计期初值为 240 万元，期末值为 256 万元，负债总计期初值为 95 万元，期末值为 132 万元；201×年度实现的销售收入为 10 000 万元，净利润为 700 万元。

要求：计算销售净利率、资产周转率、权益乘数以及净资产收益率。

5. 某公司年初应收账款额为 35 万元，年末应收账款额为 45 万元，本年净利润为 40 万元，销售净利率为 20%，销售收入中赊销收入占 70%。

要求：计算该公司本年度应收账款周转次数和周转天数。

◆ 案例分析题

案例 1

（一）案例资料

ABC 公司 201×年的资产负债表和利润表见表 4-5 和表 4-6。

表 4-5 ABC 公司 201×年年末的资产负债表 单位：亿元

资　产	金额
库存现金	98
应收账款	188
存货	422
流动资产合计	708
固定资产	2 880
资产总计	3 588
应付账款	344
应付票据	196
流动负债合计	540
非流动负债	457
股本	550
留存收益	2 041
所有者权益合计	2 591
负债及所有者权益总计	3 588

表 4-6 ABC 公司 201×年度的利润表 单位：亿元

项　目	金额
销售收入	2 311
销售成本	1 344
折旧	276
息税前盈余	691
利息支出	141
应税利润	550
所得税	187
净利润	363

（二）案例要求

运用所学知识对 ABC 公司的财务绩效状况进行简要分析（分别从公司的盈利能力、营运能力和偿债能力进行分析），并利用杜邦恒等式分解净资产收益率。

案例2

（一）案例资料

某公司年末报表资料见表4-7，该公司同行业各项比率的平均水平见表4-8。

表4-7 某公司资产负债表和利润表数据 单位：万元

项 目	金 额
货币资金	450
交易性金融资产	300
应收票据	153
应收账款	147（年初123）
存 货	720（年初720）
其他流动资产	12
预付账款	18
固定资产净值	1 929（年初1 929）
无形资产	21
短期借款	450
应付账款	300
非流动负债	900
所有者权益	1 537.5（年初1 162.5）
产品销售收入	4 050
产品销售成本	3 600
税前利润	120
税后利润	81

表4-8 某公司行业平均水平表

比率名称	同行业平均水平
流动比率	1.9
速动比率	1.2
存货周转率	8次
应收账款周转天数	10天
资产负债率	35%
资产净利率	8%
净资产收益率	10%

（二）案例要求

（1）计算该公司本年的各项比率：①流动比率；②速动比率；③存货周转率；④应收账款周转天数；⑤资产负债率；⑥总资产净利润率；⑦净资产收益率（年初资产总额3 250万元）；

（2）据此对本公司财务状况作简要评价。

第5章 财务计划与预测

学习目标

◆ 重点掌握预计财务报表的编制以及资金需要量的计算；掌握财务计划的意义和步骤；了解销售预测的方法以及财务计划的意义、基础和步骤。

❖引例

王石：万科真正持续的增长2016年才开始

对于房价，王石对以谢国忠为代表的唱空、泡沫破灭论进行了回应，认为某种程度上谢国忠的理论是有道理的，房价与居民平均收入确实悖离比较大，但好在并不是全中国都这样，主要出现在一线城市，而且针对一线城市，国家已经出台调控政策。他称，这些调控政策已经起到了效果，如果能持续这样微调，坚持下去，再有两三年房地产软着陆是可能的。

王石同时认为，从长远来看，真正的房地产发展是在城市化过程中。现在中国城市化过程中才过50%，“我相信中国城市化在达到70%之前，（房地产市场发展）是不会停住的”。

对于万科销售额在2012年达到1 400亿元，成为全球第一个销售额超200亿美元的房地产公司，是否会面临发展的瓶颈的问题，王石回应称，万科还会继续增长，真正持续的增长会从2016年才开始。

王石的理由是，2015年，万科将全面推行住宅产业化，从2016年开始，万科会进入一个发展的新阶段。

住宅产业化是指用工业化生产的方式来建造住宅，是机械化程度不高和粗放式生产的生产方式升级换代的必然要求，以提高住宅生产的劳动生产率，提高住宅的整体质量，降低成本，降低物耗、能耗。

王石认为，住宅产业化是必然的趋势，但目前因为成本过高，以及建筑施工工艺水平仍很落后。他认为，说万科在“押宝”住宅产业化也可以，因为大家都认为必须要做绿色建筑，问题只不过是什么时候做。“从某种角度上你得押宝，只不过是万科先走一步”。

对于万科的B转H股方案，王石回应说，最主要的原因是B股已经失去了融资功能，证券监管部门也正在鼓励如何激活B股。

B转H也被认为是万科国际化的一个布局。王石说，2012年万科已经并购中国香港的公司，2013年在北美有具体的动作，第一季度美国有投资项目，然后陆续会在其他国家投入。

2013年1月23日，万科置业（香港）与中国香港新世界发展（00017.HK）联合投得新界区港铁西铁在线盖荃湾西站六区物业发展项目，作价34.34亿港元。这是万科第一次在中国香港投得地皮。

资料来源　张沉，刘中盛．独家对话王石：房地产市场会在两三年内软着陆[EB/OL].（2013-01-24）[2015-09-23]. http://finance.ifeng.com/stock/ssgs/20130124/7599747.shtml.

5.1　财务计划概述

财务计划是指企业以货币形式，在预计计划期内关于资金的取得与运用和各项经营收支及财务成果的书面文件。财务计划明确了实现财务目标的方法，是对企业未来将要干什么的说明。大多数决策都有很长的指导时间，这意味着对于财务计划，要花费很长时间来付诸实施。因此，在一个不确定的世界里，需要在实施之前很早就提前作出决策。例如，如果一个企业想要在某年计划建立一条新的生产线，那么在2年前甚至更早就应该开始确定承建商，并开始筹集资金。

5.1.1　财务计划的意义

财务计划是企业财务状况发展和变化的蓝图，其意义有以下几点：

1. 财务计划可使企业目标具体化

在企业的总体目标或规划中，对企业在未来若干年内就达到的各项目标的规定，经过高度的概括和抽象，都比较原则和笼统。企业要完成其规定的经营目标，还要将其目标分解成各部门、各责任人应完成的具体指标。为保证这些具体指标的实施，各部门就要做好反复的预算平衡工作，明确各部门应完成的奋斗目标，以便合理地安排财务活动，做好财务工作。

2. 财务计划可使企业避免意外

财务计划，是对未来财务状况的预测。因此财务计划应该明确，如果在未来期间发生不同的情景会给企业带来什么样的后果。财务计划应当对这些可能出现的情景作出考虑和假设，提高企业对不确定事件的反应能力。特别是，财务计划应该说明如果情况严重恶化，企业将要采取哪些措施，或者更为一般地讲，如果依据现在的情形对未来所作出的假设有严重错误时，企业该怎么办。因此，财务计划的作用之一避免意外发生，并制订应变计划。

3. 财务计划可使企业目标保持一致性

财务计划，主要是判断企业未来的发展是否符合企业财务管理的总目标，即企业价值最大化。例如，通过预计财务报表可以估计企业的净资产收益率，如果该指标低于行业平均水平和股东的预期水平，管理者就可以适当措施，使其符合企业设定的总目标。但是，在实践中，企业除了创造价值这个总目标之外，还有一些具体的目标。这些目标可能以市场份额、财务杠杆等术语表达出来。有时，很难看出不同的目标与企业不同的经营方面的联系。财务计划不仅要明确这些关系，还要求用一个统一的结构来协调这些各不相同的目标。换句话说，财务计划要确保有关企业经营的具体目标和所制定计划的可行性和一致性。当目标出现冲突时，财务计划要作出一套协调一致的计划，确立优先次序。

4. 财务计划是企业筹资决策的前提和基础

财务计划，可以估计企业未来的资金需求。财务管理人员可以根据财务计划，预测企业的外部融资需求量，并根据财务计划，选择合适的筹资方式和时间，避免出现资金周转的困难。

5. 财务计划可以改善企业投资决策

企业可以根据预测的销售水平和所需的生产能力来安排投资活动。另外，企业的筹资和投资决策是相互联系的，根据企业销售预测所估计的筹资需求并不一定能够得到满足。在这种情形下，企业需要根据可能筹集到的资金来安排生产经营活动以及投资活动，使得投资决策更为合理和可行。

5.1.2 财务计划的基础

财务计划是将企业长期的战略计划和短期的经营计划结合到一起，通过销售预测来编制预计财务报表，通过预计财务报表来预测企业的财务状况和经营成果。所以，财务计划的基础是企业的战略计划和经营计划。

1. 战略计划

战略计划是企业根据外部环境和内部资源条件而制定的涉及企业管理各方面(包括生产管理、营销管理、财务管理、人力资源管理等）的带有全局性的重大计划。这种规划一般要定出五至十年甚至更长的发展方向，但也不是一次完成后就固定不变，它是随着企业内部和外部环境的变化而不断修正的一种管理过程。企业战略计划一般有以下几个过程：

（1）确定企业宗旨。企业宗旨是关于企业存在的目的或对社会发展的某一方面应作出的贡献的陈述，有时也称为企业使命。企业的宗旨往往被认为是对企业生存的一种肯定。其实质是要企业所有者为整个企业定下发展基调的问题，即“我们的企业将成为什么样的企业”的问题。企业宗旨不仅要陈述企业未来的任务，还要阐明企业为什么要完成这个任务以及如何完成任务。因此，企业在任何一个发展阶段，都不能偏离企业的宗旨，宗旨实质上就是一个企业的根本思想与发展线路。它是企业订立各项制度与决策的基础。

（2）规定企业任务。企业任务应回答这个问题：本企业的业务是什么？最高管理层明确规定适当的任务，并向全体工作人员讲清楚，可以提高士气，调动全体工作人员的积极性。而且，企业的任务是一只“无形的手”，它指引全体工作人员都朝着一个方向前进，使全体工作人员同心协力地工作。企业在规定企业的任务时，可以向股东、顾客、经销商等有关方面广泛征求意见，包括：企业周围环境的发展变化、企业的资源情况、企业的特有能力以及企业的经营范围等。

（3）确定企业目标。企业的最高管理层规定了企业的任务之后，还要把企业的任务具体化为一系列的各级组织层次的目标。各经理应当对其目标胸中有数，并对其目标的实现完全负责，这种制度叫做目标管理。企业宗旨是企业的总体理念，企业目标则提出了具体的方向，它包括数量、销售、财务和质量方面的目标。例如，数量方面的目标有市场占有率，销售方面的有销售增长率，财务方面的有净资产收益率，质量方面的有产品合格率等。

（4）制定企业战略。企业的最高管理层规定了企业的任务和目标之后，就需要安排业务组合，把企业的有限的资金用于经营效益最高的业务，这就是制定企业战略。企业战略是企业目标实现的途径，它通常包括是否进行海外投资、是否投资于新的行业或者新的技术、是采用一体化经营还是多元化经营等。企业战略是可以操作的，并且应当与企业宗旨、任务和目标保持一致。

2. 经营计划

经营计划是以企业战略为基础，为实现企业目标提供的详细实施指南。经营计划实际上是对方案实施所需的各种资源，从时间和空间上所作出的统筹安排。

企业经营计划按时间可分为长期经营计划、中期经营计划和短期经营计划；按管理层次可分为高层经营计划、中层经营计划和基层经营计划；按计划内容又可分为专项计划和综合计划。每一个企业都会有各自不同的关键问题，但总体来说，经营计划的重点都集中在管理、产品生产、市场运作和销售上。

企业经营计划具有决策性。它是以企业作为相对独立的商品生产者和经营者为前提，根据企业外部环境和内部实力制定和编制的，它直接关系到企业的生存与发展。而制定经营计划的目的在于实现企业与外部环境的动态平衡，并获得良好的经济效益和社会效益。企业经营计划的主要任务是把经营目标具体化，根据经营目标分配各种资源，协调各单位生产经营活动，来提高经济效益和社会效益。应该说，经营计划作为企业经营管理的工具，为企业管理者提供一个总体框架，为企业提供一份行为准则。不同的企业，其经营计划的内容与格式也有所不同。

5.1.3　财务计划的步骤

财务计划可以分为以下6个步骤：

1. 确定计划时间

计划时间即计划期，首先确定计划期并编制预计财务报表，运用这些预测结果来分析经营计划对预计利润和各种财务比率的影响。财务计划是控制的基础。在一个变化环境中，企业要取得成功，需要一个良好的控制系统，其中很重要的一点就是要迅速发现财务计划的偏离并迅速作出反应。财务计划的这些预测结果可以用于监督实施阶段的经营情况。实施情况一旦偏离计划，管理者能否很快得知，是控制系统好坏的重要标准，也是公司能否在一个变化迅速的世界取得成功的必要因素。

2. 确认支持长期计划需要的资金

确认支持长期计划需要的资金，包括购买设备等固定资产以及存货、应收账款、研究开发、主要广告宣传需要的资金。

3. 预测未来长期可使用的资金

预测未来长期可使用的资金，包括预测可从内部企业产生的和从企业外部融资的部分。任何财务限制导致的经营约束都必须在财务计划中体现。这些约束包括对资产负债率、流动比率、利息保障倍数和周转率等的限制。

4. 建立并保持控制资金分配和使用的系统

在企业内部建立并保持一个控制资金分配和使用的系统，可以监督企业内部资金的配置和使用，目的是保证基础计划的适当展开，确保财务计划的正确执行。

5. 制定调整基本计划的程序

基本计划是在一定的经济预测基础上制订的，当基本计划所依赖的经济预测与实际的经济状况不符时，需要对计划及时作出调整。例如，如果实际经济走势强于预测，这些新条件必须在更新的计划里体现，如更高的生产计划额度、更大的市场份额等，并且计划调整得越快越好。因此，此步骤实际上是“反馈环节”，即基于实际情况的变化对财务计划进行修改。

6. 建立基于绩效的管理层报酬计划

建立基于绩效的管理层报酬计划，即奖励管理层按照股东的想法（即股东价值最大化）经营，这一点非常重要。

5.2 财务预测

财务预测，就是企业财务人员根据企业过去一段时期内财务活动的资料，例如财务报表提供的信息，结合企业现在面临和即将面临的各种变化因素，运用数理统计方法，结合主观判断，对企业未来的财务状况和经营成果进行预计和测算。

5.2.1 财务预测的意义

财务预测对于提高公司经营管理水平和经济效益有着十分重要的作用。具体表现在以下几个方面：

1. 财务预测是进行经营决策的重要依据

通过财务预测，可以为企业决策的各种方案提供依据，以供决策者来权衡利弊，从而进行正确选择。例如，当企业进行经营决策时，必然要涉及成本费用、收益以及资金需要量等问题，而这些大多是需要通过财务预测进行估算的。因此，财务预测直接影响到企业经营决策的质量，是进行经营决策的重要依据。

2. 财务预测可以提高资金使用效益

财务预测是企业合理安排收支，提高资金使用效益的前提。企业做好资金的筹集和使用工作，不仅需要熟知企业过去的财务收支规律，还要善于对企业未来的资金流量进行预测，即企业在计划期内有哪些资金流入和流出，财务收支是否平衡。财务人员要做到瞻前顾后，长远规划，使财务管理工作处于主动地位。

3. 财务预测可以提高财务管理水平

财务预测是提高财务管理水平的重要手段。它不仅为科学的财务决策和财务计划提供技术支持，也有利于培养财务管理人员的超前性和预见性思维，使之居安思危，未雨绸缪。同时，财务预测中涉及大量的计算方法以及现代化的管理手段，这些对提高财务管理人员的素质大有裨益。

需要指出的是，财务预测的作用大小受到其准确性的影响。准确性越高，作用越大；准确性越低，作用越小。因此财务预测工作者要不断提高自己的预测能力，在实践中积累经验，提高财务预测的准确性。

5.2.2　财务预测的种类

为了便于研究和掌握财务预测，财务人员应该依据不同的标准对其进行分类。

1. 长期预测、中期预测和短期预测

财务预测按所跨越的时间长度不同分为长期预测、中期预测和短期预测。

（1）长期预测，主要是指对企业五年以上的财务变化以及趋势的预测，主要为企业今后长期发展的重大决策提供财务依据。

（2）中期预测，主要是指对企业一年以上五年以下的财务变化及其趋势的预测，是长期预测的细化，短期预测的基础。

（3）短期预测，是指对企业一年以内的财务变化及其趋势的预测，主要为编制年度计划、季度计划等短期计划服务。

2. 资金预测、成本费用预测、营业收入预测、利润预测和销售预测

财务预测按内容不同可分为资金预测、成本费用预测、营业收入预测、利润预测和销售预测。

（1）资金预测，是指在销售预测、利润预测和成本预测的基础上，根据企业未来发展目标并考虑影响资金的各项因素，运用一定方法预测出企业在未来一定时期内所需要的资金数额、来源渠道、运用方向及其效果的过程。

（2）成本费用预测，是根据有关资料和数据，结合企业未来发展前景和趋势，采用一定方法，对未来一定时期成本费用水平和目标成本费用进行预计和测算。

（3）营业收入预测，是指企业在一定的市场条件和营销努力下，对企业所经营的商品在一定时期和市场空间内所能实现的营业额进行预计和测算。

（4）利润预测，是对企业未来某一时期可实现的利润的预计和测算。它是按影响企业利润变动的各种因素，预测企业将来所能达到的利润水平，或按实现目标利润的要求，预测需要达到的销售量或销售额。

（5）销售预测，是指对未来特定时间内，对企业全部产品或特定产品的销售数量与销售金额的估计。销售预测是在充分考虑未来各种影响因素的基础上，结合本企业的销售状况，通过一定的分析方法提出切实可行的销售目标。

3. 定性财务预测和定量财务预测

财务预测按财务预测方法不同可分为定性财务预测和定量财务预测。

（1）定性财务预测。定性财务预测是通过判断事物所具有的各种因素、属性进行预测的方法，它是建立在经验判断、逻辑思维和逻辑推理基础之上的，主要特点是利用直观材料，依靠个人经验的综合分析，对事物的未来状况进行预测。经常采用的定性预测方法有专家会议法、菲尔调查法、访问、现场观察、座谈等方法。

（2）定量财务预测。定量财务预测是通过分析事物各项因素、属性的数量关系进行预测的方法。它的主要特点是根据历史数据找出其内在规律、运用连贯性原则和类推性原则，通过数学运算对事物未来状况进行数量预测。定量预测的方法很多，应用比较广泛的有时间序列预测法（包括算术平均法、加权平均法、移动平均法、指数平滑法、最小二乘法等）、相关因素预测法（包括一元线性回归法、多元线性回归法等）、概率分析预测法（主要指马尔柯夫预测法）等等。上述两类方法并不是相互孤立的，在进行财务预测时，经常要综合运用。

5.2.3 财务预测的步骤

财务预测可以分为以下几个步骤：

1. 确定预测对象和目标

财务预测首先要明确预测对象和目标，然后才能根据预测的目标、内容和要求来确定预测的范围和时间。

2. 确定预测计划

预测计划包括预测工作的组织领导、人事安排、工作进度、经费预算等。

3. 收集整理资料

资料收集是财务预测的基础。企业应根据财务预测的对象和目的，明确收集资料的内容、方式和途径，然后进行收集。对收集到的资料要检查其可靠性、完整性和典型性，分析其可用程度及偶然事件的影响，做到去伪存真、去粗取精，并根据需要对资料进行归类和汇总。

4. 确定预测方法

财务预测工作必须通过一定的科学方法才能完成。企业应根据其预测的目的以及取得信息资料的特点，选择适当的财务预测方法。

5. 进行实际预测

运用所选择的财务预测方法进行财务预测，并得出初步的预测结果。其结果可用文字、表格或图等形式表示。

6. 评价与修正预测结果

预测毕竟是对未来财务活动的设想和推断，难免会出现预测误差。因而，对于财务预测结果，要经过经济分析评价之后，才能予以采用。分析评价的重点是影响未来发展的内外因素的新变化。若误差较大，就应进行修正或重新预测，以确定最佳预测值。

进行财务预测的目的，是为了体现财务管理的事先性，即帮助财务人员认识和控制未来的不确定性，使对未来的无知降到最低限度，使财务计划的预期目标同可能变化的周围环境和经济条件保持一致，并对财务计划的实施效果做到心中有数。

财务预测中的三个关键环节则是销售预测、财务报表预测和资金需要量预测。

拓展案例 5-1

曾几何时，三九集团一度拥有超过 200 亿元的总资产、3 家上市公司和 400 余家子公司，涉足药业、农业、房地产、食品、汽车、旅游等产业。不过后来三九集团风光不再。

2003 年 9 月 28 日，有媒体刊文《98 亿贷款：银行逼债三九集团》，披露三九集团共欠银行贷款余额 98 亿元，已经陷入巨额财务危机。此文一出，顿时把三九集团的资金窘境曝光天下，在接下来的一个多月里，“讨债大军”纷至沓来，三九集团总部一片混乱，一些性急的银行索性开始封存三九集团的资产，冻结质押股权，并向法院提起了诉讼。三九集团在全国各地的数百家子、孙公司都成了银行逼债的对象。

资料显示，在 1995—1997 年间，三九集团收购企业近 50 家，1999 年以后，三九集团进一步通过并购等方式进行快速扩张。截至 2004 年年底，三九集团的下属企业已达 443 家，一时间，三九集团成为子公司林立、跨行业、产权关系复杂的庞然大物，三九集团内部资金严重失控，集团公司和成员企业在没有认真进行可行性分析的情况下就盲目扩张，到处投资，并从银行接入大量债务，导致集团的财务风险大增。而由于集团内部复杂的组织结构，集团对于子公司的资产、负债情况缺乏必要的了解，导致集团财务极度混乱，更加剧了集团的风险。

资料来源　沈洪涛，樊莹，罗淑贞 . 初级财务管理[M]. 大连：东北财经大学出版社，2008：86-87.

5.3　销售预测

销售计划的中心任务之一就是销售预测，无论企业规模大小、销售人员多少，销售预测影响到包括计划、预算和销售额确定在内的销售管理的各方面工作。而财务预测的起点则是销售预测。销售预测是指对未来特定时间内，全部产品或特定产品的销售数量与销售金额的估计。它是在充分考虑未来各种影响因素的基础上，结合本企业的销售状况，通过一定的分析方法提出切实可行的销售目标。

销售预测与实际情况偏差很大，则会对企业造成不利影响。例如，如果销售预测过于乐观，筹集了大量资金购买设备和扩大生产，则会导致企业的产能过剩，企业的资产周转率降低，从而导致利润率和净资产收益率下降。反过来，如果销售预测过于悲观，则会导致企业没有筹集足够的资金来添置销售所需的设备，也没有相应规模的扩大生产，无法满足市场的需求，导致企业丧失市场份额。因此，准确的销售预测对于企业的发展至关重要。

5.3.1 销售预测的影响因素

尽管销售预测十分重要，但进行高质量的销售预测却并非易事。在进行预测和选择最合适的预测方法之前，了解对销售预测产生影响的各种因素是非常重要的。销售预测一般考虑两大类因素：外部因素和内部因素。

1. 外部因素

销售预测的外部因素主要是指影响销售预测的企业外部因素，这类因素是企业无法控制的。

（1）需求动向。需求动向是销售预测外界因素之中最重要的一项，如流行趋势、爱好变化、生活形态变化、人口流动等，均可成为产品（或服务）需求的质与量方面的影响因素，因此必须对其加以分析与预测。企业应尽量收集有关对象的市场资料、市场调查机构资料、购买动机调查等统计资料，以掌握市场的需求动向。

（2）经济变动。销售收入深受经济变动的影响，因此经济变动因素是影响商品销售的重要因素之一。为了提高销售预测的准确性，企业应特别关注商品市场中的供应和需求情况。因此，为了正确预测销售情况，需特别注意资源问题的未来发展、政府及财经界对经济政策的见解以及基础工业、加工业生产、经济增长率等指标变动情况。

（3）同业竞争动向。销售额的高低深受同业竞争者的影响。为了生存，企业必须掌握竞争对手在市场的所有活动。例如，竞争对手的目标市场在哪里，产品价格高低，促销与服务措施等等。因此，销售预测时，要考虑同业竞争动向。

（4）政府、消费者团体的动向。政府、消费者团体的动向也会对企业销售情况产生一定的影响。因此，销售预测时，要考虑政府的各种经济政策、方案措施以及消费者团体所提出的各种要求等。

2. 内部因素

销售预测的内部因素主要是指影响销售预测的企业内部因素，这类因素存在于企业内部，是可以根据自身情况设定和改变的。

（1）营销策略。营销策略包括市场定位、产品政策、价格政策、渠道政策、广告及促销政策等，这些营销策略的变更对销售额会产生一定的影响。

（2）销售政策。销售政策包括变更管理内容、交易条件或付款条件，销售方法等，这些销售政策对销售额会产生一定的影响。

（3）销售人员。销售活动是一种以人为核心的活动，所以人为因素对于销售额的实现具有相当深远的影响力，这是我们不能忽略的。

（4）生产状况。生产状况主要考虑货源是否充足，能否保证销售需要等，这些也会对销售额产生一定的影响。

5.3.2　销售预测的步骤

销售预测可以看作是一个系统，是由有关信息资料的输入、处理和预测结果的输出所组成的信息资料转换过程。对于复杂的预测对象，有时要把它进行分解，对分解后的子系统进行预测，在此基础上再对总的预测目标进行预测。销售预测是一项很复杂的工作，要使这一复杂工作有条不紊地进行，就必须遵循一定的程序。销售预测的基本程序如下：

1. 确定预测目标

销售预测是以产品的销售为中心的，产品的销售本身就是一个复杂的系统。有关的系统变量有很多，如市场需求潜力、市场占有率、产品的售价等变量。而对于这些变量是要进行长期预测还是短期预测，选择定性的还是定量的预测方法，要根据预测资料的要求进行不同选择。所以，预测目标的确定是销售预测的首要问题。

2. 收集和分析资料

在预测目标确定以后，为满足预测工作的要求，必须收集与预测目标有关的资料，所收集到的资料的充足与可靠程度对预测结果的准确度具有重要的影响。所以，对收集的资料必须进行分析，并满足这些条件：

（1）资料的针对性，即所收集的资料必须与预期目标的要求相一致。

（2）资料的真实性，即所收集的资料必须是从实际中得来的，并加以核实的资料。

（3）资料的完整性。资料的完整性直接影响到销售预测工作的进行。所以，必须采取各种方法，以保证得到完整的资料。

（4）资料的可比性。对于同一种资料，由于来源不同，统计口径不同，会造成很大差别。所以在收集资料时，对所获得的资料必须进行分析，如剔除一些随机事件造成的资料不真实性，对不具备可比性的资料通过分析进行调整等，以避免资料本身原因对预测结果带来误差。

5.3.3　销售预测的方法

经济规律的客观性及可认识性是销售预测分析方法的基础；系统的、准确的会计信息及其他有关资料是开展销售预测分析的前提条件。销售预测分析所采用的专门方法是随分析对象和预测期限的不同而异的。尽管方法种类繁多，但从总体上将可归纳为定性分析法和定量分析法两类。

1. 定性分析法

定性分析法也叫非数量分析法。一般是在企业缺乏完备、准确的历史资料的情况下，首先由熟悉企业经济业务和市场的专家，根据过去所积累的经验进行分析判断，提出预测的初步意见；然后再通过召开座谈会或询函的方式，对初步预测意见进行修正、补充，并作出预测分析最终结论的专门预测方法。因此，又称为“判断分析法”或“集合意见法”。一般来说，在销售预测中常用的定性预测方法有四种：高级经理意见法、销售人员意见法、购买者期望法和德尔菲法。

2. 定量分析法

定量分析法也叫数量分析法，即运用现代数学方法对历史数据（包括会计、统计及其他方面的资料）进行科学的加工处理，并建立经济数学模型，以揭示各有关变量之间的规律性联系的一类科学方法。用来进行销售预测的定量预测方法可以按照不同类型分成两大类：趋势预测法和因果预测法。

（1）趋势预测法。

趋势预测法也叫时间序列法、外推分析法，是根据某项指标过去和现在按时间顺序排列的数据资料，运用一定的数学方法进行加工、计算，借以预计推断事物未来发展趋势的一种数量分析方法。其实质是把未来视做过去和现在的延伸。如简单平均法、移动加权平均法、指数平滑法等。

①简单平均法，是以某产品过去若干时期的实际数值进行简单计算，以过去的平均数值，作为计划期的销售预测量的一种销售预测方法。简单平均法的计算公式为：

$$预计销售量=\frac{各期销量总和}{期数} \tag{5-1}$$

【例 5-1】根据某企业 1—5 月份销售量的资料，预测 6 月份的销售量，见表 5-1。

表 5-1 **某企业 1—5 月份销售量的资料** 单位：万元

月份	1	2	3	4	5
销售量	55	53	56	54	58

【解】根据上述资料预测 6 月份销售量如下：

$$6月份预计销售量=\frac{各期销量总和}{期数}=\frac{55+53+56+54+58}{5}=55.2（万元）$$

简单算术平均法是用过去的资料使差异平均化，可能会造成较大的误差。一般来说，未来销售量的预测受最近销售量状况的影响最大，时期越远，影响就越小。简单算术平均法不管近期资料还是远期资料，它采用一律平等的态度显然就存在着不合理。

②移动平均法，是根据某产品过去若干期的实际数值，按时间不断往后移动，取近三期或四期的资料求平均数，作为未来期销售量预测值的一种销售预测方法。其计算模型雷同于简单平均法，只是计算时所采取的期数不同。

【例 5-2】根据例 5-1 的资料，假如采用移动平均法，预测 6 月份的销售量。

【解】采用移动平均法，3、4、5 三个月份的资料影响程度比 1、2、3 月份的资料影响程度要大，所以取后三期预测 6 月份的销售量如下：

$$6月份预计销售量=\frac{后三期销量总和}{期数}=\frac{56+54+58}{3}=56（万元）$$

可见，移动平均法同样是使差异平均化，但在时期选择上应尽可能接近预测月份，这样使预测值更接近实际。简单平均法适用于在短期内不会有明显变化趋势的销售预测，而移动平均法可适用于预测各月销售额略有波动的销售预测。

③移动加权平均法，是根据过去若干时期的实际数值，按其距计划期的远近分别进行加权，近期所加权数大些，远期所加权数小些，然后计算其加权平均数，作为未来销售预测值的一种销售预测方法。其计算公式如下：

$$预计销售量=\frac{各期加权销量总和}{加权期数} \tag{5-2}$$

【例 5-3】根据例 5-1 的资料，假如采用移动平均法，预测 6 月份的销售量。

【解】采用移动加权平均法，取 3、4、5 三个月份的销售量，令 3 月份的权数为 1，4 月份的权数为 2，5 月份的权数为 3，则预测 6 月份的销售量如下：

$$6月份预计销售量=\frac{后三期加权销量总和}{加权期数}=\frac{56\times1+54\times2+58\times3}{1+2+3}=56.33（万元）$$

移动加权平均法根据历史数据的远近确认不同时期对未来期的影响程度，但这一方法仍只代表计划期前一期或几期的实际销售水平。

④指数平滑法，是指对过去不同时期的实际销售量取不同的权数加以平均，来预测未来期销售量的一种方法。由于加权平均数的曲线呈指数曲线形状，所以叫指数平滑法。在这种方法下，近期和远期的实际销售量对预测未来的影响程度是不同的。平滑系数的取值要求大于 0 而小于 1，一般取值在 0.3 与 0.7 之间。其计算公式如下：

$$预计销售量=平滑系数\times基期实际销售量+（1-平滑系数）\times基期预测销售量 \tag{5-3}$$

如果所取平滑系数越大，则近期实际资料对预测结果影响越大；而平滑系数越小，则近期实际资料对预测结果影响越小。这种方法与移动加权平均法没有什么实质区别。采用这种方法可排除在实际销售中所包含的偶然因素的影响，使预测结果可能更符合实际。平滑系数根据经验而定，带有一定的主观性。但可通过平滑系数的调整，满足实际预测的需要。若采用较小的平滑系数，以该法所求的预测值能反映观察值变动的长期趋势；若采用较大的平滑系数，则预测值能反映观察值新近的变动趋势。

（2）因果预测法。

因果预测法是从某项指标与其他有关指标之间的规律性联系中进行分析研究的，即根据各有关指标之间的内在相互依存、相互制约的关系，建立起相应的因果数学模型，以实现预测目标的一种数学预测方法。如本、量、利分析法、回归分析法等。

①一元线性回归分析法。一元线性回归分析法的方程为：

$$y=a+bx \tag{5-4}$$

式中：x 为自变量，如某种影响因素；y 为因变量，如预测的销售量；a、b 为待定系数。若 a、b 确定下来，则 x、y 的变化规律也就确定了，即预测的模型建立起来了。

②多元线性回归分析法。当自变量为多个时，要以多元线性回归方程为基础建立预测模型。多元线性回归分析法的方程为：

$$y = a + b_1x_1 + b_2x_2 + b_3x_3 + \cdots + b_nx_n \tag{5-5}$$

式中：x 为自变量，如某种影响因素；y 为因变量，如预测的销售量；a、b_n为待定系数。

③非线性（曲线）回归分析。在实际预测的问题中，有时以过去较长时期的历史资料为基础进行分析，会发现一个指标同另一个指标的变动虽密切相关，但并不是前述的线性相关关系，而是一条二次曲线。

非线性回归分析法，就是根据过去各期的实际销售量，求出能够反映销售额和时间序列（年份或月份）之间相互关系及其变动趋势的二次曲线，并以此曲线加以延伸，预测计划期的销售值的一种预测方法。非线性回归分析的方程为：

$$y = a + bx + cx^2 \tag{5-6}$$

式中：a、b、c 为待定常数，只要 a、b、c 确定下来，预测模式（即 x 与 y 的变化规律）也就找到了。

5.4 财务报表预测

销售预测完成之后，就要对企业的收益和资产负债状况进行预测，即对财务报表进行预测，需要编制预计财务报表。编制预计财务报表，最常用的方法则是销售收入百分比法。销售收入百分比法假设资产负债表和利润表中的某些项目与销售收入之间存在稳定的比例关系，可以根据预测的销售收入和对应的比例关系来预测资产、负债、所有者权益、收入以及费用。这一方法简单实用，可以了解财务报表各项目之间的关系，在有关因素发生变动的情况下，必须相应调整原有的销售收入百分比例。

5.4.1 利润表预测

首先进行利润表预测，编制预计利润表，目的在于预测净利润和用于再投资的留存收益增加额。在预计利润表中，假设成本费用项目与销售收入存在稳定的百分比关系，根据销售与成本费用的比例关系预计净利润，据此编制预计利润表。

用销售收入百分比法制定计划的利润表，并据此获得相关项目的资本需求量，应该采取以下三个步骤：

第一步，根据基年预计利润表的资料，确定相关项目在销售收入中所占百分比；

第二步，对计划年度的销售收入作出预测，并用基年相关项目在销售收入中所占百分比预测相关项目的资本需求量，并编制计划年度利润表；

第三步，利用预计的比率，测算出计划年度的留存收益数额。

【例 5-4】表 5-2 是北方公司 2015 年的实际利润表，预计 2016 年销售收入增长 20%，销售成本与销售收入存在稳定的百分比关系，利息不发生改变，股利支付率保持不变。另外假设 2015 年企业满负荷生产，因此，2016 年必须扩大生产力以满足销售收入的增长。根据这些信息，编制预计利润表。

表 5-2　**北方公司 2015 年的实际利润表**　单位：万元

项　目	金额
销售收入	1 000
减：销售成本	500
不含折旧的固定经营成本	100
折旧	100
息税前利润（EBIT）	300
减：利息	100
税前利润	200
减：所得税（25%）	50
净利润	150
股利	50
留存收益增加额	100

【解】由于 2015 年企业满负荷生产，因此折旧费用随销售收入增加 20%；由于股利支付率保持不变，可以计算出留存收益增加额为 130 万元。2016 年预计利润表见表 5-3。

表 5-3　**北方公司 2016 年的预计利润表**　金额单位：万元

项　目	2015 年实际金额	占销售收入百分比（%）	2016 年预测金额
销售收入	1 000	100	1 200
减：销售成本	500	50	600
不含折旧的固定经营成本	100	10	120
折旧	100	10	120
息税前利润（EBIT）	300	30	360
减：利息	100		100
税前利润	200		260
减：所得税（25%）	50		65
净利润	150		195
股利	50		65
留存收益增加额	100		130

北方公司2016年预计净利润为195万元，留存收益增加额为130万元，即这部分资金是企业可以内部解决的资金。下一步要分析新增销售收入对预计资产负债表的影响。

5.4.2 资产负债表预测

在预计资产负债表中，假设某些资产与负债项目与销售收入存在稳定的百分比关系，根据销售与资产的比例关系预计资产额，根据资产额预计相应的负债和所有者权益，与销售收入无关的项目金额按基期金额计算，留存收益项目的预测金额按基期金额加上新增留存收益金额预计，据此编制预计资产负债表。

【例5-5】承例5-4，假设为了适应销售收入的增长，资产总量要有所增加，即各部分资产都有相应水平的提高。假设流动负债项目中只有应付账款随着销售收入的增长而同比例变化，非流动负债和股本项目并不直接受销售收入的影响，而是由公司的融资需求决定的。因此，在预测时，假设这些项目保持不变。

表5-4是北方公司2015年的实际资产负债表和2016年的预计资产负债表。预计资产负债表项目的方法和预计利润表的方法类似。

第一步，根据基年预计资产负债表的资料，确定所有资产项目在销售收入中所占百分比。

第二步，预测自然增加的负债项目，即应付账款的金额。

第三步，假设应付票据、非流动负债和股本项目保持不变，则2016年留存收益项目等于2015年留存收益项目加上2016年预计利润表中的留存收益增加额。

表5-4 **北方公司2015年的实际资产负债表和2016年的预计资产负债表** 单位：万元

项目	2015年实际金额	占销售收入百分比（%）	2016年预测金额
库存现金	160	16	192
应收账款	440	44	528
存货	600	60	720
流动资产合计	1 200	120	1 440
固定资产	1 800	180	2 160
资产总计	3 000	300	3 600
应付账款	300	30	360
应付票据	100		100
流动负债合计	400		400
非流动负债	800		800
负债总计	1 200		1 200
股本	800		800
留存收益	1 000		1 130
所有者权益总计	1 800		1 930
负债与所有者权益总计	3 000		3 130

在表 5-4 中，2016 年留存收益预计额=1 000+130=1 130（万元）；2016 年资产预计额为 3 600 万元，而负债与所有者权益预计额为 3 130 万元，差额为 470 万元。这一差额说明有 470 万元的资产不能通过负债的自然增加或者留存收益增加额来获得。北方公司必须进行外部融资，包括银行贷款、发行股票、企业债券等来弥补这 470 万元的资金缺口。

5.5　资金需要量预测

资金需要量预测是指企业根据生产经营的需求，对未来所需资金的估计和推测。企业筹集资金，首先要对资金需要量进行预测，即对企业未来组织生产经营活动的资金需要量进行估计、分析和判断，它是企业制订定筹资计划的基础。按照销售收入百分比法，外部资金需要量应该等于预计总资产与预计总负债和预计股东权益之和的余额，即

外部资金需要量=预计总资产−预计总负债−预计股东权益　　(5-7)

5.5.1　外部资金需要量

北方公司 2016 年的初步预计财务报表显示：(1) 销售的增加需要新增资产的支持；(2) 部分增加的资产可以通过企业自身形成的负债或者自有资金解决；(3) 尚存的资金缺口需要通过举债或者发行股票等外部筹资渠道解决。

通过初步预计财务报表得出，北方公司 2016 年需要筹集 470 万元外部资金，可以通过增加权益资金或者债务资金的方式获得。在选择筹资方案时，财务人员要考虑以下一些因素：现有债务契约的限制条件、金融市场的状况、对新增债务的偿还能力等，这些将会在后面的关于筹资决策章节中进行详细的讨论。

目前，无论北方公司采用何种筹资方案，都会影响公司 2016 年的初步预计财务报表。选择增加负债进行筹资，会使公司利息支出增加，选择发行新股进行筹资，会使公司股利支出增加，这些增加的支出使得公司的净利润和留存收益会相应减少，从而使得公司内部资金减少，外部筹资需求再次增加。这个过程会反复进行，所以需要对初步预计财务报表进行调整。因此，北方公司实际上必须筹资高于 470 万元的外部资金，以弥补由于筹资而引起的内部资金缺口。

5.5.2　资金需要量预测中的其他因素

在北方公司的例子中，财务报表预测和资金需要量预测都采用了较为简单的销售收入百分比法，该方法假设资产负债表和利润表中的某些项目与销售收入之间存在着稳定的比例关系。但是，这种方法有一定的局限性，在实际预测中还需要考虑一些其他影响融资需求的因素。

1. 生产能力过剩

在北方公司的例子中，假设其在 2015 年是满负荷生产，意味着北方公司固定

资产的生产能力达到了 100%，因此需要增加厂房、设备等固定资产，以维持增加的销售收入。但是对于大多数企业来说，可能会有一些闲置或者过剩的生产能力，那么只有当预计的销售收入增加幅度足够大时，超过企业现有生产能力才需要增加固定资产。

例如，北方公司在 2015 年销售水平下，只利用了 70%的生产能力，那么对外资金需求量就会不同。70%的生产能力下的销售水平是全部生产能力下销售水平的 70%，即

目前的销售收入=1 000=70%×全部生产能力下的销售收入

全部生产能力下的销售收入=1 000÷70%=1 429（万元）

这就告诉我们，销售收入在不需要任何新增固定资产的情况下，能够增长将近 43%，即从 1 000 万元增长至 1 429 万元。

在北方公司的前面例子中，假设固定资产增加 360 万元，外部资金需要量为 470 万元。在目前的情形下，并不需要增加固定资产，因为预计销售收入仅仅增长到 1 200 万元，它比全部生产能力下的销售水平 1 429 万元低很多。因此，保持固定资产 1 800 万元不变，外部资金需要量为 110 万元，比初步预计的减少 360 万元。

2. 跳跃增加的资产

许多行业由于技术的原因，生产设备具有很强的规模效应，需要一次性购入大量固定资产，所以固定资产的增加是不连贯的，称之为跳跃增加的增产。跳跃增加的增产会改变固定资产与销售收入的比例关系。例如，北方公司为了满足 2016 年销售收入增长 20%的需要，需要将产能提高 20%，按照比例关系，需要增加固定资产 360 万元。但是如果其资产是跳跃增加的资产，那么要提高 20%的产能可能需要一次性增加固定资产 500 万元，这种情况下，筹资需求就会高于原来的估计。

新的资金需要量=3 740−3 130=610（万元），高于原来的 470 万元的资金需要量。

所以，在进行实际预测时，不能机械的生搬硬套销售收入百分比法的步骤，需要考虑各种因素，对销售收入百分比法进行修正，以正确估计外部资金需要量，作好财务计划。

5.5.3 筹资政策与增长

从北方公司的例子中，可以看出企业所需的外部筹资与增长有着必然的联系。假设其他条件相同，销售收入的增长率越高，对外部筹资需求也会越大。通常情况下，我们假设增长率是给定的，然后来确定支撑增长所需要的外部筹资额。在这一部分，我们稍微转换一下。假设企业的筹资政策是已知的，然后考察增长与外部筹资之间的联系。这里主要介绍两个主要的增长率。

内部增长率是指在没有任何形式的外部筹资的情况下所达到的最大的增长率。它是在只有内部筹资的情况下企业所能够维持的最大增长率。

$$内部增长率=\frac{ROA\times b}{1-ROA\times b} \tag{5-8}$$

式中：ROA 为资产报酬率；b 为再投资率或提存率，等于留存收益与净利润的比值。

再投资率又称内部成长性比率，是指企业每年赚取的钱有百分之几用于投资支出（如净营运资金、固定设备新购、其他资产新购等）。这一比率表明公司用其盈余所得再投资，以支持公司成长的能力。再投资率越高，公司扩大经营能力越强，反之则越弱。

可持续增长率是指企业在保持固定的债务权益率，同时没有任何外部权益筹资的情况下所能够达到的最大的增长率。它是企业在不增加财务杠杆的情况下所能够保持的最大增长率。

$$可持续增长率=\frac{ROE\times b}{1-ROE\times b} \tag{5-9}$$

式中：ROE 为权益报酬率；b 为再投资率或提存率。

关键词

财务计划　财务预测　销售计划　销售预测　销售收入百分比法　预计利润表　预计资产负债表　内部增长率　可持续增长率

基本训练

◆ 单项选择题

1. 若企业 2015 年的经营资产为 800 万元，经营负债为 300 万元，金融资产为 50 万元，金融负债为 400 万元，销售收入为 1 500 万元，若经营资产、经营负债占销售收入的比不变，销售净利率为 8%，股利支付率为 40%，企业金融资产均为可动用金融资产，预计 2016 年销售收入会达到 2 000 万元，则需要从外部筹集的资金是（　　）万元。

A.20.65　　B.30　　C.40.5　　D.52.5

2. 关于内部增长率，下列说法正确的是（　　）。

A. 假设发行新股　　B. 假设不增加借款

C. 资产负债率下降　　D. 财务杠杆下降

3. 在估计可持续增长率时，通常假设内部融资资金的主要来源是（　　）。

A. 净资本　　B. 增发股票　　C. 留存收益　　D. 增发债券

4. 利用某些指标之间存在的固定不变的比例关系来进行预测的方法是（　　）。

A. 销售百分比法　　B. 指数平滑法

C. 线性回归分析法　　D. 固定比例计算法

5. 企业销售增长时需要补充资金，假设每元销售所需资金不变，以下关于外部融资需求的说法中，不正确的是（ ）。

A. 在销售净利率大于 0 的情况下，股利支付率越高，外部融资需求越大

B. 在股利支付率小于 1 的情况下，销售净利率越高，外部融资需求越小

C. 如果外部融资额为正数，说明企业有剩余资金，可用于增加股利或短期投资

D. 当企业的实际增长率低于本年的内含增长率时，企业不需要从外部融资

6. 东方企业 2015 年的新增留存收益为 200 万元，所计算的可持续增长率为 15%，2016 年不发股票，且能保持财务政策和经营效率不变，若预计 2016 年的净利润可以达到 1 150 万元，则 2016 年的股利支付率为（ ）。

A.60% B.70% C.80% D.90%

◆ 多项选择题

1. 销售预测的方法有（ ）。

A. 简单平均法 B. 移动平均法

C. 移动加权平均法 D. 指数平滑法

2. 财务计划的基础包括（ ）。

A. 战略计划 B. 预计利润表

C. 预计资产负债表 D. 经营计划

3. 财务预测按所跨越的时间长度不同可以分为（ ）。

A. 长期预测 B. 资金预测 C. 中期预测 D. 短期预测

4. 下列表述中正确的有（ ）。

A. 销售百分比法假设资产、负债与销售收入存在稳定的百分比关系，根据预计销售收入和相应的百分比预计资产、负债，然后确定融资需求的一种财务预测方法

B. 确定资产和负债项目的销售百分比，只能根据通用的财务报表数据预计，不可以使用经过调整的管理用财务报表数据预计

C. 销售百分比法是一种比较简单、精确的预测方法

D. 最复杂的预测是使用综合数据库财务计划系统

5. 影响可持续增长率指标的因素有（ ）。

A. 销售净利率 B. 财务杠杆 C. 资产周转率 D. 留存收益率

6. 在仅靠内部融资的增长率条件下，正确的有（ ）。

A. 假设不增发新股 B. 假设不增加借款

C. 资产负债率会下降 D. 财务杠杆和财务风险降低

7. 影响内部增长率的因素有（ ）。

A. 销售净利率 B. 股利支付率 C. 资产周转率 D. 财务杠杆

8. 关于可持续增长率，说法正确的有（ ）。

A. 在可持续增长的条件下，负债与销售收入同比例变动

B. 在可持续增长的条件下，资产净利率不变

C. 不愿意或者不打算发售新股，增加债务是其唯一的外部筹资来源

D. 在可持续增长的条件下，资产周转率不变

9. 如果企业外部融资额为负数，则表明（　　）。

A. 企业有剩余资金，可用于增加股利或短期投资

B. 企业没有剩余资金，需要从外部融资

C. 企业仅需要从外部债务融资，不需要股权融资

D. 企业不需要从外部融资

10. 关于财务预测工作应注意的问题，下列说法正确的有（　　）。

A. 科学地应用各种手段，使预测结果更为真实、准确，更符合实际

B. 将定性财务预测方法和定量财务预测方法结合起来

C. 作好财务预测的分析和评价

D. 注意长期、中期、短期预测的结合使用

◆ 判断题

1. 可持续增长率是指在没有任何形式的外部筹资的情况下所达到的最大的增长率。（　　）

2. 内部增长率是指企业在保持固定的债务权益率，同时没有任何外部权益筹资的情况下所能够达到的最大增长率。（　　）

3. 财务计划可以估计企业未来的资金需求。财务管理人员可以根据财务计划，预测企业的外部融资需求量，并根据财务计划，选择合适的筹资方式和时间，避免出现资金周转的困难。（　　）

4. 战略计划是以企业战略为基础，为实现企业目标提供的详细实施指南。战略计划实际上是对方案实施所需的各种资源，从时间和空间上所作出的统筹安排。（　　）

5. 销售预测是对企业未来某一时期可实现的利润的预计和测算。它是按影响企业利润变动的各种因素，预测企业将来所能达到的利润水平，或按实现目标利润的要求，预测需要达到的销售量或销售额。（　　）

6. 资金预测是指在销售预测、利润预测和成本预测的基础上，根据企业未来发展目标并考虑影响资金的各项因素，运用一定方法推测出企业在未来一定时期内所需要的资金数额、来源渠道、运用方向及其效果的过程。（　　）

7. 销售收入百分比法简单实用，还可以了解财务报表各项目之间的关系，当有关因素发生变动的情况下，不必调整原有的销售收入百分比例。（　　）

8. 成本费用预测是指企业在一定的市场条件和营销努力下，对企业所经营的商品在一定时期和市场空间内所能实现的营业额进行预计和测算。（　　）

9. 定量分析法也叫数量分析法，即运用现代数学方法对历史数据（包括会计、统计及其他方面的资料）进行科学的加工处理，并建立经济数学模型，以揭示各有关变量之间的规律性联系的一类科学方法。（　　）

10. 财务预测是指对未来特定时间内，全部产品或特定产品的销售数量与销售

金额的估计。它是在充分考虑未来各种影响因素的基础上，结合本企业的销售实绩，通过一定的分析方法提出切实可行的销售目标。（ ）

◆ 实务题

1.A 公司 2015 年的财务数据见表 5-5。假设 A 公司的流动资产和流动负债均随销售收入的变化同比例变化。

表 5-5 A 公司 2015 年的财务数据表 单位：万元

项 目	金 额
流动资产	4 000
非流动资产	8 000
流动负债	400
非流动负债	6 000
当年销售收入	4 000
净利润	200
股利分配	60
留存收益	200

要求：

（1）2016 年预计销售收入达到 5 000 万元，销售净利率和收益留存比率维持 2015 年水平，计算需要补充多少外部资金？

（2）如果留存收益比率为 100%，销售净利率提高到 10%，目标销售收入为 4 800 万元，计算需要补充多少外部资金？

2.ABC 公司 2015 年有关财务数据见表 5-6。假设 ABC 公司实收资本一直保持不变，计算以下互不关联的三个问题。

表 5-6 ABC 公司 2015 年财务数据表

项 目	金额（万元）	占销售收入百分比
流动资产	1 400	35%
非流动资产	2 600	65%
资产总计	4 000	
短期借款	600	无稳定关系
应付账款	400	10%
非流动负债	1 000	无稳定关系
实收资本	1 200	无稳定关系
留存收益	800	无稳定关系
负债及所有者权益总计	4 000	
销售收入	4 000	100%
净利润	200	5%
股利分配	60	

要求：

（1）假设 2016 年计划销售收入为 5 000 万元，需要补充多少外部融资（保持目前的股利支付率、销售净利率和资产周转率不变）？

（2）假设 2016 年不能增加借款，也不能发行新股，预计其可实现的销售增长率（保持其他财务比率不变）。

（3）若股利支付率为零，销售净利率提高到 8%，目标销售收入为 4 500 万元，需要筹集补充多少外部融资（保持其他财务比率不变）？

3. 南方公司 2015 年的销售收入为 20 000 万元，2015 年 12 月 31 日的资产负债表（简表）见表 5-7。该公司 2016 年计划销售收入比上年增长 20%，为实现这一目标，公司需新增设备一台，需要 420 万元资金。据历年财务数据分析，公司流动资产与流动负债随销售额同比率增减。假定该公司 2016 年的销售净利率可达到 10%，净利润的 60%分配给投资者。

表 5-7　**南方公司 2015 年 12 月 31 日的资产负债表（简表）**　单位：万元

资产	期末余额	负债及所有者权益	期末余额
库存现金	1 000	应付账款	1 000
应收账款	3 000	应付票据	2 000
存货	6 000	长期借款	9 000
固定资产	7 000	实收资本	4 000
无形资产	1 000	留存收益	2 000
资产总计	18 000	负债及所有者权益总计	18 000

要求：

（1）计算 2016 年流动资产增加额；

（2）计算 2016 年流动负债增加额；

（3）计算 2016 年公司需增加的营运资金；

（4）计算 2016 年的留存收益；

（5）预测 2016 年需要对外筹集的资金量。

4. 北方公司 2015 年 12 月 31 日的资产负债表（简表）见表 5-8。

表 5-8　**北方公司 2015 年 12 月 31 日的资产负债表（简表）**　单位：万元

资产	期末余额	负债及所有者权益	期末余额
库存现金	40	应付账款	18
应收账款	100	应付票据	32
存货	100	短期借款	46
预付款项	15	长期借款	67
固定资产	65	实收资本	32
		资本公积	90
		留存收益	35
资产总计	320	负债及所有者权益总计	320

根据历史资料考察，库存现金、应收账款、存货、固定资产、应付账款、应付票据等项目与销售收入变化成正比，其他资产、负债项目不随销售收入变动而变动。北方公司 2015 年的销售收入为 4 000 万元，实现净利润 100 万元，支付股利 60 万元。预计 2016 年度销售收入为 5 000 万元，销售净利率增长 10%，股利支付率保持上年水平。

要求：

（1）运用销售百分比法预测 2016 年外部筹资需要量。

（2）假设其他条件不变，2016 年销售净利率与 2015 年相同，股利支付率比 2015 年提高 10%以稳定股价。如果从外部筹资 25 万元，你认为是否可行？

第6章　货币时间价值

学习目标

◆ 重点掌握单一现金流和多重现金流的计算方法；掌握利率的分类以及利率的构成因素；了解货币时间价值的概念。

❖ 引例

世界上最伟大的秘密：复利法则

1. 国王与棋盘的故事

有一个古老的故事，它显示了复利效果的威力。传说西塔发明了国际象棋而使国王十分高兴，他决定要重赏西塔，西塔说："我不要你的重赏陛下，只要你在我的棋盘上赏一些麦子就行了。在棋盘的第 1 个格子里放 1 粒，在第 2 个格子里放 2 粒，在第 3 个格子里放 4 粒，在第 4 个格子里放 8 粒，依此类推，以后每一个格子里放的麦粒数都是前一个格子里放的麦粒数的 2 倍，直到放满第 64 个格子就行了。"国王觉得很容易就可以满足他的要求，于是就同意了。但很快国王就发现，即使将国库所有的粮食都给他，也不够百分之一。因为即使一粒麦子只有 1 克重，也需要数 10 万亿吨的麦子才够。尽管从表面上看，他的起点十分低，从 1 粒麦子开始，但是经过多次乘方，形成了庞大的数字。

2. 诺贝尔奖奖金始终发不完的故事

诺贝尔基金会成立于 1896 年，由诺贝尔捐献 980 万美元建立。基金会成立初期，章程中明确规定这笔资金被限制只能投资在银行存款与公债上，不允许用于有风险的投资。

随着每年奖金的发放与基金会运作的开销，历经 50 多年后，诺贝尔基金的资产流失了近 2/3，到了 1953 年，该基金会的资产只剩下 300 多万美元。而且因为通货膨胀，300 万美元只相当于 1896 年的 30 万美元，原定的奖金数额显得越来越可怜，眼看着诺贝尔基金走向破产。

诺贝尔基金会的理事们于是求教麦肯锡，将仅有的 300 万美元银行存款转成资本，聘请专业人员投资股票和房地产。新的理财观一举扭转了整个诺贝尔基金的命运，基金不但没有再减少过，而且到了 2005 年，基金总资产还增长到了 5.41 亿美元。从 1901 年至今，诺奖发放的奖金总额早已远远超过诺贝尔的遗产。

诺贝尔基金会长线投资的历史，追求复利收益的历史，伴随着人类的各种天灾人祸和战争。可是一路走来，长线仍有可观复利收益。估算可知，从 1953 年到现在，诺贝尔基金的年平均复利速度超过 20%。

资料来源　佚名 . 世界上最伟大的秘密：复利[EB/OL].（2015-01-05）[2015-09-18]. http://mt.sohu.com/20150105/n407547985.shtml.

6.1 货币时间价值概述

在商品经济中，有这样一种现象，即今天的 1 元钱和一年后的 1 元钱经济价值不相等，或者说其经济效用不同。今天的 1 元钱，比一年后的 1 元钱经济价值要大，即使不存在通货膨胀也是如此。因为，今天将 1 元钱存入银行，假设年存款利率为 3%，一年后可以得到 1.03 元。这 0.03 元便是 1 元钱经过一年时间的投资所增加的价值，即货币时间价值。由此可见，货币在不同的时点上，其价值是不一样的，不能简单地直接进行比较，需要进行换算。货币时间价值是客观存在的经济范畴，离开这一因素，就无法正确计算不同时期的货币价值，也无法正确评价企业盈亏。

6.1.1 货币时间价值的概念

货币时间价值又称资金时间价值，是指货币随着时间的推移而发生的增值，或者是货币经过一定时间的投资与再投资所增加的价值。

简而言之就是今天的 1 元钱大于明天的 1 元钱。例如，你今天有 1 元钱，但你不使用，存入银行或者进行其他投资，并从中获取收益的机会，则明年的今天你将得到的货币价值要高于 1 元钱，这就是今天的 1 元钱到明年今天的货币时间价值。这种由于放弃现在使用货币的机会而用时间换取的报酬，就是货币时间价值的概念。

从上述的例子可以看出，货币是具有时间价值的。货币的时间价值就是指当前所持有的一定量货币比未来获得的等量货币具有更高的价值。从经济学的角度而言，现在的一单位货币与未来的一单位货币的购买力之所以不同，是因为要节省现在的一单位货币不消费而改在未来消费，则在未来消费时必须有大于一单位的货币可供消费，作为弥补延迟消费的贴水。

货币时间价值是企业进行筹资决策和投资决策所要考虑的一个重要因素，也是企业估价的基础。

6.1.2 货币时间价值产生的原因

为什么货币会具有时间价值？因为货币进入社会再生产过程后能产生价值增

值。货币投入生产经营活动之后，用它购买生产所需的资源，劳动者利用这些资源生产出新产品，创造出新价值，产品售出之后的所得大于原来投入的货币额，就形成了货币的增值。具体说来有以下几个原因：

1. 货币时间价值是资源稀缺性的体现

经济和社会的发展要消耗社会资源，现有的社会资源构成现存社会财富，利用这些社会资源创造出来的将来的物质和文化产品构成了将来的社会财富。由于社会资源具有稀缺性的特征，又能够带来更多的社会产品，所以现在物品的效用要高于未来物品的效用。在货币经济条件下，货币是商品的价值体现，现在的货币用于支配现在的商品，将来的货币用于支配将来的商品，所以现在货币的价值自然高于未来货币的价值。市场利息率是对平均经济增长和社会资源稀缺性的反映，也是衡量货币时间价值的标准。

2. 货币时间价值是信用货币制度下流通中货币的固有特征

在目前的信用货币制度下，流通中的货币是由中央银行基础货币和商业银行体系派生存款共同构成的。由于信用货币有增加的趋势，所以货币贬值、通货膨胀成为一种普遍现象，现有货币也总是在价值上高于未来货币。市场利息率是可贷资金状况和通货膨胀水平的反映，反映了货币价值随时间的推移而不断降低的程度。

3. 货币时间价值是人们认知心理的反映

由于人在认识上的局限性，人们总是对现存事物的感知能力较强，而对未来事物的认识较模糊，结果人们存在一种普遍的心理——比较重视现在而忽视未来，现在的货币能够支配现在商品满足人们的现实需要，而将来货币只能支配将来商品满足人们将来的不确定需要，所以现在单位货币价值要高于未来单位货币的价值，为使人们放弃现在货币及其价值，必须付出一定代价，利率便是这一代价。

6.1.3　货币时间价值的作用

树立货币时间价值的观念对于企业财务管理有着重要的作用。

1. 货币时间价值是企业进行财务决策的依据

货币时间价值是不考虑风险和通货膨胀因素的社会平均利润率。作为投资方案，至少应该取得社会平均利润率的水平，否则该项目就是不成功的。例如，在进行项目可行性分析时，所采用的不论是净现值法、现值指数法，还是内部报酬率法等，都是在充分考虑货币时间价值的基础上，评价项目可行性较好的方法，而且在各企业实践中得到广泛应用。在证券投资方案评价中，货币时间价值也是最重要的依据。在筹资决策中，也可以根据货币时间价值原理，计算比较各种筹资方案的成本，确定可行的资本结构。

2. 货币时间价值是衡量企业经济效益的依据

货币时间价值问题实际上是资本使用的经济效益问题。企业作为营利性的组织，其主要财务目标是实现企业价值最大化，不断提高股东财富。因此，企业经营者必须充分调动各种经济资源去实现预期的收益，而评判这些资源是否充分、有效的一个重要标准就是货币时间价值，即社会平均利润率，这是企业资本利润率的最低限度。

3. 货币时间价值是企业科学合理使用资金的依据

在社会平均利润率一定的情况下，货币时间价值与计息期数成正方向变化，计息期数越多，货币时间价值越大。也就是说，资金周转的快慢以及每次资金循环时间的长短，都决定了货币时间价值的大小。掌握货币时间价值理论，有助于企业科学合理使用资金。企业任何资产只有参与资金运动才可能作为货币实现其时间价值，而闲置的资产无论是流动资产还是固定资产，都不可能创造时间价值，而且随着时间的推移，还会丧失其原有的价值。明确这个观念就可以督促企业管理者节约使用资金，充分提高资金的使用效果，充分实现货币时间价值，使资金在有限的时间和空间范围内获取最大价值。

不管是在企业生存的命脉——财务管理上，还是在企业的投资风险评估中，一切有关货币交易的方面，货币时间价值都起到了积极的作用。

6.2 单一现金流的计算

在财务管理中，考虑货币时间价值时，往往与现金流量有关，同时还需要将不同时间的现金流量，按照一定的折现率折算为同一时点上的现金流量，这样在价值上才可以进行比较。现金流是把资金的流动作为时间的函数用图形和数字表示出来。按照现金流量的期数可以分为单一现金流和多重现金流。单一现金流指的是只有一期的现金流动，多重现金流指的是多期的现金流动。本小节中，先来讨论单一现金流的计算。

6.2.1 终值

终值，是指现在一定量的货币投资一段时间所能增长到的数量。换句话说，终值是现在的货币换算成未来一定时点上货币的价值，通常记做 F。

在终值的计算中有两种方法可供选择：一是单利计算法；二是复利计算法。两者的主要区别在于计息基础不同。单利是指不论时间长短，只按本金计算利息，其所生利息不加入本金计算利息，即只有本金能产生利息，所生利息不能产生新的利息。复利是指不仅本金要计算利息，利息也要计算利息，即本金能产生利息，所生利息也能产生新的利息，即俗称的“利滚利”。简单地说，复利是指在每次利息计算时，都将上一次收到的利息转为本金，在此基础上计算利息的计算方式。我国目前银行系统公布的利率大部分是单利计算方式，但是如果选择自动转存方式，则利息计算实际上是采用了复利的方式。

由于终值的计算受到利息计算方式的影响，下面将分别进行讨论。

1. 单利终值

【例 6-1】李先生将 100 元存入银行，存期为 5 年，已知存款利率为 3%，按单利计息，则 n 年年末的本利和为多少？

【解】①1 年后的本利和 $F_1=100+100\times3\%\times1=103$（元）

②2 年后的本利和 $F_2=100+100\times3\%\times2=106$（元）

③3 年后的本利和 $F_3=100+100\times3\%\times3=109$（元）

$F_1=P+P\times r\times1$

$F_2=P+P\times r\times2$

由此，单利终值的计算公式为：

$$F=P+P\times r\times n=P\times(1+r\times n) \tag{6-1}$$

式中：F 为终值；P 为现值；r 为利率；n 为计息期数。

2. 复利终值

复利终值是指经过若干计息期后包括本金和利息在内的未来值，即本利和。这里所说的计息期，是指相邻两次计算的时间间隔，如年、季、月等。一般情况下，无特殊说明，计息期通常以年为单位。

【例 6-2】你将 100 元存入银行，存期为 5 年，已知存款利率为 3%，按复利计息，每计息期为 1 年，则第 3 年年末的本利和为多少？

【解】①1 年后的本利和 $F_1=100\times(1+3\%)^1=103$（元）

②2 年后的本利和 $F_2=103\times(1+3\%)=100\times(1+3\%)^2=106.09$（元）

③3 年后的本利和 $F_3=106.09\times(1+3\%)=100\times(1+3\%)^3=109.27$（元）

以此类推，复利终值的计算公式为：

$$F=P\times(1+r)^n \tag{6-2}$$

式中：$(1+r)^n$ 被称做终值系数，记为 FVIFr，n（F/P，r，n）。可以通过查阅复利终值系数表直接得到该系数，简化计算。

图 6-1 直观地反映例 6-1 与例 6-2 中复利与单利计息结果的差异。比较以上两例的结果可以发现，复利计息法下计算的结果要高于单利计息法下的结果。原因很简单，复利计息法中的利息被用于继续投资，而单利计息法中的利息退出了投资过程。在这 3 年中，每年的单利为 3 元，累积 9 元；其他的 0.27 元则来自于复利，这说明了复利的重要意义。

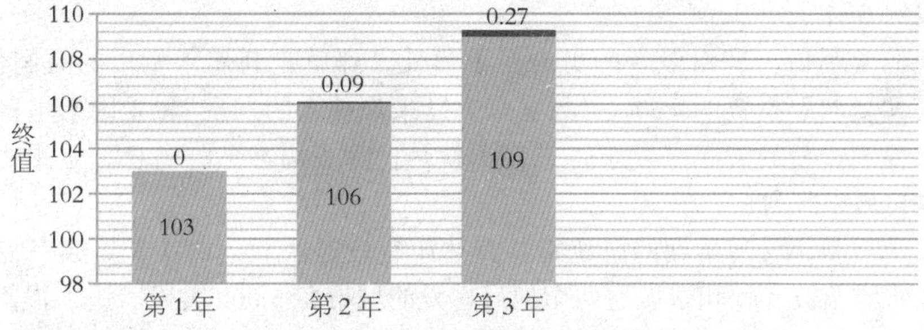

注：深色部分表示单利和复利相差的部分，随着时间变化这部分不断增加。

图 6-1　复利与单利的比较

上述计算都是假设复利计息是以年为单位进行的。然而在现实中，复利计息会在一年内发生多次。随着利息期的不同，最终收益也会发生变化。

【例 6-3】你将 100 元存入银行，已知存款利率为 3%，按复利计息，计息期分别为每半年、每季、每月、每日的情况下，年末的本利和为多少？

【解】①计息期为半年的本利和 $F=100\times(1+3\%/2)^{2}=103.0225$（元）

②计息期为季的本利和 $F=100\times(1+3\%/4)^{4}=103.0339$（元）

③计息期为月的本利和 $F=100\times(1+3\%/12)^{12}=103.0516$（元）

④计息期为日的本利和 $F=100\times(1+3\%/365)^{365}=103.0553$（元）

由此可以推出，一年中一项投资每年按复利计息 m 次的年末终值为：

$$F=P\times(1+r/m)^{m} \tag{6-3}$$

人们可以以半年、每季、每月、每天或更短的时间内进行复利计算。最极端的情况是在无限短的时间间隔按复利计息，即时时计息，也就是一般所称的连续复利计算。国际上很多银行和其他金融机构经常用连续复利计算方式。

根据式 6-3 可得：

$$F=P\times(1+r/x)^{x}$$
$$=P\times[(1+r/x)^{x/r}]^{r}=P\times e^{r} \quad (\text{其中 } X\to\infty) \tag{6-4}$$

根据上式可以计算例 6-3 中的连续复利是：

$$F=P\times e^{r}=100\times e^{3\%}=103.0555\text{（元）}$$

由表 6-1 不难发现，随着计息期的不断缩短，复利终值不断增大，投资者的到期收益率也在不断上升当中。

表 6-1 **复利计息期与终值**

P（元）	复利计息次数	F（元）
100	每年（m=1）	103.0225
100	每半年（m=2）	103.0339
100	每季度（m=4）	103.0516
100	每日（m=365）	103.0553
100	无限（m→∞）	103.0555

拓展案例 6-1

我们要明白，理财最大的奥妙在于何处，那就是利用了货币的时间价值，也就是“复利”投资的奥妙。“数学有史以来最伟大的发现”，爱因斯坦曾经这样形容复利。复利听起来复杂，说穿了就是：除了用本金赚利息，累积的利息也可以再用来赚利息。

关于复利，美国早期的总统富兰克林还有一则轶事。1791 年，富兰克林过世时，捐赠给波士顿和费城这两个他最喜爱的城市各 5 000 美元。这项捐赠规定了提领日，提领日是捐款后的 100 年和 200 年：100 年后，两个城市分别可以提 50 万美元，用于公共计划；200 年后，才可以提领余额。1991 年，200 年期满时，两个城市分别得到将近 2 000 万美元。

富兰克林以这个与众不同的方式，向我们显示了复利的神奇力量。富兰克林喜欢这样描述复利的好处："钱赚的钱，会赚钱。"

资料来源 佚名.七二法则双十定律 家庭理财不可不知的数字[EB/OL].（2010-02-04）[2010-08-07].http://wenku.baidu.com/view/e147162fb4daa58da0114a61.html.

6.2.2 现值

在财务管理中有另一种更常见的并且与终值相关的问题，那就是现值的计算。假定5年后，你需要1 000元，而且预测可以每年赚取5%的报酬，那么你现在必须投资多少才能够达到目标呢？要预测这个数额，就是求现值的问题。可以看出，现值是指未来某一时点上的一定数额的货币折合成现在的价值，通常记做P。

复利现值是复利终值的对称概念，也可用倒求本金的方法计算。

由式6-2可以推出复利现值的计算公式：

$$P=F\times(1+r)^{-n} \tag{6-5}$$

式中：$(1+r)^{-n}$被称为现值系数，记为PVIFr，n或（P/F，r，n），是用来计算未来现金流现值的系数。可以通过查阅复利现值系数表直接得到该系数，简化计算。$(1+r)^{-n}$有很多种称谓，因为它是用来对未来现金流量进行贴现的，因此通常被叫做贴现系数。从这个名称上可以看出，在计算过程中所采用的利率通常也被叫做折现率。

【例6-4】你希望5年后从银行提取1 000元，已知存款利率为5%，按复利计息，则现在需一次存入多少钱？按单利计息，则需要一次存入多少钱？

【解】按复利计息 $P=1\ 000\times(1+5\%)^{-5}\approx783.53$（元）

按单利计息 $P=1\ 000\div(1+5\%\times5)=800$（元）

6.2.3 折现率

在财务管理中，经常需要确定一项投资所隐含的折现率。从式6-5中可以看出，这个等式包含4部分内容：现值P、终值F、折现率r、投资期限t。只要给定其中3个就可以求出第4个。由此可以得出复利折现率计算公式为：

$$r=\sqrt[t]{\frac{F}{P}}-1 \tag{6-6}$$

【例6-5】假定有一项投资必须花500元，而且将在8年后使我们所投资的钱变成两倍。为了和其他投资进行比较，我们想要知道隐含的折现率是多少？

【解】 $r=\sqrt[t]{\frac{F}{P}}-1=\sqrt[8]{\frac{1\ 000}{500}}-1=9\%$

从结果可以看出，只要折现率达到9%，经过8年的时间就可以使现在的投资500元变成1 000元，这也是著名的"七二法则"。

所谓"七二法则"，就是一笔投资不拿回利息，利滚利，本金增值一倍所需的时间为72除以该投资年均回报率的商数。例如你投资30万元在一只每年平均报酬率为

12%的基金上，约需 6 年（72 除以年报酬率，亦即以 72 除以 12）的时间，本金就可以增值一倍，变成 60 万元；如果基金的年均回报率为 8%，则本金翻番需要 9 年时间。

掌握了这其中的奥妙，就能够帮助企业快速计算出财富积累的时间与收益率关系，非常有利于企业在进行不同时期的理财规划时，选择不同的投资工具。

拓展案例 6-2

理财中最重要的数字又是多少呢？几乎所有的理财专家都会告诉我们，不是 100%，而是“72”——也就是“七二法则”，一个与复利息息相关的法则。

所谓“七二法则”，就是一笔投资不拿回利息，利滚利，本金增值 1 倍所需的时间为 72 除以该投资年均回报率的商数。比如你现在有一笔 10 万元的初始投资资金，希望给 12 年后大学的女儿用作大学教育基金，同时考虑各种因素，估算出女儿的大学教育金到时候一共需要 20 万元。那么为了顺利实现这个目标，你应该选择长期年均收益率在 6%左右的投资工具，比如平衡型基金。

再拿比较保守的国债投资者来说，年收益水平为 3%。那么用 72 除以 3 得 24，就可推算出投资国债要经过 24 年收益才能翻番。

当然，想要利用复利效应让你快速累积财富，前提就是要尽早开始储蓄或投资，让复利成为你的朋友。否则，你和别人财富累积速度的差距会越来越远。

资料来源 佚名.七二法则双十定律 家庭理财不可不知的数字[EB/OL].（2010-02-04）[2015-08-07].http://wenku.baidu.com/view/e147162fb4daa58da0114a61.html.

6.2.4 期限

同样，在财务管理中，经常需要确定一项投资所需要的期限。从式 6-5 中可以看出，复利期限计算公式为：

$$t=\frac{\ln\frac{F}{V}}{\ln(1+r)} \tag{6-7}$$

【例 6-6】假定我们想要买一项价值 5 000 元的资产。目前，我们有 2 500 元可以赚取 12%的报酬，多长时间才能达到 5 000 元呢？

【解】 $t=\frac{\ln\frac{F}{V}}{\ln(1+r)}=\frac{\ln\frac{5\,000}{2\,500}}{\ln(1+12\%)}=6.1163$（年）

6.3 多重现金流的计算

在现实生活中，有时企业的业务是连续不断发生的，所以资金的收付并不是一次性完成的，而是一个系列的收付过程。例如，某一超市正考虑开一家分店，在初始时刻会有一笔现金流出，在接下来的几年中都会有现金流入，其中有的是等额的连续收付业务，有的是不等额的现金流。先来讨论等额的连续收付业务的现金流，即均衡现金流的计算。

6.3.1　均衡现金流

在现实中，均衡现金流是非常普遍的形式。几乎所有的住房贷款和汽车贷款都具有固定付款额的特点，而且通常情况下是每月支付一次。这种在固定时期内发生的均衡现金流就叫做年金，通常记做 A。年金的用途多种多样，如保险费、分期付款、零存整取等。年金按其每次收付发生的时点不同，可分为普通年金、预付年金、递延年金和永续年金。

1. 普通年金

普通年金又称后付年金，指一定时期内每期期末发生的均衡现金流。在现实生活中，这种年金最为常见，比如个人住房贷款中的等额还款，人们到银行零存整取业务等。普通年金的资金收付如图 6-2 所示。

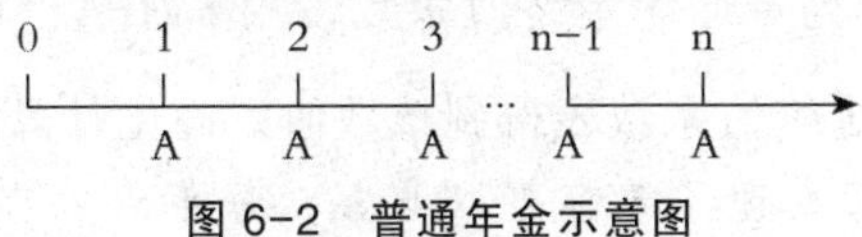

图 6-2　普通年金示意图

(1) 普通年金终值（已知年金 A，求年金终值 FA）。

当普通年金按单利计息时，如图 6-3 所示。

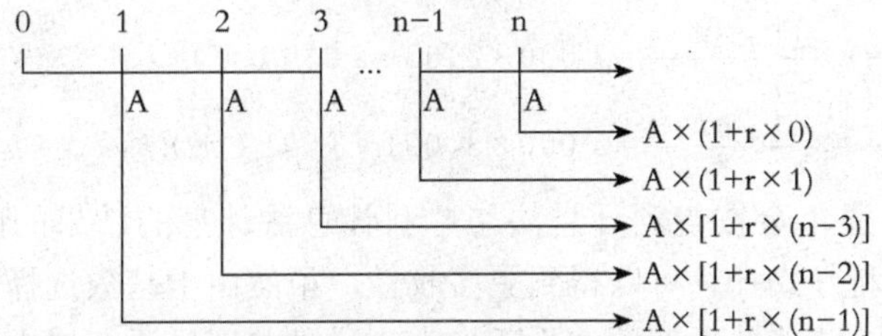

图 6-3　按单利计算的普通年金终值示意图

由图 6-3 可以得出，普通年金计算按照单利计息的终值公式：

$$FA=A\times[1+(n-1)\times r]+A\times[1+(n-2)\times r]+A\times[1+(n-3)\times r]+\cdots+A\times(1+1\times r)+A\times(1+0\times r)$$
$$=A\times n\times[1+r(n-1)/2] \tag{6-8}$$

式中：FA 为年金终值；A 为年金；r 为利率；n 为计息期数。

【例 6-7】你在银行办理了零存整取业务，每年年末存款 1 000 元，已知存款利率为 3%，按单利计息，则第 3 年年末的本利和为多少？

【解】①第一年 $FA_1=A\times n\times[1+r(n-1)/2]=A=1\ 000$（元）

②第二年 $FA_2=A\times n\times[1+r(n-1)/2]=1\ 000\times2\times1.015=2\ 030$（元）

③第三年 $FA_3=A\times n\times[1+r(n-1)/2]=1\ 000\times3\times1.03=3\ 090$（元）

那么按复利法计算，最终得到的本利和又是多少呢？

由图 6-4 可知，按复利计算的普通年金终值的计算公式为：

$$FA=A\times(1+r)^0+A\times(1+r)^1+\cdots A\times(1+r)^{n-1}$$

两边同时乘以（1+r）得：

$$(1+r)FA=A\times(1+r)^1+A\times(1+r)^2+A\times(1+r)^3\cdots+A\times(1+r)^n$$

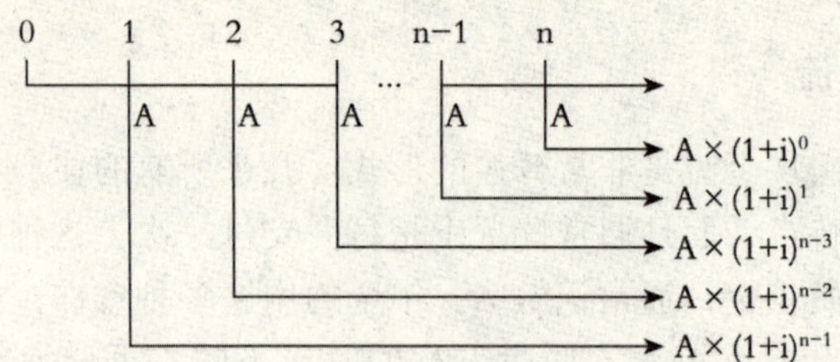

图 6-4 按复利计算的普通年金终值示意图

两式相减得：

$$FA\times r=A\times(1+r)^{n}-A=A\times[(1+r)^{n}-1]$$

$$FA=A\times\frac{(1+r)^{n}-1}{r}=A\times FVIFA_{r,\ n} \tag{6-9}$$

式中：$\frac{(1+r)^{n}-1}{r}$称为普通年金终值系数，用 $FVIFA_{r,\ n}$或（F/A，r，n）表示。也可以直接查阅普通年金终值系数表得到该数值，简化计算。

【例 6-8】你在银行办理了零存整取业务，每年年末存款 1 000 元，已知存款利率为 3%，按复利计息，则第 3 年年末的终值为多少？

【解】①第一年 $FA_1=A\times\frac{(1+r)^{n}-1}{r}=A=1\,000$（元）

②第二年 $FA_2=A\times\frac{(1+r)^{n}-1}{r}=1\,000\times2.03=2\,030$（元）

③第三年 $FA_3=A\times\frac{(1+r)^{n}-1}{r}=1\,000\times3.091=3\,091$（元）

图 6-5 是普通年金按复利计息法与单利计息法计息的结果的比较，可以看出普通年金按照复利方式计息可以得到更多收益。虽然由于基数选择较小，趋势不明显，但不难看出，随着计息期数的不断增大，这种差别呈逐渐增大的趋势。

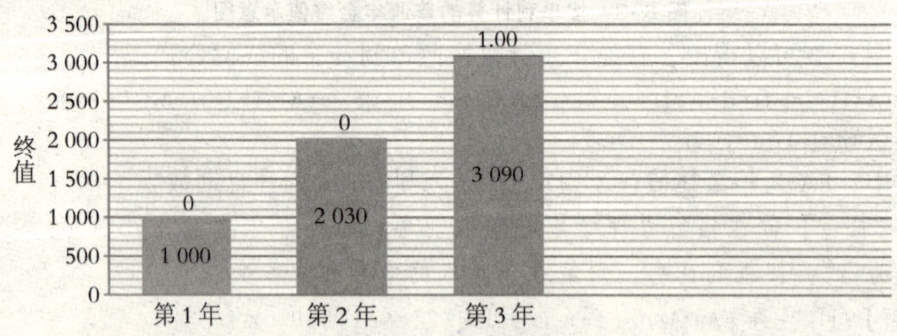

注：深色部分表示单利和复利相差的部分，随时间变化这部分不断增加。

图 6-5 年金复利与单利的比较

（2）偿债基金（已知年金终值 F，求年金 A）。

偿债基金是指为了在约定的未来某一时点清偿某笔债务或积累一定数额资金而必须分次等额提取的存款准备金。

偿债基金的计算是年金终值计算的倒算，其计算公式如下：

$$A=FA_{n}\times\frac{r}{(1+r)^{n}-1}=FA\times\frac{1}{FVIFA_{r,\ n}} \tag{6-10}$$

式中：$\frac{r}{(1+r)^n-1}$称为偿债基金系数，用（A/F，r，n）表示，与普通年金终值系数互为倒数。

【例6-9】你向某人借款1 000元，约定5年后偿还，为此你每年年末定期向银行存一笔钱，银行利率为3%，按复利计息，到期一次还清借款，则每年年末应存入的金额为多少？

【解】$A=FA_n\times\frac{r}{(1+r)^n-1}=1\,000\times\frac{3\%}{(1+3\%)^5-1}=188.35$（元）

（3）普通年金现值（已知年金A，求年金现值PA）。

普通年金现值是指为在每期期末取得相等金额的款项，现在需要一次性投入的金额，即一定期间内每期期末等额的系列收款项的复利现值之和。

由图6-6可得，普通年金现值的计算公式为：

$$PA=A\times(1+r)^{-1}+A\times(1+r)^{-2}+A\times(1+r)^{-3}+\cdots+A\times(1+r)^{-n}$$

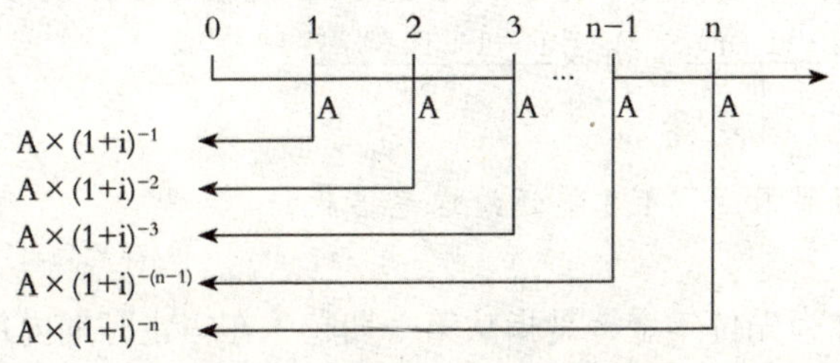

图6-6　普通年金现值示意图

两边同时乘以（1+r）得：

$$(1+r)\times PA=A+A\times(1+r)^{-1}+A\times(1+r)^{-2}+\cdots+A\times(1+r)^{1-n}$$

两式相减得：

$$PA=A\times\frac{1-(1+r)^{-n}}{r} \quad (6-11)$$

式中：$\frac{1-(1+r)^{-n}}{r}$称为普通年金现值系数，用$PVIFA_{r,n}$或（P/A，r，n）表示。也可以直接查阅普通年金现值系数表得到该数值，简化计算。

【例6-10】你打算一次性向银行存入一笔钱，之后5年每年年末从银行取出300元，银行利率为3%，按复利计息，那么你应该一次性向银行存入多少钱？

【解】$PA=A\times\frac{1-(1+r)^{-n}}{r}=300\times\frac{1-(1+3\%)^{-5}}{3\%}=1\,373.91$（元）

（4）投资回收额（已知年金现值PA，求年金A）。

投资回报额又称为年资本回收额，是指在约定的年限内等额回收初始投入资本额或等额清偿所欠债务的债务额。

投资回报额的计算是年金现值计算的倒算，其计算公式如下：

$$A=PA_n\times\frac{r}{1-(1+r)^{-n}}=PA\times\frac{1}{PVIFA_{r,n}} \quad (6-12)$$

式中：$\frac{r}{1-(1+r)^{-n}}$称为资本回收系数，用（A/P，r，n）表示，与普通年金现值系数互为倒数。

【例 6-11】你向银行借了 150 000 元，用于贷款买车，约定在 5 年内按年利率 3%分期均匀偿还，那么每年年末你应该还本付息的金额为多少？

【解】$A=PA_n\times\frac{r}{1-(1+r)^{-n}}=1\,500\times\frac{3\%}{1-(1+3\%)^{-5}}$

$=150\,000\times0.21835=32\,752.50$（元）

（5）付款期限的计算。

付款期限的计算是指在已知终值（或者现值）、年金、折现率的情况下，求相应的期数。

【例 6-12】假定在春节期间，由于手头紧张，你从信用卡中透支 20 000 元，每个月你最多付得起 500 元的最低付款额。而信用卡的利率是每个月 1.5%，那么你需要多长时间才能还清这笔 20 000 元的借款呢？

【解】年金是 500 元，利率是每个月 1.5%，现值是 20 000 元，求期数。

$20\,000=500\times\frac{1-(1+r)^{-n}}{r}=500\times\frac{1-(1+1.5\%)^{-n}}{1.5\%}$

则 n=62（月）

因此，大概需要 5.17 年才能还清这笔借款。

2. 预付年金

预付年金又称为先付年金，是指从第一期起，在一定时期内每期期初等额收付的系列款项。它与普通年金的区别在于其支付期较普通年金提前了一期（如图 6-7 所示）。

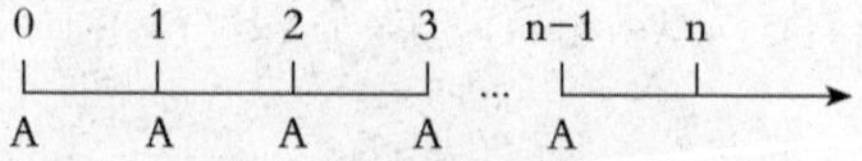

0 1 2 3 … n−1 n

A A A A A

图 6-7 预付年金示意图

（1）预付年金终值。

相同计息期数的预付年金与普通年金的付款次数相同，但由于付款时间不同，所以预付年金终值的计算实际上比普通年金多计算一期利息。

所以预付年金终值的计算公式为：

$$\begin{aligned}FA&=A\times(1+r)+A\times(1+r)^2+A\times(1+r)^3+\cdots+A\times(1+r)^{n-1}+A\times(1+r)^n\\&=[A+A\times(1+r)+A\times(1+r)^2+A\times(1+r)^3+\cdots+A\times(1+r)^{n-1}+A\times(1+r)^n]-A\\&=A\times\frac{(1+r)^{n+1}-1}{r}-A\\&=A\times[\frac{(1+r)^{n+1}-1}{r}-1]\end{aligned}\qquad(6-13)$$

式中：$[\frac{(1+r)^{n+1}-1}{r}-1]$称为预付年金终值系数，与普通年金终值系数相比，期数加 1，系数值减 1，所以 FA=A×[（F/A，r，n+1）−1]，期数为 n 的预付年金终值系数也可以表示为（F/A，r，n+1）−1，可以通过查询年金终值系数表得到该值，简化计算。

【例 6-13】你现在以零存整取方式于每年年初存入银行 500 元，利率为 3%，按复利计息，那你第 5 年年末能一次取出多少钱?

【解】 $FA=A\times[\frac{(1+r)^{n+1}-1}{r}-1]=500\times[\frac{(1+3\%)^{5+1}-1}{3\%}-1]=2\ 734.42$（元）

（2）预付年金现值。

与预付年金终值计算类似，相同计息期数的预付年金与普通年金的付款次数相同，但由于付款时间不同，所以预付年金终值的计算实际上比普通年金少贴现一期。

所以预付年金现值的计算公式为：

$$
\begin{aligned}
PA&=A\times(1+r)^{-1}+A\times(1+r)^{-2}+A\times(1+r)^{-3}+\cdots+A\times(1+r)^{-n+1}\\
&=[A+A\times(1+r)^{-1}+A\times(1+r)^{-2}+A\times(1+r)^{-3}+\cdots+A\times(1+r)^{-n+1}]+A\\
&=A\times\frac{1-(1+r)^{-(n-1)}}{r}+A \qquad (6\text{-}14)\\
&=A\times[\frac{1-(1+r)^{-(n-1)}}{r}+1]
\end{aligned}
$$

式中：$[\frac{1-(1+r)^{-(n-1)}}{r}+1]$称为预付年金现值系数，与普通年金现值系数相比，期数减 1，系数值加 1，所以 $PA=A\times[(PVIFA_{r,\ n-1})+1]$，期数为 n 的预付年金终值系数也可以表示为（P/A，r，n－1）+1，通过查询年金现值系数表得到该值，简化计算。

【例 6-14】你打算一次性向银行存入一笔钱，之后 5 年每年年初从银行取出 2 000 元，银行利率为 3%，按复利计息，那么你应该一次性向银行存入多少钱?

【解】 $PA=A\times[\frac{1-(1+r)^{-(n-1)}}{r}+1]=100\times[\frac{1-(1+3\%)^{-(5-1)}}{3\%}+1]=9\ 434$（元）

此外，对于预付年金的终值和现值还有更简单的方法。如果我们假定现金流量发生在每期期末，但实际上却发生在每期期初，那么我们相当于把每一个现金流量都多贴现了一期。于是，只要把答案乘以（1+r），就可以调整过来。实际上，预付年金与普通年金的关系就是：

预付年金价值=普通年金价值×（1+r）　（6-15）

【例 6-15】李先生的儿子已经联系好一家国外大学，打算读 4 年本科，马上启程并要缴纳第 1 年的学费，李先生计划把钱一次性交给儿子，让他带走。假如每年开学需要缴纳学费 10 000 元，银行利率为 5%，按复利计息，李先生现在应该给儿子多少钱?

【解】方法一：

$$PA=A\times[\frac{1-(1+r)^{-(n-1)}}{r}+1]=100\ 000\times[\frac{1-(1+5\%)^{-(4-1)}}{5\%}+1]\approx 372\ 324.80\text{（元）}$$

方法二：

$$PA=A\times[\frac{1-(1+r)^{-n}}{r}]\times(1+r)=100\ 000\times 3.5460\times 1.05\approx 372\ 324.80\text{（元）}$$

3. 递延年金

递延年金是指在最初若干期没有收付款项的情况下，后面若干期等额的系列收付款项。它是普通年金的特殊形式，凡不是从第 1 期开始的年金都是递延年金。例如，最初有 m 期没有付款，后面有 n 期等额的收支款项，这样的年金就是一个递延年金（如图 6-8 所示）。

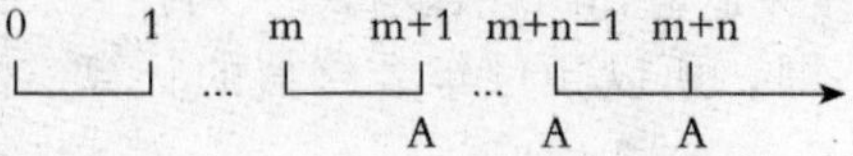

0 1 … m m+1 … m+n−1 m+n

A A A

图 6-8 递延年金示意图

（1）递延年金终值。

递延年金终值的计算与普通年金终值的计算方法完全相同，只要按其实际支付期计算即可，即

$$FA=A\times\frac{(1+r)^n-1}{r} \tag{6-16}$$

只是，其中的 n 表示 A 的个数，与递延期无关。

（2）递延年金现值。

共主要有两种计算方法。

第一种方法：先计算总期数 m+n 期的普通年金现值，然后扣除实际未收支的递延期 m 期的普通年金现值。

计算公式如下：

$$PA=A\times[(P/A, r, m+n)-(P/A, r, m)] \tag{6-17}$$

第二种方法：先将递延年金视为 n 期普通年金，求出其现值或终值，然后再将其折算成第一期期初的现值。

计算公式如下：

$$PA=A\times(P/A, r, n)\times(P/F, r, m) \tag{6-18}$$

或者 $$PA=A\times(F/A, r, n)\times(P/F, r, m+n) \tag{6-19}$$

【例 6-16】某公司向银行借入一笔钱，年利率为 15%，银行规定前 5 年不用还本付息，从第 6 年开始到第 10 年每年年末偿还本息 5 000 元，问该笔贷款的现值是多少？

【解】$PA=A\times(P/A, r, n)\times(P/F, r, m)$

$=4\ 000\times(P/A, 15\%, 5)\times(P/F, 15\%, 5)=6\ 666.88$（元）

4. 永续年金

永续年金也称为终身年金，是指无限期每期期末等额收付的特种年金，是年金的一种特殊形式，即期数趋于无限的年金（如图 6-9 所示）。

由于永续年金没有终值的时点，所以也就没有终值，只能计算永续年金的现值。永续年金现值的计算根据年金发生时间不同，分为两种情况。

（1）永续年金现值。

①年金发生在每期期末。年金发生在每期期末，即普通年金的一种特殊情况，

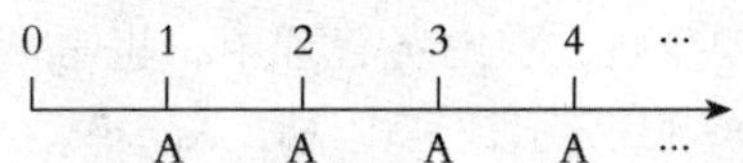

图 6-9　年金发生在期末的永续年金示意图

可以根据普通年金现值的公式推导出永续年金现值的公式。

由 $PA=A\times\frac{1-(1+r)^{-n}}{r}$，当 n→∞时，$(1+r)^{-n}$ 的极限为零，故有：

$$PA=\frac{A}{r} \tag{6-20}$$

【例 6-17】某经济学会准备设立一个基金，目的是以后无限期地于每年年末通过取出的利息 10 000 元支付每年度的学会奖金。若存款利率为 3%，则该经济学会应于年初一次存入多少钱？

【解】 $PA=\frac{A}{r}=10\ 000/3\%=333\ 334$（元）

②年金发生在每期期初。年金发生在每期期初，即预付年金的一种特殊情况，可以根据预付年金现值的公式推导出永续年金现值的公式（如图 6-10 所示）。

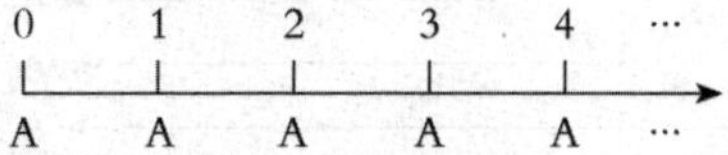

0 1 2 3 4 …
A A A A A …

图 6-10　年金发生在期初的永续年金示意图

由 $PA=A\times[\frac{1-(1+r)^{-(n-1)}-1}{r}+1]$，当 n→∞时，$(1+r)^{-(n-1)}$ 的极限为零，故有：

$$PA=\frac{A}{r}+A \tag{6-21}$$

【例 6-18】某经济学会准备设立一个基金，目的是以后无限期地于每年年初通过取出的利息 10 000 元支付每年度的学会奖金。若存款利率为 3%，则该经济学会应于年初一次存入多少钱？

【解】 $PA=\frac{A}{r}+A=10\ 000\div3\%+10\ 000=343\ 334$（元）

（2）永续年金的折现率。

①年金发生在每期期末。

由 $PA=\frac{A}{r}$，可知：

$$r=\frac{A}{PA} \tag{6-22}$$

②年金发生在每期期初。

由 $PA=\frac{A}{r}+A$，可知：

$$r=\frac{A}{PA-A} \tag{6-23}$$

6.3.2　非均衡现金流

前面介绍了单一现金流及均衡现金流的终值和现值的计算。但现实中的经济并不总是单一现金流或者每期收付款项都相等，更多的情况是每次收付款项不完全相同，有时候多些，有时候少些。在财务管理中，也常常需要计算这样的非均衡现金流的终值和现值（如图 6-11 所示，其中 A_0，A_1，…，A_n 不完全相等）。

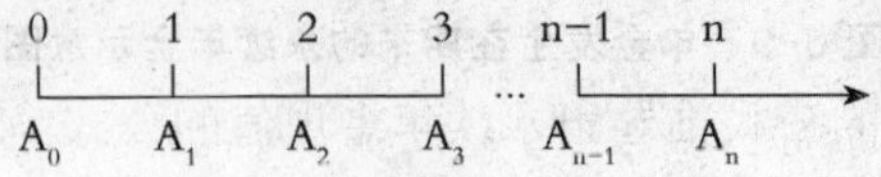

图 6-11 非均衡现金流示意图

1. 非均衡现金流终值

由图 6-12 可知，非均衡现金流终值的计算公式为：

$$FV=A_n\times(1+r)^0+A_{n-1}\times(1+r)^1+\cdots+A_1\times(1+r)^{n-1}+A_0\times(1+r)^n$$

$$=\sum_{t=0}^{n}A_t(1+r)^t \qquad (6-24)$$

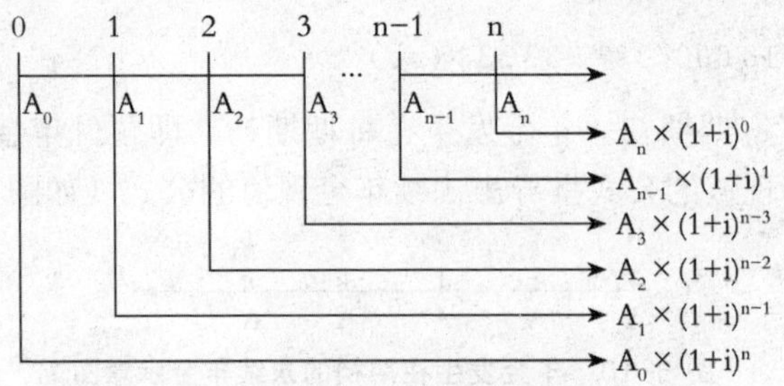

图 6-12 非均衡现金流终值示意图

【例 6-19】某航运企业第 1 年至第 5 年，每年年末追加的投资见表 6-2，假设回报率为 10%，则 5 年后该企业能获得的回报是多少？

表 6-2 某航运企业 1~5 年的追加投资表

年（t）	1	2	3	4	5
现金流量（亿元）	80	120	100	70	150

【解】$FV=A_n\times(1+r)^0+A_{n-1}\times(1+r)^1+\cdots+A_1\times(1+r)^{n-1}+A_0\times(1+r)n$

$=150\times(1+10\%)^0+70\times(1+10\%)^1+100\times(1+10\%)^2+120\times(1+10\%)^3+80\times(1+10\%)^4$

=614.848（亿元）

2. 非均衡现金流现值

由图 6-13 可知，非均衡现金流现值的计算公式为：

$$PV=A_0\times(1+r)^0+A_1\times(1+r)^{-1}+\cdots+A_{n-1}\times(1+r)^{-(n-1)}+A_n\times(1+r)^{-n}$$

$$=\sum_{t=0}^{n}A_t(1+r)^{-t} \qquad (6-25)$$

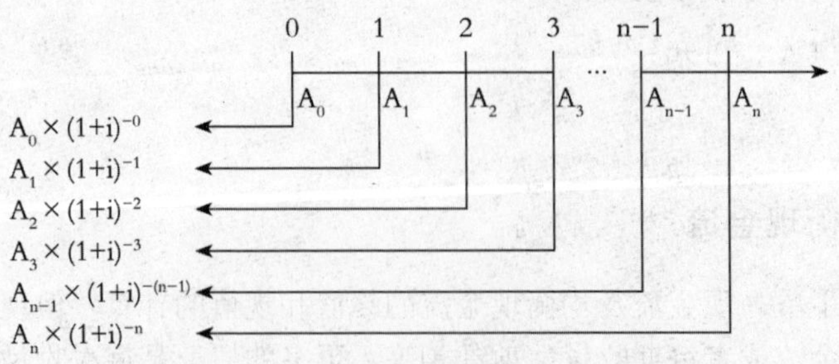

图 6-13 非均衡现金流现值示意图

【例 6-20】某航运企业有一笔投资，每年年末的现金流量见表 6-3，贴现率为 10%，则这笔投资的现值是多少？

表 6-3 **某航运企业 1~5 年的现金流量表**

年（t）	1	2	3	4	5
现金流量（亿元）	80	120	100	70	150

【解】 $PV=A_0\times(1+r)^0+A_1\times(1+r)^{-1}+\quad +A_{n-1}\times(1+r)^{-(n-1)}+A_n\times(1+r)^{-n}$

$=80\times(1+10\%)^{-1}+120\times(1+10\%)^{-2}+100\times(1+10\%)^{-3}+70\times(1+10\%)^{-4}+150\times(1+10\%)^{-5}$

$=381.77$（亿元）

6.4 利率

利率又称利息率，表示一定时期内利息量与本金的比率，通常用百分比表示，按年计算则称为年利率。从借款人的角度来看，利率是使用资本的单位成本，是借款人使用贷款人的货币资本而向贷款人支付的价格；从贷款人的角度来看，利率是贷款人借出货币资本所获得的报酬率。

6.4.1 利率概述

利率按照不同的标准可以划分为不同的类别：

1. 基准利率和套算利率

按利率之间的变动关系，利率可分为基准利率和套算利率。

（1）基准利率，是指在多种利率并存的条件下起决定作用的利率。简单来说就是这种利率的变化会引起其他利率的共同变化。因而了解了这种利率的变化也就掌握了整个利率体系的变化规律。通常各国把银行间的拆借利率作为基准利率。世界上比较著名的基准利率有伦敦同业拆借利率和美国联邦基准利率。我国的基准利率是中国人民银行对商业银行的存贷款利率。

（2）套算利率，是指基准利率确定后，各金融机构根据基准利率和借贷款项的特点而换算出的利率。通常是在基准利率的基础上考虑到借贷企业实际信用等级等因素折算出的利率。

2. 名义利率和实际利率

按债权人取得的报酬情况，利率可分为名义利率和实际利率。

（1）名义利率，是指未剔除通货膨胀率后储户或投资者得到利息回报的利率。

（2）实际利率，是指剔除通货膨胀率后储户或投资者得到利息回报的真实利率。因为物价上涨是一个普遍趋势，所以通常情况下名义利率都高于实际利率，二者的关系可以表示为：

$$K=KP+IP \tag{6-26}$$

式中：K为名义利率；KP为实际利率；IP为预计的通货膨胀率。这就是著名的费雪效应，在下一节我们将详细解释这个效应。

将名义利率换算成实际利率的公式如下：

$$i=(1+\frac{r}{m})^m-1 \tag{6-27}$$

式中：i为实际利率；r为名义利率；m为每年计算复利的次数。

【例 6-21】假如你可以从银行取得年利率 6%、每季度计算利息的贷款，也可以使用每月付息、月利率为 0.5%的信用卡借款，这两种方式下，哪一种实际利率高？

【解】每季度计算利息的贷款实际利率 $=(1+\frac{r}{m})^m-1=(1+\frac{6\%}{4})^4-1=6.14\%$

每月付息的信用卡借款实际利率 $=(1+0.5\%)^{12}-1=6.17\%$

实际上，两者的名义利率都为 6%，但是每月付息的信用卡借款实际利率比每季度计算利息的贷款实际利率高。因为每月付息的信用卡借款 1 年内计算复利 12 次，每季度计算利息的贷款 1 年内计算复利 4 次。可见，当 1 年内计算复利的次数超过 1 次时，实际利率比名义利率要高，计算复利的次数越多，实际利率越高。

3. 固定利率和浮动利率

按借贷期内是否调整，利率可分为固定利率和浮动利率。

（1）固定利率，是指借贷期内不变的利率。这种利率的计算比较简单，我国采用的是这种利率方式。但由于今年来世界范围内尤其是新兴经济体的通货膨胀压力较大，实行固定汇率会使债权人利益受到损害。

（2）浮动利率，是指在借贷期内可调整的利率。这种利率可以减少债权人的经济损失，但核算过程比较复杂，工作量很大。

4. 市场利率和官定利率

按变动与市场的关系，利率可分为市场利率和官定利率。

（1）市场利率，是指根据资金市场的需求，随市场规律自有变化的利率。

（2）官定利率，也称为法定利率，是指由政府金融部门或中央银行确定的利率，是国家宏观调控的一种手段。

6.4.2 费雪效应

费雪效应是由著名的经济学家埃尔文·费雪提出的。他第一个揭示了通货膨胀率预期与利率之间的关系。费雪认为，债券的名义利率等于实际利率与金融工具寿命期间预期的价格变动率之和，名义利率 KP 可以表示为：

$$1+K=(1+KP)(1+IP) \tag{6-28}$$

$$K=IR+KP+KP\times IP \tag{6-29}$$

式中：K为名义利率；KP为实际利率；IP为金融工具寿命期间的预计年通货

膨胀率。

当通货膨胀率仅处于一般水平时，乘积项会很小，计算时通常忽略不计，因此也可以记为：

$$K=KP+IP \tag{6-30}$$

在某种经济制度下，实际利率往往是不变的，因为它代表的是你的实际购买力。于是，当通货膨胀率变化时，为了求得公式的平衡，名义利率，也就是公布在银行的利率表上的利率会随之而变化。

我们可以这样理解费雪效应，假如银行储蓄利率有3%，你的存款在1年后就多了3%，是说明你富了吗？这只是在不考虑通货膨胀的理想情况下的假设。如果当年通货膨胀率1%，那你只富了2%的部分；如果是5%，那你1年前100元能买到的东西现在要105元了，而存了一年的钱只有103元了，你反而买不起这东西了！

正是因为这个原因，在20世纪90年代初物价上涨时，中国人民银行制定出较高的利率水平，甚至还有保值贴补率；在之后一段时间，物价下跌，中国人民银行就一再地降息。从2010年起随着CPI的不断上涨，央行又多次宣布加息。

拓展案例 6-3

如果央行提高货币供应量，那么在短期和中期中，对利率和产出分别会有什么影响?

在短期：货币供给增加，会使名义利率下降，但是短期中价格和通货膨胀预期都不变，所以会导致真实货币存量增加，进而导致产出增加。

在中期：产出会回到自然率水平。由于通货膨胀率等于货币供给增长率减去产出增长率，既然在中期真实产出增长率为0，所以通货膨胀率就直接等于货币供给增长率。根据IS方程，如果其他条件都不变，那么在中期，真实利率也将回到自然率的水平。由于名义利率等于真实利率+通货膨胀率，既然真实利率不变，以及通货膨胀率等于货币供给增长率，所以名义利率的上升幅度就直接等于货币供给的增长率。

总结如下：如果货币供给扩张10%，那么在短期名义利率会下降，产出会增加；在中期，真实产出不变，名义利率和价格水平都将上涨10%。

在中期，名义利率的上升幅度和通货膨胀率完全相等，这个结论就称为费雪效应或者费雪假设。

根据实证检验，通货膨胀的增长最终会表现在名义利率的上升上，虽然这个过程所需要的时间比较长。

资料来源 佚名．费雪效应[EB/OL].[2015-12-02].http://wiki.mbalib.com/wiki/费雪效应．

6.4.3 利率的构成因素

利率的构成主要有以下几个因素：无风险利率以及通货膨胀、违约风险和证券的市场性（或流动性）溢酬要素，其关系可以用下式表达：

$$k=k^{*}+IP+DRP+LP+MRP \tag{6-31}$$

式中：

（1）k 为某一特定证券的名义利率。资本市场上存在有不同的证券也就存在不同的名义利率。

（2）k^{*}为无风险利率。是指将资金投资于某一项没有任何风险的投资对象而能得到的利息率。假如通货膨胀率预期为零，则 k^{*}为无风险证券的利率。例如政府发行的国库券的利率，通常被认为是无风险利率。

（3）IP 为通货膨胀溢酬。投资者考虑把钱以不同期间借出去，未来的通货膨胀会侵蚀到钱还回来时的价值。此时，投资者就会要求较高的名义利率，以补偿损失。这个额外的补偿就叫做通货膨胀溢酬。预期通货膨胀率越高，通货膨胀溢酬也就相应越高；反之，通货膨胀溢酬越低。IP 等于证券到期前的平均预期通货膨胀率。

（4）DRP 为违约风险溢酬。和无风险的国债相比，其他信用工具，例如债券的投资者必须承担由于公司无力偿还债券本息的额外违约风险。因此，根据风险收益对称原则，公司债券的收益率应该高于同一时期的无风险利率。二者之间的差额即是公司的违约风险溢酬。这种风险反映：发行者无法在约定时间依约定金额支付证券的本金或利息。DRP 会随发行者的风险增加而提高，政府债券的违约风险为零。

（5）LP 为流动性或市场性溢酬。债券有不同程度的流动性。如果你想要很快地脱手，你可能没办法卖到非常好的价格。流动性溢酬是投资者为反映许多证券无法在短期内以合理价格变现的事实所要求的溢酬。投资者偏好流动性高的资产，流动性越强，变现越容易，利率越低；反之，流动性越弱，利率越高。

（6）MRP 为到期风险溢酬。是指债权人可能偏好短期的债务，因此对越长期的证券所要求的补偿越多，同一种类证券的长期及短期利率之差，即为到期风险溢酬。证券的到期日越长，其本金收回的不确定性越大，在此期间市场利率等其他因素不确定性也增多。因此证券随着到期日的增强给持有者带来的风险会逐渐增大。为了弥补这个风险，证券发行人必须要给予一定的补偿。这个补偿就是到期风险溢酬。在一般情况下，短期债券的到期日低于长期债券的到期日，长期债券到期日低于股票到期日（股票无到期日，即到期日无穷大），因此短期债券的利息最低，长期债券高于短期债券利息，股票投资回报率超过债券投资回报率。

关键词

货币时间价值　单利　复利　现值　终值　普通年金　预付年金　递延年金　永续年金　利率　费雪效应　名义利率　实际利率

基本训练

◆ 单项选择题

1. 偿债基金是（　　）。

A. 复利终值的逆运算　　B. 复利现值的逆运算

C. 年金终值的逆运算　　D. 年金现值的逆运算

2. 假定有一项投资必须花 500 元，而且将在 8 年后使我们所投资的钱变成两倍。为了和其他投资进行比较，我们想要知道隐含的折现率是（　　）。

A.8%　　B.9%　　C.7%　　D.6%

3. 你在银行办理了零存整取业务，每年年末存款 1 000 元，已知存款利率为 3%，按单利计息，则第 2 年年末的本利和为（　　）。

A.2 010 元　　B.2 020 元　　C.2 030 元　　D.2 040 元

4. 你向某人借款 1 000 元，约定 5 年后偿还，为此你每年年末定期向银行存一笔钱，银行利率为 3%，按复利计息，到期一次还清借款，则每年年末应存入的金额为（　　）。

A.186.35 元　　B.286.35 元　　C.180.35 元　　D.188.35 元

5. 若年利率为 12%，每季复利一次，则每年实际利率比名义利率（　　）。

A. 大 0.55%　　B. 小 0.55%　　C. 大 12.5%　　D. 小 12.5%

6. 某经济学会准备设立一个基金，目的是以后无限期地于每年年初通过取出的利息 10 000 元支付每年度的学会奖金。若存款利率为 3%，则该经济学会应于年初一次存入（　　）。

A.343 333 元　　B.323 334 元　　C.353 335 元　　D.333 336 元

7. 甲方案在 3 年中每年年初付款 2 000 元，乙方案在 3 年中每年年末付款 2 000 元，若利率为 10%，则两者在第 3 年年末的终值相差（　　）。

A.662 元　　B.626 元　　C.2662 元　　D.266.2 元

8. 作为毕业礼物，你将从您的家庭得到 5 000 元。你已经决定将这笔钱存起来作为退休所用。你打算毕业后 35 年退休。如果你获得 8.5%的收益而不是 8%，那么你可以多赚（　　）。

A.12 971.49 元　　B.13 008.47 元　　C.13 123.93 元　　D.13 234.44 元

9. 关于名义利率与实际利率的关系，下列说法错误的是（　　）。

A. 名义利率是包含对通货膨胀补偿的利率

B. 实际利率是包含对通货膨胀补偿的利率

C. 实际利率是扣除通货膨胀补偿后的利率

D. 年内多次计息导致实际利率大于名义利率

10.（　　）是投资者为反映许多证券无法在短期内以合理价格变现的事实所要求的溢酬。

A. 通货膨胀溢酬　　B. 违约风险溢酬

C. 流动性溢酬　　D. 到期风险溢酬

◆ 多项选择题

1. 等额系列现金流称之为年金，按照现金流量发生的时点不同，年金可以分为（　　）。

A. 永续年金　　B. 普通年金　　C. 递延年金　　D. 预付年金

2. 下列表述中，正确的有（　　）。

A. 复利终值系数和复利现值系数互为倒数

B. 普通年金终值系数和普通年金现值系数互为倒数

C. 普通年金终值系数和偿债基金系数互为倒数

D. 普通年金现值系数和资本回收系数互为倒数

3. 下列各项中属于普通年金形式的项目有（　　）。

A. 零存整取储蓄存款的整取额　　B. 定期定额支付的养老金

C. 年偿债基金　　D. 年资本回收额

4. 下列可视为永续年金例子的有（　　）。

A. 零存整取

B. 存本取息

C. 利率较高持续期限较长的等额定期的系列收支

D. 整存整取

5. 递延年金具有的特点是（　　）。

A. 年金的第一次支付发生在若干期之后

B. 年金的现值与递延期无关

C. 年金的终值与递延期无关

D. 现值系数是普通年金现值系数的倒数

6. 普通年金终值系数表的用途有（　　）。

A. 已知年金求终值　　B. 已知终值求年金

C. 已知现值求终值　　D. 已知终值和年金求利率

7. 某公司拟购置一处房产，付款条件是：从第 4 年开始，每年年初支付 5 万元，连续 10 次，共计 50 万元，假设该公司的资本成本率为 8%，则相当于该公司现在一次付款的金额为（　　）万元。

A.5×[（P/A，8%，12）－（P/A，8%，2）]

B.5×[（P/A，8%，10）×（P/F，8%，2）]

C.5×[（P/A，8%，13）－（P/A，8%，3）]

D.5×[（P/A，8%，12）－（P/A，8%，3）]

8. 有关预付年金叙述正确的有（　　）。

A. 预付年金是指年金的收付发生在每期的期初

B. 预付年金的终值和现值的计算可以直接通过年金终值和现值系数表分别计

算出来

C. 预付年金的现值与同期的普通年金的现值，在计算时比普通年金多贴现一次

D. 预付年金的现值与同期的普通年金的现值比，在计算时比普通年金少贴现一次

9. 货币时间价值是（　　）。

A. 经过一定时间投资所获得的报酬率

B. 货币经过一定时间的投资和再投资所增加的价值

C. 现在的一元钱和一年后的一元钱的经济效用不同

D. 没有考虑风险和通货膨胀条件下的社会平均资金利润率

E. 货币时间价值是企业科学合理使用资金的依据

10. 利率的影响因素包括（　　）。

A. 通货膨胀溢酬　　B. 违约风险溢酬

C. 流动性风险溢酬　　D. 到期风险溢酬

◆ 判断题

1. 普通年金现值是指为在每期期末取得相等金额的款项，现在需要一次性投入的金额，即一定期间内每期期末等额的系列收款项的复利现值之和。（　　）

2. 利用普通年金现值系数的倒数，可以把年金现值转化为年金，称为偿债基金系数。（　　）

3. 递延年金终值的大小与递延期无关，所以计算方法和普通年金终值的计算相同。（　　）

4. 永续年金可以视为期限趋于无穷的普通年金。（　　）

5. 递延年金现值的计算方法与普通年金现值的计算方法相同。（　　）

6. 在现值和利率一定的情况下，计息期数越少，则复利终值越大。（　　）

7. 普通年金现值与预付年金现值相比，在计息期上相差一期。（　　）

8. 在终值和计息期一定的情况下，折现率越低，则复利现值越低。（　　）

9. 年度内的复利次数越多，则实际收益率高于名义收益率的差额越大。（　　）

10. 预付年金是指第一次收付发生在第二期或第二期以后的年金。（　　）

◆ 实务题

1. 某人打算购买商品房，如果现在一次性支付现金，需要支付 100 万元；如果分期支付，年利率为 5%，每年年末支付 10 万元，连续支付 20 年。

要求：通过计算确定此人采取哪种付款方式划算。

2. 某项目共耗资 100 万元，期初一次性投资，经营期为 10 年，资本成本为 10%。假设每年的净现金流量相等，期末设备无残值。

要求：每年至少收回多少投资才能确保该项目可行？

3.A 企业年初从银行借款 106 700 元，借款的年利率为 10%。在借款合同中，银行要求该单位每年年末还款 20 000 元。

要求：A 企业需要几年才能还清借款利息？

4. 某人先存入银行一笔款项，计划从第 6 年年末起每年从银行提取现金 3 000 元，连续 8 年，银行存款年利率为 10%。

要求：该人现在应存入的款项是多少？

5. 宏发企业对甲项目进行资本预算，经过预算第 1 至第 10 年每年年初的现金流量分别为 2 000 元、2 000 元、2 000 元、2 000 元、4 000 元、4 000 元、4 000 元、4 000 元、4 000 元和 6 000 元，假设贴现率 9%。

要求：

（1）计算该系列现金流量的现值；

（2）若改为每年年末等额流入，计算每年年末应流入的金额。

6. 某人打算在退休时创建一项永久性的奖学金，她现在离退休还有 20 年，每年年末可以节余 10 万元存入银行，银行的利息率为 6%。

要求：计算 20 年后该项永久性奖金每年可取的金额。

◆ 案例分析题

（一）案例资料

王氏公司为辽宁省某市一家设立才两年的小型民营机械加工企业，主要为一些国内大型机械制造企业配套加工机械零部件，由于企业创始人兼总经理王岩从事过多年的机械零部件销售工作，在业内具有非常广泛的人脉关系，加上企业内部对产品质量的严格把关，并能根据客户的要求及时供货，因此在很短的时间内同众多的大型机械制造企业建立了稳固的供求关系，企业很快走上了良性的发展轨道。

王总是一个非常能够吃苦耐劳，且勤于动脑、善于思考的人，虽然其本身学历不高，但内心还是有很强的求知欲。企业初创期间，王总里外兼顾，十分繁忙，因此没有时间系统地学习企业管理的相关知识。随着企业日益走上正轨，王总开始逐渐摆脱一部分事务性工作，挤出时间自学企业管理知识，尤其是财务方面的知识。最近，王总在学习《财务管理学》中有关资金时间价值方面的内容，为了巩固所学的知识，他想找几个与资金时间价值相关的问题与公司财务人员探讨一下。主要集中在以下几个问题：

（1）其 4 年后将有一笔贷款到期，需一次性偿还 1 000 万元，为此企业拟设置偿债基金，银行的存款年利率为 6%。

（2）有一个老客户希望企业为其生产一个新的零件，考虑到该客户在预计未来几年将会有持续的采购需求，而且该零件为通用产品，没有专利保护，可以同时向其他采购商供货，因此企业有意想上马这个产品项目，问题是需要一次性投入资金 1 500 万元用于生产线的改造和加工设备的更新与添置。企业目前的投资收益率水平为 15%，拟上马项目的建设期为一个月，可实现当年投产、当年见效益，产品生命周期预计为 10 年。

（3）其在初创期因为资金紧张，部分生产设备为二手设备，尽管目前使用没有问题，但预计未来的设备维修费用会很高，因此企业决定有计划地更新二手设备，而且根据企业财力尽量购买同类设备中的最新型号的设备，以先进的设备来进一步提高生产效率。最近，企业拟购买一台新型号的机床，以更新目前在使用的一台老型号的二手机床，老型号的机床目前仍在销售，且比新型号机床的价格较低 40 000 元，但是使用新型号的机床每年可节约能源费用 10 000 元。

（4）王总最后要讨论的是关于个人理财方面的问题。王总有一个女儿，目前在本市一所重点中学上高中一年级，学习成绩一直名列年级前茅，按理 3 年后一定能够顺利考上北京大学，届时需要一笔学费和生活费，预计总额为 80 000 元。王总想按目前存款年利率 4%给女儿预先存上一笔钱，以备上大学之需。

（二）案例要求

（1）根据第一个问题提供的资料，计算企业每年年末应存入偿债基金的数额。

（2）根据第二个问题提供的资料，分析企业上马该产品项目平均每年至少创造多少收益，经济上才是可行的。

（3）根据第三个问题提供的资料，当企业必要收益率要求为 10%时，新型号机床至少应使用多少年，才对企业有利。

（4）根据第三个问题提供的资料，假设该新型号机床最多能使用 5 年，则必要收益率应达到多少时，对企业而言才有利。

（5）根据第四个问题提供的资料，计算单利现值；如果银行存款按复利计息，计算复利现值。

（三）问题探讨

（1）解决偿债基金和资本回收问题通常用到何种系数表。

（2）在已知年金现值、终值和贴现率（或收益率）情况下计算期限，在已知年金现值、终值和期限情况下计算贴现率（或收益率），这两者均是个复杂的计算过程，试总结一下经验或规律。

第7章　风险与收益

学习目标

◆ 重点掌握单项资产和组合资产风险与收益的计算；掌握资本资产定价模型的原理和计算；了解风险与收益的概念。

❖ 引例

银行理财并非都靠谱

面对一些银行理财经理“高收益、低风险”的忽悠，普通百姓要保持淡定。投资类金融产品一般都有风险，试图通过理财一夜暴富是不现实的。

近几年，由于股市不景气，许多人将注意力投向购买银行理财产品，试图获得稳定、可观的收益。但几番“理”下来，不少人发现，银行理财的实际效果可能并不理想。不仅仅是实际收益率可能低于预期，很多银行理财产品甚至出现亏损。

1. 银行理财产品和存款有着本质区别

最近，市民小郑购买的某银行一款理财产品到期，年化5.5%以上的预期收益率，让他很期待。然而，资金到账后，小郑仔细一算，实际收益率只有4.5%左右，与此前的期待相差不少，他有点失望。“你不理财，财不理你。”居民收入水平提高，个人理财需求出现爆发性增长。股票、基金、保险、黄金，人们手里持有的投资产品越来越多。中国消费者协会曾接到投诉，消费者称自己在某银行的理财专家帮助下购买了25万元理财产品，一年后却损失近12万元，心痛不已。类似案例并不少见。

银行理财产品预期收益与实际收益之间为何可能出现较大反差？分析原因，有个别银行推销理财产品时故意回避风险、夸大收益、信息不透明等方面的误导，也与投资人预期偏高、认知失误等投资心理相关。虽然同样是银行业务，但银行理财产品和存款有着本质区别。作为一种投资方式，理财产品依附于特定的市场条件和产品结构，与投资标的、市场走势紧密相连，不仅存在收益风险和流动性风险，还有本金风险。金融产品的风险和收益总是成正比的，其承诺的收益越高，承受的风险就越大。一些理财经理宣称的那种“高收益、低风险”产品事实上是不存在的。

2. 对银行理财的营销宣传要保持淡定

上海普益投资顾问有限公司的监测数据显示，2013年10月21日至27日一周内，金融市场共有770款银行理财产品到期，非保本型产品超过七成，达558款。就实际到期年化收益率看，超过10%的仅1款，超过5%的也只有几十款。那些非保本浮动收益型的理财产品，都可能因为种种原因出现亏损。即便是承诺能够保本的理财产品，其实际收益也很可能比预期收益低不少。

毫无疑问，理财是增加家庭和个人财产的一个重要途径。科学理财、善于理财，确实能够获得回报，甚至财源滚滚。但这需要专业知识，也需要市场历练，期望通过理财一夜之间成为百万富翁是不现实的。一句话，投资更理性，收益才靠谱，那些一门心思"忽悠"的理财经理也就少了误导的空间。

资料来源　杜海涛. 股市动荡应对之一：盯紧"中国资产"与"新兴成长"[N]. 人民日报，2013-11-01（18）.

7.1　风险与收益概述

财务管理中一个永恒的主题便是风险与收益。这也是生活中有些钱被存进银行、有些钱被用来投资的原因。不同的资产或者证券具有不同的收益，当然承担的风险也不同。这种风险可以说是一种不确定性，这种不确定性既可能是一种机会又可能是一种损失。机会使得投资者敢于承担风险，损失又要求投资者必须得到补偿。企业要想成为市场的佼佼者，必须掌握风险与收益相关理论。

7.1.1　风险概述

1. 风险的概念

在巴菲特的投资名言中，最著名的无疑是这一条："成功的秘诀有三条：第一，尽量避免风险，保住本金；第二，尽量避免风险，保住本金；第三，坚决牢记第一、第二条。"为了保证资金安全，巴菲特总是在市场最亢奋、投资人最贪婪的时刻保持清醒的头脑而激流勇退。这说明风险是投资的最基本特征。那么到底什么是风险呢？

传统意义上，风险是指不利事件发生的可能性，通常被视为"贬义词"。而事实上却不然，风险既是挑战也是机会，应该是"中性词"，只不过人们通常对损失的关注和感受更强于收益。风险是指在某一特定环境下，在某一特定时间段内，某种损失发生的可能性。从认知学上讲，风险的损失发生与否、损失的程度取决于人类主观认识和客观存在之间的差异性。换句话说，风险是在某一个特定时间段里，人们所期望达到的目标与实际出现的结果之间产生的差异程度。

具体来说，风险有两种定义：一种定义强调风险表现为不确定性；另一种定义则强调风险表现为损失的不确定性。若风险表现为不确定性，说明风险产生的结果可能带来损失、获利或者无损失也无获利，属于广义风险，金融风险属于此类；若风险表现为损失的不确定性，说明风险只能表现出损失，没有从风险中获利的可能性，属于狭义风险。

从财务管理的角度来讲，风险是指资产未来实际收益相对预期收益变动的可能性与变动幅度。与风险联系的另一个词是不确定性，这两个概念常常互相替代，用来描述资产未来收益的变动性。

2. 风险的基本属性

人们重视风险与风险管理，起因于风险的属性。风险的基本属性包括自然属性、社会属性和经济属性。

（1）自然属性。风险是由客观存在的自然现象所引起的，大自然是人类生存、繁衍生息的基础。自然界通过地震、洪水、雷电、暴风雨、滑坡、泥石流、海啸等运动形式给人类的生命安全和经济活动造成损失，对人类构成风险。自然界的运动是有其规律的，人们可以发现、认识和利用这些规律，降低风险事故发生的概率，减少损失的程度。

（2）社会属性。不同的社会环境下，风险的内容也有所不同。风险是在一定社会环境下产生的，这是风险的社会属性。风险事故的发生与一定的社会制度、技术条件、经济条件和生产力等都有一定的关系。例如战争、冲突、瘟疫、经济危机、恐怖袭击、车祸等是受社会发展规律影响和支配的。

（3）经济属性。风险的经济属性强调风险发生后所产生的经济后果，即风险与经济的相关联性。只有当灾害事故对人身安全和经济利益造成损失时，才体现出风险的经济属性，也才因此称之为风险；否则，不称之为风险。例如股市风险、信用风险、企业的生产经营风险等，都可能造成相关的经济损失。

3. 风险的特征

（1）客观性。风险是事件本身的不确定性，无论人们愿意与否，它都客观存在，不以人的意志为转移。风险的客观性是保险产生和发展的自然基础。人们只能在一定的范围内改变风险形成和发展的条件，降低风险事故发生的概率，减少损失程度，而不能彻底消除风险。

（2）损失性。风险发生后必然会给人们造成某种损失，然而对于损失的发生，人们却无法事先预料和确定。人们只能在认识和了解风险的基础上，才能严防风险的发生和减少风险所造成的损失，损失是风险的必然结果。

（3）不确定性。风险是客观存在的，但就某一具体风险损失而言，其发生是不确定的，是一种随机现象。例如，火灾的发生是客观存在的风险事故，但是就某一次具体火灾的发生而言是不确定的，也是不可预知的，需要人们加强防范和提高防火意识。

（4）相对性。风险产生的主要原因是决策时缺乏可靠的信息，所以同样的经济活动，对于某些人来说，由于其掌握充分的信息，面临的风险可能就比较小；但对于另外一些人，由于其掌握的信息不够充分，面临的风险可能就比较大。

（5）社会性。没有人和人类社会，就谈不上风险。风险与人类社会的利益密切相关，时刻关系着人类的生存与发展，具有社会性。随着风险的发生，人们在日常经济和生活中将遭受经济上的损失或身体上的伤害，企业将面临生产经营和财务上的损失。

（6）可测性。单一风险的发生虽然具有不确定性，但对总体风险而言，风险事故的发生是可测的，即运用概率论和大数法则对总体风险事故的发生进行统计分析，以研究风险的规律性。风险事故的可测性为保险费率的厘定提供了科学依据。

（7）时间性。风险是一定时期内的风险，其大小随时间的推移而变化。随着时间的延续，事件的不确定性不断缩小，到事件完成，其结果也就完全确定了，风险自然也就没有了。

4. 风险的分类

风险从不同的角度有不同的分类。

（1）系统风险和非系统风险。

按照是否能够被分散，风险可分为系统风险和非系统风险。

①系统风险，又称市场风险或不可分散风险，是影响所有资产的、不能通过资产组合而消除的风险。系统风险是由综合因素引起的，经济方面的如利率、现行汇率、通货膨胀、宏观经济政策与货币政策、能源危机、经济周期循环等；政治方面的如政权更迭、战争冲突等；社会方面的如体制变革、所有制改造等。这些因素是个别企业或者投资者无法通过多样化投资予以分散的，其带来的影响面一般都比较大。对于一个股市来说，发生系统风险是经常性的。如上证指数的最高点是 6 124 点，于 2007 年 10 月 16 日到达；2008 年上证指数以 5 265 点开盘，最高摸至 5 522.78 点，最低探至 1 664.93 点，年收盘为 1 820.81 点。以年收盘计算，上证指数在 2008 年下跌了 3 440.76 点，年跌幅为 65.39%，这种下跌就是发生了系统风险。

②非系统风险，又称公司特有风险或可分散风险，是指只对某个行业或个别公司产生影响的风险，这部分风险是由某一特殊因素引起的，与整个市场的价格不存在系统和全面的联系，只对个别或少数证券的收益产生影响。例如，公司的工人罢工，新产品开发失败，失去重要的销售合同，诉讼失败或宣告发现新矿藏，取得一个重要合同等。这些因素是由个别人、个别企业或个别行业等可控因素带来的，因此它可通过多样化投资予以分散，其带来的影响面一般都比较小。

（2）经营风险和财务风险。

按照形成的来源，风险可分为经营风险和财务风险。

①经营风险，是指经营行为（生产活动和经营活动）给企业收益带来的不确定性。经营风险是企业商业活动中固有的风险，因此也被称为商业风险。经营风险是由于商业活动在再生产中的地位与社会经济活动的复杂性及不确定性因素的增多而引起的。例如，商品供给不足造成脱销的风险或者商品不适销对路造成积压的风险，这是由商业活动所处的中介地位引起的风险；技术变化的步伐加快、技术革新的法规增多，管制企业的立法增多、执法更严带来的风险，这是由经营环境的变化而引起的风险。此外经济不景气、通货膨胀、自然灾害以及金融政策的调整等外部

因素也会影响企业正常生产经营活动，从而给企业带来经营风险。经营风险是客观存在的。只要企业存在经营活动，经营风险就一直存在。

②财务风险，是指企业举债经营给企业收益带来的不确定性。财务风险是企业筹资决策带来的风险，因此也被称为筹资风险。企业举债经营，会产生借入资金定期还本付息的压力。无论企业财务状况如何，到期就需要偿还债务。一方面，如果企业用举债进行的投资不能按期收回并取得预期收益，企业必将面临无力偿还债务的风险，其结果不仅导致企业资金紧张，也会影响企业信誉程度，甚至还可能因不能支付而遭受灭顶之灾；另一方面，企业在举债期间，由于通货膨胀等因素的影响，贷款利率会发生增长变化，利率的增长必然增加企业的资本成本，从而抵减了预期收益。财务风险主要来源于企业负债的比重以及利率、汇率变化的不确定性。

拓展案例 7-1

创办于 1996 年的合俊集团，是国内规模较为大型的 OEM 型玩具生产商。在世界五大玩具品牌中，合俊集团已是其中三个品牌的制造商——美泰、孩之宝以及 Spin Master 的制造商，并于 2006 年 9 月成功在中国香港联交所上市，到 2007 年的时候，销售额就超过 9.5 亿港元。然而进入 2008 年之后，合俊的境况急剧下降。在 2008 年 10 月，这家在玩具界举足轻重的大型公司的工厂没能躲过这次全球性金融海啸，成为了中国企业实体受金融危机影响出现倒闭第一案。合俊关闭了其在广东的生产厂，涉及员工超过 7 000 人。

全球金融危机爆发后，整个玩具行业的上下游供应链进入恶性循环，再加上 2008 年生产成本的持续上涨，塑料成本上升 20%，最低工资上调 12%及人民币升值 7%等大环境的影响，导致了合俊集团的资金链断裂。

2007 年 9 月，合俊计划进入矿业，以约 3 亿元的价格收购了福建天成矿业 48.96%股权。对于天成矿业的巨额投入，合俊根本未能收回成本，跨行业的资本运作反而令其陷入资金崩溃的泥沼。随着合俊集团资金越来越紧张，为缓解压力，合俊卖掉了清远的工厂和一块地皮，并且定向增发 2 500 万港元。可是，“2 500 万港元顶多维持两个月的工资”。为了维持公司的日常运营，合俊开始向银行贷款，但是不幸的是银行贷款的途径似乎也走不通了。公开资料显示，合俊集团的贷款银行全部集中在中国香港，分别是星展、恒生、香港上海汇丰、瑞穗实业、南洋商业、渣打和法国巴黎银行香港分行等 7 家，内地没有银行贷款。合俊集团 2007 年年报显示，其一年内银行借款额为 2.39 亿港元。“这其中有一亿七八千万是以公司财产作抵押，剩下数千万主要是老板在中国香港的熟人提供担保。”上述负责人透露。但是合俊集团 2008 年上半年并没能拿到新贷款。

可以说，收购矿业孤注一掷的“豪赌”，赌资本应该是合俊玩具用于“过冬”的“粮食”。没有了这笔巨额资金，合俊最终没能挨过制造业刚刚遭遇的冬天。

资料来源 阿杜. 财务风险管理五大失败案例[EB/OL].（2012-05-01）[2015-12-02]. http://blog.sina.com.cn/s/blog_4653ef3a010144h9.html.

（3）纯粹风险和投机风险。

按照性质不同，风险可分为纯粹风险和投机风险。

①纯粹风险，是指只带来损失后果而无获利可能的风险，这种风险的发生，其结果有两种：一是损失；二是无损失，即有惊无险。

②投机风险，是指其发生既有可能带来损失，也有可能带来盈利的风险，这种风险发生的结果有三种：一是损失；二是无损失；三是盈利。

例如，火灾、水灾、车祸、疾病等就属于纯粹风险，赌博、买卖股票等就属于投机风险。

7.1.2　收益概述

1. 收益

收益既有可以计量的，也有不可计量的。精神收益、实际收益、货币收益是收益的三种形态。长期以来，对于收益的解释，传统会计学与经济学存在明显的差异。

会计学认为，企业收益是指来自企业期间交易的已实现收入和相应费用之间的差额，是根据企业实际发生的经济业务，以销售产品或提供劳务所获得的销售收入，减去为实际销售收入所支出的成本得出的。

经济学认为，企业收益是指在期末和期初拥有同样多的资本前提下，企业成本核算期内可以分配的最大金额。

财务管理中，对于收益的概念采用经济学的概念。即收益是资产的价值在一定时期内的增值。企业期初投入资金购买资产，期望在未来得到更多的资金，这部分增加的资金就是收益。收益一般有两种方式表示：

第一种是以增量额表示，称为收益额。收益额主要来自于两方面：一是一定时期内资产的现金回报，如债券的利息、股票的股利；二是期末资产的价格与期初资产的价格之差，称为资本利得或者资本损失，如债券、股票价格的上升或者下跌造成的买卖价差。

第二种是以相对率表示，即收益率。收益率是指资产增值额与期初资产价值之比。这种表示方法适合不同资产规模之间进行比较分析，通常以资产收益率来表示资产的收益。

2. 收益率

收益率是指投资收益率，一般以年度百分比表示，根据当时市场价格、面值、息票利率以及距离到期日时间计算。根据分析的角度不同，投资收益率可以分为必要收益率、预期收益率和实际收益率。

（1）必要收益率，又称最低必要报酬率或最低要求的收益率，表示投资者进行投资要求得到的最低收益率。它通常由无风险收益率和风险溢价两个部分组成，无风险收益率取决于零息政府债券，风险溢价取决于企业经营风险溢价和财务风险溢价。

（2）预期收益率，又称期望收益率，是指如果没有意外事件发生，根据已知信息预测能得到的收益率。换句话说，预期收益率是在未来收益不确定的情况下，按估计的各种可能收益率水平及其发生的概率计算的加权平均数。

在一个完善的市场中，如果证券的价格是公平市价，所有投资的净现值都为零。此时，预期收益率等于必要收益率。

拓展案例 7-2

2007 年 1 月份，一位投资者在某银行购买了人民币理财产品，申购金额 10 万元。该产品为保本浮动收益理财计划，本金 100%全额保证，可能最高收益率封顶为 18%，最低收益率为 0。眼看该理财产品快到期，这位投资者致电银行的理财经理询问，却被告知产品的预期收益可能为零。这位投资者表示，在牛市行情中出现这样的收益让人难以接受。

提醒：只给出预期最高收益率的保本浮动型产品，看似既能保证本金安全又有机会追求最大收益，但投资者购买的保本型理财产品存在着保本到期日仅能收回本金，或未到保本到期日赎回而发生亏损的可能。

保本型理财产品对本金的保证有“保本期限”，即在一定投资期限内（一般为 3 年或 5 年），对投资者所投资的本金提供 100%保证。因此，投资者在保本到期日，一般可以收回本金；如果提前赎回，且在市场走势不尽如人意的情况下，存在本金损失的可能。

其次保本不保盈利。保本型理财产品的保本只是对本金而言，并不保证产品一定能够盈利，也不保证最低收益。此外，保本型理财产品对本金的承诺保本比例可以有高有低，即保本比例可以低于本金，如保证本金的 90%，也可以等于本金或高于本金。

资料来源 黎华联．预期收益率达 10%，实际收益率亏 9%[EB/OL].（2012-11-17）[2013-01-09].ttp://finance.ifeng.com/roll/20121117/7312464.shtml.

（3）实际收益率，是指在特定时期内实际获得的收益率。它是已经发生的、不能通过这一次决策所能改变的比率。对于投资者来说，最终的实际收益率与预期收益率并不是一回事。这两者之间的差异越大，风险就越大。通常，实际收益率与必要收益率之间没有必然的联系。

7.2 单项资产的预期收益率与风险

通常有两种方法估计预期收益率：一种是根据某项资产收益理事数据的样本均值作为估计数，这种方法假设该种资产未来收益的变化服从其历史上实际收益的大致概率分布；另一种是根据未来影响收益的各种可能结果及其概率分布大小估计预期收益率。我们采用第二种方法估计资产的预期收益率。

7.2.1　单项资产的预期收益率

1. 概率

随机事件是指在一定条件下可能发生也可能不发生的事件。随机事件有两种特征：一种是结果的随机性；一种是频率的稳定性。在经济活动中，某一事件在完全相同的条件下可能发生也可能不发生，可能出现这种结果也可能出现那种结果，这类事件便是随机事件。例如，财务管理中的投资收益率、投资项目的现金流量等都可以看做随机事件。

概率是用百分数或者小数的形式表示随机事件发生的可能性以及某些结果可能性大小的数值。例如，一个企业的利润有40%的机会增加，有60%的机会减少。如果把所有可能的事件或者结果都列示出来，且每一事件都给予一种概率，把它们列示在一起，便构成了概率的分布，见表7-1。概率分布用以表述随机变量取值的概率规律。

表7-1　**概率分布表**

可能出现的结果（i）	概率（P）
利润增加	40%
利润减少	60%
合计	100%

通常把必然发生的事件的概率定为1，把不可能发生的事件的概率定为0，一般随机事件的概率定为0和1之间，同时所有可能结果出现的概率之和为1。即概率分布必须符合下列两个条件：

第一，所有的概率 P_i 都在 0～1 之间，即 $0 \leq P_i \leq 1$；

第二，所有结果的概率之和等于1，即 $\sum_{i=1}^{n} P_i = 1$，n表示可能出现结果的个数。

概率分布有两种类型：一种是离散型概率分布，即只取有限个或可列个实数值的随机变量的概率规律，如图7-1所示；一种是连续性概率分布，即一个随机变量在其区间内能够取任何数值时所具有的分布，如图7-2所示。

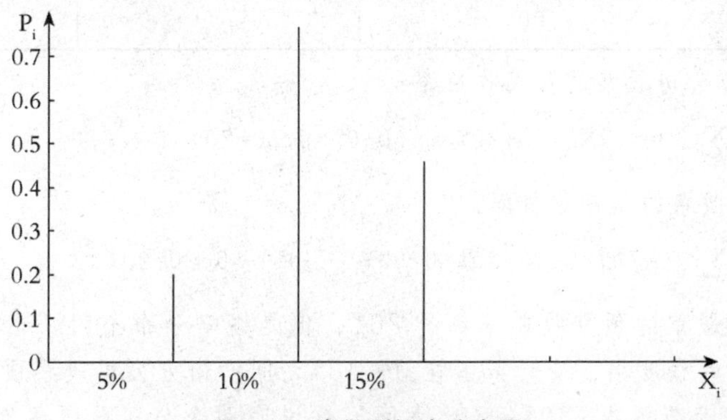

图7-1　离散型概率分布图

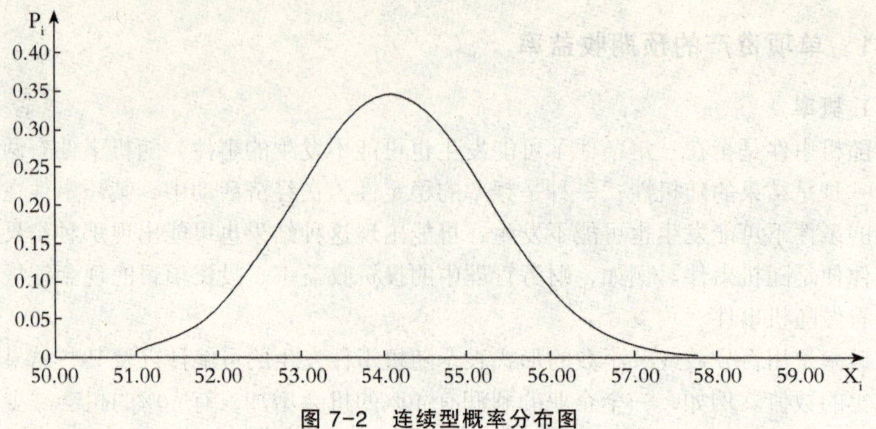

图 7-2 连续型概率分布图

2. 预期收益率

对于单项资产来说，预期收益率就是各种可能的收益率按照其概率进行加权平均得到的收益率，它是反映集中趋势的一种量度。计算公式为：

$$E(r)=\sum_{i=1}^{n} r_i P_i \tag{7-1}$$

式中：E(r) 为预期收益率；r_i 为第 i 种可能结果的收益率；P_i 为第 i 种可能结果出现的概率；n 为可能结果的个数。

预期收益率是某种资产所有可能的未来收益水平的取值中心，投资者主要通过这一数值来评价资产未来收益的大小。

【例 7-1】北方公司和南方公司股票收益率和概率分布情况见表 7-2。在其他因素都相同的情况下，计算北方公司和南方公司股票的预期收益率。

表 7-2 **北方公司和南方公司股票收益率和概率分布情况**

经济情况	该种情况发生的概率（P_i）	北方公司股票收益率	南方公司股票收益率
繁荣	0.20	40%	70%
正常	0.60	20%	20%
衰退	0.20	0%	-30%
合计	1.00		

【解】北方公司股票的预期收益率：

$$E(r)_{北方公司}=\sum_{i=1}^{n} r_i P_i=40\%\times0.20+20\%\times0.60+0\%\times0.20=20\%$$

南方公司股票的预期收益率：

$$E(r)_{南方公司}=\sum_{i=1}^{n} r_i P_i=70\%\times0.20+20\%\times0.60+(-30\%)\times0.20=20\%$$

两个公司股票的预期收益率都是 20%，但是概率分布不同。北方公司股票预期收益率的分散程度小，变动范围在 0～40%之间；南方公司股票预期收益率的分散程度大，变动范围在-30%～70%之间。这说明两个公司股票预期收益率相同，但是风险却不同。北方公司股票预期收益率比较集中，南方公司股票预期收益率比较分散，所以北方公司的风险小一些。

该例题分析的是投资收益率，概率分布属于离散型分布。需要说明的是：(1) 投资收益率作为随机变量受多种因素的影响，为方便起见，这里假设只受经济情况的影响；(2) 在财务管理中，不仅投资收益率有风险，销售量、每股收益、现金流量等都具有不确定性，都可以作为风险分析对象；(3) 在现实生活中，概率分布大多数呈现连续型，正态分布是连续型最常见的形式。

7.2.2　单项资产的风险

为了定量地衡量风险的大小，可以借助统计学中衡量离散程度的指标，即采用方差和标准差来衡量预期收益的风险。

1. 方差

方差是测度数据变异程度的最重要、最常用的指标之一。方差反映概率分布中各种可能结果对预期收益率的偏离程度，即离散程度的差异总和，通常以 σ^2 表示。其计算公式为：

$$\sigma^2 = \sum_{i=1}^{n}[r_i - E(r)]^2 P_i \tag{7-2}$$

式中：σ^2 为方差；$E(r)$ 为预期收益率；r_i 为第 i 种可能结果的收益率；P_i 为第 i 种可能结果出现的概率；n 为可能结果的个数。

【例 7-2】仍以例 7-1 数据为例，计算北方公司和南方公司股票收益的方差。

【解】$\sigma^2_{北方公司} = (40\%-20\%)^2 \times 0.20 + (20\%-20\%)^2 \times 0.60 + (0\%-20\%)^2 \times 0.20 = 0.016$

$\sigma^2_{南方公司} = (70\%-20\%)^2 \times 0.20 + (20\%-20\%)^2 \times 0.60 + (-30\%-20\%)^2 \times 0.20 = 0.010$

2. 标准差

标准差也称均方差，是各数据偏离平均数距离的平均数，它是方差的算术平方根，用 σ 表示。标准差能反映一个数据集的离散程度。平均数相同的，标准差未必相同。其计算公式为：

$$\sigma = \sqrt{\sum_{i=1}^{n}[r_i - E(r)]^2 P_i} \tag{7-3}$$

【例 7-3】仍以例 7-1 数据为例，计算北方公司和南方公司股票收益的标准差。

【解】

$$\sigma_{北方公司} = \sqrt{(40\%-20\%)^2 \times 0.20 + (20\%-20\%)^2 \times 0.20 + (0\%-20\%)^2 \times 0.20} = \sqrt{0.016} = 12.65\%$$

$$\sigma_{南方公司} = \sqrt{(70\%-20\%)^2 \times 0.20 + (20\%-20\%)^2 \times 0.20 + (-30\%-20\%)^2 \times 0.20} = \sqrt{0.010} = 31.62\%$$

在预期收益率相同的情况下，标准差越大，风险就越大；反之，标准差越小，风险就越小。北方公司和南方公司股票预期收益率相同，都是 20%，北方公司的标准差为 12.65%，小于南方公司的标准差 31.62%，所以北方公司的风险比南方公司的风险小。

需要注意的是，标准差实际上是各个可能值与预期值之间偏差的加权平均值，对于预期值不同的决策方案，该指标没有可比性。对此，需要进一步借助离散系数来说明。

3. 离散系数

在一般情况下，预期收益率较高的投资方案比预期收益率较低的投资方案具有更大的标准差。为了说明标准差在度量预期收益率不同的投资项目风险时的确切含义，应将标准差标准化，以度量单位收益的风险。这一目的可借助于离散系数来实现。

离散系数又称变异系数，是统计学当中的常用统计指标，是标准差与预期值之比，通常以 CV 表示。其计算公式为：

$$CV=\frac{\sigma}{E(r)} \tag{7-4}$$

离散系数是一个相对数，它表示的是每单位预期值（如预期收益率）所承担的标准差。当两个投资项目的预期值不同时，该指标提供了一个更为合理的比较基础。

【例 7-4】某企业有甲、乙两个可供选择的投资项目。假设其他因素都相同，影响收益率的未来经济状况只有三种：繁荣、正常、衰退。有关概率分布和收益率见表 7-3。计算甲、乙两个项目的离散系数。

表 7-3 **甲、乙项目的概率分布和收益率表**

经济状况	该种情况发生的概率（P_i）	甲项目收益率	乙项目收益率
繁荣	0.30	30%	15%
正常	0.60	10%	10%
衰退	0.10	-20%	5%
合计	1.00		

【解】要计算甲、乙两个项目的离散系数，需要计算甲、乙两个项目的预期收益率和标准差。

甲项目的预期收益率：

$$E(r)_{甲}=\sum_{i=1}^{n}r_iP_i=30\%\times0.30+10\%\times0.60+(-20\%)\times0.10=13\%$$

乙项目的预期收益率：

$$E(r)_{乙}=\sum_{i=1}^{n}r_iP_i=15\%\times0.30+10\%\times0.60+5\%\times0.10=11\%$$

甲项目的标准差：

$$\sigma_{甲}=\sqrt{(30\%-13\%)^2\times0.30+(10\%-13\%)^2\times0.60+(-20\%-13\%)^2\times0.10}=14.18\%$$

乙项目的标准差：

$$\sigma_{乙}=\sqrt{(15\%-11\%)^2\times0.30+(10\%-11\%)^2\times0.60+(5\%-11\%)^2\times0.10}=3\%$$

甲项目的离散系数：

$CV_{甲}=\frac{\sigma}{E(r)}=\frac{14.18\%}{13\%}=109.07\%$

乙项目的离散系数：

$CV_{乙}=\frac{\sigma}{E(r)}=\frac{3\%}{11\%}=27.27\%$

在预期收益率不同的情况下，离散系数越大，风险就越大；反之，离散系数越小，风险就越小。甲项目和乙项目的预期收益率不同，标准差也不同，需要以离散系数来比较风险大小。因为 $CV_{甲}>CV_{乙}$，所以甲项目的风险大于乙项目的风险。

通过对决策方案风险的量化，决策者可以作出正确决策。对于单个方案，决策者可以根据其标准差或者离散系数的大小，将其与设定的此项目标可接受的最高限值对比，然后作出取舍。对于多个方案，决策的原则应该是选择低风险、高收益率的方案。具体来说，如果多个方案的预期收益率相同，应选择标准差小的方案；如果多个方案的标准差相同，应选择预期收益率高的方案；如果多个方案的预期收益率不同，标准差也不同，应选择离散系数小的方案。这就需要决策者权衡预期收益率与风险，还要考虑决策者对待风险的态度以及企业对于风险的承担程度。

4. 风险收益率

离散系数虽然能够正确评价投资风险程度的大小，但这还不是风险收益率。为了正确地进行投资决策，投资者不仅要知道投资风险的大小，还需要知道投资风险收益的高低。要计算投资风险收益的高低，必须借助一个系数——风险价值系数。风险收益率、风险价值系数和离散系数之间的关系，可用式 7-5 表示如下：

$$R_R=bV \tag{7-5}$$

式中：R_R 为风险收益率；b 为风险价值系数；V 为离散系数。

于是，投资的总收益率为：

$$K=R_F+R_R=R_F+bV \tag{7-6}$$

式中：K 为投资的总收益率；R_F 为无风险收益率；b 为风险价值系数；V 为离散系数。

无风险收益率就是加上通货膨胀贴水后的货币时间价值。一般把投资于国库券的收益率视为无风险收益率。风险价值系数是将离散系数转换为风险收益率的一种系数。风险与收益之间的关系如图 7-3 所示。

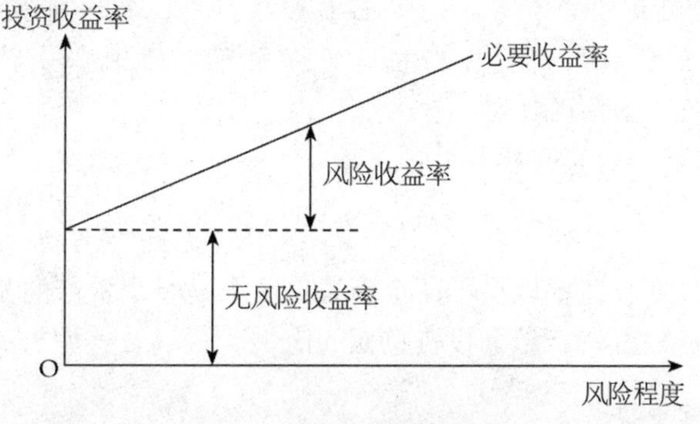

图 7-3　风险与收益关系图

【例 7-5】沿用例 7-4 的数据，假设风险价值系数为 5%，无风险收益率为 10%，计算甲、乙两个项目的风险收益率和投资总收益率。

【解】甲项目的风险收益率 $R_{R甲}=bV=5\%\times109.07\%=5.45\%$

乙项目的风险收益率 $R_{R乙}=bV=5\%\times27.27\%=1.36\%$

甲项目的投资总收益率 $K_{甲}=R_F+R_R=R_F+bV=10\%+5.45\%=15.45\%$

乙项目的投资总收益率 $K_{乙}=R_F+R_R=R_F+bV=10\%+1.36\%=11.36\%$

应该注意的是，风险价值系数通常由企业领导，如总经理、财务副总裁等根据经验加以确定，也可以由企业组织有关专家确定，因此其结果具有一定的主观性，并不是十分精确的。实际上，风险价值系数的确定，很大程度上也取决于企业对于风险的态度。比较敢于承担风险的企业，可以将风险价值系数定得低一些；反之，比较稳健的企业，可以将风险价值系数定的高一些。

7.3 资产组合的预期收益率与风险

投资者在进行投资时，一般并不把所有的资金投资于一种资产，而是同时持有多种资产，即所谓的“不要把所有的鸡蛋都放在一个篮子里”。这种两个或者两个以上资产构成的集合，就成为资产组合，也称为投资组合。如果资产组合中的资产均为有价证券，则称之为证券组合。因为资产组合能够分散风险，所以了解资产组合的风险与收益有助于企业财务人员掌握资产组合的基本理论，恰当地进行资产组合。

7.3.1 资产组合的预期收益率

对于资产组合来说，预期收益率是指资产组合中单项资产预期收益率的加权平均数，权数是各项资产投资额占资产组合投资总额的比例。其计算公式为：

$$E(r_p)=\sum_{i=1}^{n}w_iE(r_i) \tag{7-7}$$

式中：$E(r_p)$ 为投资组合的预期收益率；w_i 为第 i 种资产在资产组合投资总额中所占的比例；$E(r_i)$ 为第 i 种资产的预期收益率；n 为资产组合中资产的个数。

【例 7-6】某投资组合有 A、B、C 三种股票组成，其预期收益率分别为 10%、15%和 20%，这三种股票的投资额在总投资中所占的比重分别为 20%、30%和 50%，计算该投资组合的预期收益率。

【解】该投资组合的预期收益率：

$$E(r_p)=\sum_{i=1}^{n}w_iE(r_i)=10\%\times20\%+15\%\times30\%+20\%\times50\%=16.5\%$$

资产组合的预期收益率取决于两个因素：一个是单个资产的预期收益率；另一个是单个资产投资额占资产组合投资总额的比例。

7.3.2 资产组合的风险

资产组合的风险可以用方差和标准差来衡量。资产组合的风险并不是各项资产的方差或者标准差的加权平均数，因为资产组合可以分散一部分风险。因此，资产组合的风险不仅取决于组合内单个资产的风险，还与各个单个资产间的相互关系有关。

【例 7-7】企业有甲、乙两个投资项目，投资比例分别为 60%和 40%。甲项目和乙项目各自的收益率、投资组合的收益率以及概率分布见表 7-4。计算投资组合的标准差。

表 7-4　**甲项目和乙项目各自的收益率、投资组合的收益率以及概率分布**

经济情况	发生概率	甲项目收益率	乙项目收益率	投资组合收益率
繁荣	0.30	30%	25%	28%
正常	0.60	10%	10%	10%
衰退	0.10	-20%	-5%	-14%
预期收益率		13%	13%	

【解】甲、乙两个投资项目，投资比例分别为 60%和 40%，则投资组合的收益率为：

$$E(r_p)=\sum_{i=1}^{n}w_iE(r_i)=13\%\times60\%+13\%\times40\%=13\%$$

投资组合的标准差为：

$$\sigma_{组合}=\sqrt{(28\%-13\%)^2\times0.30+(10\%-13\%)^2\times0.60+(-14\%-13\%)^2\times0.10}=12.07\%$$

该投资组合的标准差为 12.07%。

甲项目的标准差为：

$$\sigma_{甲}=\sqrt{(30\%-13\%)^2\times0.30+(10\%-13\%)^2\times0.60+(-20\%-13\%)^2\times0.10}=14.18\%$$

乙项目的标准差为：

$$\sigma_{乙}=\sqrt{(25\%-13\%)^2\times0.30+(10\%-13\%)^2\times0.60+(-5\%-13\%)^2\times0.10}=9\%$$

甲项目和乙项目单个标准差的加权平均值为：

$$\sigma_{加权}=14.18\%\times60\%+9\%\times40\%=12.11\%$$

可见，该资产组合的标准差并不等于甲项目和乙项目单个标准差的加权平均值。原因在于单个标准差的加权平均值忽略了资产组合中各个资产之间的相互关系。

资产组合的标准差取决于三个因素：一是单个资产的标准差；二是单个资产投资额占资产组合投资总额的比例；三是各个资产之间的相互关系。

1. 资产组合的标准差

资产组合的标准差的计算公式为：

$$\sigma_P = \sqrt{\sum_{j=1}^{m}\sum_{k=1}^{m} W_j W_k \sigma_{jk}} \tag{7-8}$$

式中：σ_P 为资产组合的标准差；m 为资产组合中资产的个数；W_j 为投资于资产 j 的金额比例；W_k 为投资于资产 k 的金额比例；σ_{jk} 为资产 j 和资产 k 的协方差；两个 $\sum\sum$ 为资产组合中所有资产两两组合的协方差。

协方差是表示两种资产收益率之间相关程度的绝对数，而相关系数是表示两种资产收益率之间相关程度的相对数，描述的是一种资产的收益率发生变化时，另一种资产的收益率将如何变化。它们的关系用公式表示为：

$$\sigma_{jk} = \rho_{jk}\sigma_j\sigma_k \tag{7-9}$$

式中：σ_{jk} 为资产 j 和资产 k 的协方差；ρ_{jk} 为两种资产的相关系数；σ_j 为第 j 种资产的标准差；σ_k 为第 k 种资产的标准差。

2. 两种资产组合的标准差

如果资产组合由两种资产组成，则资产组合的标准差为：

$$\sigma_p = \sqrt{w_1^2\sigma_1^2 + 2w_1w_2\sigma_{12} + w_2^2\sigma_2^2} \tag{7-10}$$

$$\sigma_p = \sqrt{w_1^2\sigma_1^2 + 2w_1w_2\rho_{12}\sigma_1\sigma_2 + w_2^2\sigma_2^2} \tag{7-11}$$

式中：σ_p 为两种资产组合的标准差；w_1 为资产 1 的投资额在资产组合中的比例；w_2 为资产 2 的投资额在资产组合中的比例；σ_1 为资产 1 的标准差；σ_2 为资产 2 的标准差；σ_{12} 为资产 1 和资产 2 的协方差；ρ_{12} 为资产 1 和资产 2 的相关系数。

资产 1 和资产 2 收益率之间的协方差计算计算公式为：

$$\sigma_{12} = \sum_{i=1}^{n}[r_{1i} - E(r_1)][r_{2i} - E(r_2)]P_i \tag{7-12}$$

式中：σ_{12} 为资产 1 和资产 2 的协方差；$[r_{1i} - E(r_1)]$为资产 1 的收益率在第 i 种经济状态下对其预期值的离差；$[r_{2i} - E(r_2)]$为资产 2 的收益率在第 i 种经济状态下对其预期值的离差；P_i 为第 i 种经济状态发生的概率。

【例 7-8】沿用例 7-7 中的数据，计算甲、乙项目投资组合的协方差、相关系数和标准差。

【解】甲、乙项目投资组合的协方差：

$$\sigma_{甲乙} = (30\% - 13\%)\times(25\% - 13\%)\times 0.3 + (10\% - 13\%)\times(10\% - 13\%)\times 0.6 + (-20\% - 13\%)\times(-5\% - 13\%)\times 0.1 = 0.0126$$

乙项目投资组合的相关系数：

$$\rho_{12} = \frac{\sigma_{甲乙}}{\sigma_{甲}\sigma_{乙}} = \frac{0.0126}{14.18\%\times 9\%} = 0.9873$$

甲、乙项目投资组合的标准差：

$$\sigma_p = \sqrt{(60\%)^2\times(14.18\%)^2 + 2\times 60\%\times 40\%\times 0.9873\times 14.18\%\times 9\% + (40\%)^2\times(9\%)^2} = 12.07\%$$

由此可以看出，协方差是两个变量（资产收益率）离差之积的预期值。以证券投资为例，如果协方差大于零，则表明两种证券预期收益率的变动方向相同；如果协方差小于零，则表明两种证券预期收益率的变动方向相反；如果协方差等于零，则表明两种证券预期收益率的变动不相关。一般来说，两种证券的不确定性越大，其标准差和协方差也越大；反之，两种证券的不确定性越小，其标准差和协方差也越小。相关系数是标准化的协方差，其取值范围在±1 之间。如果两种资产收益率的相关系数等于+1，则表明两者完全正相关，即两种资产收益率变动完全相同；如果两种资产收益率的相关系数等于-1，则表明两者完全负相关，即两种资产收益率变动完全相反；如果两种资产收益率的相关系数等于 0，则表明两者不相关或者相互独立，即两种资产收益率变动不相关。

【例 7-9】已知：A、B 两种证券构成证券投资组合。A 证券的预期收益率 10%，方差是 0.0144，投资比重为 80%；B 证券的预期收益率为 18%，方差是 0.04，投资比重为 20%；A 证券收益率与 B 证券收益率的协方差是 0.0048。

要求：(1) 计算下列指标：①该证券投资组合的预期收益率；②A 证券的标准差；③B 证券的标准差；④A 证券与 B 证券的相关系数；⑤该证券投资组合的标准差。(2) 当 A 证券与 B 证券的相关系数为 0.5 时，投资组合的标准差为 12.11%，结合 (1) 的计算结果回答以下问题：①相关系数的大小对投资组合预期收益率有没有影响？②相关系数的大小对投资组合风险有什么样的影响？

【解】(1) ①该证券投资组合的预期收益率=10%×80%+18%×20%=11.6%

②A 证券的标准差= $\sqrt{0.0144}=12\%$

③B 证券的标准差= $\sqrt{0.04}=20\%$

④A 证券与 B 证券的相关系数= $\dfrac{0.048}{12\%\times 20\%}=0.2$

⑤ 该证券投资组合的标准差 $=\sqrt{(12\%)^2\times(80\%)^2+2\times 80\%\times 20\%\times 0.0048+(20\%)^2\times(20\%)^2}=11.11\%$

(2) ①相关系数的大小对投资组合预期收益率没有影响；

②相关系数的大小对投资组合风险有影响，相关系数越大，投资组合的风险越大。

3. 相关系数与资产组合风险之间的关系

(1) 当相关系数等于+1 时，两种资产收益率完全正相关，即它们收益率的变化幅度和变化方向完全相同。此时，资产组合的风险最大，等于单个资产标准差的加权平均值，资产组合不能降低任何风险。

(2) 当相关系数等于-1 时，两种资产收益率完全负相关，即它们收益率的变化幅度和变化方向完全相反。此时，资产组合的风险最小，两者之间的风险可以相互抵消。

(3) 在实际中，相关系数介于±1 之间，多数情况下，相关系数介于 0 与 1 之间。此时两种资产收益率存在不完全的相关关系，资产组合的风险小于单个资产标准差的加权平均值，资产组合可以分散风险，但不能完全分散风险。

7.4 资本资产定价模型

马科维茨的分散投资与效率组合投资理论第一次以严谨的数理工具为手段向人们展示了一个风险厌恶的投资者在众多风险资产中如何构建最优资产组合的方法。资本资产定价模型就是在马科维茨的投资组合理论和资本市场理论基础上形成发展起来的，主要研究证券市场中资产的预期收益率与风险资产之间的关系以及均衡价格是如何形成的。

7.4.1 资本资产定价模型的假设

资本资产定价模型是建立在以下假设基础之上的：（1）所有投资者都可以在无风险折现率的水平下无限制地借入或贷出资金；（2）买卖证券时没有税负及交易成本；（3）投资者具有相同预期，即他们对预期收益率、标准差和证券之间的协方差具有相同的预期值；（4）所有投资者可以及时免费获得充分的市场信息；（5）投资者希望财富越多愈好，效用是财富的函数，财富又是投资收益率的函数，因此可以认为效用为收益率的函数；（6）所有投资者对证券收益率概率分布的看法一致，因此市场上的效率边界只有一条。

上述假设表明：第一，投资者是理性的，而且严格按照马科威茨模型的规则进行多样化的投资，并将从有效边界的某处选择投资组合；第二，资本市场是完全有效的市场，没有任何摩擦阻碍投资。

7.4.2 系统风险的衡量——β 系数

通过上面的分析可知，资产组合可以分散隐含在单个资产中的风险，从而降低资产组合的风险。但是，对于影响市场上所有资产的系统风险是无法通过投资组合分散掉的。因此，投资者因承担风险而期望得到的补偿应该是对系统风险进行的补偿，而不是对非系统风险进行的补偿。

系统风险的衡量采用 β 系数。贝塔系数是统计学上的概念，它所反映的是一种证券或一个投资证券组合相对于大盘的表现情况。财务管理中，贝塔系数衡量单个资产的收益率相对于业绩评价基准收益率的总体波动性，是一个相对指标。β 系数起源于资本资产定价模型，它的真实含义就是特定资产（或资产组合）的系统风险度量。β 系数是通过统计分析同一时期市场每天的收益情况以及单个股票每天的价格收益来计算出的。计算公式为：

$$\beta_i = \frac{\sigma_i}{\sigma_m}\rho_{i,m} = \frac{\sigma_{i,m}}{\sigma_m^2} \tag{7-13}$$

式中：β_i 为第 i 种资产的 β 系数；σ_i 为第 i 种资产的标准差；σ_m 为市场资产组合收益率的标准差；$\rho_{i,m}$ 为第 i 种资产和市场资产组合的相关系数；$\sigma_{i,m}$ 为第 i 种资产和市场资产组合的协方差。

资产组合的 β 系数是该组合中各项资产 β 系数的加权平均，计算公式为：

$$\beta_p = \sum_{i=1}^{n} w_i \beta_i \quad (7-14)$$

式中：β_p 为资产组合的 β 系数；w_i 为第 i 种资产占资产组合总额的比例；β_i 为第 i 中资产的 β 系数。

β 系数体现了特定资产的价格对整体经济波动的敏感性，即市场组合价值变动 1 个百分点，该资产的价值变动了几个百分点——或者用更通俗的说法：大盘上涨 1 个百分点，该股票的价格变动了几个百分点。具体来说：

（1）$\beta=1$，表示该单项资产的风险收益率与市场组合平均风险收益率呈同比例变化，其风险情况与市场投资组合的风险情况一致；

（2）$\beta>1$，说明该单项资产的风险收益率高于市场组合平均风险收益率，则该单项资产的风险大于整个市场投资组合的风险；

（3）$\beta<1$，说明该单项资产的风险收益率小于市场组合平均风险收益率，则该单项资产的风险程度小于整个市场投资组合的风险。

7.4.3　资本资产定价模型

资产组合理论认为，投资组合的预期收益率是其各个资产预期收益率的加权平均，投资组合的风险是由其回报率的标准方差来定义的，投资组合的方差与各个资产的方差、权重以及各个资产间的协方差有关，而协方差与任意两资产的相关系数成正比。相关系数越小，其协方差就越小，投资组合的总体风险也就越小。因此，选择不相关的资产应是构建投资组合的目标，增加资产可以降低投资组合的风险。

资本资产定价模型主要研究市场中资产的预期收益率与风险之间的关系。资本资产定价模型认为，投资者对于单项资产所要求的收益率等于无风险收益率加上该项资产的风险溢价，其计算公式为：

$$E(r_j) = r_f + \beta_j(r_m - r_f) \quad (7-15)$$

式中：$E(r_j)$ 为第 j 种资产或者组合的预期收益率或者必要收益率；r_f 为无风险收益率；β_j 为第 j 种资产或者组合的 β 系数；r_m 为市场投资组合的收益率；$(r_m - r_f)$ 为市场风险溢价；$\beta_j(r_m - r_f)$ 为第 j 种资产或者组合的风险溢价。

资本资产定价模型从本质上揭示了投资收益率的内涵。这一模型认为，市场组合的预期收益率减去无风险收益率就是市场对投资者承担的每一单位的风险而支付的必要收益率。除市场补偿外，还要考虑某一特定投资机会的风险因素，即 β_j 的影响。因此，在市场均衡的条件下，按资本资产定价模型确定的预期收益率就是进行投资的必要收益率。

【例 7-10】假设资本资产定价模型成立，表 7-5 中的数字是相互关联的。求出表中“?”位置的数字。

【解】（1）无风险资产的标准差、与市场组合的相关系数、β 系数，可以根据

表 7-5　**A、B、C 股票预期收益率、标准差、相关系数以及 β 系数表**

证券名称	预期收益率	标准差	相关系数	β 系数
无风险资产	?	?	?	?
市场组合	?	0.1	?	?
A 股票	0.22	?	0.65	1.3
B 股票	0.16	0.15	?	0.9
C 股票	0.31	?	0.2	?

其定义判断，即无风险资产的标准差为 0，无风险资产与市场组合的相关系数为 0，β 系数为 0。

（2）市场组合与市场组合的相关系数、β 系数，可以根据其定义判断，即市场组合与其自身的相关系数为 1，β 系数为 1。

（3）根据 β 系数的计算公式求 A 股票的标准差：

β=与市场组合的相关系数×（股票标准差÷市场组合标准差）

1.3=0.65×（标准差÷0.1）

A 股票标准差=0.2

（4）根据 β 系数的计算公式求 B 股票的相关系数：

0.9=B 股票的相关系数×（0.15÷0.1）

B 股票的相关系数=0.6

（5）利用 A 股票和 B 股票的数据解联立方程：

0.22=无风险资产收益率+1.3×（市场组合收益率-无风险资产收益率）

0.16=无风险资产收益率+0.9×（市场组合收益率-无风险资产收益率）

无风险资产收益率=0.025

市场组合收益率=0.175

（6）根据资本资产定价模型计算 C 股票的 β 系数：

0.31=0.025+β×（0.175-0.025）

β=1.9

（7）根据 β 值的计算公式求 C 股票的标准差：

1.9=0.2×（标准差÷0.1）

C 股票的标准差=0.95

将答案填表，见表 7-6。

表 7-6　**A、B、C 股票预期收益率、标准差、相关系数以及 β 系数答案表**

证券名称	预期收益率	标准差	相关系数	β 系数
无风险资产	0.025	0.00	0.00	0.0
市场组合	0.175	0.10	1.00	1.0
A 股票	0.220	0.20	0.65	1.3
B 股票	0.160	0.15	0.60	0.9
C 股票	0.310	0.95	0.20	1.9

关键词

风险　系统风险　非系统风险　方差　标准差　离散系数　预期收益率　资产组合　相关系数　β 系数　资本资产定价模型

基本训练

◆ 单项选择题

1. 甲方案的标准差为 1.8，乙方案的标准差为 1，若两方案的期望值相同，则二者的风险关系为（　　）。

A. 甲小于乙　　B. 甲大于乙　　C. 二者相等　　D. 无法确定

2. 在多个方案比较中，离散系数越小的方案，风险则（　　）。

A. 越大　　B. 越小

C. 相等　　D. 不存在必然联系

3. 洪福公司股票的 β 系数为 2，国债利率为 4%，市场上所有股票的平均收益率为 8%，则洪福公司股票的必要收益率为（　　）。

A.4%　　B.12%　　C.8%　　D.10%

4.（　　）是影响所有资产的、不能通过资产组合而消除的风险，这部分风险是由那些影响整个市场的风险因素所引起的。

A. 系统风险　　B. 经营风险　　C. 财务风险　　D. 非系统风险

5.（　　）是指只对某个行业或个别公司产生影响的风险，这部分风险是由某一特殊因素引起的，与整个市场的价格不存在系统和全面的联系，只对个别或少数证券的收益产生影响。

A. 系统风险　　B. 经营风险　　C. 财务风险　　D. 非系统风险

6.（　　）是在未来收益不确定的情况下，按估计的各种可能收益率水平及其发生的概率计算的加权平均数。

A. 预期收益率　　B. 平均收益率

C. 风险收益率　　D. 无风险收益率

7. 下列关于投资组合的表述，正确的是（　　）。

A. 能分散所有风险　　B. 能分散系统风险

C. 能分散非系统风险　　D. 不能分散风险

8. 如果某投资组合由收益完全负相关的两只股票构成，则（　　）。

A. 该组合的非系统风险能完全抵消

B. 该组合的风险收益为零

C. 该组合的投资收益大于其中任一股票的收益

D. 该组合的投资收益标准差大于其中任一股票收益的标准差

9. 现有两个投资项目，甲、乙项目报酬率的期望值分别为 15%和 23%，标准差分别为 30%和 33 %，那么（　　）。

A. 甲项目的风险程度大于乙项目的风险程度

B. 甲项目的风险程度小于乙项目的风险程度

C. 甲项目的风险程度等于乙项目的风险程度

D. 不能确定

10. 下列关于资本资产定价原理的说法中，错误的是（　　）。

A. 股票的预期收益率与 β 系数线性相关

B. 在其他条件相同时，经营杠杆较大的公司 β 系数较大

C. 在其他条件项同时，财务杠杆较高的公司 β 系数较大

D. 若投资组合的 β 系数等于 1，表明该组合没有市场风险

◆ 多项选择题

1. 关于衡量投资方案风险的下列说法中，正确的有（　　）。

A. 预期收益率的概率分布越窄，投资风险越小

B. 预期收益率的概率分布越窄，投资风险越大

C. 预期报酬率的标准差越大，投资风险越大

D. 离散系数越大，风险程度越大

2. 下列说法中不正确的有（　　）。

A. 风险爱好者会将风险系数定的大一些

B. 风险越大，获得的风险报酬应该越高

C. 风险是无法预计和控制的，其概率也不可预测

D. 有风险就会有损失，二者是相伴而生的

3. 下列各项中能够影响特定投资组合 β 系数的有（　　）。

A. 该组合中所有单项资产在组合中所占价值的比重

B. 该组合中所有单项资产各自的 β 系数

C. 市场投资组合的无风险收益率

D. 该组合的无风险收益率

4. 按投资的风险分散理论，以等量资金投资于甲乙两项目（　　）。

A. 若甲乙两项目完全负相关，组合的非系统风险可以充分抵消

B. 若甲乙两项目相关系数小于 0，组合后的非系统风险可以减少

C. 若甲乙两项目相关系数大于 0，但小于 1 时，组合后的非系统风险不能减少

D. 若甲乙两项目完全正相关，组合的非系统风险可不扩大也不减少

5. 按资本资产定价模型，影响特定资产预期收益率的因素有（　　）。

A. 无风险的收益率　　B. 市场组合的平均收益率

C. 特定股票的 β 系数　　D. 财务杠杆系数

6. 下列关于投资组合的表述，正确的是（　　）。

A. 投资组合的收益率为组合中各单项资产预期收益率的加权平均数

B. 投资组合的风险是各单项资产风险的加权平均

C. 两种证券完全正相关时可以消除风险

D. 两种证券正相关的程度越小，其组合产生的风险分散效应就越大

7. 下列关于收益率的表述，正确的是（　　）。

A. 实际收益率是在特定事情实际获得的收益率

B. 预期收益率是投资者在下一个时期所能获得的收益预期

C. 必要收益率是指投资者进行投资要求得到的最低收益率

D. 在一个完善的资本市场中，预期收益率等于必要收益率

8. 下列有关两项资产收益率之间的相关系数表述正确的是（　　）。

A. 当相关系数为1时，投资两项资产不能抵消任何投资风险

B. 当相关系数为-1时，投资两项资产可以充分地抵消投资风险

C. 当相关系数为0时，投资两项资产的组合可以降低风险

D. 两项资产之间的正相关程度越低，其投资组合可分散的投资风险的效果越大

9. 构成投资组合的证券A和证券B，其标准离差率分别为12%和8%，其预期收益率分别为15%和10%，则下列表述中正确的是（　　）。

A. 两种资产组合的最高预期收益率为15%

B. 两种资产组合的最低预期收益率为10%

C. 两种资产组合的最高离散系数为12%

D. 两种资产组合的最低离散系数为8%

10. 资本资产定价模型在实际应用中的局限性具体表现为（　　）。

A. 要求整个市场资产组合，若找不到整个市场资产组合，就要能够找出其替代物

B. 所有投资者对市场上有效资产未来收益率的评价都是一致的

C. 要求市场上存在无风险资产

D. 不存在相当长时间内的未来收益

◆ 判断题

1. 风险价值系数的确定，很大程度上也取决于企业对于风险的态度。比较敢于承担风险的企业，可以将风险价值系数定得高一些。（　　）

2. 对于多个投资方案而言，无论各方案的期望值是否相同，离散系数最大的方案一定是风险最小的方案。（　　）

3. 没有经营风险的企业也就没有财务风险；反之，没有财务风险的企业也就没有经营风险。（　　）

4. 在一个完善的市场中，如果证券的价格是公平市价，所有投资的净现值都为零。此时，预期收益率等于必要收益率。（　　）

5. 投资组合的风险大小，不仅与不同投资的风险大小有关，而且与这些投资风险间相互影响，相互联系的方式有关。（　　）

6. 若股票 A 的 β 系数大于 1，说明股票 A 收益率的变动幅度大于市场组合收益率变动幅度。 （ ）

7. 一个投资组合的标准差，也可以根据两个单独标准差的简单加权平均数计算出来。 （ ）

8. 协方差给出的是两个变量相对运动的绝对值，而相关系数所反映的是两个变量相对运动的相对值。 （ ）

9. 证券 A 的标准离差率为 40%、β 系数为 0.5，证券 B 的标准离差率为 20%、β 系数为 1.5，则可以判断证券 A 比证券 B 的总体风险大，而系统风险小。 （ ）

10. 在资产组合中资产数目较低时，增加资产的个数，分散风险的效应会比较明显，但资产数目增加到一定程度时，风险分散的效应就会逐渐减弱。 （ ）

◆ 实务题

1. 无风险证券的收益率为 6%，市场投资组合的收益率为 12%。

要求：

（1）计算市场风险溢价；

（2）如果某一股票的 β 系数为 0.8，计算该股票的预期收益率；

（3）如果某股票的必要收益率是 9%，计算其 β 系数。

2. 某公司持有由三种股票构成的证券组合，其 β 系数分别为 2、1.5、0.6，它们在证券组合中所占的比重分别为 60%、30%和 10%，股票的市场收益率为 15%，无风险利率为 12%。要求计算该证券组合的预期收益率。

3. 有 A、B 两只股票，其预期收益的概率分布情况见表 7–7。

表 7–7 **预期收益的概率分布**

市场情况	概率	预期收益（%）	
		A 股票	B 股票
好	0.2	20	30
一般	0.5	10	15
差	0.3	5	−5

要求：

（1）计算两只股票的预期收益率、标准差和离散系数；

（2）假设资本资产定价模型成立，若市场组合收益率为 10%，短期国债的利息率为 3%，市场组合的标准离差为 5%，计算 A、B 两只股票各自的 β 系数以及它们与市场组合的相关系数；

（3）若 A、B 两只股票的投资的价值比重为 6∶4，两只股票间相关系数为 0.5%，计算两只股票组合收益率、组合 β 系数和组合标准离差。

4. 某企业有 20 000 万元资金准备等额投资于两个投资项目，投资额均为

10 000万元，目前有三个备选的投资项目，其预期收益额的概率分布见表7-8。

表7-8　**备选项目预期收益额的概率分布表**

市场情况	概率	预期收益额（万元）		
		A项目	B项目	C项目
销售好	0.2	2 000	3 000	4 000
销售一般	0.5	1 000	1 000	500
销售差	0.3	500	-500	-1 000

要求：

（1）若公司拟选择两个风险较小的项目进行投资组合，应该选择哪两个项目进行组合；

（2）若各项目彼此间的相关系数为0.6，计算所选中投资组合的预期收益率和组合的标准差；

（3）若各项目彼此间的相关系数为1，计算所选中投资组合的预期收益率和组合的标准差；

（4）说明相关系数的大小对投资组合的预期收益率和风险的影响。

◆ 案例分析题

（一）案例资料

惠好公司现陷入经营困境，原有橙汁饮料因市场竞争激烈，消费者喜好产生变化等开始滞销。为改变产品结构，开拓新的市场领域，拟开发两种新产品。

1. 开发洁清纯净水

面对全国范围内的节水运动及限制供应，尤其是北方十年九旱的特殊环境，开发部认为洁清纯净水将进入百姓的日常生活，市场前景看好，有关预测见表7-9，经过专家测定该项目的风险系数为0.5。

表7-9　**开发洁清纯净水的市场前景预测表**

市场销路	概率（%）	概率（%）
好	60	150
差	20	60
一般	20	-10

2. 开发柠檬水

北方人有豪爽、好客、畅饮的性格，亲朋好友聚会的机会日益增多，北方气温大幅度升高，并且气候干燥，柠檬水具有润喉保湿和美白的功效。开发部据此提出开发柠檬水方案，有关市场预测见表7-10，经过专家测定该项目的风险系数为 0.7。

表 7-10 **开发柠檬水的市场前景预测表**

市场销路	概率（%）	概率（%）
好	50	180
差	20	85
一般	30	-25

（二）案例要求

（1）对两个产品开发方案的收益与风险予以计量。

（2）进行方案评价。

第8章　证券估价

学习目标

◆ 重点掌握股票和债券的估价原理和计算；掌握股票收益率和债券收益率的计算；了解证券估价的基本原理。

❖引例

巴菲特最传奇、最成功的股票投资案例

一直有一个想法，给巴菲特21年投资可口可乐算算账。

第一，巴菲特持有可口可乐股票的前10年远远跑赢大盘。

巴菲特1988年买入可口可乐股票5.93亿美元，1989年大幅增持近1倍，总投资增至10.24亿美元。1991年就升值到37.43亿美元，2年涨了2.66倍，连巴菲特也大感意外。他在伯克希尔1991年年报中高兴地说："3年前当我们大笔买入可口可乐股票的时候，伯克希尔公司的净资产大约是34亿美元，但是现在光是我们持有可口可乐股票的市值就超过这个数字。"

1994年巴菲特继续增持，总投资达到13亿美元，此后持股一直稳定不变。1997年年底巴菲特持有的可口可乐股票的市值上涨到133亿美元，10年赚了10倍，仅仅一只股票就为巴菲特赚取了100亿美元，这是巴菲特最传奇、最成功的股票投资案例。

以前复权价格计算，可口可乐1997年年底收盘价为53.08美元，1987年年底收盘价为3.21美元，10年上涨15.53倍。1997年年底标准普尔500指数（下称"标普500"）收盘970点，1987年年底收盘247点，10年只上涨了2.93倍。可口可乐10年涨幅是大盘的4倍以上。

为什么股价会涨得这么快、这么高？原因很简单，业绩成长飞快。1997年盈利41.29美元，比1992年的16.64美元增长1.48倍，5年复合增长率为19.9%，10年复合增长率为16.3%。可以说巴菲特买到了一只超级成长股，因为可口可乐海外业务飞速扩张。

第二，巴菲特持有可口可乐股票的后11年跑输大盘，但是21年仍然远远跑赢大盘。

遗憾的是，此后美国开始以网络股为代表的新经济泡沫，作为传统经济代表的可口可乐备受冷落。1998年7月14日可口可乐创出70.27美元的历史新高后，开始一路下跌。2000 年 3 月 24 日标普 500 创出 1 527.46 历史最高点，而可口可乐 3 月 14 日却跌到 35.25 美元，2 年多下跌一半。

但随后网络泡沫破裂，2002 年 7 月 24 日大盘最低跌到 775 点，3 年暴跌一半。而可口可乐这一天却收于 39.23 美元，3 年不但没跌，还略有上涨，相对而言远远跑赢大盘。

但此后美国股市又开始了新一波大牛市，2007 年 10 月 11 日标普 500 最高涨到 1 576 点，5 年上涨 1 倍。但同期可口可乐上涨到 54.24 美元，5 年只上涨了 38%，远远跑输大盘。

随后全球金融危机爆发，美股大跌，2009 年 3 月 6 日标普 500 最低跌到 666 点，1 年多暴跌 68%。但同期可口可乐只下跌到 38.36 美元，5 年只下跌 29%，相对明显跑赢大盘。

回首最近 11 年，2009 年 8 月 31 日可口可乐收盘价为 48.77 美元，与 1998 年 7 月 14 日最高的 70.27 美元相比，最近 11 年不但没涨，还下跌了 30.60%。同期标普 500 从 1 177 点跌到 1 020 点，只下跌了 13.34%。这 11 年可口可乐明显弱于大盘。

回首过去 21 年，1987 年年底到 2009 年 8 月 31 日，可口可乐股价从 3.21 美元上涨到 48.77 美元，累计上涨 14.19 倍，标普 500 从 247 点上涨到 1 020 点，累计上涨 3.13 倍，总的来看，可口可乐 21 年来远远跑赢大盘。

只看股价，巴菲特投资可口可乐前 10 年大胜大盘，后 11 年略输一些，但作为股东，巴菲特始终大赚特赚。越是从股东的角度来投资，越要选对好公司，不考虑大盘不考虑股价，反而能够大幅度战胜市场。

资料来源　佚名. 巴菲特最传奇最成功的股票投资案例[EB/OL].（2009-09-06）[2015-09-18]. http://blog.eastmoney.com/qinyanlin76/blog_150309710.html.

8.1 证券估价原理

每种投资方式都有利有弊，投资人承担的风险不同，获取的收益率也不同。债券的收益小，但收益低；股票的收益大，但风险高。证券估价就是对证券的价值进行合理的评定，是货币时间价值、风险与收益原理的重要应用。

8.1.1 价值的概念与区别

证券估价是以相应的方法估算出证券价值的一种方法。因此，在介绍证券估价之前我们先要明确价值的概念。根据不同分类，价值有不同的含义，我们必须先了解几种主要的价值概念与它们之间的区别。

1. 清算价值和持续经营价值

清算价值是指一项资产或一组资产（如一个企业）从正在运营的组织中分离出来单独出售所能获得的价值，这种价值是与企业的持续经营价值相对的。持续经营价值是指企业作为一个持续运营的组织整体出售时所能获得的价值。一般这两种价值是不相等的，实际上，一家企业清算时的价值有时比企业持续经营时的价值更大。

本章中所讨论的证券估价模型一般都假设所讨论的企业是持续经营的企业，即它能为证券投资提供正的现金流。当该假设不成立时（如企业即将破产时），企业的证券价值主要由企业的清算价值来决定。

2. 账面价值和市场价值

账面价值也称面值，是指某证券首次发行时，发行人承诺到期支付的价值。比如，某企业发行债券，面值100元，则该债券到期时，发行企业要支付持有人100元。在西方一些国家，有的股票没有面值，则称为无面值股票。除此之外，大部分证券都有面值。市场价值也称为市价或市值，是指某证券在交易市场上交易的价格。证券的市场价值受市场供求关系、投机炒作以及发行企业的经济状况影响，大多数情况下市场价值与账面价值不同。对于一家企业而言，市场价值是清算价值和持续经营价值二者中的较大者。

3. 市场价值和内在价值

根据市场价值的一般定义，证券的市场价值是证券的市场价格。对于交易活跃的证券，其市场价值是证券交易的最后一个报价；对于交易不活跃的证券，就必须去估计其市场价值。证券的内在价值是指其理论上应该具有的价值，它是在包括资产、收益、预期和管理等对证券价值有影响的因素都被正确估价的情况下应得的价格。简而言之，证券的内在价值是它的经济价值。如果市场是有效率的，信息是完全的，那么证券的市价应围绕其内在价值上下波动。

8.1.2　证券估价的基本原理

证券估价既包括债券的估价，也包括股票的估价。这是因为它们都是有价证券，都是企业筹资和投资的重要方式，其价格的决定因素是相同的。证券估价既包括作为筹资者进行的证券发行价格的确认问题，也包括作为投资者进行的证券购买价格的确认问题。这是因为证券的价格只有为买卖双方所认可，交易行为才能完成。因此，证券估价是同一问题的两个不同方面：对筹资者来说是证券发行价格的确认，而对投资者来说则是证券购买价格的确认。

证券的价格取决于证券持有期间的现金收入情况，具体来讲取决于证券持有期间的利息收入、股利收入及证券转让收回的货币收入。证券的价格与证券持有期间的上述现金收入同方向变动，并受该期间社会平均收益水平的制约。因此，证券估价首先就要估计持有期间和现金流量的分布，然后采用根据投资者要求的收益率折算成现值，这个现值就是证券的价格。根据证券持有期间现金流量的分布情况，可分别采用年金现值或复利现值的方法计算。对于债券而言，由于债券持有期间的现金收入表现为每期相等金额的利息收入和到期收回的本金，因此，对利息收入可按照年金现值计算，而对本金则可按照复利现值计算，两者之和即为债券的价格（即债券的发行价格或购买价格）；对于股票而言，由于股票持有期间的现金收入表现为每期相等金额或不等金额的股息收入（这取决于企业采用何种股利政策）和转让股票时收回的投资，因此，对股利收入可按照年金现值计算或按照复利现值计算，而对收回的投资则按照复利现值计算，两者之和即为股票的价格（即股票的发行价格或购买价格）。

8.1.3 证券估价的基本步骤

通过计算持有证券资产而预期获得现金流量的现值，可以对证券资产（普通股、优先股、债券）进行评估。证券估价的基本步骤如下：

第一，对证券的基本特征进行评估，包括证券持有期间的现金收入、证券持有期间的长短以及证券持有期间的风险。

第二，根据投资者对证券持有期间现金收入风险的预期和对风险的态度，估计投资者要求的收益率。

第三，把证券持有期间预期的现金流量按照投资者要求的收益率折算成现值，这个现值就是证券的价格。

需要注意的是，证券估价的结果是由估计的现金流量和投资者要求的收益率来确定的，而大多数实例中，现金流量和投资者要求的收益率都是不确定的，这就导致证券估价也是无法确定的。不确定条件下的证券估价是企业经营者颇为感兴趣的，需要进一步论述。

8.2 债券估价

债券是经济主体直接向社会借债筹措资金时，向投资者发行，并且承诺按特定利率支付利息并按约定条件偿还本金的债权债务凭证。债券投资者与发行者之间是一种债权债务关系，债券投资者（或债券持有人）即债权人，债券发行者即债务人。在债券估价之前，先来了解债券的基本内容。

8.2.1 债券概述

1. 债券的基本要素

（1）面值。债券的面值是指债券发行者在债券到期时必须支付给债券持有者的现金，在国际上，大多数公司发行债券时，面值通常确定为 1 000 美元。在我国，债券面值较小，多为 100 元人民币。

（2）票面利率。债券的票面利率也就是按照票面价值一定的百分比，债券发行者应支付债券持有人的付息票额。因此，用债券的面值乘以票面利率就得出了每年应支付给债券持有人的利息总额，这一数量是固定不变的，与债券最初的出售和之后的转让价格无关。

（3）到期日。债券的到期日是指债券发行者按债券的票面价值向投资者偿还本金的日期，同时这一到期日也是债券持有者获得利息收入的终止日期。

（4）发行人名称。发行人名称指明债券的债务主体，为债权人到期追回本金和利息提供依据。

上述 4 个要素是债券票面的基本要素，但在发行时并不一定全部在票面上印制出来。例如，在很多情况下，债券发行者是以公告或条例形式向社会公布债券的期限和利率。此外，一些债券还包含有其他要素，如还本付息方式。

2. 债券估价的基本原理

债券按固定利率计息，如果在发行以后实际利率不断变化，那么它在债券市场中应该以何种价格出售？举个例子来说明这个问题。假设 A 购买了 C 公司发行的一种按 1 000 元的面值出售 10 年期的债券 D。假定债券按 10%的票面利率支付利息，该票面利率是当时具有相同风险的债券的市场利率。A 实际上购买的是一系列的未来收入。他在未来 10 年中每年将获得 100 元的利息收入，并在获得最后一期利息收入的同时得到 1 000 元。

如果 A 购买债券 D 几天后，利率升至 12%。同时，假设 A 由于自己的财务状况发生了问题，急需现金，他必须退出债券 D 的投资。按债券的合约 A 不能向发行公司 C 要求退款。为了取回资金，A 必须在债券市场中将所持有的债券 D 卖给另外一个投资者。

假设 B 正在市场中寻找一份投资，B 对 A 持有的债券 D 很感兴趣并询问 A 打算以什么价格出售他所持有的这份债券。A 希望卖 1 000 元，但 B 不愿意用 1 000 元购买这份债券，因为市场利率的上升为他提供了更好的选择。B 可以直接通过购买现在发行的债券 D 获得 12%的利率，也就是说连续 10 年他将每年得到 120 元的利息，最后得到本金 1 000 元。作为一个理性投资者，B 一定会拒绝 A 提出的价格。

但是 A 必须要将他所持有的债券 D 出售以得到资金，唯一的办法就是降低出售价格。他必须将价格降到新的买主能够从这项投资中获得 12%的报酬以下，才能够将自己所持有的债券 D 出售出去。由此可见，随着市场利率的上升，债券在证券市场上的价格反而会下降。同理，如果利率没有上升反而下降了，新发行的债券将提供比 A 持有的债券更低的利率，此时他就能以超过 1 000 元的价格售出债券 D。总之，债券的价格总是和市场利率呈反向变化的。当利率下降时，债券的价格上升；当利率上升时，债券的价格下降。债券价格的变化足以保持原有投资的报酬等于相同风险和到期日的新发行的债券的报酬。换言之，债券通过改变价格来满足报酬率的变化。因此，债券一般不按面值出售，而由目前的市场利率与债券票息率的关系来决定价格的高低。这种现象是金融和经济领域中一条重要的基本规律。

拓展案例 8-1

债券作为一种重要的融资手段和金融工具具有如下特征：

（1）偿还性。债券一般都规定有偿还期限，发行人必须按约定条件偿还本金并支付利息。

（2）流通性。债券一般都可以在流通市场上自由转让。

（3）安全性。与股票相比，债券通常规定有固定的利率。与企业绩效没有直接联系，收益比较稳定，风险较小。此外，在企业破产时，债券持有者享有优先于股票持有者对企业剩余资产的索取权。

（4）收益性。债券的收益性主要表现在两个方面：一是投资债券可以给投资者定期或不定期地带来利息收入；二是投资者可以利用债券价格的变动，买卖债券赚取差额。

资料来源　徐涛 . 债券的特征 [EB/OL].(2012-11-27)[2015-09-18].http://www.110.com/ziliao/article-333059.html.

8.2.2　债券的估价模型

债券估价就是对债券的价格进行估计。投资者进行债券投资，都预期会在未来一定时间内收到包括面值和利息在内的现金流入。根据债券的特征，债券的现金流入主要包括两个部分：一是按照票面利率和面值计算的利息；二是到期或者分期偿还的面值。因此，债券的价格就是投资者为了取得未来现金流入而愿意投入的现金，或者说是未来利息和面值按照投资者要求的收益率折现的价值。

因为债券的计息方式和方法有所不同，所以债券估价应采用不同的模型。

1. 典型债券的估价模型

所谓典型债券，是指票面利率固定，每年年末计算并支付利息，到期一次性偿还本金的债券。下面我们通过举例来说明如何评估这种债券。

（1）每年付息一次。

【例 8-1】假设 W 集团公司发行一种债券，票面价值为 1 000 元，5 年到期，票面利率为 14%，假定每年偿付一次利息。对于一个要求收益率为 12% 的投资者来说，债券的价值是多少？

【解】从以上描述中可以看出，债券的持有者所预期的现金收入包括未来 5 年中每年年末 120 元的利息收入和 5 年期末发行者应偿付的 1 000 元本金。该种债券的价值可以通过以下几个步骤来确定：

①确定债券持有者预期的现金收入，如图 8-1 所示。

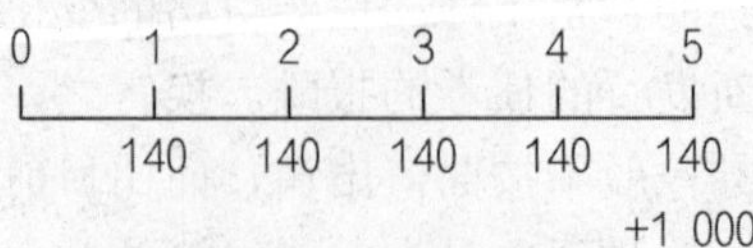

图 8-1　现金流量图

②确定债券持有者要求得到的收益率。在本例中，收益率为12%。

③计算预期现金收入的现值。在本例中，债券的预期现金流量和投资者要求得到的收益率都是已知的，为了确定债券的价值，我们把收益率作为贴现率来计算预期现金收入的现值，计算公式为：

$$V_b=\sum_{t=1}^{n}I\left[\frac{1}{(1+k_b)^t}\right]+M\left[\frac{1}{(1+k_b)^n}\right] \tag{8-1}$$

式中：V_b为债券的价值；I为债券的年利息；M为债券的票面价值；k_b为投资者要求的收益率；n为到期年数；t为时间。

简单地讲，式8-1就是每年所得利息的现值，再加上债券到期时所得本金的现值，即可得到债券价值。利用前面的知识，可以将式8-1另表示为：

$$V_b=I(PVIFA_{k_b,n})+M(PVIF_{k_b,n}) \tag{8-2}$$

现在，我们可以用式8-2算出W集团公司发行的债券的价值，即每年140元利息的现值，加上到期时一次支付的1 000元的现值。

$$V_b=140(PVIFA_{k_b=12\%,n=5yrs.})+M(PVIF_{k_b=12\%,n=5yrs.})$$

$$=140\times3.6048+1\,000\times0.5674=1\,072.07(\text{元})$$

计算得出该债券的价值为1 072.07元，这是投资者愿意支付的最高价格；如果投资者正好用1 072.07元买下该债券，那么他将获得12%的收益率。

(2) 溢价、折价和平价发行。

当债券以高于票面价值的价格发行时，称为溢价发行；当债券以低于票面价值的价格发行时，称为折价发行；当债券以等于票面价值的价格发行时，称为平价发行。在我国，债券可以溢价发行，但不允许折价发行。

①溢价发行。从例8-1中可以看出，债券的发行价格为1 072.07元，高于面值1 000元，所以为溢价发行。债券溢价受两方面因素的影响：一是受市场利率的影响。当债券的票面利率高于金融市场的通行利率即市场利率时，债券就会溢价。二是受债券兑付期的影响。距兑付期越近，购买债券所支付的款项就越多，溢价额就越高。

②折价发行。当债券以低于票面价值的价格发行时，称为折价发行。一般而言，债券折价发行的原因是：一是发行者信用低或是新发行债券者，为保证债券顺利推销而采用折价发行；二是债券发行数量很大，为了鼓励投资者认购，用减价的方式给予额外收益补贴；三是由于市场利息率上升，而债券利息率已定，为了保证发行，只能降低发行价格。折价发行时，由于债券的发行价格低于票面价值，使投资者的收益率大于债券票面利率，因此折价发行债券的票面利率可适当降低。

【例8-2】假设W集团公司发行一种债券，票面价值为1 000元，5年到期，票面利率为14%，假定每年偿付一次利息。对于一个要求收益率为16%的投资者来说，债券的价值是多少？

【解】$V_b=140(PVIFA_{k_b=16\%,n=5yrs.})+M(PVIF_{k_b=16\%,n=5yrs.})$

$=140\times3.2743+1\ 000\times0.4761=934.50$(元)

债券溢价或折价发行是对票面利率与市场利率之间的差异所作的调整，其差异的值就是一种利息费用。发行企业多收的溢价是债券购买人因票面利率比市场利率高而对发行企业的一种补偿，而折价则是企业因为票面利率比市场利率低而对购买者作的利息补偿。

③平价发行。当债券票面利率与市场利率一致时，企业债券可按其面值出售，这种情况称为平价发行或按面值发行。

【例 8-3】假设 W 集团公司发行一种债券，票面价值为 1 000 元，5 年到期，票面利率为 12%，假定每年偿付一次利息。对于一个要求收益率为 12% 的投资者来说，债券的价值是多少？

【解】$V_b=120(PVIFA_{k_b=12\%,n=5yrs.})+M(PVIF_{k_b=12\%,n=5yrs.})$

$=120\times3.6048+1\ 000\times0.5674=1\ 000$(元)

W 集团公司发行的债券，票面价值为 1 000 元，票面利率为 12%，期限为 5 年。如果投资者需要 12%的收益率，那么债券仍将以 1 000 元发行，因为投资者每年的利息收入完全等于他们所要求的投资回报。同时，他们在到期日又可以收回初始投资，所以这一定价是切实可行的。

(3) 每半年付息一次。

正如前面所提到的那样，典型债券是每年付息一次，但在实务中绝大多数债券都是每半年支付一次利息的。由于在年中就获得了利息收入，投资者就可以用收回的这部分利息进行再投资，以获得额外的回报。如果半年支付一次利息，那么该债券的购买方就能够获得更多的收益，可以通过式 8-3 或式 8-4 计算此类债券的价值。

$$V_b=\sum_{i=1}^{2n}\frac{I}{2}\left[\frac{1}{(1+\frac{k_b}{2})^t}\right]+M\left[\frac{1}{(1+\frac{k_b}{2})^{2n}}\right]\tag{8-3}$$

$$V_b=\frac{I}{2}(PVIFA_{k_b/2,2n})+M(PVIF_{k_b/2,2n})\tag{8-4}$$

式中：V_b 为债券的价值；I 为债券的年利息；M 为债券的票面价值；k_b 为投资者要求的收益率；n 为到期年数；t 为时间。

【例 8-4】W 集团公司发行的债券，票面价值为 1 000 元，5 年到期，票面利率为 12%，假设每半年支付一次利息，对于一个要求收益率为 10% 的投资者来说，债券的价值是多少？

【解】$V_b=\frac{120}{2}(PVIFA_{k_b/2=5\%,2n=10periods})+1\ 000(PVIF_{k_b/2=5\%,2n=10periods})$

$=60\times7.7217+1\ 000\times0.6139=1\ 077.20$(元)

计算得出的债券价值是 1 077.20 元，比 1 年期复合的债券价值高 5.13 元(1 077.20－1 072.07)。

2. 到期一次还本付息债券的估价模型

到期一次还本付息的债券是指在债券持有期间不支付利息，在债券到期时一次性支付债券持有期间的利息和本金。但是到期支付的利息由于计息方法不同，因此其产生的现金流量也不同。

（1）债券利息单利计算。

我国大多数债券采用到期一次还本付息的方式，不计复利，其计算公式为：

$$V_b = \frac{M + I \times n}{(1 + K_b)^n} = (M + I \times n) \times (PVIF_{K_b, n}) \quad (8\text{-}5)$$

式中：V_b 为债券的价值；I 为债券的年利息；M 为债券的票面价值；k_b 为投资者要求的收益率；n 为到期年数；t 为时间。

【例 8-5】W 集团公司发行的利随本清债券，票面价值为 1 000 元，5 年到期，票面利率为 12%，不计复利，对于一个要求收益率为 10% 的投资者来说，债券的价值是多少？

【解】$V_b = (1\,000 + 1\,000 \times 12\% \times 5) \times (PVIF_{10\%, 5})$

$= 1\,600 \times 0.62 = 992$（元）

（2）债券利息复利计算。

在这种情况下，债券到期支付的利息为复利计息，其计算公式为：

$$V_b = \frac{M \times (1 + i)^n}{(1 + K_b)^n} = M \times (1 + i)^n \times (PVIF_{K_b, n}) \quad (8\text{-}6)$$

式中：V_b 为债券的价值；i 为债券的票面利率；M 为债券的票面价值；k_b 为投资者要求的收益率；n 为到期年数；t 为时间。

【例 8-6】W 集团公司发行的利随本清债券，票面价值为 1 000 元，5 年到期，票面利率为 12%，复利计息，对于一个要求收益率为 10% 的投资者来说，债券的价值是多少？

【解】$V_b = \frac{M \times (1 + i)^n}{(1 + K_b)^n} = M \times (1 + i)^n \times (PVIF_{K_b, n}) = 1\,000 \times (1 + 12\%)^5 \times 0.62 = 1\,092.65$（元）

（3）零息债券的估价模型。

零息债券，是指债券不支付利息，而是要在到期时支付债券的票面价值。由于零息债券不支付利息，债券持有人未来的现金流入只有到期的票面金额，因此，其债券的估价公式如下：

$$V_b = \frac{M}{(1 + K_b)^n} = M(PVIF_{k, n}) \quad (8\text{-}7)$$

【例 8-7】某公司发行零息债券，债券面值为 1 000 元，期限为 5 年，市场报酬率为 8%，则其债券的价值是多少？

【解】 $V_b = \frac{M}{(1 + K_b)^n} = M(PVIF_{k, n}) = 1\,000 \times 0.681 = 681$（元）

8.2.3 债券的到期收益率

债券的收益水平通常用到期收益率来衡量。到期收益率是指以特定价格购买债券持有至到期日所能获得的收益率。它是使未来现金流量等于债券购入价格的贴现率。债券的预期收益包括利息收入和到期时的本金收入，由于缺少相应的计算程序，因此解决到期收益率的问题只能通过试错法。从估计一个到期收益率 r 开始，由该收益率及其他已知信息求解债券价格，将解出的价格与题目给定价格进行比较。当两者显著不同时，需要重新估计一个 r 来计算另一个价格，不断进行这个步骤直到求出的价格非常接近给定价格。试错法并不像看起来那样任意进行，而是按照一定的逻辑，推测出 r 的大致范围，再使用差补法计算近似值。

还有一个简便的方法计算债券收益率的近似结果：

$$r=\frac{I+(M-V_b)\div n}{(M+V_b)\div 2}\times 100\% \qquad (8-8)$$

【例 8-8】某一债券的票面价值为 1 000 元，票面利率为 8%，市场价格为 1 105 元，期限为 5 年。请计算这种债券的到期收益率。

【解】通过债券的价格和票面利率，可以对债券的到期收益有一个初步的估价。如果债券是按票面价值出售的，那么它的到期收益率就等于票面利率。如果债券出售价格低于票面价值，那么到期收益率就高于票面利率；反之亦然。在其他条件不变的情况下，债券价格与票面价值差异越大，票面利率与到期收益率之间的差距也就越大。同样地，其他条件不变，债券期限越短，票面利率与到期收益率之间的差距越大。

在这个例子中，因为债券售出价格要高于票面价值，所以到期收益率必然要低于 8%的票面利率，不妨设为 6%。首先，看看 6%是不是到期收益率。将 6%作为贴现率，计算出预期现金收入的当前价值。

$$V_b=80(PVIFA_{k_b=6\%,n=5yrs.})+M(PVIF_{k_b=6\%,n=5yrs.})$$
$$=80\times 4.2124+1\,000\times 0.7473=1\,084.29(元)$$

由于 1 084.29 元低于债券的市场价格，所以 6%并不是到期收益率。再尝试用低一点的贴现率，就能增加预期现金收入的现值，使它等于债券价格，假设为 4%，则：

$$V_b=80(PVIFA_{k_b=4\%,n=5yrs.})+M(PVIF_{k_b=4\%,n=5yrs.})$$
$$=80\times 4.4518+1\,000\times 0.8219=1\,178.04(元)$$

用差补法计算近似值：

$$r=4\%+\frac{1\,178.04-1\,105}{1\,178.04-1\,084.29}\times(6\%-4\%)=5.56\%$$

因为用 5.56%作为贴现率计算出来的现金收入的现值基本等于债券价格，所以得出 5.56%就是该债券的到期收益率。

此外，我们还可以用简便方法来计算该债券的收益率。

$$r=\frac{I+(M-V_b)\div n}{(M+V_b)\div 2}\times 100\%=\frac{80+(1\ 000-1105)\div 5}{(1\ 000+1105)\div 2}\times 100\%=5.6\%$$

投资者可以用到期收益率评估债券的价值，与市场价格进行比较，以进行投资决策。另外一种方式，就是将到期收益率与投资者所要求的回报率进行对比，来进行投资决策。当到期收益率高于或等于回报率时，投资者将买进该债券；反之，则不会购买该债券。而在实际操作过程中，通过上述两种方式进行的投资决策，结果往往是一致的。

8.3 股票股价

股票是股份公司发行的所有权凭证，是股份公司为筹集资金而发行给各个股东作为持股凭证并借以取得股息和红利的一种有价证券。

8.3.1 股票概述

1. 股票价格

股票本身是没有价值的，仅仅是一种凭证。它之所以有价格，可以买卖，是因为它能给持有人带来预期收益。一般来说，公司第一次发行股票时，要规定发行总额和每股金额，一旦股票发行上市买卖，股票价格就与原来的面值分离。这时的价格主要由预期股利和当时的市场利率决定，即股利的资本化价值决定了股票价格。此外，股票价格还受整个经济环境变化和投资者心理等复杂因素的影响。

2. 股利

股利是指股份公司按发行的股份分配给股东的利润。股息、红利亦合称为股利。股份公司通常在年终结算后，将盈利的一部分作为股息按股额分配给股东。

3. 股票价值

与债券投资一样，不管是投资普通股，还是投资优先股，投资者均需要对股票的投资价值进行估算。尽管股票价值受多重因素的影响，但股票价值与公司的盈利能力、股利水平和风险及其公司增长性等因素存在一定的函数关系。与债券估价相同，股票投资价值也是基于一系列未来现金流量的现值。这一系列未来现金流量包括股票持有期间的股利和将来出售股票的价款收入。相对优先股而言，由于投资普通股股利收入不稳定，普通股价格波动大，剩余索取权后于优先股，因而普通股的投资风险要高于优先股，投资者对普通股将要求更高的必要收益率。而优先股先于普通股取得股利，尽管股利水平较低，但相对稳定。普通股与优先股的这些差异，将影响股票价值模型中各项因子的估计，对普通股和优先股进行估价时，必须加以区分，并引起特别注意。

8.3.2 普通股估价

普通股的价值指的是预期现金收入的现值，但是实际操作起来要比债券困难得多。原因如下：

首先，普通股持有者希望通过每年派发股利获利，这就迫使投资者预测将来所能获得的股利收入。然而，通过我们的实证研究发现，中国资本市场在过去的10年里多数企业并未派息。其次，对于大多数的普通股，投资者都期望能够通过价格的上涨来获得收益，这就是所谓的资本性收益。

一项金融资产的价格是由其未来现金流量的现值决定的。如果投资者打算永久持有股票，则投资者从股票中获得的收益就是各期的股利，其股价模型如下：

$$P_0=\frac{D_1}{1+k_s}+\frac{D_2}{(1+k_s)^2}+\cdots+\frac{D_x}{(1+k_s)^x} \tag{8-9}$$

式中：P_0为普通股价值；D_1，D_2，…，D_x为第1年到第x年的预期股利；k_s为要求的收益率。

这个模型告诉投资者，要对普通股进行评估，必须预测每年派发的股利，并且用要求的收益率将其贴现。投资者一般是在有限的时期内持有股票，所以股票价格的上涨成为比股利派发更为重要的收入来源。这种情况在下面的评估模型中将会具体涉及。

1. 普通股估价的基本模型（股利折现模型）

如果投资者打算有限期地持有某股票，而且可以比较准确地预测它的未来售价，只要将限期内预期的股利收入折算成现值，再加上未来预期售价的现值，就可以得到该普通股的价值。用公式表示为：

$$P_0=\frac{D_1}{1+k_s}+\frac{D_2}{(1+k_s)^2}+\cdots+\frac{D_n+P_n}{(1+k_s)^n} \tag{8-10}$$

式中：P_n为第n期期末股票的价格。

【例8-9】某投资者预期Y集团公司将在下一年派发1元的普通股股利，再下一年达到1.1元。他所预期的两年后该股票每股售价为27.5元，如果他对该股票所要求的回报率为14%，则这只股票的价值是多少？

【解】$P_0=\frac{1}{1+0.14}+\frac{1.1+27.5}{(1+0.14)^2}=0.88+22.01=22.89$（元）

虽然这一模型与前面所讲的概念，即普通股价值等于所有未来股利收入的现值，看起来格格不入，但是它在评估普通股时却比较实用。在评估过程中，必须考虑股票未来售价，因为它体现的是这只股票从要被售出时起，所有股利收入的现值。所以这个模型，与普通股价值等于所有未来股利收入现值的概念实质上是一致的。

2. 股利零增长的股票估价模型

如果一个公司每年派发的股利保持稳定不变，则股利呈现零增长。对于普通股而言，意味着每一年的股利D都是一个常数，相当于一个永续年金的例子。运用永续年金的公式，可以得到股票的股价模型：

$$P_0=\frac{D}{k_s} \tag{8-11}$$

式中：P_0为普通股价值；D 为每一年发放的相同的股利；k_s为要求的收益率。

3. 股利固定增长的股票估价模型

在通常情况下，人们认为普通股股利每年都会持续地增长，这种想法也是比较正常的。下面的公式描述的就是这种持续增长模型。

$$P_0=\frac{D_1}{k_s-g} \tag{8-12}$$

式中：g 为普通股股利的增长率；D_1为预计下一年的股利。

只有当股利持续增长时，才可以使用这个模型。当然上式中的D_1也不能等于0，否则股票价值将无法确定。同时，k_s必须大于 g。如果k_s小于或等于 g，那么股票价值看似会变成负值或者无法确定。但这种情况是不会发生的，如果k_s小于或等于 g，则股价会变为无穷大。因为如果k_s小于或等于 g，则股利的现值会越来越大，在这种情况下，采用这个模型则是不恰当的，必须选择其他模型进行评估。

【例 8-10】Y 集团公司上一年每股派发股利 2.23 元，假设其股利增长率为 8%，要求的收益率为 12%，则该普通股价值是多少？

【解】 $P_0=\frac{D_1}{k_s-g}=\frac{2.23(1+0.08)}{0.12-0.08}=60.21$(元)

从投资者的角度来说，如果他们评估出的普通股价值高于或等于它的市场价格，那么他们就会买进该只股票。相反，如果评估的价值低于市场价格，那么他们就不会购买该股票。若他们现在已经持有该股票的话，则会选择卖出。但是，需要告诫企业投资者的是，评估的结果只是一个估计量，具有很强的主观性。另外，这里所讲述的评估程序也被极大地简化了。

4. 股利超常增长的股票估价模型

在现实的生活中，有的公司股利并不是固定的。这种情形允许股利在一定时间内超常增长，从未来某个时候开始，以固定的增长率增长。举一个简单的例子，某一公司在一段时间里高速成长，而在另一段时间里正常固定成长或者固定不变。在这种情形下，需要分段来计算股票的价值。

【例 8-11】某公司因为迅速的扩张和超强的销售，每年都以 20%的速度增长，预计这个增长率可以再维持 3 年，以后就会转为正常增长，增长率为 12%。公司最近支付的股利为 2 元，必要收益率为 16%。请计算股票的价值。

【解】首先，计算超常增长期的股利现值总额（见表 8-1），则 3 年股利的现值总额为 6.43 元。

表 8-1 **超常增长期的股利现值总额**

年份	股利	折现率（16%）	现值（元）
1	2×1.2＝2.4	2.4×0.862	2.07
2	2.4×1.2＝2.88	2.88×0.743	2.14
3	2.88×1.2＝3.456	3.456×0.641	2.22

其次，第 3 年年末普通股的价值是：

$$P_3=\frac{D_4}{k_s-g}=\frac{3.456(1+0.12)}{0.16-0.12}=96.77(元)$$

计算其现值：

PV（P_3）＝96.77×0.641＝62.03（元）

最后，计算股票当前的价值：

62.03＋6.43＝68.46（元）

5. 普通股的预期收益率

持有普通股的投资者们，一般都期望能通过现金股利的派发和股价的上涨来获得收益，可以把收益率表示为：

$$\hat{k}_s=\frac{D_1}{P_0}+g \tag{8-13}$$

式中：$\hat{k}_s$ 为普通股的预期收益率，而不是所要求的回报率；$\frac{D_1}{P_0}$ 为预期股利收益率；P_0 为股票的市场价格，而不是股票的价值；g 仍然是增长率，只不过在这个等式中，它所代表的是普通股价格的增长率。这里虽然没有证明，但暗含着一个等式关系，即在特定条件下，股票价格的长期增长率等于公司股利长期的增长率。

【例 8-12】Y 集团公司在下一年将会派发普通股股利，每股 1.37 元，该股票当前的市价为每股 17.25 元。在过去的 10 年里，股利是以每年 7%的比率在增长，预计在未来的时期内，股利仍会以这一比率持续增长。Y 集团公司普通股的预期收益率是多少？

【解】$\hat{k}_s=\frac{D_1}{P_0}+g=\frac{1.37}{17.25}+7\%=14.94\%$

计算出预期的收益率之后，投资者就可以通过与他们所要求的回报率进行对比来作出投资决策。如果预期收益率高于或等于所要求的回报率，投资者就会买进该只普通股；反之，若预期收益率低于要求的回报率，投资者就会作出相反的决策。

大多数从业者是通过评估一种正确的价格/利润比例（市盈率）来确定普通股价值的。通过该比例，使公司的每一分利润多倍地翻番，从而达到对公司普通股价值估计的目的。比方说，每股收益为 1 元，估计 10 股的收益为 10 元，如果当前的股份为 9 元，则股票的价值就被低估了，低估的原因就在于它目前的利润倍数是 9（9 元 / 1 元），要低于分析人员预想的价值。

8.3.3 优先股估价

优先股归属于公司的权益，但它不同于普通股，是“普通股”的对称，主要指在利润分配及剩余财产分配的权利方面，优先于普通股。优先股也是一种没有期限的所有权凭证，优先股股东一般不能在中途向公司要求退股（少数可赎回的优先股除外)。

1. 优先股的特征

优先股是公司在筹集资金时，给予投资者某些优先权的股票。它虽属权益性资金，但却兼有债券的特征。其特征主要表现在以下两个方面：

(1) 优先股具有特殊的“优先性”。优先股的优先性主要体现在两个方面。首先，是指在企业清算时对偿付债务后所余净资产的优先，即它的索赔权优先于普通股；其次，是指获取股利的权利优先，即它的股利支付应优先于普通股股利的支付。

(2) 优先股是一种混合性的融资方式。优先股既具有债券的特点，又具有普通股的特点。优先股具有固定的股利率，其收益是股票的面值与股利率的乘积，就这点而言，优先股与债券的性质相同。但优先股无到期日，不需要还本，甚至可以不支付股利，从这点来看，优先股与普通股的性质相同。因而可以说，优先股是一种混合性的融资方式，它既具有债券的性质，又有普通股的性质。

另外，在企业中，不同的利益集团对优先股有着不同的认识。普通股股东一般把优先股看成是一种特殊的债券，这是因为，它必须在普通股之前取得收益，分享企业的资产。投资人在购买普通股时也往往把优先股看做债券。但是，从债券的持有人来看，优先股则属于股票，因为它对债券起保护作用，可以减少债券投资风险，属于主权资金。从企业管理当局和财务人员的角度来看，优先股具有双重性质，这是因为，优先股虽没有固定的到期日，不用偿还本金，但往往需要支付固定的股利，成为财务上的一项负担。

拓展案例 8-2

证监会表示，《国务院关于开展优先股试点的指导意见》规定只有上市公司才可以公开发行优先股，同时公司公开发行优先股的，应当在公司章程中规定以下事项：(1) 采取固定股息率；(2) 在有可分配税后利润的情况下必须向优先股股东分配股息；(3) 未向优先股股东足额派发股息的差额部分应当累积到下一会计年度；(4) 优先股股东按照约定的股息率分配股息后，不再同普通股股东一起参加剩余利润分配。

这就要求公开发行的优先股必须是固定股息率、强制分红、可累积、非参与优先股。但《国务院关于开展优先股试点的指导意见》还规定，商业银行发行优先股补充资本的，可豁免第 (2) 项和第 (3) 项事项的要求，即可以发行非强制分红、非累积优先股，但仍需属于固定股息率、非参与优先股。

资料来源　佚名. 证监会：上市公司才可发优先股 股息率固定[EB/OL]. (2013-12-13) [2015-09-17]. http://money.163.com/13/1213/16/9G04QBOD00253B0H.html.

2. 优先股估价的基本模型

优先股与其他证券一样，每年也要向股票的持有人支付固定数量的现金，以作补偿。但是大多数的优先股是没有期限的，优先股和其他一些承诺永远支付固定现金补偿的资产一样，都被称为永续年金。这种永续年金的价值，是指所有未来现金收入的当前值，对于永续年金而言，它的现金收入是无限期的。而优先股的价值评定，可以用式 8-14 来表示：

$$V_p = \sum_{t=1}^{\infty} D_p \frac{1}{(1+k_p)^t} \tag{8-14}$$

式中：V_p 为优先股价值；D_p 为优先股每年的现金股利；k_p 为要求的回报率；t 为时期。

式 8-14 可以简化成式 8-15：

$$V_p = \frac{D_p}{k_p} \tag{8-15}$$

【例 8-13】Y 集团公司发行优先股，每年每股派发的股利为 9.75 元，如果投资者所要求的回报率为 12.5%，那么这一股票的价值是多少？

【解】 $V_p = \frac{D_p}{k_p} = \frac{9.75}{0.125} = 78$(元)

投资者对优先股评估时，所采取的措施与债券相同，即当评估的价值高于或等于市场价格时，投资者就会买进该股票；当评估的价值低于市场价格时，投资者则不会购买该股票，如果投资者已经拥有该股票，就会选择卖出。

3. 优先股的预期收益率

优先股的预期收益比较容易计算，计算公式为：

$$\hat{k}_p = \frac{D_p}{V_p} \tag{8-16}$$

式中：$\hat{k}_p$ 为预期收益，它不同于式 8-15 中的 k_p，那里的 k_p 表示所要求的回报率；V_p 为优先股的市场价格，而非式 8-15 中的优先股价值。

【例 8-14】假设 Y 集团公司每年派发 4.35 元的股利，它的当前价格为 47.22 元。计算优先股的预期收益率。

【解】 $\hat{k}_b = \frac{D_p}{V_p} = \frac{4.35}{47.22} \times 100\% = 9.21\%$

投资者一旦确定了股票的预期收益率，他们就与其所要求的回报率相比较来进行投资决策。只有当预期收益率高于或等于他们所要求的回报率时，投资者才会买进该股票。用预期收益率作为判断标准，与将股票价值与市场价格进行比较，得出的结果应该是一致的。

关键词

债券　普通股　优先股　清算价值　内在价值　市场价值　债券到期收益率　股票到期收益率　平价发行　溢价发行　折价发行　零息债券　股利零增长　股利固定增长　股利超常增长

基本训练

◆ 单项选择题

1. 在债券的票面利率、到期时间和票面价值一定的情况下，决定债券价值的唯一因素是（　　）。

A. 票面利率　　B. 股利率

C. 综合资本成本　　D. 具有相同风险的折现率

2. 某股票现实价格为每股 25 元，投资者预期 1 年后可获得每股 2 元的股利，预计 1 年后的价格为 28 元，则股东的预期收益率为（　　）。

A.20%　　B.18%

C.15%　　D.8%

3. 依照有关法律发行，附有一定票面利率和本息偿付日期，反映债权与债务关系的凭证指的是（　　）。

A. 债券　　B. 股票

C. 基金　　D. 期权合约

4. 下列各项证券中，违约风险最小的是（　　）。

A. 公司债券　　B. 国库券

C. 金融债券　　D. 企业债券

5. 对每年付息一次，到期还本的债券进行投资，如果投资者以高于该债券面值的价格买入并持有至到期，其实际投资收益率将（　　）债券的票面利率。

A. 低于　　B. 高于

C. 等于　　D. 无法确定

6. 某企业于 2015 年 1 月 1 日以 930 元购得票面价值为 1 000 元的新发行债券，票面利率为 12%，每年付息一次，到期还本，该企业持有该债券至到期日，其到期收益率为（　　）。

A. 高于 12%　　B. 小于 12%

C. 等于 12%　　D. 难以确定

7. 当市场利率上升时，长期固定利率债券价格的下降幅度（　　）短期债券的下降幅度。

A. 大于　　B. 小于

C. 等于　　D. 难以确定

8. 某企业发行面值为 1 000 元的 5 年期债券，债券票面利率为 8%，半年付息一次，到期还本。发行后该债券在二级市场上流通，假设必要收益率为 8%，并保持不变，以下说法正确的是（　　）。

A. 债券溢价发行，发行后债券价值随到期时间的缩短逐渐下降，至到期日债券价值等于债券面值

B. 债券折价发行，发行后债券价值随到期时间的缩短而逐渐上升，至到期日债券价值等于债券面值

C. 债券按面值发行，发行后债券价值一直等于债券面值

D. 债券按面值发行，发行后债券价值在两个付息周期之间呈周期性波动

9. A 公司拟投资购买某企业发行的债券，在名义利率相同的情况下，对 A 公司比较有利的复利计息期是（　　）。

A.1 年　　B. 半年

C.1 季　　D.1 月

10. 假设 A 公司在今后不增发股票，预计可以维持 2014 年的经营效率和财务政策，不断增长的产品能为市场所接受。预计净利增长率为 10%。A 公司 2014 年支付的每股股利是 0.5 元，年末股价是 40 元。股东预计的报酬率是（　　）。

A.10%　　B.11.25%

C.11.38%　　D.12.38%

◆ 多项选择题

1. 影响债券内在价值的基本因素包括（　　）。

A. 债券的面值　　B. 债券的票面利率

C. 债券利息的支付方式　　D. 估价时的市场利率

2. 债券 W 和债券 Y 是两只刚发行的分期付息债券，债券的面值和票面利率相同，票面利率均高于投资必要收益率，以下说法正确的有（　　）。

A. 如果两只债券的必要收益率和利息支付频率相同，偿还期限长的债券价值低

B. 如果两只债券的必要收益率和利息支付频率相同，偿还期限长的债券价值高

C. 如果两只债券的偿还期限和必要收益率相同，利息支付频率高的债券价值低

D. 如果两只债券的偿还期限和必要收益率相同，必要收益率与票面利率差额大的债券价值高

3. 债券票面利率与到期实际收益率不一致的情况有（　　）。

A. 债券平价发行，每半年付息一次

B. 债券平价发行，每年付息一次

C. 债券溢价发行，每年付息一次

D. 债券折价发行，每年付息一次

4. 与股票内在价值呈反方向变化的因素有（　　）。

A. 股利年增长率　　B. 年股利

C. 必要收益率　　D.b 系数

5. 从贴现现金流量理论看，影响股票内在价值的基本因素有（　　）。

A. 股份公司的现金股利　　B. 股票的账面价值

C. 股票的面值　　D. 投资者的必要报酬率

6. 下列表述中正确的有（　　）。

A. 对于分期付息的债券，当期限接近到期日时，债券的价值向面值回归

B. 债券价值的高低受利息支付方式的影响

C. 一般来说，债券期限越长，其利率风险越小

D. 当市场利率上升时，债券价值会下降

7. 与普通股相比，优先股的特征在于（　　）。

A. 在企业清算时对偿付债务后所余净资产的优先权

B. 股利的支付优先于普通股股利的支付

C. 无到期日，不需要还本

D. 一般不能在中途向公司要求退股

8. 下列说法中正确的有（　　）。

A. 票面利率不能作为评价债券收益的标准

B. 即使票面利率相同的两种债券，由于付息方式不同，投资人的实际经济利益亦有差别

C. 如果不考虑风险，债券价值大于市价时，买进该债券是合算的

D. 债券以何种方式发行最主要取决于票面利率与市场利率的一致程度

9. 以下属于证券投资收益的内容的有（　　）。

A. 债券投资的利息收入　　B. 股票投资的股利收入

C. 交易手续费　　D. 证券投资的买卖价差

10. 从债券构成要素的内容来看，债券作为投资工具具有以下（　　）特征。

A. 偿还性　　B. 收益性

C. 参与性　　D. 流动性

◆ 判断题

1. 如果相同风险债券的市场利率不变，按年付息，那么随着时间向到期日靠近，溢价发行债券的价值会逐渐下降。（　　）

2. 优先股是“普通股”的对称，主要指在利润分配及剩余财产分配的权利方面，优先于普通股。（　　）

3. 清算价值是指公司作为一个持续运营的组织整体出售时所能获得的价值。（　　）

4. 长期债券与短期债券相比，其投资风险和融资风险均很大。（　　）

5. 从长期来看，公司股利的固定增长率（扣除通货膨胀因素）有可能超过公司的资本成本率。（　　）

6. 证券投资的决策规则是：投资时，证券的交易价格应等于或低于证券的价格；发行时，证券的交易价格应等于或高于证券的价格。（　　）

7. 零息债券，是指债券不支付利息，而是要在到期后支付债券票面

价值。 （ ）

8. 股票价格主要由预期股利和发行的面值决定。 （ ）

9. 股票投资价值是基于一系列未来现金流量的现值。这一系列未来现金流量包括股票持有期间的股利现金流量和将来出售股票的价款收入。 （ ）

10. 如果债券不是分期付息，而是到期时一次性还本付息，如果是平价发行债券，其到期实际收益率与票面利率必然相同。 （ ）

◆ 实务题

1. W 企业有大量闲置资金，为了避免资源浪费，决定进行证券投资。假定市场利率为 12%，A 企业现面临两个投资机会：

（1）A 债券。A 债券的面值为 1 000 元，票面利率为 8%，到期时间为 5 年，市场价值为 900 元。

（2）B 股票。B 股票为股利固定增长类型，年增长率为 8%，预期一年后的股利为 0.8 元，市场价值为 16 元。

要求：

（1）计算 A 债券的价值，判断 W 企业是否该购买该债券；

（2）计算 B 股票的价值，判断 W 企业是否该购买该股票。

2. Y 集团于 2013 年 1 月 1 日购买同日发行的公司债券，该债券的面值为 1 000 元，期限为 5 年，票面利率为 10%，每半年付息一次，到期一次性偿还本金。

要求：

（1）当市场利率为 8%时，计算该债券的发行价格；

（2）当市场利率为 12%时，计算该债券的发行价格。

3. TY 公司准备发行一种债券，票面金额为 1 000 元，票面利率为 6%，期限为 10 年，本金按面值支付。发行时预计同类债券市场利率为 10%。如果分别按以下几种情况来支付本金和利息，分别计算债券的价值。

要求：

（1）每年年末付息一次，到期还本；

（2）到期一次还本付息；

（3）不支付利息，到期归还本金。

4. TY 公司债券属于零息债券，债券面值为 1 000 元，5 年期，发行价格为 600 元，到期一次性支付本金。假设投资者要求的必要收益率为 6%。

要求：

（1）计算 TY 公司债券的价值；

（2）若发行时购买，求该债券到期的实际收益率；

（3）判断应否购买该债券。

5. 某企业计划利用一笔长期资金购买一家公司的股票，现有 A 公司和 B 公司可供选择。已知 A 公司股票现行市价为每股 40 元，上年每股股利为 0.60 元，预计以后每年以6%的增长率增长；B公司股票现行市价为每股25元，上年每股股利为2.40元，公司采用稳定的股利政策。该企业所要求的投资收益率为8%。

要求：

（1）计算A、B公司股票的内在价值；

（2）请代该企业作出股票投资决策。

6. 某公司计划发行两种股票进行筹资：A股票为普通股，发行后第一年预计发放的现金股利为每股4元，之后保持3%的股利年增长率；B股票为优先股，发行后每年预计发放的现金股利为每股4元，并保持不变。假如投资者对该公司股票投资的预期收益率为15%。

要求：计算两种股票的内在价值。

7. A公司发行债券，债券面值为1 000元，5年期，票面利率为8%，每年付息一次，到期还本，债券发行价为1 105元，若投资人要求的必要投资报酬率为6%。

要求：（1）计算A公司债券的价值；

（2）若发行时购买，求该债券到期的实际收益率。

8. AA公司最近刚发放的股利为10元/股，预计AA公司近两年的股利稳定，但从第三年起估计将以2%的速度递减，若此时无风险报酬率为6%，整个股票市场平均收益率为10%，甲公司的b系数为2，目前公司股票的价格为60元。

要求：

（1）计算股票的价值；

（2）判断是否值得购买AA公司股票。

9. FF公司最近支付了每股2元的股利，预计在今后的3年内股利以12%的增长率持续增长，在接下来的3年里以8%的增长率持续增长，此后预计以6%的增长率永远增长下去。投资者要求的收益率为12%。

要求：计算该股票的价值。

第9章 筹资管理

学习目标

◆ 重点掌握筹资渠道和筹资方式，债务资本筹资的概念、方式和优缺点，权益资本筹资的概念、方式和优缺点；掌握筹资管理的概念和动机；了解筹资管理的原则和要求。

❖引例

安吉租赁——第一家吃螃蟹的企业

在国内汽车租赁市场，最不缺门店，但以“实体”门店开展“虚拟”的融资租赁业务，却是一个全新的概念。

不过，“新概念”不是没有实施者。“安吉租赁就是国内第一家吃螃蟹的企业”，在上海虹桥路550号新开张的汽车融资门店里，安吉租赁有限公司总经理助理朱咏凯对记者说，“在我们看来，进入这个领域不仅能给公司带来收益，更能带动全行业的进步。”

融资租赁最早起源于欧美金融交易，后来“进化”成国外汽车购买的主要方式。所谓汽车融资租赁，是指客户在缴纳一定保证金后，每月只需支付约定租费，期满后就可获得车辆所有权。

“融资租赁就是方便顾客以融物的形式达到融资的目的，这能最大化节约资金和时间成本。”朱咏凯说。

“而我们的业务则兼顾企业和个人用户。”朱咏凯介绍，对企业客户来说，汽车融资服务能为企业增加一种融资方式，有效减轻企业资金压力，保持良好的资金流动性。对个人客户而言，融资租赁审批门槛适中，贷款额度没有限制，手续简单，一步到位，能为其最大化节约资金和时间成本。数据显示，安吉租赁有限公司自2010年涉及汽车融资业务以来，已累计投放超过10亿元资金总量，最近几年来一直保持30%至50%的高速年增长率。

尽管“新概念”逐渐被人接受，但记者发现，在资金不足的条件下，很多个人或企业在买车时还是选择银行贷款。

“与银行相比，我们不必一次性支付大笔费用。这就意味着，汽车融资租赁能为顾客赢得更多的流动资金。”朱咏凯表示，“对企业用户来说，它不占用企业授信额度，不进入企业的固定资产、负债科目，让企业在保持良好的信用等级的同时不耽误生产和消费。这等于为企业又增加了一种融资方式。”

朱咏凯说，采用汽车融资租赁，车价、汽车牌照、购置税、上牌杂费、商检费、保险费等各种费用均可以计入融资租赁的成本中进行分期支付，用户只需每月支付租金即可。

另外，在安吉租赁买车的企业还能享受到零利率、低月供、低首付、全额融资等不同融资租赁方式组合的特色化服务，为用户用车提供了便利，降低了车辆管理成本。“由于车辆相关租赁费用金额较为固定，更便于企业的预算管理和费用控制。”朱咏凯说。

汽车融资租赁在中国汽车行业属于后起之秀，在高速发展的道路上难免会遇到挑战。朱咏凯告诉记者，目前的挑战主要是公众对融资租赁认知不够。很多人认为，融资租赁就是租赁，政策限制、法律空白、准入监管不严等也是难题。

但在朱咏凯看来，这些“坎”能迈过去，“此次安吉租赁新开设的安吉汽车融资门店就是为了培养消费者对汽车融资租赁的认识。我们也将借此积极寻求与汽车厂商及银行合作”。

此外，朱咏凯透露，安吉租赁正考虑逐步向全国铺设网点，争取让更多的消费者感受汽车融资租赁带来的方便与实惠。

汽车融资租赁对于企业而言，是权益融资还是债权融资？汽车融资租赁对于企业而言，相对于银行借款，优势在哪里？融资租赁与贷款的区别是什么？

资料来源 佚名 . 筹资管理案例[EB/OL].（2012-05-03）[2015-09-18]. http://blog.sina.com.cn/s/blog_9d8bd6f701012yr5.html.

9.1 筹资概述

企业筹资活动，是一切经营活动的起点。随着企业经营活动的不断进行，企业随时都会产生筹集资金的需求。采用不同渠道和不同方式筹集资金，既是保证企业生产经营活动正常进行和营利的需要，也是企业财务管理的重要内容。企业进行资金筹集，必须了解企业筹资的概念和筹资的动机，遵循筹资的原则，把握筹资渠道和方式，达到筹资管理的要求。

9.1.1 企业筹资的概念

企业筹资，是指企业根据其生产经营、对外投资和调整资本结构等需要，通过一定渠道和金融市场，运用一定方式，经济有效地筹措和集中资金的活动，是财务管理的首要环节，是资金运动的起点。这里所说的筹资是指长期资金的筹集，短期资金则归入营运资金管理中。

9.1.2 企业筹资的动机

企业筹资最基本的目的，是为企业的经营活动提供资金保障。企业筹资的具体原因是多种多样的，比如开发新产品、对外投资、偿还债务等。归纳起来，表现为以下五方面的筹资动机：

1. 创立性筹资动机

创立性筹资动机，是指企业设立时，为取得资本金并形成开展经营活动的基本条件而产生的筹资动机。要创建企业就必须筹集资金，以获得创立企业所必需的初始资本，并且取得会计师事务所的验资证明，据以到工商管理部门办理注册登记手续，企业才能开展正常的生产经营。

2. 支付性筹资动机

支付性筹资动机，是指为了满足经营业务活动的正常波动所形成的支付需要而产生的筹资动机。企业在持续的生产经营活动中，由于设备的维护与更新、成本费用的开支，都会不断产生资金需求，为了保证企业日常经营活动顺利进行，需要筹集和集中资金。

3. 扩张性筹资动机

扩张性筹资动机，是指企业因扩大经营规模或对外投资需要而产生的筹资动机。处于成长期的企业，往往会产生扩张性的筹资动机。例如企业开发新产品、修建厂房、购置新设备、拓展新市场、并购企业等扩张性活动，都需要筹集资金。这种筹资动机所导致的筹资行为将会直接扩大企业的权益规模。

4. 调整性筹资动机

调整性筹资动机，是指企业因调整资本结构而产生的筹资动机。企业产生调整性筹资动机的具体原因有两个：一是优化资本结构，合理利用财务杠杆效应；二是偿还到期债务，进行债务结构内部调整。前者是指企业有足够的能力支付到期债务，但是出于对资本结构的考虑，需要筹集新的资金偿还债务；后者是指企业没有足够的能力支付到期债务，被迫筹集新的资金偿还债务，即“拆东墙补西墙”的做法。

5. 混合性筹资动机

混合性筹资动机，是指上述两种或两种以上筹资动机的结合，既为生产经营或对外投资，又为偿还债务。这种筹资动机所导致的筹资行为，既扩大了企业的权益规模，又调整了各种权益之间的比例。

资金是企业的“血液”，是企业生存和发展所不可缺少的。企业没有资金，无法进行生产经营活动；有了资金如果使用不当，也会影响生产经营活动的正常进行。因此，筹集资金不仅是企业进行生产经营活动的客观需要，也是企业再生产活动的第一推动力。财务管理的首要任务便是如何迅速、有效地筹集企业所需资金。

9.1.3 企业筹资的原则

企业筹资是一项重要而复杂的工作，企业为了有效地筹集企业所需资金，处理好筹资过程中的财务关系，必须遵循以下基本原则：

1. 规模适当原则

企业筹资的目的是确保企业拥有正常生产经营所需要的资金。一方面，如果资金不足，企业无法维持正常的生产经营活动；如果资金过剩，也会影响资金的使用效果。另一方面，不同时期企业的资金需求量也不是一个常数，企业财务人员要认真分析生产经营状况，采用一定的方法，预测资金的需要数量，合理确定筹资规模。企业筹资时，要使资金的筹集量与需要量达到平衡，防止因筹资不足而影响生产经营或因筹资过剩而增加财务费用。

2. 筹措及时原则

企业筹资必须根据企业资金的投放时间来安排，使筹资和投资在时间上相协调。企业财务人员在筹集资金时必须熟知资金时间价值的原理和计算方法，以便根据资金需求的具体情况，合理安排资金的筹集时间，适时获取所需资金，避免因筹资过早而造成资金闲置或因筹资滞后而延误投资的有利时机。

3. 来源合理原则

资金的来源渠道和资金市场为企业提供了资金的源泉和筹资场所，它反映资金的分布状况和供求关系，决定着筹资的难易程度。不同来源的资金，对企业的收益和成本有不同影响，因此，企业应认真研究资金来源渠道和资金市场，合理选择资金来源。

4. 方式经济原则

在确定筹资数量、筹资时间、资金来源的基础上，企业在筹资时还必须认真研究各种筹资方式。企业筹集资金必然要付出一定的代价，不同筹资方式下的资本成本有所不同。为此，企业就需要对各种筹资方式进行分析和对比，选择经济可行的筹资方式以确定合理的资金结构，求得资金来源的最优组合，以降低筹资的综合成本。

5. 资金合法原则

企业的筹资活动影响社会资金的流向和流量，涉及各方面的经济权益。因此，企业在筹资方案的实施过程中，筹资者与出资者应按法定手续认真签订合同、协议，明确各方的责任和义务。此后，必须按照企业筹资方案和合同、协议的规定执行，恰当支付出资人报酬，按期偿还借款，维护企业信誉。

9.1.4 企业筹资的渠道和方式

企业筹资需要通过一定的渠道，运用一定的方式来进行。不同的筹资渠道和筹资方式有不同的特点和适用性，为此需要加以分析。

1. 筹资渠道

筹资渠道是指客观存在的筹集资金的来源和通道，体现了资金的源泉和流量。从筹集资金的来源的角度看，筹资渠道可以分为企业的内部渠道和外部渠道。企业内部筹资渠道是指从企业内部开辟资金来源，包括企业自由资金、企业应付税利和利息、企业未使用或未分配的专项基金。一般在企业购并中，企业都尽可能选择这一渠道，因为这种方式保密性好，企业不必向外支付借款成本，因而风险很小。外部筹资渠道是指企业从外部所开辟的资金来源，主要包括银行信贷资金、非金融机构资金、其他企业资金、民间资金和外资。从企业外部筹资具有速度快、弹性大、资金量大的优点，但其缺点是保密性差，企业需要负担高额成本，因此产生较高的风险，在使用过程中应当注意。具体来说，企业的筹资渠道有以下几种：

（1）国家财政资金，是指国家以财政拨款形式投入企业的资本。它过去是国有企业自有资本的主要来源。企业改革之后，原有企业的固定基金、流动基金和专用基金中的更新改造基金转作国家资本金，因此，国家财政资金在一定时期内仍是国有企业的主要资金来源。国家财政资金适用所有国有企业筹资，由国家投资形成，从产权关系上看，其产权归国家所有。

（2）银行信贷资金。银行是经营货币资金的企业，银行贷款筹资是当前企业筹资的主要渠道之一。因此，银行信贷资金是各类企业的主要资金来源。目前，我国的银行主要有中央银行、商业银行和专业银行，其中与企业筹资最为密切的是商业银行。

（3）非银行金融机构资金，是指信托投资公司、保险公司、租赁公司、证券公司、企业集团所属的财务公司等为企业提供的信贷资金投放。这些机构的资金力量虽然不及银行，筹集资金的范围也有一定的限制，筹资成本也相对较高，但是由于这些机构提供的资金来源灵活多样，因此有着广阔的发展前景。

（4）其他企业资金，是指企业从生产经营过程中游离出来的暂时性闲置资金，可以在企业之间以各种方式调剂使用。随着横向联合和企业集团的不断发展，企业之间的资金联合和资金融通得到了广泛和深入的发展。因此，其他企业资金具有很大的发展潜力。

（5）民间资金，是指在国家依法批准设立的金融机构以外的自然人、法人及其他组织等经济主体之间的资金。企业可以采用直接投资的方式取得民间资金。民间资金具有制度层面的合法性，是正规金融有益和必要的补充。随着股份制和证券市场的发展，民间资金必将成为企业资金的又一重要来源。

（6）企业内部资金，是指企业内部形成的资金，主要包括计提的折旧、资本公积金、提取的盈余公积金、未分配利润等，还可以包括一些经常性的延期支付款项，如应付工资、应交税金、应付股利等。随着企业财权的不断扩大和经济效益的提高，企业内部资金将不断增加。

（7）国外和港澳台资金，是指包括国际性组织、外国政府、外国社团、外国企业、外国个人以及我国港、澳、台地区投资者投入的资金。利用国外和我国港澳台资金是一种跨国境的经济行为，受外资政策、国家间政治关系、不同的文化传统及国际金融状况、外汇波动的影响均较大，因而必须在国家政策指导下，按积极、合理、有效的原则开展。

2. 筹资方式

筹资方式是指企业筹集资本所采取的具体形式和工具，体现着资本的属性和期限。筹资渠道解决的是资金来源的问题，筹资方式则解决通过何种方式取得资金的问题，企业的筹资方式与筹资渠道有着密切的关系。一定的筹资方式可能只适用于某一特定的筹资渠道；但同一筹资渠道的资本往往可以采取不同的筹资方式获得，而同一筹资方式又往往可以适用于不同的筹资渠道。因此，企业在筹资时，必须实现两者的合理配合。企业从外部筹集资金的方式一般有以下几种：

（1）投入资本筹资，是指非股份制企业以协议等形式吸收国家、其他企业、个人和外商等直接投入的资本，形成企业投入资本的一种筹资方式。投入资本筹资不以股票为媒介，适用于非股份制企业，是非股份制企业筹集股权资本的一种基本方式。直接投入的资本既可以是吸收的现金，也可以是实物资产、无形资产等非现金资产。

（2）发行股票筹资。公司的资本金称为股本，是通过发行股票的方式筹集的。股票是指股份有限公司发行的、用以证明投资者的股东身份和权益并据以获得股利的一种可转让的书面证明。股票的发行和上市有严格的条件和法定程序，在我国须遵守《公司法》和《证券法》的规定。按股东权利和义务的不同，股票分为普通股和优先股，普通股是股份公司资本的最基本部分。

（3）借款筹资。企业可以向银行、非金融机构借款以满足购并的需要。这一方式手续简便，企业可以在较短时间内取得所需的资金，保密性也很好。但企业需要负担固定利息，到期必须还本付息，如果企业不能合理安排还贷资金就会引起企业财务状况的恶化。

（4）商业信用筹资，是指利用商业信用进行筹资的行为。商业信用是指在商品交易中由于延期付款或预收贷款所形成的企业间的借贷关系。作为企业筹资方式的商业信用主要有应付账款、应付票据和预收账款等形式。

（5）发行债券筹资。债券是由企业发行的有价证券，发行债券的企业以债权为书面承诺，承诺在未来的特定日期，偿还本金并按照事先规定的利率支付利息，是企业主要筹资方式之一。

（6）租赁筹资。这里主要是融资租赁，又称为财务租赁，是区别于经营租赁的一种长期租赁形式，它满足企业对资产的长期需要，故也称为资本租赁，分为售后租回、直接租赁、杠杆租赁。融资租赁资产所有权有关的风险和报酬实质上已全部转移到承租方，现在融资租赁已成为仅次于银行信贷的第二大融资方式。

在现代市场经济竞争中，企业只有正确选择筹资方式来筹集生产经营活动中所需要的资金，才能保障企业生产经营活动的正常运行和扩大再生产的需要。企业所处的内外环境各不相同，所选择的筹资方式也有所差异。企业只有采取了适合企业自身发展的筹资渠道和筹资方式，才能够促进企业的长期发展。

9.2　债务资本筹资

债务资本是指债权人为企业提供的短期和长期贷款，不包括应付账款、应付票据和其他应付款等商业信用负债。债务资本具有三个主要特点：首先，债务资本的还本付息期限结构要求固定而明确，法律责任清晰；其次，债务资本收益固定，债权人不能分享企业投资于较高风险的投资机会所带来的超额收益；再次，债务利息在税前列支，在会计账面盈利的条件下，可以减少财务负担。债务资本筹资又称债权性筹资，是指企业以负债方式借入资金并到期偿还，在资产负债表上表现为负债。这里主要介绍债务资本的长期债务。企业的长期债务主要包括长期借款、债券和融资租赁。

9.2.1 长期借款

企业的长期借款主要是向银行借入的各项长期性借款，如从各专业银行、商业银行取得的贷款；除此之外，还包括向财务公司、投资公司等其他金融机构借入的款项。一般用于固定资产的构建、改扩建工程、大修理工程、对外投资，以及为了保持长期经营能力等方面的需要。

1. 长期借款的种类

长期借款根据不同的标准有不同的分类。

(1) 按照借款用途的不同分类。长期借款按照借款用途的不同，可以分为基本建设借款、专项借款和生产经营借款三类。

基本建设借款是指用于新建、扩建、改建生产性基本建设项目的借款。一般来说，这类借款主要用于能源、交通和原材料等基础工业的建设。基本建设借款一般数额大，期限长。

专项借款是指由银行办理的具有某种特定用途的借款。如老少边穷地区发展经济借款和扶贫借款等。专项借款的主要特点是：政策性强、用途特殊、利率优惠，期限较长，借款管理方式灵活多样。

生产经营借款是为满足您在生产经营过程中短期资金需求，保证生产经营活动正常进行而发放的借款。生产经营借款作为一种高效实用的融资手段，具有借款期限短、手续简便、周转性较强、筹资成本较低的特点，因此成为深受广大客户欢迎的银行业务。

(2) 按照担保条件不同分类。长期借款按照担保条件不同，可分为信用贷款和抵押贷款。

信用贷款是指以借款人的信誉发放的贷款，借款人不需要提供担保。其特征就是债务人无需提供抵押品或第三方担保仅凭自己的信誉就能取得贷款，并以借款人信用程度作为还款保证的。这类贷款一般只发放给信用良好的企业。

抵押贷款是指要求企业以抵押品作为担保的贷款。长期贷款的抵押品常常是房屋、建筑物、机器设备、股票、债券等。如果贷款到期时借款企业不能或者不愿偿还贷款，银行可以取消企业对抵押品的赎回权，并有权处理抵押品。

(3) 按照提供贷款的机构不同分类。按照提供贷款的机构不同，可分为政策性银行贷款、商业性银行贷款以及其他金融机构贷款。

政策性银行贷款由各政策性银行在人民银行确定的年度贷款总规模内，根据申请贷款的项目或企业情况按照相关规定自主审核，确定贷与不贷。一般来说，政策性银行贷款利率较低、期限较长，有特定的服务对象，其放贷支持的主要是商业性银行在初始阶段不愿意进入或涉及不到的领域。

商业性银行贷款指各商业银行向工商企业提供贷款。该类贷款主要为满足企业生产经营的资金需要。商业性银行贷款的特点是：到期日长于一年；银行与企业之间要签订借款合同；对借款企业要提出具体限制条件；有规定的借款利率；有偿还的方式；贷款的项目和内容比较广泛，只要双方签订合同即可进行借款。这类贷款最为常见。

其他金融机构贷款是除银行以外的其他金融机构，如保险公司、财务公司等机构向企业提供的贷款。这类贷款一般利率较高，并且对企业的信用要求和担保条件比较严格。

2. 长期借款的优缺点

（1）长期借款的优点。

①筹资速度快。企业利用长期借款筹资，一般所需时间较短，程序简单，可以快速获得现金。通常在借贷双方协商一致，签订合同后，借方即可获得资金，而不必经过证券管理部门的审核批准。

②资本成本低。一是企业向金融机构借款，属于间接筹资，不必像发行证券那样支付较高的发行费用，筹资费用低；二是长期借款的利息可在所得税前支付，具有抵税作用，可以减少企业实际负担的成本。

③利用财务杠杆。相对普通股，长期借款的利息是固定的，故与债券筹资、优先股筹资类似，具有财务杠杆的作用，即当企业获得丰厚的利润时，普通股股东会享受到更多的利益。

④不影响普通股股东的控制权。由于长期借款的贷款人无权参与企业的经营管理，无投票表决权，因此不会分散股东对企业的控制权。

⑤借款弹性大。企业在借款时，与银行等贷款机构直接商定贷款时间、金额和利率问题。在用款期间，如果企业因财务状况发生某些变化，也可以与银行等贷款机构再行协商，变更借款数量和还款期限等。

（2）长期借款的缺点。

①筹资风险较高。长期借款的本金和利息都有明确的偿还日期，企业必须为债务的偿还作好财务安排。如果企业未能按期偿还利息和本金，将严重损害企业的信用，影响企业正常的生产经营和筹资活动，甚至导致企业破产清算，因此长期借款将增加企业的财务风险。

②限制性条款比较多。企业与银行签订的借款合同中，一般都有一些限制条款，如不准改变借款用途、限制企业借入其他长期资金等，这些条款可能会妨碍企业以后的筹资、投资和经营活动。

③筹资数量有限。银行一般不愿借出巨额的长期借款，因此该方式不如股票、债券那样可以一次性筹集到大笔资金。

9.2.2 债券

债券是经济主体直接向社会筹措资金时，向投资者发行的并且承诺按特定利率支付利息并按约定条件偿还本金的债权债务凭证。债券的本质是债务的证明书，具有法律效力。债券投资者与发行者之间是一种债权债务关系，债券投资者（或债券持有人）即债权人，债券发行者即债务人。与银行信贷不同的是，债券是一种直接的债务关系，不论何种形式的债券，大都可以在市场上进行买卖，而银行信贷以银行为中介，将借款人与贷款人联系起来形成间接的债务关系。

1. 债券的种类

债券根据不同的标准有不同的分类。

（1）按照债券有无记名，可分不记名债券和不记名债券。记名债券是指债券票面上记载债权人的姓名或名称，并在发行单位或代理机构进行登记的债券。转让时原持有人要背书，办理相应的过户手续。通常记名债券可以挂失。不记名债券是指发行公司或政府没有把债券所有人姓名登录在名册上的债券，持券人只凭息票领取利息。不记名债券的优点是保护投资者身份，缺点则是投资者一旦损毁或失去债券便难以证明其拥有人的身份。我国早期发行的国库券就是其中之一。

（2）按照债券有无抵押品，可分为抵押债券和信用债券。抵押债券是以企业特定财产作为担保的债券。抵押债券按抵押品的不同，又可以分为一般抵押债券、不动产抵押债券、动产抵押债券和证券信托抵押债券。以不动产如房屋等作为担保品的，称为不动产抵押债券；以动产如适销商品等作为担保品的，称为动产抵押债券；以有价证券如股票及其他债券作为担保品的，称为证券信托抵押债券。信用债券是不以企业任何特定财产作为担保，完全凭信用发行的债券。这种债券由于其发行人的绝对信用而具有坚实的可靠性。政府债券属于此类债券。除此之外，一些公司也可发行这种债券，即信用公司债。与抵押债券相比，信用债券的持有人承担的风险较大，因而往往要求较高的利率。为了保护投资人的利益，发行这种债券的公司往往受到种种限制，只有那些信誉卓著的大公司才有资格发行。

（3）按照债券有无固定利率，可分为零息债券、固定利率债券和浮动利率债券。零息债券，也叫贴现债券，是指债券票面上不附有息票，在票面上不规定利率，发行时按规定的折扣率，以低于债券面值的价格发行，到期按面值支付本息的债券。固定利率债券是指将利率明确记载在票面上，并按其向债券持有人支付利息的债券。该利率不随市场利率的变化而调整，因而固定利率债券可以较好地抵制通货紧缩风险。浮动利率债券是指利率不明确记载在票面上，发放利息时的利率随市场利率的变动而调整。因为浮动利率债券的利率同当前市场利率挂钩，而当前市场利率又考虑到了通货膨胀率的影响，所以浮动利率债券可以较好地抵制通货膨胀风险。

（4）按照债券计息方式不同，可分为单利计息债券和复利计息债券。单利计息债券是指在计息时不论期限长短，仅按本金计息，所生利息不再加入本金计算下期利息的债券。复利计息债券是指计算利息时，按一定期限将所生利息加入本金再计算利息，逐期滚算的债券。

（5）按照债券是否上市，可分为上市债券和非上市债券。上市债券是指可在证券交易所挂牌交易的债券。上市债券信用度高，价值高，变现速度快，故而容易吸引投资者，但上市条件严格，并要承担上市费用。非上市债券是指不能在证券交易所挂牌交易的债券。

（6）按照债券是否可转换，分为可转换债券和不可转换债券。可转换债券是指在特定时期内可以按某一固定的比例转换成普通股的债券，它具有债务与权益双重属性，属于一种混合性筹资方式。由于可转换债券赋予债券持有人将来成为公司股东的权利，因此其利率通常低于不可转换债券。若将来转换成功，在转换前发行企业达到了低成本筹资的目的，转换后又可节省股票的发行成本。不可转换债券是指不能转换为普通股的债券，又称为普通债券。由于其没有赋予债券持有人将来成为公司股东的权利，所以其利率一般高于可转换债券。

2. 债券的发行方式

债券的发行方式可分为私募发行和公募发行两种。

（1）私募发行。

私募发行是指面向少数特定的投资者发行债券，一般以少数关系密切的单位和个人为发行对象，不对所有的投资者公开出售。具体发行对象有两类：一类是机构投资者，如大的金融机构或是与发行者有密切业务往来的企业等；另一类是个人投资者，如发行单位自己的职工，或是使用发行单位产品的用户等。私募发行一般多采取直接销售的方式，不经过证券发行中介机构，不必向证券管理机关办理发行注册手续，可以节省承销费用和注册费用，手续比较简便。但是私募债券不能公开上市，流动性差，利率比公募债券高，发行数额一般不大。

（2）公募发行。

公募发行是指公开向广泛不特定的投资者发行债券。公募债券发行者必须向证券管理机关办理发行注册手续。由于发行数额一般较大，通常要委托证券公司等中介机构承销。公募债券信用度高，可以上市转让，因而发行利率一般比私募债券利率低。公募债券采取间接销售的方式，具体又可分为三种：

①代销。发行者和承销者签订协议，由承销者代为向社会销售债券。承销者按规定的发行条件尽力推销，如果在约定期限内未能按照原定发行数额全部销售出去，债券剩余部分可退还给发行者，承销者不承担发行风险。采用代销方式发行债券，手续费一般较低。

②余额包销。承销者按照规定的发行数额和发行条件，代为向社会推销债券，如果在约定期限内推销的债券有剩余，须由承销者负责认购。采用这种方式销售债券，承销者承担部分发行风险，能够保证发行者筹资计划的实现，但其费用高于代销费用。

③全额包销。首先由承销者按照约定条件将债券全部承购下来，并且立即向发行者支付全部债券价款，然后再由承销者向投资者分次推销。采用全额包销方式销售债券，承销者承担了全部发行风险，可以保证发行者及时筹集到所需要的资金，因而其费用也高于余额包销费用。

3. 债券评级

企业公开发行债券通常需要由债券评信机构评定等级。债券的信用等级对于发行企业和购买人都有重要影响。这是因为：

（1）债券评级是度量违约风险的一个重要指标，债券的等级对于债务融资的利率以及企业债务成本有着直接的影响。一般说来，资信等级高的债券，能够以较低的利率发行；资信等级低的债券，风险较大，只能以较高的利率发行。另外，许多机构投资者将投资范围限制在特定等级的债券之内。

（2）债券评级方便投资者进行债券投资决策。对广大投资者尤其是中小投资者来说，由于受时间、知识和信息的限制，无法对众多债券进行分析和选择，因此需要专业机构对债券还本付息的可靠程度进行客观、公正和权威的评定，为投资者决策提供参考。

国际上流行的债券等级是3等9级。AAA级为最高级，AA级为高级，A级为上中级，BBB级为中级，BB级为中下级，B级为投机级，CCC级为完全投机级，CC级为最大投机级，C级为最低级。

4. 债券筹资的优缺点

（1）债券筹资的优点。

①资本成本较低。从投资者角度来讲，投资于债券可以受限制性条款的保护，其风险较低，相应地要求较低的回报率，即债券的利息支出成本低于普通股的股息支出成本；从筹资企业来讲，债券的利息是在所得税前支付的，有抵税的好处，债券的税后成本低于股票的税后成本。

②保障所有者的控制权。债券持有者除了获取利息以外，不参与企业超额利润的分配，也无权参与企业的管理决策。因此，债券投资在非破产情况下对企业的剩余索取权和控制权影响不大，因而不会稀释企业的每股收益和股东对企业的控制权。

③利用财务杠杆。不论企业盈利多少，债券持有者只收回有限的固定收入，而更多的收益则用于股利分配和留存收益以扩大投资。若企业用资后收益丰厚，增加的收益大于支付的债息额，则会增加股东财富和企业价值，因此可以发挥财务杠杆的作用，使企业所有者的收益上升。

④筹资范围广泛。由于债券通常面向整个社会公开发行，因此债券筹资范围广泛，有利于企业筹集大笔资金。

⑤有利于资本结构的调整。企业在发行债券进行种类决策时，如果适时选择了可转换债券，则对企业主动调整其资本结构十分有利。

（2）债券筹资的缺点。

①财务风险较高。一方面，债券筹资有固定的到期日，须定期支付利息，如不能兑现承诺则可能引起企业违约；另一方面，债券筹资具有一定限度，随着财务杠杆的上升，债券筹资的成本也不断上升，加大财务风险和经营风险，可能导致企业破产和清算。

②限制条款较多。企业债券通常需要抵押和担保，而且有一些限制性条款，这实质上是取得一部分控制权，削弱经理控制权和股东的剩余控制权，从而可能影响企业的正常发展和进一步的筹资能力。

③不利于现金流量安排。由于债券还本付息的数额及期限较固定，而企业经营产生的现金流量则是变动的，因此在某些情况下，这种固定与变动的矛盾不利于企

业现金流量的安排。

拓展案例 9-1

2011 年 12 月 8 日，由亚洲开发银行和中央国债登记结算公司（简称中央结算公司）联合主办的“亚洲债券市场论坛”在北京隆重举行。这是论坛首次在中国举行，并且首次安排对外开放的公开会议。本次论坛的主题是金融危机后的亚洲债券市场发展。中国银行业监督管理委员会副主席郭利根发表了重要讲话。来自亚行、中国、日本、韩国、马来西亚、区域协会、国际托管结算机构的高级代表发表演讲。

期间，郭利根介绍了中国银行业的最新情况。他指出，中国银行业整体实力有了显著提升，中国银行体系的稳健性进一步增强，面对百年不遇的国际金融危机的冲击，初步经受住了考验。未来相当长时期内，银行业仍然是中国金融体系的主体，中国银监会将继续推进银行业金融机构发展方式的转变，提升其防范各种风险的能力和服务实体经济的效率。

处理好债券市场发展和银行体系发展的关系是统筹协调发展直接金融和间接金融的一个重要方面，对于银行体系主导模式下的亚洲各国都具有普遍价值。在谈到中国债券市场与银行体系的关系时，郭利根认为两者形成了良好的互动。一方面，中国债券市场快速发展，为银行业改革发展和风险防控提供了重要手段：支持银行业改善资产机构和流动性管理；支持银行业强化资本管理和主动负债管理，次级债成为商业银行补充资本金的重要选择，金融债成为政策性银行常态化的资金来源；支持银行业改革，商业银行成为企业信用债券的主承销机构，拓展了商业银行中间业务。另一方面，银行业金融机构也为债券市场发展发挥了积极的推动作用。银行业是债券市场上最重要的流动性提供者，促进了中国债券收益率曲线的形成。银行业金融机构也是债券市场重要的发行体，金融债券的市场信息为监管提供了参考，也促进了发债银行市场约束机制的完善。一批商业银行已经获准发行小微企业专项金融债，以改进小型微型企业金融服务，也将丰富债券市场品种。商业银行还是完善债券市场机制的重要促进者，采用券款对付结算机制达标促进了市场稳健运行，上市商业银行进入证券交易所参与债券交易试点工作启动，推动了统一市场向前迈进。郭利根指出，为进一步促进亚洲债市健康发展，应在建立健全相关法律法规、加强债券基础设施建设、完善债券市场投资者结构等方面加以努力。

资料来源 佚名．亚洲债券市场论坛在京隆重召开[EB/OL].（2011-12-09）[2015-09-18].http://www.chinabond.com.cn/Info/12184720.

9.2.3 融资租赁

融资租赁是指出租人对承租人所选定的租赁物件，进行以其融资为目的的购买，然后再以收取租金为条件，将该租赁物件中长期出租给该承租人使用。融资租赁的主要特征是：由于租赁物件的所有权只是出租人为了控制承租人偿还租金的风险而采取的一种形式所有权，在合同结束时最终有可能转移给承租人，因此租赁物件的购买由承租人选择，维修保养也由承租人负责，出租人只提供金融服务。承租企业通常采用这种方式进行资金的融通，因此融资租赁实际上是承租企业筹集长期债务性资金的一种特殊方式。

1. 融资租赁的种类

（1）简单融资租赁，是指由承租人选择需要购买的租赁物件，出租人通过对租赁项目进行风险评估后出租租赁物件给承租人使用。在整个租赁期间承租人没有所有权但享有使用权，并负责维修和保养租赁物件。出租人对租赁物件的好坏不负任何责任，设备折旧在承租人一方。这种形式的效果类似于以分期付款方式购买资产。

（2）杠杆融资租赁。杠杆租赁的做法类似银团贷款，是一种专门做大型租赁项目的有税收好处的融资租赁，主要是由一家租赁公司牵头作为主干公司，为一个超大型的租赁项目融资。首先成立一个脱离租赁公司主体的操作机构——专为本项目成立资金管理公司提供项目总金额 20% 以上的资金，其余部分资金来源则主要是吸收银行和社会闲散游资，利用 100% 享受低税的好处“以二博八”的杠杆方式，为租赁项目取得巨额资金。其余做法与融资租赁基本相同，只不过合同的复杂程度因涉及面广而随之增大。由于可享受税收好处、操作规范、综合效益好、租金回收安全、费用低，一般用于飞机、轮船、通讯设备和大型成套设备的融资租赁。

（3）售后回租，是指承租人将自有物件出卖给出租人，同时与出租人签订融资租赁合同，再将该物件从出租人处租回的融资租赁形式。售后回租业务是承租人和供货人为同一人的融资租赁方式。

（4）其他形式。其他形式包括转租和回转租。转租式的融资租赁合同，通常以特别条款约定承租人同时以出租人的身份与第三人即最终承租人订立另一个融资租赁合同，另一个合同的租赁物和租赁期限与本合同完全相同。根据该合同，承租人向出租人办理租赁手续，占有租赁物，然后再转租给最终承租人使用，其中承租人和出租人必须均为租赁公司。回转租式的融资租赁合同，即相关买卖合同的出卖人同时是相关的另一融资租赁合同的承租人，即最终承租人。这种合同形式汇集了售后回租和转租式融资租赁合同的特点，即当转租式融资租赁合同中的最终承租人是租赁物的出卖人时，就形成了回转租式融资租赁合同。

2. 融资租赁的风险

融资租赁的风险来源于许多不确定因素，是多方面并且相互关联的，在业务活动中充分了解各种风险的特点，才能全面、科学地对风险进行分析，制定相应的对策。融资租赁的风险种类主要有以下几种：

（1）产品市场风险。在市场环境下，只要把资金用于添置设备或进行技术改造，首先应考虑用租赁设备生产产品的市场风险，这就需要了解产品的销路、市场占有率和占有能力、产品市场的发展趋势、消费结构以及消费者的心态和消费能力。若对这些因素了解得不充分，调查得不细致，有可能加大市场风险。

(2) 金融风险。因融资租赁具有金融属性，金融风险贯穿于整个业务活动之中。对于出租人来说，最大的风险是承租人的还租能力，它直接影响租赁公司的经营和生存，因此，对还租的风险从立项开始就应该备受关注。货币支付也会有风险，特别是国际支付，支付方式、支付日期、时间、汇款渠道和支付手段选择不当，都会加大风险。

(3) 贸易风险。因融资租赁具有贸易属性，贸易风险从订货谈判到验收都存在着风险。由于商品贸易在近代发展得比较完备，社会也建立了配套的机构和防范措施，如信用证支付、运输保险、商品检验、商务仲裁和信用咨询都对风险采取了防范和补救措施，但由于人们对风险的认识和理解的程度不同，有些手段又具有商业性质，加上企业管理的经验不足等因素，这些手段未被全部采用，使得贸易风险依然存在。

(4) 技术风险。融资租赁的好处之一就是先于其他企业引进先进的技术和设备。在实际运作过程中，技术是否先进、先进的技术是否成熟、成熟的技术是否在法律上侵犯他人权益等因素，都是产生技术风险的重要原因。

其他风险还包括经济环境风险、不可抗力因素所带来的风险等。

3. 融资租赁筹资的优缺点

(1) 融资租赁筹资的优点。第一，融资租赁比借款更容易获得企业所需设备，集“融资”与“置产”于一身，因此筹资速度较快。第二，融资租赁相比其他非流动负债筹资形式所受的限制条款较少。第三，一方面融资租赁期限一般为设备使用年限的75%，因此会减少设备陈旧过时遭淘汰的风险；另一方面设备陈旧过时的风险一般由出租人承担，因此承租企业可免遭设备淘汰的风险。第四，融资租赁的租金在整个租期内分摊，不用到期归还大量资金，因此财务风险较小。第五，融资租赁的租金可在税前扣除，起到抵税作用，因此税收负担较轻。

(2) 融资租赁筹资的缺点。第一，融资租赁每期租金较高，固定的租金支付构成企业一定的负担，因此筹资成本较高。第二，当租金支付期限和金额固定时，增加企业资金调度的难度，因此筹资弹性较小。第三，相对于长期借款而言，融资租赁的风险因素较多，风险贯穿于企业整个业务活动之中。

9.3　权益资本筹资

权益资本是企业投资者的投资及其增值中留存企业的部分，是投资者在企业中享有权益和承担责任的依据，在企业账面上体现为权益资本。与债务资本不同，权益资本代表了所有者对企业享有的权益。权益资本有以下三个特点：首先，权益资本的所有权归属于所有者，所有者可以此参与企业经营管理决策、取得收益；其次，权益资本属于企业长期占用的“永久性资本”，形成法人财产权，在企业经营期内，投资者除依法转让外，不得以任何方式抽回资本；再次，权益资本无须支付固定报酬，没有还本付息的压力。权益资本筹资是指由企业所有者投入以及以发行股票方式筹资。权益资本筹资方式主要有吸收直接投资、发行普通股、发行优先股和利用留存收益。这里主要介绍普通股筹资和优先股筹资。

9.3.1 普通股

股票是股份证书的简称，是股份公司为筹集资金而发行给股东作为持股凭证并借以取得股利的一种有价证券。股票是股份公司资本的构成部分，可以转让、买卖或作价抵押，是资本市场的主要长期信用工具，但不能要求公司返还其出资。普通股股票（简称普通股），是企业发行的代表股东享有平等权利和义务，不加特别限制，股利不固定的股票。在我国上海和深圳证券交易所进行交易的股票都是普通股。发行普通股是股份有限公司筹集权益资金最常见的方式，企业发行普通股筹集的资金称为普通股股本。

1. 普通股的种类

股份有限公司根据有关法规的规定以及筹资和投资者的需要，可以发行不同种类的普通股。

（1）按股票有无记名，普通股可分为记名股和不记名股。记名股是在股票票面上记载股东姓名或名称的股票。这种股票除了票面上所记载的股东外，其他人不得行使其股权，且股份的转让有严格的法律程序与手续，需办理过户。不记名股是票面上不记载股东姓名或名称的股票。这类股票的持有人即股份的所有人，具有股东资格，股票的转让也比较自由、方便，无需办理过户手续。我国《公司法》规定，向发起人、国家授权投资的机构、法人发行的股票，应为记名股。

（2）按股票是否标明金额，普通股可分为面值股票和无面值股票。面值股票是在票面上标有一定金额的股票。持有这种股票的股东，对企业享有的权利和承担的义务大小，依其所持有的股票票面金额占企业发行在外股票总面值的比例而定。无面值股票是不在票面上标出金额，只载明所占企业股本总额的比例或股份数的股票。无面值股票的价值随企业财产的增减而变动，而股东对企业享有的权利和承担义务的大小，直接依股票标明的比例而定。我国《公司法》不承认无面值股票，规定股票应记载股票的面额，并且其发行价格不得低于票面金额。

（3）按资金来源不同，普通股可分为国家股、法人股、个人股和外资股。国家股是有权代表国家投资的部门或机构以国有资产向企业投资而形成的股份。法人股是企业法人依法以其可支配的财产向企业投资而形成的股份，或具有法人资格的事业单位和社会团体以国家允许用于经营的资产向企业投资而形成的股份。个人股是社会个人或企业内部职工以个人合法财产投入企业而形成的股份。外资股是外国和我国港澳台投资者向企业投资而形成的股份。

（4）按发行对象和上市地区不同，普通股可分为 A 股、B 股、H 股和 N 股等。A 股是供我国大陆地区个人或法人买卖的，以人民币标明票面金额并以人民币认购和交易的股票。B 股、H 股和 N 股是专供外国和我国港澳台地区投资者买卖的，以人民币标明票面金额但以外币认购和交易的股票。其中，B股在上海、深圳上市；H股在我国香港上市；N股在纽约上市。

2. 普通股的发行条件

普通股发行条件是指普通股发行者在以普通股形式筹集资金时必须考虑并满足的因素，通常包括首次发行条件、增资发行条件和配股发行条件等。

（1）首次公开发行普通股的条件。我国《证券法》规定，公司公开发行新股，应当具备健全且运行良好的组织机构，具有持续盈利能力，财务状况良好，最近3年财务会计文件无虚假记载，无其他重大违法行为以及经国务院批准的国务院证券监督管理机构规定的其他条件。《首次公开发行股票并上市管理办法》规定，首次公开发行的发行人应当是依法设立并合法存续的股份有限公司；持续经营时间应当在3年以上；注册资本已足额缴纳；生产经营合法；最近3年内主营业务、高级管理人员、实际控制人没有重大变化；股权清晰。发行人应具备资产完整、人员独立、财务独立、机构独立、业务独立的独立性。

（2）增资发行普通股的条件。增资发行普通股，除一般规定的条件以外，还有以下条件：最近3个会计年度加权平均净资产收益率平均不低于6%，扣除非经常性损益后的净利润与扣除前的净利润相比以低者为计算依据；除金融类企业外，最近1期末不存在持有金额较大的交易性金融资产和可供出售的金融资产、借予他人款项、委托理财等财务性投资的情形；发行价格应不低于公告招股意向书前20个交易日公司股票均价或前一交易日的均价。

（3）配股发行普通股的条件。配股发行普通股，除一般规定的条件以外，还有以下条件：拟配售股份数量不超过本次配售股份前股本总额的30%；控股股东应当在股东大会召开前公开承诺认配股份的数量；采用《证券法》规定的代销方式发行。

3. 普通股筹资的优缺点

（1）普通股筹资的优点。

①筹资风险小。一方面，发行普通股筹资没有固定的股利负担，股利的支付与否和支付多少，视企业有无盈利和经营需要而定，经营波动给企业带来的财务负担相对较小；另一方面，由于普通股筹资没有固定的到期还本付息的压力，所以筹资风险较小。

②提高企业知名度。普通股筹资可以提高企业知名度，为企业带来良好的声誉。发行普通股筹集的是主权资金。普通股股本和留存收益构成企业借入一切债务的基础。有了较多的主权资金，就可为债权人提供较大的保障。因而，发行普通股筹资既可以提高企业的信用程度，又可为使用更多的债务资金提供有力的支持。

③保证企业对资本的最低需要。发行普通股筹集的资本具有永久性，无到期日，不需归还。这对保证企业对资本的最低需要、维持企业长期稳定发展极为有益。

④筹资相对容易。一方面，发行普通股筹集的资本是企业最基本的资金来源，它反映了企业的实力，可作为其他方式筹资的基础，尤其可为债权人提供保障，增强企业的举债能力；另一方面，由于普通股的预期收益较高并可一定程度地抵消通货膨胀的影响，因此普通股筹资容易吸收资金。

（2）普通股筹资的缺点。

①资本成本较高。首先，从投资角度讲，投资于普通股风险较高，相应地要求有较高的投资报酬率。其次，从筹资角度讲，普通股股利从税后利润中支付，不具有抵税作用。另外，普通股的发行费用也较高。

②分散企业的控制权。一方面，以普通股筹资会增加新股东，这可能会分散企业的控制权；另一方面，新股东分享企业未发行新股前积累的盈余，会降低普通股的每股净收益，从而可能引发股价的下跌。

③无法满足企业紧迫的融资需求。普通股上市时间跨度长，竞争激烈，无法满足企业紧迫的融资需求。

拓展案例 9-2

轩辕公司是一家集塑料玩具的研发、生产、销售于一体的制造业企业，由于塑料玩具制造行业是一个竞争激烈的行业，有大量企业跻身在这个行业中，其中许多企业既缺乏资金又缺乏管理能力。但由于这一行业对资金的需求相对较少，对技术的要求也相对较低，新的竞争者很容易加入进来。该行业的另一个特点就是一个公司可以通过设计和生产某种新奇的流行玩具暂时在行业竞争中处于领先地位，也能产生高额的利润，直到竞争者也能提供类似的产品。

通过一系列的调研以后，轩辕公司决定在 2010 年度研发并生产一种新型玩具——××，据统计，公司需筹集资金 1 000 万元，为此，轩辕公司曹董于 2010 年年初主持召开由管理部经理郭总、技术部经理杜总和财务部经理刘总组成的内部研讨会，商讨本公司的筹资问题。事实证明，公司目前的资本结构和财务风险等是比较合理的，因此曹董的要求是新的筹资计划尽量不要对公司的资本结构和财务方面所面临的风险产生影响。

首先，经过讨论，大家一致认为单纯地运用某种筹资方式是不可行的。“圣陶坊”的例子告诉我们：单一的筹资方式易致“猝死”，企业很容易出现资金链断裂问题。因此，应该多种筹资方式综合运用。对此，郭总和杜总分别提出了各自的具体方案。

郭总认为应该以普通股筹资为主要方式，因为普通股不需要还本，股息也不需要向借款和债券一样需要定期定额支付，此外，普通股还能增强公司的信誉和知名度，对于公司即将推出的新产品奠定了良好的基础。

杜总认为应该以债务性筹资为主要方式，因为在塑料玩具制造业中取胜的关键在于创新，凭借这一点企业可以在行业中暂时处于领先地位，直至其他企业的类似产品出现，这就意味着抓住机遇对于从事塑料玩具制造的企业来说是至关重要的，如果因为筹资出现问题而被别的企业抢了先机，后果可想而知。而债务性筹资较权益性筹资快，且具有抵税作用。

资料来源 佚名．轩辕公司筹资案例[EB/OL].（2012-05-09）[2015-09-18].http://blog.sina.com.cn/s/blog_717fd40301012v2z.html.

9.3.2 优先股

优先股是相对于普通股而言的，主要指在利润分红及剩余财产分配的权利方面优先于普通股。在企业分配盈利时，拥有优先股股票的股东比持有普通股股票的股东分配在先，而且享受固定数额的股利，即优先股的股利是固定的，普通股的股利却不固定。在企业破产，分配剩余财产时，优先股在普通股之前分配。

1. 优先股的分类

优先股按照权利的不同，有不同的分类。

(1) 按股利是否累积，优先股可分为累积优先股和非累积优先股。累积优先股是指在某个营业年度内，如果企业所获的盈利不足以分派规定的股利，日后优先股的股东对往年未付给的股息，有权要求如数补给。非累积优先股是指虽然对于企业当年所获得的利润有优先于普通股获得分派股息的权利，但如该年企业所获得的盈利不足以按规定的股利分配，非累积优先股的股东不能要求企业在以后年度中予以补发。

(2) 按是否参与利益分配，优先股可分为参与优先股和非参与优先股。参与优先股是指当企业利润增大，除享受既定比率的股息外，还可以跟普通股共同参与利润分配的优先股。非参与优先股是指除了享有既定股息外，不再参与利润分配的优先股。

(3) 按是否可转换，优先股可分为可转换优先股和不可转换优先股。可转换优先股是指允许优先股持有人在特定条件下把优先股转换成为一定数额的普通股的优先股。可转换优先股是近年来日益流行的一种优先股。不可转换优先股是指不可转换为一定数额的普通股的优先股。

(4) 按是否可收回，优先股可分为可收回优先股和不可收回优先股。可收回优先股是指企业为了减轻股利负担或者出于其他目的，可以按照规定收回的优先股。不可收回优先股是指企业不能收回的优先股。

(5) 按股息率是否可调整，优先股可分为股息可调换优先股和股息不可调换优先股。股息可调换优先股是指股息率可以调整的优先股。股息不可调换优先股是指股息率不能调整的优先股。

2. 优先股的收回方式

(1) 溢价方式。企业在赎回优先股时，虽是按事先规定的价格进行，但由于这往往给投资者带来不便，因而发行企业常在优先股面值的基础上再加一笔“溢价”。

(2) 偿债基金方式。企业在发行优先股时，从所获得的资金中提出一部分款项创立“偿债基金”，专用于定期赎回已发出的一部分优先股。

(3) 转换方式。优先股可按规定转换成普通股。虽然可转换优先股本身构成优先股的一个种类，但在国外投资界，也常把它看成是一种实际上收回优先股的方式，只是这种收回的主动权在投资者而不在企业，对投资者来说，在普通股的市价上升时这样做是十分有利的。

3. 优先股筹资的优缺点

（1）优先股筹资的优点。第一，优先股从法律上看属于权益资本，因而能够提高企业的声誉和借款能力。第二，优先股股东一般没有投票权，不能参与企业的管理决策，因而不会使普通股股东的剩余控制权受到威胁。第三，优先股筹集的资本属于权益资本，通常没有到期日，即使其股息不能到期兑现也不会引发公司破产，因而筹资后不增加财务风险，反而使筹资能力增强，可获得更多的负债筹资。

（2）优先股筹资的缺点。第一，由于优先股股利要从税后盈利中支付，不能抵减税前利润，因此优先股筹资的成本比债券高。第二，对优先股筹资制约较多，如对普通股股利支付的限制、对企业借款的限制等。第三，优先股需要支付固定的股利，又不能在税前扣除，所以当企业盈余下降时，优先股股利会成为一项较重的财务负担。当延期支付时，会影响企业的信誉。

关键词

筹资渠道　筹资方式　债务资本　权益资本　长期借款　债券　融资租赁　普通股　优先股

基本训练

◆ 单项选择题

1. 下列筹资方式中，形成债务资本的是（　　）。

A. 吸收直接投资　　B. 发行股票

C. 利用留存收益　　D. 融资租赁

2. 关于担保借款，下列表述正确的是（　　）。

A. 担保借款是以借款人的信用取得的借款

B. 将应收账款、存货等作为担保属于保证担保方式

C. 机器设备、交通运输工具可作为贷款抵押物

D. 保证人只能是借款公司的关联企业

3. 长期借款筹资与债券筹资相比，其特点是（　　）。

A. 筹资费用高　　B. 利息支出具有抵税作用

C. 筹资弹性大　　D. 债务利息高

4. 相对于借款购置设备而言，融资租赁设备的主要缺点是（　　）。

A. 筹资速度较慢　　B. 筹资成本高

C. 税务负担重　　D. 设备淘汰风险较大

5. 下列筹资方式中，形成债务资本的是（　　）。

A. 吸收直接投资　　B. 发行普通股

C. 利用留存收益　　D. 发行债券

6. 与长期借款筹资相比较，普通股筹资的优点是（　　）。
A. 筹资速度快　　B. 筹资风险小
C. 筹资成本低　　D. 筹资弹性大
7. 公司发行优先股筹资可以克服普通股筹资的下列不足（　　）。
A. 筹资成本高　　B. 容易分散公司控制权
C. 财务风险高　　D. 需到期还本付息
8. 下列各项中，能使企业权益资本增加的筹资方式是（　　）。
A. 采用长期借款　　B. 发行公司债券
C. 发行普通股　　D. 融资租赁
9. 下列属于企业从内部开辟的资金来源的是（　　）。
A. 银行信贷资金　　B. 非金融机构资金
C. 企业应付税利和利息　　D. 民间资金

◆ 多项选择题

1. 企业筹资的动机有（　　）。
A. 创立性筹资动机　　B. 支付性筹资动机
C. 扩张性筹资动机　　D. 调整性筹资动机
2. 对企业而言，发行股票筹资的缺点有（　　）。
A. 提高企业知名度　　B. 资本成本较高
C. 分散企业的控制权　　D. 股利负担重
3. 融资租赁的风险包括（　　）。
A. 产品市场风险　　B. 金融风险
C. 贸易风险　　D. 技术风险
4. 关于债务资本，下列表述正确的有（　　）。
A. 是一种高成本、低风险的资本来源
B. 是企业依法取得并依约运用、按期偿还的资本
C. 体现了企业和债权人之间的债权债务关系
D. 是企业财务风险的主要根源
5. 债券筹资的缺点包括（　　）。
A. 财务风险较高　　B. 保障所有者的控制权
C. 限制条款较多　　D. 不利于现金流量安排
6. 长期借款的缺点包括（　　）。
A. 筹资风险较高　　B. 筹资数量有限
C. 限制条款较多　　D. 筹资速度快
7. 下列属于长期借款优点的有（　　）。
A. 资本成本低　　B. 借款弹性大
C. 限制条款较多　　D. 筹资速度快
8. 下列属于债券筹资优点的有（　　）。

A. 资本成本低　　B. 筹资范围广泛

C. 财务风险较高　　D. 保障所有者的控制权

9. 权益资本筹资的特点包括（　　）。

A. 权益资本的所有权归属于所有者，所有者可以此参与企业经营管理决策

B. 权益资本属于企业长期占用的“永久性资本”，形成法人财产权

C. 权益资本无须支付固定报酬，没有还本付息的压力

D. 在企业经营期内，投资者除依法转让外，不得以任何方式抽回资本

10. 对企业而言，发行股票筹资的优点有（　　）。

A. 提高企业知名度　　B. 筹资风险小

C. 分散企业的控制权　　D. 股利负担重

◆ 判断题

1. 国家财政资金是指国家以财政拨款形式投入企业的资本。它过去是国有企业自有资本的主要来源。（　　）

2. 浮动利率债券的利率同当前市场利率挂钩，而当前市场利率又考虑到了通货膨胀率的影响，所以浮动利率债券可以较好地抵制通货膨胀风险。（　　）

3.B 股是供我国大陆地区个人或法人买卖的，以人民币标明票面金额并以人民币认购和交易的股票。（　　）

4. 发行优先股的上市公司如不能按规定支付优先股股利，优先股股东有权要求公司破产。（　　）

5. 长期借款用作担保的资产只能是房屋、建筑物、机器设备等实物资产。（　　）

6. 可转换债券是指在特定时期内可以按某一固定的比例转换成普通股的债券，它具有债务与权益双重属性，属于一种混合性筹资方式。（　　）

7. 累积优先股是指虽然对于企业当年所获得的利润有优先于普通股获得分派股息的权利，但如该年企业所获得的盈利不足以按规定的股利分配，累积优先股的股东不能要求企业在以后年度中予以补发。（　　）

8. 长期借款的利息相对普通股而言是固定的，故与债券筹资、优先股筹资类似，具有财务杠杆的作用，即当企业获得丰厚的利润时，普通股股东会享受到更多的利益。（　　）

9. 企业与银行签订的借款合同中，一般都有一些限制条款，如不准改变借款用途、限制企业借入其他长期资金等，这些条款可能会妨碍企业以后的筹资、投资和经营活动。（　　）

10. 全额包销是指承销者按照规定的发行数额和发行条件，代为向社会推销债券，在约定期限内推销债券如果有剩余，须由承销者负责认购。（　　）

◆ 案例题

（一）案例资料

四喜卫浴有限责任公司是一家具有中等规模的卫浴制造企业，在行业竞争中有一定优势，但生产能力不足。目前，宏观经济处于发展阶段的繁荣时期，消费者生活质量不断提高，消费者对卫浴的需求和购买能力呈现出上升趋势。公司抓住机遇，发挥优势，做大做强，增加利润和企业价值，增强可持续发展实力，正在研究重大经营与财务策略，准备采取下列措施：

（1）加大固定资产投资力度并实行融资租赁方式，扩充厂房设备。

（2）实行赊购与现购相结合的方式，迅速增加原材料和在产品存货。

（3）开发营销计划，加大广告推销投入，扩大产品的市场占有率，适当提高销售价格，增加销售收入。

（4）该公司负债比率一直居高不下，有近3亿元的债务将于近期到期。为此，需要采用适当的筹资方式追加筹资，降低负债比率。

（二）案例要求

（1）试分析债务筹资和权益筹资的特征。

（2）试分析融资租赁方式的优缺点。

（3）如果你是公司的财务主管，从筹资的角度你将采取哪些措施？

第10章 资本成本与资本结构

学习目标

◆ 重点掌握杠杆原理以及杠杆的计算；掌握资本成本的计算和最优资本结构的确定方法；了解资本成本的概念以及资本结构相关理论。

❖ 引例

飞利浦·瑟菲斯公司的资本成本案例

飞利浦·瑟菲斯公司，由最初的中西部床垫公司，通过先后兼并飞利浦·赫卢公司、新概念床业公司、大西洋公司而成长壮大，同时公司也面临着一系列兼并后的新问题，如由于公司兼并了许多各自为政的企业，在短时间内无法形成统一的经营管理；如何实现资金的有效分配等。公司董事长兼总经理罗纳德·艾德沃滋先生，开始为下一年度的筹资活动而进行资本成本的相关考虑。

1987 年，菲利普·瑟菲斯公司非流动负债的资本成本为 7.27%，普通股的资本成本为 9.98%，留存收益的资本成本为 3.05%，综合资本成本为 7.95%。同理可算，1986 年的综合资本成本为 7.12%。

1986 年的财务杠杆系数为 1.08，1987 年的财务杠杆系数为 1.31。

1986 年的资产负债率为 27.41%，1987 年的资产负债率为 54.68%。

1. 飞利浦·瑟菲斯公司的数据分析

飞利浦·瑟菲斯公司 1986 年的资产负债率为 27.41%，而 1987 年的为 54.68%，这说明飞利浦·瑟菲斯公司的资本结构中的负债比率过高，负债筹资的资本成本虽然低于其他筹资方式，但负债过多会使公司存在一定的风险。所以飞利浦公司应多考虑提高股东权益的比例。

飞利浦·瑟菲斯公司 1986 年的财务杠杆系数为 1.08，而 1987 年的为 1.31，这说明财务风险随着负债比率的提高而增大。财务杠杆系数–财务杠杆效应–财务风险三者有着必然的联系。财务杠杆系数越大，财务杠杆效应就越大，财务风险也越大；反之，财务杠杆系数越小，财务杠杆效应就越小，财务风险也越小。公司在获取财务杠杆效应的同时，还必须注意防范风险。

飞利浦·瑟菲斯公司 1986 年的综合资本成本为 7.12%，而 1987 年的为 7.95%，这说明该公司负债比率的增长造成综合资本成本的随之增长。根据比较资本成本法，应选择较小的综合资本成本为决策标准。只有当企业总资本成本的负债水平才是较为合理的。因此，资本结构在客观上存在最优组合，企业在筹资决策中，要通过不断优化资本结构使其趋于合理，直至达到企业综合资本成本最低的资本结构，方能实现企业价值最大化这一目标。

2. 飞利浦·瑟菲斯公司的改进措施

飞利浦·瑟菲斯公司可利用已有的可转换次等信用债券，将一部分非流动负债转化为普通股股票，从而使负债减少，股本增加。

长期以来，如何实现资金的有效分配一直是艾德沃兹先生关心的问题，因此飞利浦·瑟菲斯公司应进行合理的资产置换操作，加强偿债能力。在资本营运过程中，应将债务资本投向收益较好的项目，以便使此项目的投资回报率高于负债成本。这样才能有利于财务杠杆正作用的发挥，寻求新的利润增长点。

飞利浦·瑟菲斯公司 1986 年现金及临时性投资占总资产的比例为 0.9%，1987 年则占总资产的 5.9%。1986 年和 1987 年公司留存收益占所有者权益的比例都比较大，分别为 37%、25.4%。同时，飞利浦·瑟菲斯公司的收入增长率比较稳定。而在未来 5 年内，公司每年须偿付贷款本金 200 万美元至 250 万美元，这个数额看起来并不过分。因此，飞利浦·瑟菲斯公司可保持权益资本不变，利用税后留存收益提前偿还银行贷款和其他债务。

从飞利浦·瑟菲斯公司的资产负债表中可以看出，公司的现金比较充足，公司可利用闲置现金购买国库券，提高现金利用率，使闲置的现金获得一定的收益，同时可以提高所有者权益的比重。

在该案例中，飞利浦·瑟菲斯公司如何确定不同筹资方式的资本成本？如何计算加权平均资本成本？如何理解财务杠杆的作用？如何计量财务杠杆的大小？如何确定最优资本结构？

资料来源　佚名. 飞利浦. 瑟菲斯公司资金成本案例[EB/OL].（2007-05-11）[2015-09-18]. http://blog.sina.com.cn/s/blog_4afa379401000a4t.html.

10.1　资本成本概述

财务管理中最重要的活动便是筹资活动和投资活动。筹资活动离不开筹资成本的分析与计算，而投资活动所需资金的选择也必须以筹资成本为决策的依据。这里所说的筹资成本统称为资本成本。企业的许多活动都离不开资本成本的计算。

10.1.1　资本成本的概念

资本成本是指企业为取得和长期占有资本而付出的代价，它包括资本的取得成本和占用成本。取得成本包括银行借款的手续费，发行股票、债券支付的广告费、印刷费、代理发行费等；占用成本包括银行借款利息、债券的利息、股票的股利等。

值得注意的是，在资本结构决策中，资本成本中的资本一般不包括短期负债，因为资本成本主要用于长期筹资决策和长期投资决策等领域，而短期负债的数额较少，融资成本较低，往往忽略不计。

10.1.2 资本成本的作用

资本成本在财务管理中处于至关重要的地位。资本成本不仅是资本预算决策的依据，而且还是许多其他类型决策包括租赁决策、债务偿还决策以及制定有关流动资金管理政策的直接依据。

1. 选择筹资方式、进行资本结构决策的依据

（1）个别资本成本是比较各种筹资方式的依据。随着我国金融市场的逐步完善，企业筹资方式日益多元化。评价各种筹资方式的标准是多种多样的，如对企业控制权的影响、对投资者的吸引力的大小、取得资本的难易、财务风险的大小和资本成本的高低等，其中，资本成本是一个极为重要的因素。在其他条件基本相同或对企业影响不大时，应选择资本成本最低的筹资方式。

（2）综合资本成本是衡量资本结构合理性的依据。衡量资本结构是否最佳的标准主要是资本成本最小化和企业价值最大化。综合资本成本最低时的资本结构才是最佳资本结构，这时企业价值达到最大。

（3）边际成本是选择追加筹资方案的依据。企业有时为了扩大生产规模，需要投入大量的资本，这时，企业不论维持原有资本结构还是希望达到新的目标结构，都可以通过计算边际资本成本的大小来选择是否追加投资。

2. 投资决策的标准

在对独立项目进行评价时，只要预期投资收益率大于资本成本，投资项目就具有经济上的可行性。在对排他性项目进行评价时，可以将各个项目的预期投资收益率与其资本成本相比较，其中正差额最大的项目是效益最高的，应予首选。

3. 衡量业绩的重要依据

资本成本是企业使用资本应获得收益的最低界限，一定时期资本成本的高低不仅反映了财务总监的管理水平，还可用于衡量企业整体的经营业绩。更进一步，资本成本还可以促进企业增值和转变观念，充分挖掘资本的潜力，节约资本的占用，提高资本的使用效益。

此外，资本成本还是很多重要财务决策（如最佳现金流持有量决策）的相关依据。

10.2 资本成本计算

资本成本的计算包括个别资本成本的计算、综合资本成本的计算和边际资本成本的计算。

10.2.1 个别资本成本的计算

个别资本成本是指各种长期资本的成本，分为长期借款成本、债券成本、普通股成本、优先股成本和留存收益成本。其中，前两种为债务资本成本，后三种为权益资本成本。不同类型的资金来源，其资本成本的计算方式也有所不同。

1. 债务资本成本的计算

债务资本成本主要是指长期借款和长期债券的资本成本。长期借款和长期债券通常要事先约定利率，利息则作为企业的费用在所得税前列支，实际上企业所承担的利息费用有所减少。

（1）长期借款资本成本。

长期借款资本成本包括借款利息和取得成本。借款利息可以在所得税前扣除，起到抵税的作用。企业在用长期借款筹资的过程中会发生一些类似于手续费的取得成本，这些成本的发生使企业实际上筹集到的可用资金数额减少了一部分。

企业实际上筹集到的可用资金数额=长期借款总额×（1−筹资费用率）

用公式表示为：

$$K_L = \frac{I_L(1-T)}{L(1-F_L)} \tag{10-1}$$

式中：K_L 为长期借款的资本成本；I_L 为长期借款的年利息；T 为企业适用的所得税税率；L 为长期借款本金；F_L 为长期借款的筹资费用率。

【例 10-1】某企业取得 5 年期长期借款 200 万元，年利率为 11%，每年付息一次，到期一次还本，筹资费用率为 0.5%，企业所得税税率为 25%。该项长期借款的资本成本是多少？

【解】 $K_L = \frac{I_L(1-T)}{L(1-F_L)} = \frac{2\,000\,000 \times 11\% \times (1-25\%)}{2\,000\,000 \times (1-0.5\%)} = 8.29\%$

在实务中，当长期借款的筹资费用（主要是借款的手续费）很小时，也可以忽略不计。

这样，上式中的资本成本也可以用下式计算：

K_L =11%×（1−25%）=8.25%

（2）长期债券资本成本。

债券持有者凭借其债券所有权领取利息收入。在到期日，债券持有者收回债券的票面价值，通常为 1 000 元。如果一个债券投资者付给企业 1 000 元购买债券，并每年收到 100 元的利息，那么投资者的期望收益是 10%（100÷1 000×100%），如果不考虑发行成本，投资者的期望收益率就是企业债券的税前成本。发行成本是指与向投资者出售新债券相关的成本，包括准备发行新债券的管理成本、向投资银行缴纳的费用和佣金以及为了使投资者购买新证券而向其提供的折扣。对债券持有者来说，预期收益率又被称为到期收益率，式 10−2 可以用于解决债券到期收益率的问题。

$$V_b=\sum_{t=1}^{n}I\left[\frac{1}{(1+k_b)^t}\right]+M\left[\frac{1}{(1+k_b)^n}\right] \tag{10-2}$$

式中：k_b 为预期收益率；V_b 为债券价值；M 为债券的票面价值；I 为债券的票面利息；n 为到期年限；t 为时间。

如果存在发行成本，那么企业就不能收到债券购买时支付的全部资金，企业债券的成本将超过债券持有者的到期收益率。通常用企业出售债券收到的净收益来代替债券价值来反映发行成本的存在。进行替换后，企业可以通过式 10-3 解出 k_b，以确定其税前的负债成本。

$$NP_b=\sum_{t=1}^{n}I\left[\frac{1}{(1+k_b)^t}\right]+M\left[\frac{1}{(1+k_b)^n}\right] \tag{10-3}$$

式中：NP_b 为出售债券的净收益；k_b 为预期收益率；M 为债券的票面价值；I 为债券的票面利息；n 为到期年限；t 为时间。

【例 10-2】W 集团公司感觉到就目前的交易和经济状况，必须将其要出售的 20 年债券的票面利率定为 7.8%（为了简单起见，建议每年付息 1 次）。债券将以票面价值 1 000 元向投资者出售，扣除发行成本后企业净收益为 980.31 元，贴现率为 8%。求 W 集团公司税前的负债成本。

【解】通过试错法解出 k_b，即是 W 集团公司将产生的负债成本。由于式 10-3 的右侧也等于 980.31 元，所以 8%就是 W 集团公司税前的负债成本。

$$\begin{aligned}980.31&=78\ (PVIFA_{k=8\%,n=20})+1\ 000\ (PVIF_{k=8\%,n=20})\\&=78\times9.8181+1\ 000\times0.2145\\&=980.31\ (元)\end{aligned}$$

既然贴现率为 8%时，利率和本金的现值等于 W 集团公司通过出售债券所取得的净收益，那么 8%就是税前的负债成本。

税前的负债成本还可以通过式 10-4 近似得到。然而值得强调的是，由于没有考虑货币的时间价值，这只是一个提供近似答案的简单方法。

$$Ak_b=\frac{I+\dfrac{M-NP_b}{n}}{\dfrac{NP_b+M}{2}} \tag{10-4}$$

式中：Ak_b 为税前负债成本的近似值；I 为每年支付的债券利息额；M 为债券的票面价值；n 为到期年限；NP_b 为出售债券的净收益。

式 10-4 反映了企业每年支付的利息和额外成本。通常票面价值会超过发行债券的净收益，这部分差异就是企业的额外成本，当差异不断加大并在债券生命期内分摊时，那么它就变成了按年计算的成本。其结果是在计算中加入了每年总成本（现金开支和应计开支）。分母代表在债券的生命期内企业可获得的平均贷款数额。年均成本除以年均资金所得等于年均成本百分比。

【例 10-3】资料同例 10-2，试用式 10-4 的方法求解。

【解】 $Ak_b=\dfrac{78+\dfrac{1000-980.31}{20}}{\dfrac{980.31+1000}{2}}=\dfrac{78.98}{990.16}=7.98\%$

在这个问题中，税前成本的近似值和用考虑货币时间价值的方法确定的成本非常接近。然而，随着利率支付额度的提高和到期年限的增加，两者的差距也不断加大，因此，当使用这种简洁的方法时，一定要小心。

税前负债成本必须用来反映这样一个事实，即公司提高的成本是可以免税的。税收的扣除降低了公司的负债成本。我们可以通过式10-5来反映税前负债成本的益处。

$$k_i=k_b(1-T) \tag{10-5}$$

式中：k_i 为税后负债成本；k_b 为税前负债成本；T为边际税率。

【例10-4】W集团公司债券的税前资本成本为8%，如果公司的边际税率为24%，那么债券的税后资本成本是多少？

【解】 $k_i=k_b(1-T)=8\%\times(1-24\%)=6.08\%$

2. **权益资本成本的计算**

权益资本成本主要有普通股资本成本、留存收益资本成本和优先股资本成本。由于股票的股利是税后支付的，不会减少企业的所得税，因此权益资本成本的计算方法和债务资本成本的计算方法不同。

（1）普通股资本成本。

由于普通股股利是不固定的，因此普通股资本成本不能像债务资本成本那样直接计算得出。通常情况下，普通股资本成本的估计方法有两种：股利固定增长模型和资本资产定价模型。

①股利固定增长模型。通常，企业发行股票时必须支付承诺金，允许投资者以稍低于市场标杆的价格购买股票，这些发行成本提高了公司的新普通股成本，见式10-6。

$$k_n=\frac{D_1}{P_0-f}+g \tag{10-6}$$

式中：k_n 为普通股资本成本；D_1 为预计下一期的股利；P_0 为普通股当日的市场价格；f为每股发行成本费用；g为股利增长率。

【例10-5】假设W集团公司设计发行新普通股，每股市场价格为30元，以每股低于市场价格0.75元向公众出售。承诺每出售一股支付代理商1元。W集团公司期望明年支付每股2.1元的股利，假定股利增长率为5%，则新普通股的资本成本是多少？

【解】 $k_n=\dfrac{D_1}{P_0-f}+g=\dfrac{2.1}{30-0.75-1}+5\%=12.4\%$

②资本资产定价模型。当使用系统风险来测量相关风险时，资本资产定价模型可以用来确定一项投资的要求收益率。式10-7可以用来确定普通股资本成本：

$$k_j=R_f+\beta_j(k_m-R_f) \tag{10-7}$$

式中：k_j 为新普通股成本；R_f 为无风险利率；β_j 为该股票的β系数；k_m 为

市场的期望收益率。

【例 10-6】假设无风险利率是 6%，市场的期望收益率为 10%，公司的 β 系数为 1.5，那么普通股资本成本是多少？

【解】 $k_j = 6\% + 1.5 \times (10\% - 6\%) = 12\%$

（2）留存收益资本成本。

企业将利润用于股利分配后，总会留存一部分用于投资。留存收益与其说是利润分配，不如说是企业筹资。当然，留存收益不像其他筹资方式那样需要花费筹资费用，但是它仍然存在资本成本。因为投资者之所以同意将这部分利润再投资于企业，是期望从中获得更高的收益，这一期望收益就是留存收益的资本成本。一般情况下，留存收益资本成本的计算与普通股资本成本的计算基本相同，不同的是普通股有发行的成本费用，而留存收益没有发行的成本费用。

在股利增长率稳定的假设下，股东的总期望收益为：

$$\hat{k}_s = \frac{D_1}{P_0} + g \tag{10-8}$$

式中：$\hat{k}_s$ 为普通股期望收益；D_1 为下一期的股利；P_0 为当天普通股的市场价格；g 为股利增长率。

股东期望从留存收益获得的收益与从普通股获得的收益一致，也就是说，如果不考虑发行成本，企业的普通股资本成本与投资者的普通股收益相同。既然留存收益没有筹资成本，那么留存收益的成本就等于不存在发行成本条件下，普通股投资者要求的收益。此外，股利从税后利润中支付，因此不需在税上作调整。

$$k_r = \hat{k}_s = \frac{D_1}{P_0} + g \tag{10-9}$$

式中：k_r 为留存收益成本；$\hat{k}_s$ 为普通股期望收益；D_1 为下一期的股利；P_0 为当天普通股的市场价；g 为股利增长率。

如果普通股股东收到的补偿低于预期（也就是说，如果 D_1 和 g 低于期望），他们将出售股票。股票的出售导致了更低的股票价格，股票会持续下跌，直到股票的期望收益等于投资者要求的回报率。供给的提高伴随着股票需求的降低（潜在的投资者不会以先前的价格购买），这是因为，为了防止股票价格下降，留存收益成本应看成是投资者要求的回报率。

【例 10-7】假设 W 集团公司期望明年支付 2.1 元的股利。如果股票的现价是每股 30 元，股利增长率每年固定在 5%左右，那么，公司的留存收益成本是多少？

【解】 $k_r = \hat{k}_s = \frac{D_1}{P_0} + g = \frac{2.1}{30} + 5\% = 12\%$

既然资本资产定价模型可以用来确定普通股资本成本，那么它也可以用来确定公司留存收益资本成本。所以，留存收益资本成本既可以采用股利固定增长模型，也可以采用资本资产定价模型来确定。

（3）优先股资本成本。

企业发行优先股与发行债券一样，既需要支付一定的筹资费用，还要定期支付股利。但是，两者不同的是，股利以企业的税后利润支付，其支付不能抵减所得税。

优先股持有者所获得的收益取决于股利和股票的价格。就像前面阐述的那样，优先股的预期收益可通过以下公式计算：

$$\hat{k}_P = \frac{D_P}{V_P} \qquad (10-10)$$

式中：$\hat{k}_P$ 为预期收益；D_P 为年股利数额；V_P 为优先股价。

如果不考虑发行成本，公司优先股的成本就是优先股购买方的预期收益。如果要考虑发行成本，那么需要将式 10-10 中的优先股价格用公司出售优先股所获得的净收益代替。调整后的公式为：

$$k_P = \frac{D_P}{NP_P} \qquad (10-11)$$

式中：k_P 为优先股成本；D_P 为年股利数额；NP_P 为出售优先股所获得的净收益。

【例 10-8】W 集团公司计划以 9.4 元的年股利发行优先股。假设投资者花费 99.5 元购买优先股，每股股票的发行成本为 5.5 元。优先股的资本成本是多少？

【解】$k_P = \frac{D_P}{NP_P} = \frac{9.4}{99.5-5.5} \times 100\% = 10\%$

拓展案例 10-1

1. 我国对资本成本的误解

在我国理财学中，资本成本可能是被理解得最为混乱的一个概念。人们对它的理解往往是基于表面上的观察。比如，许多人觉得借款利率是资本成本的典型代表，为数不少的上市公司由于可以不分派现金股利而以为股权资本是没有资本成本的。

出现这种情况是因为，我国的财务管理理论是从原苏联引进的，因此按照原苏联的做法，将财务作为国民经济各部门中客观存在的货币关系包括在财政体系之中。虽然其后的学科发展打破了原苏联的财务理论框架，但财务一直是在大财政格局下的一个附属学科。学术界普遍认为，财务管理分为宏观财务和微观财务两个层次，并把微观财务纳入宏观财务体系，以财政职能代替财务职能。在这种学科背景下，企业筹措资金时只考虑资金筹集和使用成本，没有市场成本意识和出资者回报意识，从而得出与西方理论界迥异的资本成本概念。

2. 西方理论界对资本成本的界定

现代财务管理思想来自西方微观经济学，财务管理与公共财政完全分离，是一种实效性的企业财务，即西方的财务概念都是指企业财务。财务管理以资本管理为中心，以经济求利原则为基础，着重研究企业管理当局如何进行财务决策、怎样使企业价值最大化。在这种市场化背景下，股东的最低回报率即资本成本就成为应有之义了。

资料来源　佚名. 资本成本[EB/OL].[2015-12-02].http://wiki.mbalib.com/wiki/.

10.2.2 综合资本成本的计算

1. 综合资本成本的概念

企业资本可以通过单一方式筹集，也可以通过多种方式筹集，就多数企业而言，属于后一种情况。当企业采取多种方式筹集资本时，其个别资本成本有高低差异，为了进行筹资和投资决策，企业需要计算综合资本成本。综合资本成本是企业以个别资本成本为基数，以各种来源资本占全部资本的比重为其权数计算的全部长期资本的总成本。其计算公式为：

$$K_w = \sum_{j=1}^{n} K_j \times W_j \tag{10-12}$$

式中：K_w 为综合资本成本；K_j 为个别资本成本；W_j 为该项资本所占的比重。

【例 10-9】假设 W 集团公司希望保持这样一个资本结构：40%的非流动负债、10%的优先股股本和 50%的普通股股本。该公司的留存收益资本成本为 12%，非流动负债和优先股的税后资本成本分别为 6%和 10%。该公司的综合资本成本是多少？

【解】本题结果见表 10-1。

$$K_w = \sum_{j=1}^{n} K_j \times W_j = 6\% \times 40\% + 10\% \times 10\% + 12\% \times 50\% = 9.4\%$$

表 10-1 **W 集团公司的综合资本成本**

资本要素	资本结构权数	税后资本成本	综合资本成本
非流动负债	40%	6%	2.4%
优先股股本	10%	10%	1.0%
普通股股本（留存收益）	50%	12%	6.0%
总资本	100%		9.4%

2. 综合资本成本的权重

如前所述，用于计算资本成本的权重是资本结构中每一资本要素的比例。现行确定资本成本权重的方法主要有账面价值法、市场价值法和目标价值法。

（1）账面价值法，是通过企业的账面价值来确定个别资本的权重。账面价值通过会计资料提供，可以直接从资产负债表中取得，容易计算；但其缺陷是资本的账面价值可能与市场价值不相符。如果资本的市场价值与账面价值差别较大，如股票、债券的市场价值发生较大变化时，采用账面价值作基础确定资本成本的权重就有失客观性，从而不利于综合资本成本的计算和筹资管理决策；如果资本的市场价值与账面价值差别不大，采用账面价值作基础确定资本成本的权重比较合适。

（2）市场价值法，是通过企业的市场价值来确定个别资本的权重。按市场价值确定资本成本的权重是指债券和股票等以现行资本市场价格为基础确定其资本所占比例，从而测算综合资本成本。在计算综合资本成本时，市场价值法比账面价值法更准确。在市场上，许多企业的市场价值与账面价值不完全相符，某些业绩好的企业，其市场价值高于账面价值好多倍，这时采用市场价值法更能反映企业的实际情况。从决策相关性考虑，采用市场价值作基础确定资本成本的权重比较合适。

（3）目标价值法，是通过企业的目标价值来确定个别资本的权重。按目标价值来确定个别资本的权重是指证券和股票等以企业预计的未来目标市场价值确定资本所占比例，从而测算综合资本成本。从筹资管理决策的角度来看，对综合资本成本的一个基本要求是，它应适用于企业未来的目标资本结构。

采用目标价值确定资本权重，通常认为能够体现期望的目标资本结构要求。但资本的目标价值难以客观确定，因此，通常应选择市场价值确定资本比例。在筹资实务中，虽然目标价值和市场价值有其优点，但仍有不少企业宁可采用账面价值来确定资本权重，因其易于使用。

10.2.3　边际资本成本的计算

企业无法以某一固定的资本成本来筹集无限的资本，当其筹集的资本超过一定限度时，原来的资本成本就会增加。在企业追加筹资时，需要知道筹资额在什么数额上会引起资本成本怎样的变化。这就要用到边际资本成本的概念。

1. 边际资本成本的概念

边际资本成本是指资本每增加一个单位而增加的成本。边际资本成本采用加权平均法计算，其权数为市场价值权数，而不应使用账面价值权数。当企业拟筹资进行某项目投资时，应以边际资本成本作为评价该投资项目可行性的经济指标。

2. 边际资本成本的计算

边际资本成本的计算有以下四个步骤：

第一，确定企业目标资本结构。

第二，确定各种筹资方式的资本成本。

第三，计算筹资总额分界点。筹资总额分界点是某种筹资方式的成本分界点与目标资本结构中该种筹资方式所占比重的比值，反映了在保持一定资本成本的条件下，可以筹集到的资金总限度。一旦筹资额超过筹资总额分界点，即使维持现有的资本结构，其资本成本也会增加，用公式表示如下：

$$\text{筹资总额分界点}=\frac{\text{某种筹资方式的成本分界点}}{\text{目标资本结构中该种筹资方式所占比重}} \tag{10-13}$$

第四，计算边际资本成本。根据计算出的分界点，可得出若干组新的筹资范围，对各筹资范围分别计算加权平均资本成本，即可得到各种筹资范围的边际资本成本。

【例 10-10】A 公司 2014 年年末资产负债表上的非流动负债与股东权益的比例为 4：6。该公司计划于 2015 年为一个投资项目筹集资金，可供选择的筹资方式包括：向银行申请长期借款和增发股份，A 公司以现有资本结构作为目标结构。其他有关资料如下：

（1）如果 A 公司 2015 年新增长期借款在 40 000 万元以下（含 40 000 万

元）时，借款年利率为6%；如果新增长期借款在40 000万元~100 000万元范围内，年利率将提高到9%；A公司无法获得超过100 000万元的长期借款。银行借款筹资费忽略不计。

（2）如果增发普通股不超过120 000万元（含120 000万元），预计每股发行价为20元；如果增发规模超过120 000万元，预计每股发行价为16元，普通股筹资费率为4%（假定不考虑有关法律对增发股份的限制）。

（3）A公司2015年预计普通股股利为2元/股，以后每年增长5%。所得税税率为25%。

要求：

1. 分别计算下列不同条件下的资本成本：

（1）新增长期借款不超过40 000万元时的长期借款成本；

（2）新增长期借款超过40 000万元时的长期借款成本；

（3）增发普通股不超过120 000万元时的成本；

（4）增发普通股超过120 000万元时的成本。

2. 计算所有的筹资总额分界点。

3. 根据筹资总额分界点确定各个筹资范围，并计算每个筹资范围内的边际资本成本。

【解】1. 分别计算下列不同条件下的资本成本：

（1）新增长期借款不超过40 000万元时的长期借款成本 $K=6\%\times(1-25\%)=4.5\%$。

（2）新增长期借款超过40 000万元时的长期借款成本 $K=9\%\times(1-25\%)=6.75\%$。

（3）增发普通股不超过120 000万元时的成本 $K=2\div[20\times(1-4\%)]+5\%=15.42\%$。

（4）增发普通股超过120 000万元时的成本 $K=2\div[16\times(1-4\%)]+5\%=18.02\%$。

2. 借款的筹资总额分界点：40 000÷40%=100 000（万元）。

其分界点是100 000万元，意味着有两个范围：0~100 000万元，100 000万元以上。

股票的筹资总额分界点：120 000÷60%=200 000（万元）。

其范围为：0~200 000万元，200 000万元以上。

3. 通过前面的范围划分，我们已得到以下范围：借款为0~100 000万元，100 000万元以上；发行股票为0~200 000万元，200 000万元以上。把这4个范围综合起来，其实就是3个范围：0~100 000万元，100 000万元~200 000万元，200 000万元以上。

在0~100 000万元范围内：

综合资本成本 $K=40\%\times4.5\%+60\%\times15.42\%=11.05\%$

在100 000万元～200 000万元范围内：

综合资本成本 K=40%×6.75%+60%×15.42%=11.95%

在200 000万元～250 000万元范围内：

综合资本成本 K=40%×6.75%+60%×18.02%=13.51%

10.3 杠杆原理

自然科学中的杠杆原理，是指通过杠杆的作用，只用一个较小的力量就可以产生很大的效果。财务管理中杠杆的作用，是指由于生产经营或者财务方面固定费用的存在，导致的利润或者每股收益发生的变化。财务管理中杠杆利益与风险是企业资本结构决策的基本因素之一。企业的资本结构决策应当在杠杆利益与风险之间进行权衡。

10.3.1 经营杠杆

1. 经营杠杆的概念

经营杠杆，亦称营业杠杆或营运杠杆，是指企业在经营活动中对营业成本中固定成本的利用。企业营业成本按其与营业总额的依存关系可分为变动成本和固定成本两部分。其中，变动成本是指随着营业总额的变动而变动的成本；固定成本是指在一定的营业规模内，不随营业总额变动而是保持相对固定不变的成本。在一定范围内，企业扩大产销量通常不会改变固定成本，但会降低单位营业额的固定成本，从而增加单位营业利润，使息税前利润的增长率大于产销量的增长率，如此就形成企业的经营杠杆。企业利用经营杠杆，有时可以获得一定的经营杠杆利益，有时也承受着相应的营业风险即遭受损失。可见，经营杠杆是一把“双刃剑”。由于经营杠杆对经营风险的影响最为综合，因此常常用经营杠杆度衡量经营风险的大小。

2. 经营杠杆的计算

只要企业存在固定成本，就存在经营杠杆的作用。但对于不同的企业，经营杠杆作用的程度是不完全一致的，为此，需要对经营杠杆进行计量。最常用的指标是经营杠杆度。所谓经营杠杆度，是指息税前利润变动率相当于产销量变动率的倍数。其计算公式为：

经营杠杆度=息税前利润变动率÷产销量变动率

$$DOL=\frac{\Delta EBIT/EBIT}{\Delta Q/Q} \tag{10-14}$$

式中：DOL为经营杠杆度；EBIT为变动前的息税前利润；ΔEBIT为息税前利润的变动额；Q为变动前的产销量；ΔQ为产销量的变动额。

假定公司的成本-销量-利润保持线性关系，可变成本在销售收入中所占的比例不变，固定成本也保持稳定，经营杠杆度便可通过销售额和成本来表示。这又有两种公式：

$$DOL=\frac{S(P-V)}{S(P-V)-F} \tag{10-15}$$

式中：DOL 为销售量为 S 时的经营杠杆度；P 为产品单位销售价格；V 为产品单位变动成本；F 为总固定成本。

$$DOL=\frac{S-VC}{S-VC-F} \tag{10-16}$$

式中：DOL 为销售额为 S 时的经营杠杆度；S 为销售额；VC 为变动成本总额。

在实际工作中，式 10-15 可用于计算单一产品的经营杠杆度；式 10-16 除了用于单一产品外，还可用于计算多种产品的经营杠杆度。

经营杠杆度通常应该大于 1；否则，就没有杠杆效应。经营杠杆度越大，则经营杠杆效应也越大，同时经营风险也越大；反之，则越小。

【例 10-11】某企业生产 A 产品，固定成本为 60 万元，变动成本率为 40%，当企业的销售额为 400 万元时，经营杠杆度是多少？

【解】 $DOL=\frac{4\,000\,000-4\,000\,000\times40\%}{4\,000\,000-4\,000\,000\times40\%-600\,000}=1.33$

【例 10-12】某企业的产品销量为 40 000 件，单位产品售价为 1 000 元，销售总额为 4 000 万元，固定成本总额为 1 000 万元，单位产品变动成本为 600 元。其经营杠杆度是多少？

【解】 $DOL=\frac{40\,000\times(1\,000-600)}{40\,000\times(1\,000-600)-10\,000\,000}=2.67$

3. 影响企业经营杠杆的其他因素

影响企业经营杠杆度，或者说影响企业经营杠杆利益和经营风险的因素，除了固定成本外，还有其他许多因素。

第一，产品销量的变动。在其他因素不变的条件下，产品销量的变动将会影响经营杠杆度。

【例 10-13】假定产品销售数量由 40 000 件变为 42 000 件，单位产品售价为 1 000 元，固定成本总额为 1 000 万元，单位产品变动成本为 600 元。其经营杠杆度是多少？

【解】 $DOL_1=\frac{42\,000\times(1\,000-600)}{42\,000\times(1\,000-600)-10\,000\,000}=2.47$

第二，产品售价的变动。在其他因素不变的条件下，产品售价的变动将会影响经营杠杆度。

【例 10-14】某企业的产品销量为 40 000 件，假定产品销售单价由 1 000 元变为 1 100 元，固定成本总额为 1 000 万元，单位产品变动成本为 600 元。其经营杠杆度是多少？

【解】 $DOL_2=\frac{40\,000\times(1\,100-600)}{40\,000\times(1\,100-600)-10\,000\,000}=2$

第三，单位产品变动成本的变动。在其他因素不变的条件下，单位产品变动成本额或变动成本率的变动亦会影响经营杠杆度。

【例 10-15】某企业的产品销量为 40 000 件，单位产品售价为 1 000 元，固定成本总额为 1 000 万元，假定变动成本率由 60%上升至 65%。其经营杠杆度是多少？

【解】

$$DOL_3=\frac{40\,000\times 1\,000-40\,000\times 1\,000\times 65\%}{40\,000\times 1\,000-40\,000\times 1\,000\times 65\%-10\,000\,000}$$

$$=\frac{40\,000\,000-26\,000\,000}{40\,000\,000-26\,000\,000-10\,000\,000}=3.5$$

第四，固定成本总额的变动。在一定的产销规模内，固定成本总额相对保持不变。如果产销规模超出了一定的限度，固定成本总额也会发生一定的变动。

【例 10-16】某企业单位产品售价为 1 000 元，假定产品销售总额由 4 000 万元增至 5 000 万元，同时固定成本总额由 1 000 万元减至 950 万元，变动成本率仍为 60%。其经营杠杆度是多少？

【解】

$$DOL_4=\frac{50\,000\,000-50\,000\,000\times 60\%}{50\,000\,000-50\,000\,000\times 60\%-9\,500\,000}=1.90$$

在上例因素发生变动的情况下，经营杠杆度一般也会发生变动，从而产生不同程度的经营杠杆利益和经营风险。由于经营杠杆度影响着公司的息税前利润，从而也就制约着企业的筹资能力和资本结构。因此，经营杠杆度是资本结构决策的一个重要因素。企业一般可以通过增加销售量、降低单位产品变动成本、降低固定成本比重等措施来降低经营杠杆度，从而降低经营风险。

10.3.2　财务杠杆

1. 财务杠杆的概念

财务杠杆，是指企业在筹资活动中对资本成本固定的债务资本的利用。企业的全部长期资本是由权益资本和债务资本构成的。权益资本成本是变动的，在企业税后利润中支付；而债务资本成本通常是固定的，并在税前扣除。不管企业的息税前利润是多少，首先都要扣除利息等债务资本成本，然后才归属于权益资本。当息税前利润增加时，每 1 元利润所负担的固定筹资成本就相应减少，普通股的收益会大幅增加。这种由于筹集资金的固定成本引起的普通股每股收益的变动幅度大于息税前利润变动幅度的现象就是财务杠杆。企业利用财务杠杆会对权益资本的收益产生一定的影响，有时可能给权益资本的所有者带来额外的收益即财务杠杆利益，有时也可能造成一定的损失即遭受财务风险。企业股东在获得财务杠杆收益的同时，也需要承担由此引起的财务风险。因此，必须在财务杠杆利益和财务风险之间作出合理的选择。

2. 财务杠杆的计算

只要在企业的融资方式中有固定财务支出的债务和优先股，就存在财务杠杆的作用。但对于不同企业，财务杠杆的作用程度是不完全一致的，为此，需要对财务杠杆进行计量。对财务杠杆进行计量的常用指标是财务杠杆度。所谓财务杠杆度是普通股每股收益的变动率相当于息税前利润变动率的倍数。其计算公式为：

财务杠杆度=普通股每股收益变动率÷息税前利润变动率

$$DFL=\frac{\Delta EPS/EPS}{\Delta EBIT/EBIT} \tag{10-17}$$

式中：DFL 为财务杠杆度；ΔEPS 为普通股每股收益变动额；EPS 为基期普通股每股收益；ΔEBIT 为息税前利润变动率；EBIT 为基期息税前利润。

财务杠杆度的计算公式可进一步简化。设 I 为债务利息，T 为所得税税率，则：

$$EPS=\frac{(EBIT-I)(1-T)}{N}$$

$$\Delta EPS=\frac{\Delta EBIT(1-T)}{N}$$

则：

$$DFL=\frac{\Delta EPS/EPS}{\Delta EBIT/EBIT}=\frac{EBIT}{EBIT-I} \tag{10-18}$$

即 财务杠杆度=息税前利润÷（息税前利润−利息）

财务杠杆度通常应该大于 1；否则，就没有杠杆效应。财务杠杆度越大，则财务杠杆效应也越人，同时财务风险也越大；反之，则越小。

【例 10-17】ABC 企业全部长期资本为 7 500 万元，债务资本比例为 0.4，债务年利率为 10%，公司所得税税率为 25%，息税前利润为 1 000 万元。求其财务杠杆度。

【解】$DFL=\frac{10\,000\,000}{10\,000\,000-75\,000\,000\times0.4\times10\%}=1.43$

例 10-17 中财务杠杆度为 1.43 的含义是：当息税前利润增长 1 倍时，普通股每股收益增长 1.43 倍；反之，当息税前利润下降 1 倍时，普通股每股收益下降 1.43 倍。前种情形表现为财务杠杆利益，后种情形则表现为财务风险。一般而言，财务杠杆度越大，企业的财务杠杆利益和财务风险就越高；财务杠杆度越小，企业的财务杠杆利益和财务风险就越低。

3. 影响企业财务杠杆的其他因素

影响企业财务杠杆度，或者说影响企业财务杠杆利益和财务风险的因素，除了债务资本固定利息以外，还有许多其他因素。

第一，资本规模的变动。在其他因素不变的情况下，如果资本规模发生了变动，财务杠杆度也将随之变动。

【例 10-18】假定 ABC 企业的资本规模由 7 500 万元变为 10 000 万元，债务资本比例为 0.4，债务年利率为 10%，公司所得税税率为 25%，息税前利润为 1 000 万元。求其财务杠杆度。

【解】$DFL_1=\frac{10\,000\,000}{10\,000\,000-100\,000\,000\times0.4\times10\%}=1.67$

第二，资本结构的变动。一般而言，在其他因素不变的情况下，资本结构发生变动，或者说债务资本比例发生变动，财务杠杆度也随之变动。

【例 10-19】ABC 企业的全部长期资本为 7 500 万元，假定债务成本比例变为 0.5，债务年利率为 10%，企业所得税税率为 25%，息税前利润为 1 000 万元。求其财务杠杆度。

【解】$DFL_2=\dfrac{10\,000\,000}{10\,000\,000-75\,000\,000\times0.5\times10\%}=1.6$

第三，债务利率的变动。在债务利率发生变动的情况下，即使其他因素不变，财务杠杆度也会有所变动。

【例 10-20】ABC 企业的全部长期资本为 7 500 万元，债务资本比例为 0.4，只有债务利率发生了变动，由 10%降至 7%，公司所得税税率为 25%，息税前利润为 1 000 万元。求其财务杠杆度。

【解】$DFL_3=\dfrac{10\,000\,000}{10\,000\,000-75\,000\,000\times0.4\times7\%}=1.27$

第四，息税前利润的变动。息税前利润的变动通常也会影响财务杠杆度。

【例 10-21】ABC 企业的全部长期资本为 7 500 万元，债务资本比例为 0.4，债务年利率为 10%，企业所得税税率为 25%，假定息税前利润由 1 000 万元增至 1 200 万元。求其财务杠杆度。

【解】$DFL_4=\dfrac{12\,000\,000}{12\,000\,000-75\,000\,000\times0.4\times10\%}=1.33$

在上述因素发生变动的情况下，财务杠杆度一般也会发生变动，从而产生不同程度的财务杠杆利益和财务风险。因此，财务杠杆度是资本结构决策的一个重要因素。

10.3.3 总杠杆

1. 总杠杆的概念

总杠杆也称复合杠杆，是经营杠杆和财务杠杆的复合。在企业经营过程中，由于固定成本的存在，使得企业息税前利润的变动幅度大于销售量的变动幅度；同样，在企业筹资过程中，由于固定财务费用的存在，使得每股收益的变动幅度大于息税前利润的变动幅度。从企业整个生产经营过程来看，既存在固定经营成本又存在固定财务费用，经营杠杆和财务杠杆的综合作用称为总杠杆。总杠杆度表明业务量或销售额的变动对税后利润或每股收益的影响。在总杠杆的作用下，企业业务量或销售额的较小变动就会引起税后利润或每股收益的较大变动。

2. 总杠杆的计算

总杠杆度是指公司税后利润率或每股收益变动率相当于业务量或销售额变动率的倍数。它是经营杠杆度和财务杠杆度的乘积。

总杠杆度=每股收益变动率÷销售量变动率

即 $$DTL=DOL\times DFL=\frac{\Delta EPS/EPS}{\Delta Q/Q}=\frac{\Delta EPS/EPS}{\Delta S/S} \qquad (10-19)$$

式中：ΔEPS 为每股收益变动率；EPS 为基期每股收益；ΔQ 为销售量的变动；Q 为基期销售量；ΔS 为销售额的变动；S 为基期销售额。

上述公式也可以表示为：

$$DTL=\frac{Q(P-b)}{Q(P-b)-F-I}=\frac{S-C}{S-C-F-I} \tag{10-20}$$

式中：Q 为基期的销售量；P 为价格；b 为单位变动成本；F 为固定成本；I 为债务年利息；C 为变动成本总额。

【例 10-22】某企业长期资本总额为 200 万元，其中长期债务占 50%，利率为 10%，公司销售额为 50 万元，固定成本总额为 5 万元，变动成本率为 60%。求总杠杆度。

【解】$DTL=\frac{S-C}{S-C-F-I}=\frac{500\,000-500\,000\times60\%}{500\,000-500\,000\times60\%-50\,000-2\,000\,000\times50\%\times10\%}=4$

或者可分别计算经营杠杆度和财务杠杆度：

DOL=1.33

DFL=3

DTL=1.33×3=4

总杠杆度的计算结果说明，在目前的债务资本比重下，在业务量的相关范围内，当业务量或销售额变动 1%时，每股收益变动 4%。

拓展案例 10-2

格兰特是美国一家著名的日常用品零售公司。该公司的创始人威廉·格兰特白手起家，由小本经营起步，发展成为美国屈指可数的大企业，有过一段辉煌的历史。但是，经过 70 年的经营历程后，由于公司的决策者在经营目标选择上失误，该公司由盛至衰，最后以倒闭而告终。

威廉·格兰特生于 1876 年。19 岁时，他就显示了自己的经营才华，掌管了波士顿公司的一家鞋店。1906 年他拿出了自己的全部资本在林思市投资 10 000 美元开设了第一家日用品零售店。2 年后他在美国一些城市开设了格兰特连锁店，其销售收入不断增加。到 20 世纪 60 年代，年销售收入近 10 亿美元，成为美国知名的大企业。

格兰特公司在零售业竞争十分激烈的情况下，认真研究了定价策略后，将其经营的日用品价格策略定位在 25 美分，高于“5 美分店”和“10 美分店”，但低于普通百货公司。而格兰特公司的陈设格局又比廉价的“5 美分店”和“10 美分店”档次高。这样的价格定位吸引了百货公司和廉价商店的顾客。所以，格兰特公司的业务迅速发展，连锁店开设到上百家。格兰特公司的发展速度也远远超过了当时的行业老大西尔斯公司。到 1972 年，格兰特公司新开办的商店是 1964 年的 2 倍。

然而，到 1973 年 11 月份，格兰特公司的利润只有 3.7%。这在各零售商中是最可怜的。显然，盲目发展导致了灾难。格兰特 1973 年全年营业额达 18 亿美元，但利润却只有 8 400 万美元，降低了 78%。这是该公司历史上自 1967 年以来最低的一次。格兰特公司的股东资产净值盈利由以前的 15%降到 5%。更糟的是，其长期债务由 1970 年的 3 500 万美元增到 2.22 亿美元，短期债务则增至

4.5 亿美元。到 1974 年，格兰特公司的连锁店猛增到 82 500 家，是 10 年前的 1 000 多倍。

在这种情况下，格兰特公司的销售额并没有随着分店的增多而扩大。相反，每家分店的平均销售额却急剧下降，连年入不敷出。格兰特公司在 143 家银行的债务达 7 亿美元，债台高筑，公司信誉急剧下降。在资不抵债的时候，格兰特公司于 1975 年 10 月 2 日只好按联邦破产法提出破产申请。到 1976 年 2 月该公司最终倒闭，约 80 000 员工因此而失业，成为美国有史以来第二大破产公司，也是零售业最大的破产公司。

资料来源 佚名 . 格兰特因盲目扩张而破产[EB/OL].(2010-12-23)[2015-09-18].http://bbs.esnai.com/thread-4782113-1-1.html.

10.4 资本结构概述

资本结构是指企业各种资本的价值构成及其比例。企业资本结构，反映的是企业债务与权益的比例关系，它在很大程度上决定着企业的偿债和再融资能力，决定着企业未来的盈利能力，是企业财务状况的一项重要指标。合理的资本结构可以降低筹资成本，发挥财务杠杆的调节作用，使企业获得更大的自有资金收益率。

资本结构可以从不同角度来认识，可以形成各种资本结构种类，主要有资本的属性结构和资本的期限结构两种。资本的属性结构是指企业不同属性资本的价值构成及其比例关系；资本的期限结构是指不同期限资本的价值构成及其比例关系。

10.4.1 影响资本结构的因素

企业实际资本结构往往受企业自身状况、政策条件及市场环境多种因素的共同影响，并同时伴随着企业管理层的偏好与主观判断，使资本结构的决策难以形成统一的原则与模式。影响企业资本结构的因素较多，主要包括以下几种：

1. 筹资方式

筹资方式不同，筹资成本也不同。通常债务资本成本低于权益资本成本，但是过多的债务会增加企业的负担，增大不能按时还本付息的风险，对企业的经营不利。因此，企业要结合自身的情况，权衡利弊，选择最佳的筹资方式。

2. 企业经营状况的稳定性和成长性

企业经营状况的稳定性好，则可较多地负担固定财务费用；企业经营状况的成长率高，则可采用高负债的资本结构，以提升权益资本的报酬。

3. 企业投资人和管理当局的态度

从所有者角度看，如果企业股权分散，可能更多采用权益资本筹资以分散企业风险；如果企业为少数股东控制，为防止控股权稀释，一般尽量避免普通股筹资，采用优先股或债务资本筹资；从管理当局角度看，稳健的管理当局偏好于选择低负债比例的资本结构。

4. 税务政策和货币政策

如果所得税税率高，则债务资本抵税作用大，企业应充分利用这种作用以提高企业价值；如果货币政策是紧缩的，则市场利率高，企业债务资本成本增大。

5. 企业资产结构

拥有大量固定资产的企业，主要通过非流动负债和发行股票筹集资金；拥有较多流动资产的企业，更多地依赖流动负债筹集资金；资产适合于抵押贷款的企业，负债较多；以技术研发为主的企业，负债较少。

除上述因素外，不同国家之间、国民经济的发展状况、资本市场的发展水平、利率等因素，也会对企业的资本结构产生一定的影响。

10.4.2 资本结构理论

国内外主要形成了以下三种理论，反映出人们对资本结构的不同认识。

1. 净收益观点

这种观点认为，在企业的资本结构中，债务资本的比例越大，企业的净收益或税后利润就越多，从而企业的价值就越高。按照这种观点，企业获取资本的来源和数量不受限制，并且债务资本成本和权益资本成本都是固定不变的，不受财务杠杆的影响。

2. 净营业收益观点

这种观点认为，在企业的资本结构中，债务资本比例的高低，与企业的价值没有关系。按照这种观点，企业债务资本成本是固定的，但权益资本成本是变动的，企业的债务资本越多，企业的财务风险就越大，权益资本成本率就越高；反之亦然。经加权平均计算后，企业的综合资本成本不变，是常数。因此，资本结构与企业价值无关。从而，决定企业价值的真正因素应该是企业的净营业收益。

3. 传统观点

除了上述两种极端的观点以外，还有一种介于这两种极端观点之间的折中观点，我们称之为传统观点。按照这种观点，增加债务资本对提高企业价值是有利的，但债务资本规模必须适度。该观点认为，企业负债比例上升时，在一定限度内，虽然会导致企业权益成本的上升，但是其上升的幅度低于债务资本成本下降的幅度，因此综合资本成本下降。当超过一定限度时，权益成本上升的幅度高于债务成本降低的幅度，导致综合资本成本上升，企业价值下降。

10.5 最优资本结构

最优资本结构是指能使企业资本成本最低且企业价值最大并能最大限度地调动利益相关者积极性的资本结构。虽然对最优资本结构的标准仍然存在着争议，但是权益融资与债务融资应当形成相互制衡的关系，过分偏重任何一种融资都会影响到企业经营的稳定和市场价值的提升。

10.5.1　最优资本结构概述

最优资本结构是存在的。最优资本结构的存在性可以表现为以下几个方面：

1. 债务资本与权益资本并存

现实中的企业，其资本中都是既存在债务资本，也存在权益资本。这说明企业选择既包括债务融资又包括权益融资的混合融资，要优于仅选择债务融资或者是权益融资的单一融资。因为企业的资本结构影响到经营者与投资者未来潜在的谈判，这一预期会影响到现在的投资决策。一般地，企业会选择超过一类投资者，对不同的投资者在不同时间和自然状态间分配他们的权益。既然企业要同时选择债务融资与权益融资，则必然会存在债务融资与权益融资的比例选择问题，也就是资本结构的选择问题。

2. 资本结构存在差异

现实中不同行业的企业，其资本结构是存在很大差异的。这说明，不同行业的企业由于受企业特性的影响，资本结构也是不同的。不同行业之间资本结构的差异，说明最优资本结构是存在的。如果不存在最优资本结构的话，不同行业的资本结构应该是随机分布的，但是事实却表明不同行业的资本结构存在显著的差异，这说明不同行业的企业在资本结构的选择上是存在差异的，这暗示着不同的行业存在着各自的最优资本结构。

3. 债务融资具有两面性

债务融资对企业价值的影响具有两面性，有促进企业价值增加的一面，也有使企业价值减少的一面。债务融资的引入，一方面通过税盾作用，会减少企业所缴纳的所得税，降低股权代理成本，提高企业经营管理者对企业的控制权，向外界投资者传递企业的有关信息；另一方面，随着债务融资的增加，企业的风险不断加大，导致企业的财务困境成本与破产成本增加，企业的债务代理成本提高。由于债务融资对企业价值影响的两面性，表明过少或者过多的债务融资，都对企业价值产生不利的影响；只有适量的债务融资，才会对企业价值产生有利的影响。

10.5.2　最优资本结构的确定

1. 比较资本成本法

比较资本成本法，即通过比较不同资本结构的综合资本成本，选择其中综合资本成本最低的资本结构的方法。其步骤包括：(1) 拟订几个筹资方案；(2) 确定各方案的资本结构；(3) 计算各方案的综合资本成本；(4) 通过比较，选择综合资本成本最低的结构为最优资本结构。

企业资本结构决策，分为初次利用债务筹资和追加筹资两种情况。前者称为初始资本结构决策，后者称为追加资本结构决策。比较资本成本法将综合资本成本的高低作为选择最佳资本结构的唯一标准，简单实用，因而常被采用。

【例 10-23】某企业原资本结构见表 10-2。目前普通股的每股市价为 12 元，预期第 1 年的股利为 1.5 元，以后每年以固定的增长率 3%增长，不考虑证券筹资费用，企业适用的所得税税率为 25%。企业目前拟增资 2 000 万元，以投资于新项目，有以下两个方案可供选择：

方案一：按面值发行 2 000 万元债券，债券年利率 10%，同时由于企业风险的增加，所以普通股的市价降为 11 元/股（股利不变）。

表 10-2 **某企业原资本结构表**

筹资方式	金额（万元）
债券（年利率 8%）	3 000
普通股（每股面值 1 元，发行价 12 元，共 500 万股）	6 000
合　计	9 000

方案二：按面值发行 1 340 万元债券，债券年利率 9%，同时按照 11 元/股的价格发行普通股股票筹集 660 万元资金（股利不变）。

采用比较资本成本法判断企业应采用哪一种方案。

【解】使用方案一筹资后的综合资本成本：

原债务资本成本 = 8%×（1-25%）= 6%

新债务资本成本 = 10%×（1-25%）= 7.5%

普通股资本成本 = 1.5÷11×100% + 3% = 16.64%

综合资本成本 = 3 000÷11 000×6% + 2 000÷11 000×7.5% + 6 000÷11 000×16.64%
= 12.08%

使用方案二筹资后的综合资本成本：

原债务资本成本 = 8%×（1-25%）= 6%

新债务资本成本 = 9%×（1-25%）= 6.75%

普通股资本成本 = 1.5÷11×100% + 3% = 16.64%

综合资本成本 = 3 000÷11 000×6% + 1 340÷11 000×6.75% + 6 660÷11 000×16.64%
= 12.53%

因为方案一的综合资本成本比方案二的低，所以应当选择方案一进行筹资。

2. 无差异点分析法

无差异点分析法也称每股利润分析法，它是利用税后每股利润无差异点分析来选择和确定负债与权益的比例或数量关系的方法。所谓每股收益无差异点，是指每股收益不受融资方式影响的销售水平，是指两种方式（即负债与权益）下每股收益相等时的息税前利润点，也称息税前利润平衡点或无差异点。可以据此分析判断在什么样的销售水平下适于采用何种资本结构，其公式为：

$$\frac{(EBIT'-I_1)(1-T)}{N_1}=\frac{(EBIT'-I_2)(1-T)}{N_2} \quad (10\text{-}21)$$

式中：EBIT′ 为每股收益的无差别点；I_1 为第一种筹资方式下的利息总额；I_2 为第二种筹资方式下的利息总额；N_1 为第一种筹资方式下的普通股股数；N_2 为第二种筹资方式下的普通股股数。具体可用图 10-1 来表示。

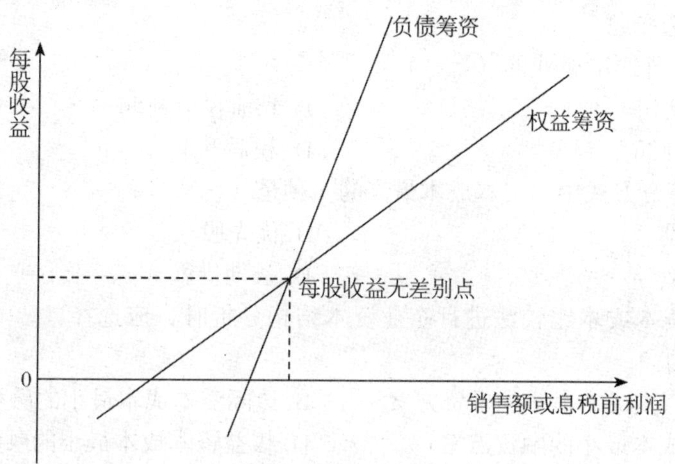

图 10-1　无差异点分析法示意图

【例 10-24】某企业原有资本 700 万元，其中债务资本 200 万元，每年负担利息 24 万元，发行普通股 500 万股，面值 1 元，金额 500 万元。由于扩大业务，需追加筹资 300 万元。其筹资方式有：(1) 全部发行普通股：面值 1 元，增发 300 万股。(2) 全部筹集长期债务：利率仍为 12%，利息 36 万元。企业的变动成本率为 60%，固定成本为 180 万元，所得税税率为 25%。请判断该企业该采用何种方式筹集所需要资金。

【解】第一步：计算无差别点的息税前利润，则有：

[(EBIT-24) × (1-25%)]÷ (500+300) =[(EBIT-24-36) × (1-25%)]÷500

EBIT =120 (万元)

此时的每股收益为：(120-24) × (1-25%) ÷800=0.09 (元)

第二步：判断应采用的筹资方式。当息税前利润高于 120 万元，运用负债融资可获得较高的每股收益；当息税前利润低于 120 万元时，运用权益融资可获得较高的每股收益。

在企业考虑筹资方案有两种时，可用无差异点分析法，但筹资方案在三种或三种以上，就需要用比较资本成本法。无论用哪种方法，都不能当作绝对的判别标准，应结合因素分析法综合考虑，以便使资本结构趋于最优。

关键词

经营杠杆　财务杠杆　总杠杆　资本成本　债务资本成本　权益资本成本　综合资本成本　边际资本成本　资本结构　最优资本结构

基本训练

◆ 单项选择题

1. 财务杠杆影响企业的（　　）。

A. 财务费用　　B. 息前税前利润

C. 税前利润　　D. 税后利润

2. 下列筹资方式中，资本成本最高的一种是（　　）。

A. 普通股　　B. 优先股

C. 长期债券　　D. 长期借款

3. 利用资本成本比较法进行企业资本结构分析时，应选择（　　）为相对最优的资本结构。

A. 综合资本成本最小的融资方案　　B. 边际资本成本最小的融资方案

C. 债务成本最小的融资方案　　D. 权益资本成本最小的融资方案

4. 某种股票当前的市场价格为 20 元，每股股利为 1 元，预期的股利增长率为 6%，则其普通股资本成本为（　　）。

A.15.3%　　B.15.25%

C.11.3%　　D.11.25%

5. 利用每股收益无差别点进行企业资本结构分析，若不考虑财务风险，当预计销售额高于每股收益无差别点时，（　　）。

A. 采用权益筹资方式比采用负债筹资方式有利

B. 采用负债筹资方式比采用权益筹资方式有利

C. 两种筹资方式的每股收益相同

D. 无法进行判断

6. 只要企业存在固定成本，当企业息税前利润大于零时，那么经营杠杆度（　　）。

A. 与销售量成正比　　B. 与固定成本成反比

C. 与风险成反比　　D. 恒大于 1

7. 财务杠杆利益是指（　　）。

A. 提高债务比例导致的所得税降低

B. 利用现金折扣获取的利益

C. 利用债务筹资给企业带来的额外收益

D. 降低债务比例所节约的利息费用

8. 降低财务风险的主要措施是（　　）。

A. 降低固定成本总额　　B. 合理安排资本结构，适度负债

C. 降低变动成本总额　　D. 提高盈利能力

9. 某公司负债和权益资本的比例为 1∶3，综合资本成本为 10%，保持个别资

本成本和资本结构不变，当公司发行25万元长期债券时，总筹资突破点是（　　）。

A.75万元　　B.100万元

C.25万元　　D.125万元

10. 某公司发行总面值为500万元的债券，到期时间为10年，票面利率为12%，筹资费率为5%，所得税税率为25%。该债券以600万元的价格溢价发行，则该债券的资本成本为（　　）。

A.8.58%　　B.9.23%

C.7.89%　　D.10.86%

◆ 多项选择题

1. 总杠杆的作用在于（　　）。

A. 用来估计销售变化对息税前利润的影响

B. 用来估计销售变化对每股利润造成的影响

C. 揭示经营杠杆与财务杠杆之间的相互关系

D. 揭示企业面临的风险对企业投资的影响

2. 下列个别资本成本中，属于权益资本成本的是（　　）。

A. 优先股成本　　B. 长期债券成本

C. 普通股成本　　D. 留存收益成本

3. 评价企业资本结构最佳状态的标准是（　　）。

A. 企业价值最大　　B. 股权收益最大化

C. 普通股每股收益最大化　　D. 资本成本最低

4. 对每股收益无差别点的表述正确的有（　　）。

A. 当销售额低于无差别点的销售额时，运用负债筹资有利

B. 每股收益无差别点是判断资本结构合理与否的标准

C. 在每股收益无差别点上，负债筹资和权益筹资可以获得相同的每股收益

D. 每股收益无差别点是确定最佳资本结构的标准

5. 下列关于最佳资本结构的表述，正确的是（　　）。

A. 公司总价值最大时的资本结构是最佳资本结构

B. 在最佳资本结构下，公司综合资本成本最低

C. 不考虑风险价值，若销售量高于每股收益无差别点，运用负债筹资可实现最佳资本结构

D. 不考虑风险价值，若销售量高于每股收益无差别点，运用权益筹资可实现最佳资本结构

6. 下列关于边际资本成本，说法错误的有（　　）。

A. 边际资本成本采用加权平均法计算，其权数为账面价值权数

B. 追加筹资的边际资本成本一定等于追加筹资前的边际资本成本

C. 边际资本成本只取决于追加资本的个别资本成本

D. 边际资本成本只取决于追加资本的结构

7. 当企业息税前利润大于零时，只要企业存在固定经营成本，那么经营杠杆度必（　　）。

A. 恒大于 1　　B. 与销售量成反比

C. 与固定成本成反比　　D. 与变动成本成反比

8. 下列有关财务杠杆的表述正确的有（　　）。

A. 财务杠杆度越大，经营风险越大

B. 财务杠杆效益指利用债务筹资给企业自有资金带来的额外收益

C. 财务杠杆与财务风险无关

D. 财务杠杆度越大，财务风险越大

9. 下列各项中，导致经营风险下降的有（　　）。

A. 产品销售数量提高　　B. 产品销售价格下降

C. 固定成本下降　　D. 利息费用上升

10. 总杠杆具有如下作用（　　）。

A. 总杠杆起到财务杠杆和经营杠杆的综合作用

B. 总杠杆度越大，企业财务风险越大

C. 总杠杆能够估计出销售额变动对每股收益的影响

D. 总杠杆度越大，企业经营风险越大

◆ 判断题

1. 如果企业没有负债，全部使用权益资本，企业就没有财务风险，则企业的财务杠杆度为零。（　　）

2. 作为企业资金的一项来源，留存收益是不需要支付利息和股利的，因此是没有资本成本的。（　　）

3. 经营杠杆度可以用边际贡献除以税前利润来计算，它说明了销售额增长所引起利润增长的幅度。（　　）

4. 超过筹资总额分界点筹集资金，只要维持现有的资本结构，其资本成本率就不会增加。（　　）

5. 资本成本是指企业为取得和长期占有资本而付出的代价，它包括资本的取得成本和占用成本。其中取得成本是资本成本中最主要的内容。（　　）

6. 在对独立项目进行评价时，只要预期投资收益率大于资本成本，投资项目就具有经济上的可行性。（　　）

7. 一般情况下，公司通过发放股票股利增加普通股股本，普通股股本增加前后，资本成本不变。（　　）

8. 只要在企业的筹资方式中有固定财务支出的债务和优先股，就存在财务杠杆作用。（　　）

9. 某企业固定成本为 50 万元，全部资本均为自有资本，其中普通股占 80%，

其余为优先股，则该企业同时存在经营杠杆效应和财务杠杆效应。 ( )

10. 通常情况下，发行普通股筹资要考虑筹资费用，因此，其资本成本要高于留存收益的资本成本。 ( )

◆ 实务题

1. ABC 公司按平均市场价值计量的目标资本结构是：40%的长期债务、10%的优先股、50%的普通股。长期债务的税后成本是 3.90%，优先股的成本是 8.16%，普通股的成本是 11.80%。

要求：计算该公司的综合资本成本。

2. 某企业计划筹集资本 100 万元，所得税税率为 25%。有关资料如下：

（1）向银行借款 10 万元，借款年利率为 6%，期限为 3 年，每年支付一次利息，到期还本。

（2）溢价发行债券，债券面值总额为 14 万元，发行价格总额为 15 万元，票面利率为 9%，期限为 5 年，每年支付一次利息，到期还本。

（3）发行普通股募资 40 万元，每股发行价格为 10 元。预计第一年每股股利 2.4 元，以后每年按 3%递增。

（4）其余所需资本通过留存收益取得。

要求：计算个别资本成本。

3. 某公司资产总额为 5 000 万元，资产负债率为 40%，负债平均利息率为 5%，全部固定成本和费用为 300 万元，净利润为 750 万元，公司适用的所得税税率为 25%。

要求：

（1）计算 DOL、DFL、DTL。

（2）预计销售收入增长 20%时，公司每股收益增长多少?

4. 某企业资产总额为 1 000 万元，负债和权益筹资额的比例为 2：3，债务利率为 12%，当前销售额为 1 000 万元，息税前利润为 100 万元，经营杠杆度为 2。

要求：计算总杠杆度。

5. TT 公司 2014 年度的普通股和长期债券资金分别为 840 万元和 560 万元，资本成本分别为 14%和 8%。2015 年拟增加资金 125 万元，现有两种方案：

方案一：保持原有资本结构筹集普通股资金和长期债券资金，预计普通股资本成本为 15%，债券资本成本仍为 8%。

方案二：平价发行长期债券 125 万元，票面年利率为 12%，没有筹资费用；预计债券发行后企业的股票价格为每股 18 元，每股股利为 2.7 元，股利增长率为 3%。公司适用的所得税税率为 25%。

要求：

（1）计算采用方案一时，TT 公司的综合资本成本；

（2）计算采用方案二时，TT 公司的综合资本成本；

（3）利用比较资本成本法，判断 TT 公司应采用哪一种方案。

6. AS 公司目前发行在外普通股 1 000 万股（每股面值 1 元），以平价发行利率为 5%的债券 2 000 万元。该公司打算为一个新的投资项目融资 5 000 万元，新项目投资后公司每年息税前利润预计为 1 000 万元。公司适用的所得税税率为 25%。现有两个方案可供选择：

方案一：按 8%的利率平价发行债券；

方案二：按每股 10 元发行新股。

要求：

（1）计算两个方案每股利润无差异点的息税前利润；

（2）判断应采用哪个方案进行筹资（不考虑资本结构对风险的影响）。

7. WD 公司现有资金 120 万元，其中债券 60 万元，年利率 10%；普通股 60 万元，面值 1 元，发行价 10 元。今年期望股利为 1 元/股，预计以后每年递增 6%，所得税税率为 25%，无筹资费用。该公司拟增资 80 万元，现有三个方案可供选择：

甲方案：增加发行 80 万元的债券，年利率为 12%，普通股股利不变，市价变为 8 元/股。

乙方案：发行债券 40 万元，年利率为 10%；发行股票 4 万股，发行价为 10 元/股，股利不变。

丙方案：发行股票 6.4 万股，发行后普通股市价为 12.5 元/股。

要求：

（1）分别计算甲、乙、丙三个方案的综合资本成本；

（2）WD 公司应该选择哪个方案进行筹资？

8. SL 公司的年销售额为 100 万元，变动成本率为 70%，全部固定成本和费用合计为 20 万元，总资产为 50 万元，资产负债率为 40%，负债的平均资本成本为 8%，假设企业所得税税率为 25%。该公司拟改变经营计划，打算追加投资 40 万元，每年固定成本增加 5 万元，可以使销售额增加 20%，并使变动成本率下降至 60%。该公司将提高净资产收益率的同时降低总风险作为改进经营计划的标准。

要求：

（1）若所需资金均以发行股票取得，计算 SL 公司的净资产收益率、经营杠杆度、财务杠杆度和总杠杆度，并判断是否应改变经营计划。

（2）若所需资金以发行年利率为 10%的债券来取得，计算 SL 公司的净资产收益率、经营杠杆度、财务杠杆度和总杠杆度，并判断是否应改变经营计划。

9. 甲公司目前的资本总额为 2 000 万元，其中普通股为 800 万元、长期借款为 700 万元、公司债券为 500 万元。甲公司计划通过筹资来调节资本结构，目标资本结构为普通股占 50%、长期借款占 30%、公司债券占 20%。现拟追加筹资 1 000 万元，个别资本成本率预计分别为：普通股为 15%，长期借款为 7%，公司债券为 12%。

要求：计算追加 1 000 万元筹资的边际资本成本。

◆ 案例分析题

1. 某公司的固定成本总额为 80 万元，变动成本率（变动成本与销售额之比）为 60%，当销售额为 400 万元时，息税前利润为 80 万元，税后利润为 29.48 万元。该公司所得税税率为 25%。

要求：

（1）计算该公司的经营杠杆度、财务杠杆度和总杠杆度。

（2）对该公司经营及财务面临的风险进行分析。

2. 蓝天公司是一家大型制造企业，由于该企业重视开拓新的市场和保持良好的资本结构，因此该企业不仅在市场上站稳了脚跟，同时也不断发展和壮大。为了进一步开拓国际市场，企业决定开设一个独立法人的子公司来扩大市场占有率。财务经理张晶主要负责筹资政策。经过财务人员分析，新公司预计每年息税前利润为 2 500 万元，适用的所得税税率为 25%。张晶制订出两套财务方案以供选择：

甲方案：采用普通股筹资，假设不考虑发行费用，以每股 10 元的价格发行 1 000 万股。

乙方案：采用债务和权益进行筹资，假设不考虑发行费用，以每股 10 元的价格发行 500 万股普通股，以 12%的年利率发行长期债券 5 000 万元。

假设你为张晶，请代为回答以下问题：

（1）计算每股收益无差别点时的息税前利润。

（2）计算两种方案下的每股收益。

（3）应该采用哪种方案？为什么？

（4）假设该公司采用方案乙，并且预计第一年的息税前利润为 2 500 万元，计算已获利息倍数。

（5）分析财务杠杆给公司带来的影响。

第11章 投资管理

学习目标

◆ 重点掌握投资现金流量的计算和投资评价基本方法；掌握投资评价基本方法的适用范围和特点；了解投资管理的概念。

❖ 引例

F公司面临的决策

F公司目前是国内最大的家电生产企业，已经在上海证券交易所上市多年，该公司正在考虑在北京建立一个工厂，生产某一新型产品。目前的情况是这样的：F公司在两年前曾在北京以500万元购买了一块土地，原打算建立北方地区配送中心，后来由于收购了一个物流企业，解决了北方地区产品配送问题，便取消了配送中心的建设项目。公司现计划在这块土地上兴建新的工厂，目前该土地的评估价为800万元。

预计建设工厂的固定资产投资成本为1 000万元。该工程将承包给其他公司，工程款在完工投产时一次付清，即可以将建设期视为零。另外，工厂投产时需要营运资金750万元。

该工厂投入运营后，每年生产和销售30万台产品，单价为200元，单位产品变动成本为160元，预计每年发生固定成本（含制造费用、销售费用和管理费用）400万元。

由于该项目的风险比目前公司的平均风险高，管理当局要求项目的报酬率比公司当前的加权平均税后成本高出2个百分点。

该公司目前的资本来源状况如下：负债的主要项目是公司债券，该债券的票面利率是6%，每年付息，5年后到期，每张面值1 000元，共100万张，每张债券的当前市价是959元；所有者权益的主要项目是普通股，流通在外的普通股共10 000万股，市价为每股22.38元，贝塔系数是0.875，其他资本来源可以忽略不计。

当前的无风险收益率是5%，预期市场风险溢价为8%。该项目所需资金按照公司当前的资本结构筹集，并可以忽略债券和股票的发行费用。公司平均的所得税税率为25%。

该工厂（包括土地）在运营5年后将整体出售，预计出售价格为600万元。假设投入的营运资金在工厂出售时可以全部收回。

假如你是该公司的财务顾问，公司的管理层要求你为项目投资进行评估。

资料来源　李延喜，秦学志，张悦玫．财务管理[M]．北京：清华大学出版社，2010：177-178.

11.1　投资概述

投资是企业创造价值的源泉。如果企业不投资，企业的生产经营活动将无法开展，企业也不可能实现获利和价值增值；如果企业发生投资失误，企业可能因此而倒闭，这时企业投资远不如不投资。正是由于投资活动的重要性，投资管理才是企业财务管理的重要内容之一。

11.1.1　企业投资的概念

企业筹集资金的目的是把资金用于生产经营活动以便取得盈利，实现企业价值增值。投资是以收回现金并取得收益为目的而发生的现金流出。换句话说，投资是把资金直接或间接投放于一定的对象，以期望在未来获取收益的经济活动，是企业获得利润的前提，是企业生存与发展的必要手段，是企业降低风险的重要途径。

投资这个名词在金融和经济方面有数个相关的意义。它涉及财产的累积以求在未来得到收益。从技术上来说，这个词意味着“将某物品放入其他地方的行动”；从金融学角度来讲，相较于投机而言，投资的时间更长一些，更趋向为了在未来一定时间段内获得某种比较持续稳定的现金流收益，是未来收益的累积。

投资决策是企业所有决策中最为关键、重要的决策，因此我们常说：投资决策失误是企业最大的失误，一个重要的投资决策失误往往会使一个企业陷入困境，甚至破产。因此，财务管理的一项极为重要的职能就是为企业当好参谋，把好投资决策关。

11.1.2　企业投资的分类

1. 短期投资和长期投资

按投资期限不同，企业投资可分为短期投资和长期投资。短期投资又称流动资产投资，是指在一年内能收回的投资，主要包括对现金、应收账款、存货等的投资。长期投资则是指一年以上才能收回的投资，主要包括对厂房、机器设备等的投资。由于长期投资中固定资产所占的比重最大，所以长期投资有时专指固定资产投资。

2. 采纳与否投资和互斥选择投资

按决策角度不同，企业投资可分为采纳与否投资和互斥选择投资。采纳与否投资是指决定是否投资于某一独立项目的决策。在两个或两个以上的项目中，只能选择其中之一的决策叫做互斥选择投资决策。

3. 对内投资和对外投资

按投资方向不同，企业投资可分为对内投资和对外投资。从企业的角度看，对内投资就是项目投资，是指企业将资金投放于为取得供本企业生产经营使用的固定资产、无形资产、其他资产和垫支流动资金而形成的一种投资。对外投资是指企业为购买国家及其他企业发行的有价证券或其他金融产品（包括期货与期权、信托、保险），或以货币资金、实物资产、无形资产向其他企业（如联营企业、子公司等）注入资金而发生的投资。

4. 直接投资和间接投资

按投资行为介入程度不同，企业投资可分为直接投资和间接投资。直接投资包括企业内部直接投资和外部直接投资，前者形成企业内部直接用于生产经营的各项资产，后者形成企业持有的各种股权性资产，如持有子公司或联营公司的股份等。间接投资是指通过购买被投资对象发行的金融工具而将资金间接转移交付给被投资对象使用的投资，如企业购买特定投资对象发行的股票、债券、基金等。

11.1.3 企业投资的意义

企业需要通过投资配置资产，才能形成生产能力，取得未来的经济利益。

1. 投资是企业生存与发展的必要手段

企业的生产经营是企业资产的运用和资产形态的转换过程。投资，是一种资本性支出的行为，通过投资支出，企业购建流动资产和非流动资产，形成生产条件和生产能力。实际上，不论是新建一个企业，还是建造一条生产线，都是一种投资行为。通过投资，确立企业的经营方向，配置企业的各类资产，并将它们有机地结合起来，形成企业的综合生产经营能力。因此，投资决策的正确与否，直接关系到企业的兴衰成败。

2. 投资是获取利润的基本前提

财务管理的目标是不断提高企业价值。企业投资的目的，则是要通过预先垫付一定数量的货币或实物形态的资本，购建和配置形成企业的各类资产，从事某类经营活动，获取未来的经济利益。通过投资形成了生产经营能力，企业才能开展具体的经营活动，获取经营利润。那些以购买股票、债券等有价证券的方式对其他单位的投资，可以通过取得股利或利息来获取投资收益，也可以通过转让证券来获取资本利得。

3. 投资是企业风险控制的重要手段

企业的经营面临着各种风险，有来自市场竞争的风险，有资金周转的风险，还有原材料涨价、费用居高等成本上升的风险。投资，是企业风险控制的重要手段。通过投资，可以将资金投向企业生产经营的薄弱环节，使企业的生产经营能力配套、平衡、协调。通过投资，可以实现多元化经营，将资金投放于经营相关程度较低的不同产品或不同行业，分散风险，稳定收益来源，降低资产的流动性风险、变现风险，增强资产的安全性。

11.1.4　企业投资的程序

一个企业，无论是以何种组织形式存在，都要由企业的管理者去经营和决策，而共同的管理目标，就是不断提高企业价值。要想实现企业的管理目标，管理者不仅要有好的眼光和机会，最关键是要作出正确和适当的投资决策。可以说，投资决策的过程就是企业的经营者找出好的投资机会的过程。而对于好的投资机会，不能在缺乏调查研究的情况下盲目地决定，而必须按照特定的过程，运用科学的方法进行可行性分析，以保证决策的正确性。其决策过程一般包括如下几个步骤：

1. 项目的提出

项目的提出是投资决策的第一步，也是最重要的部分。企业的各级领导都可以提出新的投资项目，可以是开拓新业务的战略性投资，也可以是技术改造的战术性投资。企业管理当局根据企业发展战略目标，结合企业生产经营条件以及外部市场条件，发现或设计资本投资项目，通常包括必要投资、替代性投资、扩张性投资和多角化投资等。

2. 项目的评价

项目的评价是对投资项目未来的现金流量以及蕴涵在现金流量中的风险因素进行预测和估计。这个过程需要企业各个部门，包括生产技术部门、管理部门和销售部门等技术人员，根据一定的标准和方法进行预测，并由财务人员进行综合处理，最后得出评估项目中预期现金流量与折现率的大小。企业一定要把风险控制在它能够承受的范围之内，不能有过于投机或侥幸的心理，一旦企业所面临的风险超过其承受的能力，将会铸成大错，导致企业的灭亡。

3. 项目的选择

这个过程是投资决策的关键步骤。运用投资决策的技术和方法来对项目进行评价，采纳那些有助于企业价值最大化的项目，拒绝那些不利于企业价值最大化的项目。

4. 项目的执行

当项目正式投入运营之后，企业要密切监控项目的所有重要指标，尤其是对现金流量及其发生时间进行监控，并关注预定报酬率是否能够达到。根据项目的目标实现情况，对项目进行重新评估，以决定是否继续或放弃项目，或者调整项目方案，重新编制预算，从而使投资决策更科学合理。

拓展案例 11-1

“两会”前夕，武钢在武汉召开新闻发布会，宣布“十二五”期间计划投资390亿元发展海外矿产资源开发、钢材深加工、国际贸易、高新技术、煤化工业、工业气体、物流产业、综合利用、后勤服务等与钢铁主业相关的非钢产业，将非钢产业的收入比例提高至集团总收入的30%。

在武钢列出的一串非钢产业名单中，有相当一部分业务为武钢原有的辅业。邓崎琳也坦承，养猪、种菜、做盒饭等后勤服务，原来都是为钢铁主业服务的辅业，现在武钢不对非钢产业以辅业待之，改称“相关产业”。武钢的这一做法并不新鲜。20 世纪 90 年代，我国部分国有企业由于主业式微，大举进入非主业领域，带来的直接后果就是企业包袱加重、主辅分离困难。不仅武钢一家，自 2010 年钢铁业盈利艰难开始，宝钢、河北钢铁、鞍钢、首钢、山东钢铁集团等国内钢铁龙头企业，均在原有辅业的基础上扩大非钢产业投资。将辅业扶正、发展非钢产业，成为我国钢铁业在行业低谷之时的救命稻草。对此，国内最优秀的钢铁企业宝钢集团董事长徐乐江表示，目前钢企发展非钢产业实属迫不得已，宝钢非钢产业虽然收入远不及钢铁主业，但利润率非常高，2011 年的利润贡献率达 50%。

武钢似乎还令市场联想起春兰空调。20 世纪 90 年代后期，占据市场多半份额的春兰空调风光无限，迫不及待地将触角伸进其他多个领域，摩托车、洗衣机、冰箱、汽车底盘和压缩机等项目纷纷上马，试图打造一个庞大的“春兰帝国”。如今，中国空调业的主流阵营已没有了春兰的立足之地。

武钢计划投资的非钢产业，也是近年来国资委严格控制的非主业投资。国资委三番五令催促央企回归主业、清理非主业投资，就是在盲目多元化的沉痛教训基础之上作出的决策。但在实际操作中，国资委依然面临行政管理与央企投资非主业的自主性如何协调的难题。

虽然武钢格外强调 390 亿元是“十二五”期间非钢产业的总投资额，但整个“十一五”期间，也是钢铁业产能和利润的快速发展时期，武钢总盈利还不到 390 亿元，为 274 亿元。武钢“十二五”期间投资 390 亿元发展非钢产业，属于非主业投资范畴。但限制非主业投资近年来一直是国资委控制央企风险的主要措施之一。

据了解，武钢自 2010 年年底就提出加大非钢产业投资，并将其列为“十二五”规划的重要战略转型，这一转型已获国资委许可。

资料来源　邓瑶 . 陈九霖谈武钢养猪：若养驴赚钱，是不是又都去养驴呢[EB/OL].(2012-03-17)[2015-09-18].http://finance.ifeng.com/news/corporate/20120317/5764146.shtml.

11.2　投资现金流量的估算

在投资决策中，评价项目是否可行的关键因素不是会计利润，而是现金流量。因此，投资现金流量的估算是投资决策的首要环节，实际上它也是分析投资方案时最为重要的一个步骤。

11.2.1 现金流量的概念

企业投资的现金流量是指与投资决策相关的现金流入量和现金流出量。具体是指，投资项目从筹划、设计、施工、投产直至报废的整个期间各年的现金流入量和现金流出量的总称。而一定时期内，现金流入量和现金流出量的差额，称为净现金流量。因此，投资现金流量包括现金流入量、现金流出量和净现金流量。

理解投资现金流量，应注意以下几点：

1. 相关成本与沉没成本

在确定投资方案的现金流量时，应遵循的基本原则：只有增量的现金流量才是与投资项目相关的现金流量。增量现金流量是指所有因为接受该项目而直接导致的企业未来现金流量的变动。这个增量现金流量的定义隐含着一个显而易见的推论：任何现金流量，如果不管项目是否接受它都存在，那么它就是不相关的。

相关成本是指与投资决策有关的、在分析评价时必须加以考虑的成本；沉没成本，是管理会计中的一个术语，是指企业已经发生或承诺、无法回收的成本，如因失误造成的不可收回的投资。沉没成本是一种历史成本，对现有决策而言是不可控成本，不会影响当前行为或未来决策。从这个意义上说，在投资决策时理性的决策者应排除沉没成本的干扰。

拓展案例 11-2

一家医药公司的总裁，正在进行一个新的止痛药的开发项目。据知，另外一家医药公司已经开发出了一种类似的新的止痛药。通过那家公司止痛药在市场上的销售情况可以预计，如果继续进行这个项目，公司有将近 90% 的可能性损失 500 万元，有将近 10% 的可能性盈利 2 500 万元。到目前为止，项目刚刚启动，还没花费什么钱。从现阶段到产品真正研制成功能够投放市场还需耗资 50 万元。你会把这个项目坚持下去还是现在放弃？

还是这家公司，到现在为止，这个项目已启动了很久，你已经投入了 500 万元，只要再投 50 万元，产品就可以研制成功正式上市了。你会把这个项目坚持下去还是现在放弃？

除了你已经投入 500 万元之外，第二个问题与前一个问题是完全相同的。

企业老总们绝大多数对第二题的回答是“坚持继续投资”。他们认为已经投了 500 万元，再怎么样也要继续试试看，说不定运气好可以收回这个成本。殊不知，为了这已经沉没的 500 万元，他们将有 90%的可能非但收不回原有投资，还会再赔上 50 万元。

所以在投资时应该注意：如果发现一项投资是错误的投资，就应该立刻悬崖勒马，尽早回头，切不可因为顾及沉没成本，错上加错。事实上，这种为了追回沉没成本而继续追加投资导致最终损失更多的例子比比皆是。许多公司在明知项目前景暗淡的情况下，依然苦苦维持该项目，原因仅仅是因为他们在该项目上已经投入了大量的资金（沉没成本）。摩托罗拉公司的铱星项目就是沉没成本谬误的一个典型例子。摩托罗拉为这个项目投入了大量的资金，后来发现这个项目并不像当初想象的那样乐观。可是，公司的决策者一直觉得已经在这个项目上投入了那么多，不能半途而废，所以仍旧苦苦支撑。但是后来事实证明这个项目是没有前途的，所以最后摩托罗拉公司只能忍痛接受了这个事实，彻底结束了铱星项目，并为此损失了大量的人力、财力和物力。

资料来源 佚名．行为金融学案例：沉没成本[EB/OL].(2007-05-14)[2015-09-15].http://blog.sina.com.cn/s/blog_49f850dd01000924.html.

2. 机会成本

机会成本是指在面临多方案择一决策时，被舍弃的选项中的最高价值者是本次决策的机会成本。

例如当一个厂商决定将 1 吨原油用作燃料时，就不能再用这 1 吨原料生产化纤等其他产品。假定原油价格为 1 000 元，可发电 1 000 度，可生产化纤 500 吨。假定化纤收入是各种产品中最高的，则 1 吨原油发电的机会成本就是 1 吨原油所能生产的化纤。假定化纤价格为 10 元每吨，则用货币表示的每 1 度电的机会成本是 5 元。

贴现现金流量法已成为投资决策的主要方法，机会成本也成为投资决策中现金流出量估算的重要一项。

拓展案例 11-3

关于比尔·盖茨，有一个经典的事例，如果他掉了 1 000 美元，都不需要弯腰去捡，因为期间的花费用 4 秒钟就可以赚回来了。他每年赚 78 亿美元，平均到每秒赚 250 美元。假设捡 1 000 美元要花 30 秒，则他错失了赚 7 500 美元的机会。

这就涉及经济学中的经典：机会成本。所谓机会成本，是指错过最有价值的物品和劳务的价值。在上述案例中，比尔·盖茨捡钱的机会成本就是 7 500 美元，所以捡钱是件亏本生意。不单单世界首富会遇到这类问题，生活中各种抉择都涉及机会成本。

资料来源 佚名．生活中的机会成本[EB/OL].(2011-09-28)[2015-09-20].http://blog.sina.com.cn/s/blog_8f61a8540100xe3h.html.

3. 交叉影响

当采纳一个新的项目后，该项目可能对企业的其他部门产生有利的或不利的影响。这种影响也应该纳入到决策考虑的范围中。因为企业是一个整体，当新旧项目之间有交叉影响时，只有将这种影响予以考虑，才能完整地反映出投资决策所带来的增量现金流量。

例如某饮料生产企业过去只有一种橙汁饮料，现在考虑是否增加柠檬汁作为新产品，这种情况下，就应该计算柠檬汁可能给企业带来的直接现金流量，还应该考虑柠檬汁的推出是否会给橙汁的销量带来影响，如果有影响，就应将由此减少的现金流量也纳入决策范围。当然，新产品推出后也可能出现相反的情况，将会促进其他部门的销售量增长。这种影响是正面的，在投资决策时，仍然要将其考虑在内。

11.2.2　现金流量的构成

投资活动的现金流量一般由以下三个部分构成。

1. 初始现金流量

初始现金流量是指开始投资时发生的现金流量，一般包括如下几个内容：

（1）固定资产投资，包括固定资产的购入或建造成本、运输成本和安装成本等。

（2）流动资产投资，包括对材料、在产品、产成品和现金等流动资产上的投资。

（3）其他投资费用，是指与长期投资有关的职工培训费、谈判费、注册费用等。

（4）原有固定资产的变价收入，主要是指固定资产更新时原有固定资产变卖所得的现金收入。

2. 营业现金流量

营业现金流量是指投资项目投入使用后，在其生命周期内由于生产经营所带来的现金流入和流出的数量。这种现金流量一般以年为单位进行计算。

3. 终结现金流量

终结现金流量是指投资项目完结时所发生的现金流量，主要包括：固定资产的残值收入或变价收入；原有垫支在各种流动资产上的资金的收回；停止使用的土地的变价收入等。

11.2.3　现金流量的估算

初始现金流量和终结现金流量的估算比较简单，只需逐项列出然后相加即可。需要注意的是，如果初始投资时存在费用化的支出，或者涉及固定资产的出售损益，则需要考虑所得税的影响。

营业现金流量的计算比较复杂，其计算方法主要有以下几种：

1. 定义法

根据营业现金流量的定义，营业现金流量是指投资项目投入使用后，其生命周期内由于生产经营而带来的现金流入和流出的数量。为了简便计算，假设现金流入一般是指营业现金收入，现金流出是指营业现金支出和缴纳的税金。如果一个投资项目的年销售收入等于营业现金收入，付现成本（不包括折旧等非付现成本）等于营业现金支出，其公式为：

营业现金流量=营业收入−付现成本−所得税　（11-1）

2.倒推法

营业现金流量包括年营业净利润和年折旧两个部分。因为折旧不需要付出现金，但是抵减了当期利润，所以在计算营业现金流量时，应将其加回到营业现金流量中。其公式为：

营业现金流量=净利润+折旧　　(11-2)

3.税盾法

由于收入要缴税，费用可抵税，因此不需付现的折旧具有抵税作用。其公式为：

营业现金流量=营业收入×（1-所得税税率）-付现成本×（1-所得税税率）+折旧×所得税税率　　(11-3)

以上三种方法的计算结果都是一样的，可以根据已知条件选择最为简单的方法。

11.3 投资评价基本方法

在投资决策过程中，运用一定的科学理论、方法和手段对项目投资进行决策有着十分重要的意义。对项目进行排序并确定项目是否可接受的方法主要有以下两类：一类是非折现方法，即没有考虑货币时间价值的方法，包括回收期法、平均会计报酬法等；另一类是折现方法，即考虑了货币时间价值的方法，包括净现值法、盈利能力指数法、内部收益率法等。

11.3.1 非折现评价方法

非折现评价方法不考虑货币时间价值的因素，认为现在投资的资金可以用于项目期内若干年的收益补偿，若收益大于投资额就认为是有利的；否则就是不利的。这里主要介绍回收期法和平均会计报酬法两种。

1.回收期法

回收期法是通过计算一个项目所产生的经营净现金流量足以抵消初始投资额所需要的年限，是用项目回收的速度来衡量项目投资方案的一种评价方法。在这里，回收期就是从项目投资之日起，用项目各年的现金流量将全部投资收回所需的期限，一般用年来表示，回收期一般越短越好。

(1) 公式。

其具体的计算因每年的净现金流量不同而不同，其公式可以表示为：

①原始投资一次支出，每年的净现金流量相等。

回收期=初始投资÷年初现金流　　(11-4)

【例 11-1】假设某企业的某项初始投资估计为 17 000 元，5 年中每年的净现金流量估计为 4 000 元，那么此项目的回收期是多少？

【解】回收期=17 000÷4 000=4.25（年）

②原始投资一次支出，每年的净现金流量不等。

如果在项目周期内的所有年限中，现金流量不是均衡的，我们就不能再用式11-4了。在这种情况下，我们必须估计累计现金流量并且与初始投资进行比较，直到全部初始投资收回为止。其公式为：

回收期=（n-1）+第n-1年尚未收回的投资额÷第n年的现金净流量　（11-5）

【例11-2】假设某企业的某项目初始投资估计为70 000元，现金流量估计见表11-1。

表11-1　**某企业的某项目初始投资额**

年份	每年现金流量（元）
1	30 000
2	40 000
3	30 000
4	35 000

【解】基于这些数据，我们计算得出累计现金流量（见表11-2）。

表11-2　**某企业的某项目累计现金流量**

年份	每年现金流量（元）
1	30 000
2	70 000
3	100 000
4	135 000

70 000元的初始投资是在2年后收回的，所以项目的回收期为2年。

对于同样的项目，如果初始投资为130 000元，那么回收期将为3.857年，也就是说，3年后企业可以回收100 000元，用第4年的一部分来回收剩下的30 000元，这一部分时间等于0.857年（30 000÷35 000）。

（2）决策方法。

当使用回收期法时，企业必须决定该项目可接受的最长回收期。这一期间对不同企业是不同的，甚至对同一个企业的不同项目也是不同的。在决定可接受的常用回收期时没有特别的办法，通常由主观决定。在分析独立项目时，我们将回收期与可接受的最长回收期作比较，运用下面的决策方法：

当回收期≤可接受的最长回收期时，接受该项目；

当回收期>可接受的最长回收期时，拒绝该项目。

当我们评价排他性项目时，应选择回收期较短的项目。

（3）回收期法的特点。

由于回收期法的使用比较简单，我们经常使用，又由于回收期法能够确定收回初始投资的时间，它在分析项目时是很有价值的。回收期法将重点放在成本回收的时间上，所以它经常要与其他方法结合使用。回收期法部分承认了货币的时间价值，支持那些收回初始投资较快的项目，但它并没有完全考虑货币的时间价值，我们将举例说明这个问题。

项目甲和乙都需要初始投资 100 000 元，它们的现金流量见表 11-3。

表 11-3 项目甲和乙的现金流量 单位：元

年份	项目甲的现金流量	项目乙的现金流量
1	50 000	20 000
2	30 000	30 000
3	20 000	50 000
4	60 000	5 000
5	50 000	5 000

当我们只使用回收期法评估这两个项目时，由于它们预测的回收期是相同的，我们无法确定优先次序。然而项目甲在第 1 年获得的现金流量比项目乙多，考虑货币的时间价值，项目甲更受青睐。

回收期法的另一个缺点就是它没有考虑回收期以后的现金流量。在前面的例子中，在回收期后的两年中项目甲比项目乙产生更多的现金流量，而这一信息却被忽视了。

2. 平均会计报酬率法

（1）公式。

平均会计报酬率是指项目的平均年度净利润与投资总额之比，用公式可表示为：

平均会计报酬率=平均年度净利润÷投资总额 (11-6)

【例 11-3】某企业拟建设一固定资产，原始投资为 30 万元，项目期限为 4 年，每年的会计净利润分别为 3 万元、4 万元、5 万元、6 万元，则平均会计报酬率是多少？

【解】平均会计报酬率=(30 000+40 000+50 000+60 000)÷4÷300 000×100%=15%

（2）决策方法。

运用平均会计报酬法进行独立项目的投资时，应设置基准投资收益率 R_c：

当平均会计报酬率≤基准投资收益率 R_c 时，拒绝该项目；

当平均会计报酬率＞基准投资收益率 R_c 时，接受该项目。

当我们评价排他性项目时，应选择平均会计报酬率高的项目。

（3）平均会计报酬法的特点。

平均会计报酬法不仅考虑了原始投资回收期的长短，而且考虑了项目在整个生命周期内所获得的全部利润。该方法以预测数据为依据进行计算，不仅数据容易获取，而且可以根据以后的变化进行调整。其局限性在于：第一，该方法以会计利润为标准，未考虑现金的流动性；第二，未考虑货币时间价值；第三，虽然考虑了项目整个生命周期的全部利润，但未考虑项目规模对项目风险的影响。

非折现评价方法是在财务管理理论不完善时期经常采用的投资评价方法。其最大的缺点在于未考虑货币时间价值，未将资金的机会成本作为投资决策的影响因素，容易误导决策，放弃投资回报率高的项目。

11.3.2　折现评价方法

折现评价方法不仅要考虑货币时间价值，而且还要考虑项目周期内现金流入与现金流出的全部数据。因此，它们是比非折现评价方法更全面、更科学的评价方法。

1. 净现值法

(1) 公式。

净现值等于投资项目未来净现金流按其资本成本折算成现值，减去初始投资后的余额。其表达式为：

$$净现值=\sum_{t=1}^{n}\frac{CF_t}{(1+k)^t}-I \tag{11-7}$$

式中：CF_t为第t期的现金流；k为要求的回报率；I为初始投资。

净现值法与我们介绍的其他方法，都是将项目的融资成本视为评价过程不可或缺的一部分。对于净现值法，把资本成本作为贴现率意味着将项目的融资成本视为这一项目必须获得的最小收益率。

资本成本是企业长期资金的成本，由于这些资金被用来对资本预算项目进行投资，所以资本成本可看做评价这些项目的适当贴现率。然而由于资本预算项目的风险不同，企业可能使用高于或者低于资本成本的贴现率。在本章中我们假设所有的投资评价项目都与企业有相同的风险，因此，企业对投资评价项目要求的回报率就是企业的资本成本。

(2) 决策方法。

如果一个项目的净现值大于零，那么这个项目预期产生的现金流将大于初始投资。这样，如果我们接受这个项目，就会增加企业的价值。如果净现值等于零，项目的预期收益率等于对项目要求的回报率，我们也可以接受该项目。如果净现值是负的，即现金流的现值小于初始投资，这表明项目会降低企业的价值，因此应该拒绝该项目。净现值分析方法总结如下：

如果净现值≥0，接受该项目；

如果净现值＜0，拒绝该项目。

当两个排他性的项目都具有正的净现值时，我们应该选择净现值较大的项目，因为它将最大限度地增加企业的价值。

【例 11-4】假设 H 企业有两个项目：项目 X 和项目 Y。初始投资和现金流量见表 11-4。给定的资本成本为 12%，我们得出项目的净现值：项目 X 为-5 881 元，项目 Y 为 13 645 元。如果项目是独立的，我们接受项目 Y，拒绝项目 X；如果它们是排他性的，根据净现值的标准选择项目 Y。

回想一下回收期法中项目 X 要优于项目 Y，而根据净现值分析，选择项目 X 是错误的，因为项目 X 现金流的现值小于它的初始投资。使用回收期法可能出现这些矛盾的结果是因为它并没有考虑货币时间价值。

表 11-4 **两个独立项目的净现值计算表** 金额单位：元

年份	现值系数	项目 X		项目 Y	
		年现金流量	折现现金流量	年现金流量	折现现金流量
1	0.8929	40 000	35 716	30 000	26 787
2	0.7972	30 000	23 916	20 000	15 944
3	0.7118	40 000	28 472	40 000	28 472
4	0.6355	5 000	3 178	40 000	25 420
5	0.5674	5 000	2 837	30 000	17 022
现金流量的总现值		94 119		113 645	
减：初始投资		100 000		100 000	
净现值		-5 881		13 645	

(3) 净现值法的优点和缺点。

①优点。

净现值法具有广泛的适用性，在理论上也比其他方法更加完善，主要有以下几方面的优点：第一，使用现金流量，企业可以直接使用项目所获得的现金流量，体现了流动性与收益性的统一性；第二，包括了项目的全部现金流量，其他资本预算方法往往会忽略某特定时期之后的现金流量；第三，考虑了货币时间价值和投资风险性，净现值对现金流量进行了合理折现，有些方法在处理现金流量时往往忽略货币时间价值。

②缺点。

净现值法也存在以下几方面缺点：第一，资本成本的确定较为困难，特别是在经济不稳定的情况下，资本市场的利率变化加重了确定资本成本的难度；第二，净现值法说明投资项目的盈亏总额，但没能说明单位投资的效益情况，即投资项目本身的实际投资报酬率。这样会造成在投资规划中着重选择投资大和收益大的项目而忽视投资小、收益小但投资报酬率高的更佳投资方案。

2. 盈利能力指数法

(1) 公式。

盈利能力指数法是评价项目的另一个可供选择的方法，是指项目现金流量与它的初始投资的比率。它表示的是投资项目的相对盈利能力，即每 1 元成本所带来净现金流的现值。

项目盈利能力指数的表达式为：

$$\text{盈利能力指数}=\frac{\sum_{t=1}^{n}\frac{CF_t}{(1+k)^t}}{I} \tag{11-8}$$

式中：CF_t为第 t 期的现金流；k 为要求的回报率；I 为初始投资。

（2）决策方法。

如果盈利能力指数大于 1，那么现金流的现值超过了初始投资，我们应该接受该项目。如果盈利能力指数小于 1，那么现金流的现值小于初始投资，我们应该拒绝该项目。基本决策方法表述如下：

如果盈利能力指数≥1，接受该项目；

如果盈利能力指数＜1，拒绝该项目。

盈利能力指数是一个比例值，它的决策点为 1，而净现值是绝对数值，其决策点为 0，除此之外，两者的决策方法是完全一致的。对于独立项目来讲，盈利能力指数法所作出的接受–拒绝决策与净现值法相同。然而，当我们比较排他性项目时，盈利能力指数法所作出的结论就与净现值法不同了，在排他性项目的决策中，我们应该优先考虑净现值法。它们之间的不同我们稍后将说明。

【例 11-5】假设 H 企业有两个项目：项目 X 和项目 Y（前面已经讨论过），其盈利能力指数法的应用见表 11-5，在这里项目 X 的盈利能力指数为 0.94，项目 Y 的盈利能力指数为 1.14。根据独立项目的决策方法，我们应该选择项目 Y，因为它的盈利能力指数大于 1；应该拒绝项目 X，因为它的盈利能力指数小于 1。

表 11-5　　两个独立项目的盈利能力指数计算表　　金额单位：元

年份	现值系数	项目 X		项目 Y	
		年现金流量	折现现金流量	年现金流量	折现现金流量
1	0.8929	40 000	35 716	30 000	26 787
2	0.7972	40 000	23 916	20 000	15 944
3	0.7118	30 000	28 472	40 000	28 472
4	0.6355	40 000	3 178	40 000	25 420
5	0.5674	5 000	2 837	30 000	17 022
现金流的总现值	94 119			113 645	
初始投资	100 000			100 000	
盈利能力指数	94 119÷100 000=0.94			113 645÷100 000=1.14	

（3）盈利能力指数法的特点。

盈利能力指数法完全考虑了货币时间价值，且所使用的贴现率反映了企业的资本成本。这些优点与净现值法相同。另外，盈利能力指数表明的是收益和投资的比率，因此盈利能力指数法所提供的分析结果比较容易解释。

盈利能力指数法最大的缺点就是它在排他性项目中作选择时可能出现错误。

考虑一下项目 S 和项目 T，见表 11-6。

表 11-6 **项目 S 和项目 T 的净现值和盈利能力指数比较表** 金额单位：元

	项目 S	项目 T
初始投资	10 000	100 000
现金流量的现值	12 000	110 000
净现值	2 000	10 000
盈利能力指数	1.20	1.10

在以盈利能力指数值为标准时，我们将优先选择项目 S，因为项目 S 有较高的盈利能力指数，这表明项目 S 能够产生较高的现金流。然而，项目 T 的净现值要高于项目 S，因为净现值反映的是在所有成本均被考虑之后的企业价值的增加，对于企业来讲很显然项目 T 更好一些。因此，当盈利能力指数法作出与净现值法不同的决策时，我们应优先选择净现值法。

3. 内部收益率法

(1) 公式。

内部收益率法是通过计算使项目投资的净现值等于零时的贴现率来评价项目的一种决策方法。在这里，内部收益率就是净现值为零时的贴现率。

一旦初始投资 I 和现金流 CF 确定，我们就可以计算内部收益率，其计算公式如下：

$$I = \sum_{t=1}^{n} \frac{CF_t}{(1 + IRR)^k} \qquad (11-9)$$

式中：IRR 是项目的内部收益率，是未知的，其他变量是已知的。

(2) 决策方法。

当我们使用内部收益率法评估项目时，企业必须首先确定它对项目要求的回报率，即最低资本收益率。一般说来，企业的资本成本就是项目的融资成本。因此，一般把其资本成本用作对项目要求的回报率，因为它是项目的融资成本。如果计算得到的内部收益率大于它要求的报酬率，我们就应该接受该项目，因为企业实现的收益大于它要求的收益。相反，如果内部收益率小于要求的报酬率，我们就应该拒绝该项目。这一决策方法表述如下：

如果内部收益率≥必要报酬率，接受该项目；

如果内部收益率<必要报酬率，拒绝该项目。

【例 11-6】如果项目在它的生命周期内能够均匀地产生现金流，我们运用年金现值公式很容易计算出内部收益率的数值。例如，如果一个项目在 5 年的周期内每年产生 30 000 元的现金流，初始投资为 90 000 元，那么内部收益率可以通过计算现金流现值等于初始投资时的贴现率而得到，将这些数值代入年金现值公式，可得：

PVA=A（$PVIFA_{k,n}$）

90 000=30 000（$PVIFA_{k=?,n=5}$）

3.0=（$PVIFA_{k=?,n=5}$）

公式的左边是年金现值系数，可以从年金现值系数表中查找。横向找n=5，你会发现最接近3.0的现值因子是2.9906，然后我们发现它位于20%那一栏。可以推出，这个项目的内部收益率近似于20%。如果对这个项目要求的回报率低于20%，我们就接受。

（3）内部收益率法的特点。

①优点。

内部收益率法充分考虑了货币时间价值，能反映投资项目的真实报酬率，这一特点类似于净现值法和盈利能力指数法的特点。另外，内部收益率概念易于理解，容易被人接受。

②缺点。

当然内部收益率法也有一些缺点：第一，对现金流不均匀的项目来说，没有计算机或精良的计算器想计算内部收益率是非常困难的；第二，内部收益率法假设现金流可以以项目的内部收益率进行再投资，但是这一假设不太现实，尤其对那些内部收益率很高的项目来讲，结果估计的内部收益率要比它的实际值要高；第三，如果现金流由正变为负或者正好相反，那么内部收益率法可能会导致多种解决方案。

11.3.3　投资评价基本方法比较

每一种方法都有自己的优缺点。就方法运用的难易而言，回收期法是最简单的，而内部收益率法是最复杂的。然而，由于计算机的广泛使用，本章所讲的所有方法都可以毫不费力地运用。由于投资决策的重要性，没有哪种投资评价方法是因为所需要的计算的繁琐性而被排除掉。

用于各种方法的最具决定性的特点就是其能作出正确决策的能力。在评估独立项目时，净现值法、盈利能力指数法和内部收益率法所作出的决策都是相同的。回收期法可能次要一些，因为它忽略了支付的实践性，因此当它被用作决策的唯一标准时，有时可能导致错误的决策。从理论上说，在项目决策过程中，净现值法要优于盈利能力指数法和内部收益率法。但在实践中，企业的决策者却对盈利能力指数法和内部收益率法有着强烈的偏好。一方面，由于内部收益率法无需事前确定资本成本，实际操作较为方便；另一方面，由于盈利能力指数法和内部收益率法所用的是相对数指标，进行不同投资规模的比较更为直观。但实际上，盈利能力指数法和内部收益率法计算结果最大的项目并不一定是最优的项目。净现值虽然是一个绝对数，但是由于其在分析时已经考虑到了投资的机会成本，因此只要净现值大于0，该决策就会为企业创造更多的价值。

在评价独立项目时，净现值法、盈利能力指数法和内部收益率法三者可以作出完全一致的决策，但是在评估排他性项目时，则应以净现值法为标准。

关键词

净现值　盈利能力指数　内部收益率　投资回收期　平均会计报酬率　初始现金流量　营业现金流量　终结现金流量　沉没成本　机会成本　相关成本

基本训练

◆ 单项选择题

1. 下列评价指标中，属于非折现评价指标的是（　　）。

A. 净现值　　B. 内部收益率

C. 盈利能力指数　　D. 投资回收期

2. 如果投资项目有资本限额，且各个项目是独立的，则应该选择的投资组合是（　　）。

A. 净现值最大　　B. 内部收益率最大

C. 获利指数最大　　D. 投资回收期最短

3. 下列资产中，不属于投资项目的现金流出量的是（　　）。

A. 建设投资　　B. 垫支的流动资本

C. 固定资产折旧　　D. 经营成本

4. 某投资项目的初始投资额为 200 万元，该项目的使用年限为 5 年，已知该项目第 5 年的经营现金净流量为 25 万元，期满时处置固定资产残值为 3 万元，收回的流动资本为 3 万元，则该项目第 5 年的净现金流量为（　　）。

A.25 万元　　B.31 万元

C.28 万元　　D.22 万元

5. 某公司曾经以 500 万元的价格购买了一块土地，该土地当前的市场价格为 600 万元，该公司计划在这块土地上兴建工厂，则（　　）。

A. 以 500 万元作为投资分析的机会成本

B. 以 600 万元作为投资分析的机会成本

C. 以 100 万元作为投资分析的机会成本

D. 以 600 万元作为投资分析的沉没成本

6. 某企业计划投资 60 万元建设一条生产线，预计该生产线投产后每年可创造 7 万元的净利润，年折旧额为 3 万元，则该项目的投资回收期为（　　）。

A.5 年　　B.6 年

C.4 年　　D.7 年

7. 已知某投资项目的原始投资额为 100 万元，建设期为 2 年，投产后第 1 ~ 8 年每年的现金净流量为 20 万元，第 9、10 年每年的现金净流量为 25 万元。则该项目包括建设期的回收期为（　　）。

A.5 年　　B.6 年

C.4 年　　D.7 年

8. 某方案贴现率为 16%时，净现值为 6.12；贴现率为 18%时，净现值为-4.17，则该方案的内含报酬率为（　　）。

A.14.68%　　B.17.19%

C.18.32%　　D.16.68%

9. 某企业拟新建一个项目，需投资 100 万元，按直线法计提折旧，使用寿命 10 年，期末无残值。该项工程于当年投产，预计投产后每年可获净利 10 万元。假定贴现率为 10%，则其净现值为（　　）万元。

A.22.9　　B.100

C.122.9　　D.200

10. 某投资方案的年营业收入为 12 000 元，年总营业成本为 8 000 元，其中年折旧额 1 500 元，所得税税率为 25%，该方案的年营业现金净流量为（　　）元。

A.1 500　　B.3 000

C.4 000　　D.4 500

◆ 多项选择题

1. 计算投资项目的相关现金流量时，一般应该考虑方案的（　　）。

A. 机会成本　　B. 付现成本

C. 沉没成本　　D. 交叉影响

2. 投资项目评价指标的计算，所依据的折现率需要事先已知，属于这类指标的有（　　）。

A. 净现值　　B. 内部收益率

C. 盈利能力指数　　D. 投资回收期

3. 如果一项投资项目的净现值大于 0，则下列说法正确的是（　　）。

A. 该项目的投资回收期一定大于投资者预期的投资回收期

B. 该项目可以接受

C. 该项目的盈利能力指数一定大于 1

D. 该项目的现金流入总和一定大于该项目的现金流出总和

4. 净现值指标的优点有（　　）。

A. 考虑了货币时间价值和投资风险性

B. 资本成本的确定较为困难

C. 使用现金流量指标

D. 考虑了项目的全部现金流量

5. 投资回收期评价指标的主要缺点是（　　）。

A. 不能衡量企业的投资风险

B. 没有考虑货币时间价值

C. 没有考虑回收期后的现金流量

D. 回收期标准的确定有一定的主观性

6. 下列关于投资项目营业现金净流量估计的各种方法中，正确的有（　　）。

A. 营业现金净流量=净利润+折旧

B. 营业现金净流量=营业收入-付现成本-税金

C. 营业现金净流量=营业利润+折旧

D. 营业现金净流量=营业收入-营业成本-税金

7. 净现值法与盈利能力指数法的主要区别是（　　）。

A. 前者是绝对数，后者是相对数

B. 前者考虑了货币时间价值，后者没有考虑货币时间价值

C. 前者所得的结论总是与内部收益率法一致，后者得出的结论有时与内部收益率法不一致

D. 前者不便于在投资额不同的方案之间比较，后者便于在投资额不同的方案间比较

8. 下列关于投资项目评价方法的表述中，正确的有（　　）。

A. 净现值指标不受贴现率高低的影响

B. 盈利能力指数法是评价项目的另一个可供选择的方法，是指项目现金流量与它的初始投资的比率

C. 内部收益率是项目本身的投资报酬率，不随投资项目预期现金流的变化而变化

D. 内部收益率法不能直接评价现金流不均匀的项目

9. 某公司正在开会讨论投产一种新产品，对以下收支发生争论：你认为不应列入该项目评价的现金流量的有（　　）。

A. 新产品投产需要增加净营运资本 60 万元

B. 新产品项目利用公司现有未充分利用的厂房，如将该厂房出租可获收益 100 万元，但公司规定不得将厂房出租

C. 新产品销售会使本公司同类产品减少收益 50 万元；如果本公司不经营此产品，竞争对手也会推出新产品

D. 新产品项目需要购置设备的运输、安装、调试等支出 25 万元

10. 利用内部收益率法评价投资项目时（　　）。

A. 计算出的内部收益率是方案本身的投资报酬率

B. 不需要再估计投资项目的资本成本或最低报酬率

C. 可能计算出多个使净现值为 0 的折现率

D. 指标大小不受折现率高低的影响

◆ 判断题

1. 现金净流量是现金流入量与现金流出量的差额，其数值一定大于 0。（　　）

2. 沉没成本是一种历史成本，对现有决策而言是不可控成本，不会影响当前行

为或未来决策。 （ ）

3. 新产品推出后也可能出现相反的情况，将会促进其他部门的销售量增长。这种影响是正面的，在投资决策时，不需要将其考虑在内。 （ ）

4. 平均会计报酬法不仅考虑了原始投资回收期的长短，而且考虑了项目在整个生命周期内所获得的全部利润。 （ ）

5. 内部收益率法是通过计算使项目投资的净现值等于零时的贴现率来评价项目的一种决策方法。在这里，内部收益率就是净现值为零时的贴现率。 （ ）

6. 营业现金流量是指投资项目投入使用后，在其生命周期内由于生产经营所带来的现金流入和流出的数量。 （ ）

7. 投资方案的回收期越长，表明该方案的风险程度越小。 （ ）

8. 当评价两个相互排斥的投资方案时，应当着重比较其各自的盈利能力指数，而把其净现值放在次要位置。 （ ）

9. 如果投资方案出现了非传统现金流量（即现金流量正负符号的改变超过一次）则可能出现多个内部收益率。 （ ）

10. 机会成本是指在面临多方案择一决策时，被舍弃的选项中的最高价值者是本次决策的机会成本，机会成本也成为投资决策中现金流出量估算的重要一项。 （ ）

◆ 实务题

1. 红光公司拟与绿光公司合作生产新产品，通过调查研究提出以下方案：

（1）设备投资：设备买价 400 万元，预计可使用 10 年，报废时无残值收入；按税法要求该类设备折旧年限为 8 年，使用直线法折旧，残值率为 10%，计划在 2014 年 1 月 1 日购进并立即投入使用。

（2）厂房装修：装修费用预计 10 万元，在 2014 年 2 月 1 日装修完工时支付，预计在 5 年后还要进行一次同样的装修。

（3）购买该产品的商标使用权 10 年，一次性支付使用费 100 万元，按照直线法摊销。

（4）收入和成本预计：预计每年收入 300 万元；每年付现成本为 200 万元。该项目的会导致该企业其他同类产品的收益减少 10 万元，如果该公司不上该项目，绿光公司会立即与其他企业合作。

（5）营运资金：投产时垫支 40 万元。

（6）所得税税率为 25%。

（7）项目加权平均资本成本为 5%。

要求：

（1）计算项目各年度现金流量；

（2）用净现值法评价该企业应否投资此项目。

2. 某固定资产项目需要一次性投入资本 100 万元。该固定资产可以使用 6 年，采用直线法计提折旧，期末残值为10万元。假定资本成本为10%，每年可创造的净利润见表11-7。

表11-7　**某固定资产项目的净利润**　金额单位：万元

时间（年）	1	2	3	4	5	6
净利润	20	25	35	30	25	25

要求：

（1）计算该项目的投资回收期；

（2）计算该项目的净现值。

3. 某企业开发一个新项目，需要在建设起点一次性投入资本210万元，建设期间为2年，并于第2年年末完工后投入营运资金30万元。预计该项目投产后，企业的净利润每年增加60万元。该项固定资产使用期限为5年，计提折旧，期末残值为10万元。项目终结时垫支的营运资金一次性收回。假定资本成本为10%。

要求：计算该项目的净现值，并判断该项目是否可行。

4. 某公司是一冰箱生产企业，现在考虑在大连建立一个工厂，生产某一新型冰箱产品。预计建设工厂的固定资产投资成本为1 100万元，固定资产折旧年限为5年（预计净残值为100万元），采用直线法计提折旧。该公司将工程承包给其他公司，工程款在完工投产时一次付清，即可以将建设期视为零。另外，工厂投产时需要垫支营运资本750万元。该工厂投入运营后，预计每年生产和销售30万台产品，售价为200元/台，单位产品变动成本160元；预计每年发生固定成本（不含折旧）为400万元。由于该项目的风险比目前公司的平均风险高，公司要求项目的报酬率在其当前的加权平均资本成本的基础上增加2个百分点。

该公司目前的资本来源状况如下：负债的来源是5年期的企业债券，票面年利率为8.88%，按面值发行，每年付息，面值1 000元/张，共100万张，每张债券的市价为959元；所有者权益的项目是普通股，流通在外的普通股共10 000万股，市价22.38元/股，β系数为0.875。其他资本来源项目可以忽略不计。当前的无风险收益率为5%，预期市场风险股票平均报酬率为13%。该项目所需资金按公司当前的资本结构筹集，并可以忽略债券和股票的发行费用。设公司所得税税率为25%。该工厂在运营5年后按预计残值处置，假设投入的营运资本在工厂处置时可全部收回。

要求：

（1）计算该公司当前的加权平均资本成本（资本结构权数按市价计算，计算时单项资本成本百分数保留2位小数，加权平均资本成本百分数取整数）。

（2）计算项目评价使用的含有风险的贴现率。

（3）计算项目的年经营现金净流量。

（4）计算该工厂在5年后处置时的现金净流量。

（5）计算项目的投资回收期、净现值和盈利能力指数。

◆ 案例分析题

（一）案例资料

假设你是 ABC 公司的财务顾问。该公司正在考虑购买一套新的生产线，估计初始投资为 3 000 万元，预期每年可产生 500 万元的税前利润（按税法规定生产线应以 5 年期直线法折旧，净残值率为 10%，会计政策与此相同），并已用净现值法评价方案可行。然而，董事会对该生产线能否使用 5 年展开了激烈的争论。董事长认为该生产线只能使用 4 年，总经理认为能使用 5 年，还有人说类似生产线使用 6 年也是常见的。假设所得税税率为 25%，资本成本为 10%，无论何时报废净残值收入均为 300 万元。

（二）案例要求

他们请你就下列问题发表意见：

（1）该项目可行的最短使用寿命是多少年（假设使用年限与净现值存在线性关系，插补法求解，计算结果保留小数点后两位）？

（2）他们的争论是否有意义（是否影响该生产线的购置决策）?为什么?

第12章　股利分配管理

学习目标

◆ 重点掌握股利分配的政策以及股票分割和股票回购的概念；掌握股利分配的方式和理论；了解股利分配的程序。

❖ 引例

迪康药业股利分配

1. 公司背景

四川迪康科技药业股份有限公司（以下简称公司）创建于1993年，于2000年11月24日由四川省人民政府批准同意成都迪康制药有限公司变更并以发起设立方式组建而成立。2001年1月10日公司经中国证券监督管理委员核准同意在上海证券交易所公开发行5 000万股股票。2001年2月12日公司在上海证券交易所正式挂牌上市（股票代码：600466，证券简称“迪康药业”）。

公司位于成都高新技术开发区西部园区迪康大道1号，公司注册资金达到43 900万元，是以制药为主，药物研发、药品营销、药品连锁经营等纵向一体化发展的国家高新技术企业。近年来，公司以务实态度经营医药制造主业，保持企业稳定发展，以利润增长为根本目标，谋求公司价值和股东利益的最大化。2010年，通过加大市场开发、调整产品结构、委托理财等经营策略，迪康药业改善了销售收入的结构，实现了利润总额的翻番，实现净利润3亿元。

2. 股利分配方案

迪康药业自2003年至2009年间，一直没有进行股利分配。2011年3月3日，迪康药业发布2010年年报，年报显示其2010年实现营业收入3.22亿元，同比增长2.48%；归属母公司股东净利润3 096.66万元，同比增长110.80%；扣除非经常性收益后净利润仅为1 542.28万元；基本每股收益为0.18元，净资产收益率为6.16%。

虽然迪康药业的累计未分配利润为负，无法支付红利，但其仍以公积金每10股转增15股的分红预案令市场震惊。迪康药业2010年归属于上市公司股东的净利润为3 096.66万元，累积可供股东分配利润为-8 110.60万元，年末资本公积为4.07亿元。由于截至2010年年末迪康药业可供投资者分配的利润为负，公司利润将全部用于弥补以前年度的亏损，不进行利润分配。但综合考虑公司的长远发展、回报公司股东等因素，迪康药业以2010年年末总股本175 602 342股为基数，以公积金每10股转增15股，共计转增263 403 513股。

3. 2010年分配方案的市场反应

在迪康药业2011年3月3日公告分配方案以后，公司当天即涨停板，公告后的两周，股价从15元一直涨至22元左右。事实上，在公司公告此次高转股方案之前，其股票价格就已经出现上涨，从1月末的10元左右涨至公告时的15元，涨幅已经达到50%。考虑到公告后估计继续上涨，此次高转股方案在一个半月的时间里实现的累计收益率达到120%。

在此案例中，迪康药业为什么不进行现金股利的发放？股利的分配方式受到哪些因素的影响？高转股的分配方式向市场传递着怎样的信息？高转股的分配方式对企业的自由现金流量会产生什么样的影响？

资料来源　汤谷良，韩慧博，祝继高. 财务管理案例[M]. 北京：北京大学出版社，2012：156-158.

12.1　股利分配概述

股利分配是指股份制企业向股东分配股利，是企业利润分配的一部分。股利分配包括股利支付程序中各日期的确定、股利支付比率的确定、以何种形式支付股利、何时支付股利等。

12.1.1　利润分配的项目

股利分配是对企业税后净利润的一项分配，但不是利润分配的全部。企业利润分配主要包括以下部分：

1. 盈余公积金

盈余公积金从净利润中提取形成，用于弥补企业亏损、扩大企业再生产或者转增企业资本。盈余公积金分为法定盈余公积金和任意盈余公积金。企业分配当年税后利润时，应当按照10%的比例提取法定盈余公积金；但当盈余公积金累计额达公司注册资本的50%时，可不再继续提取。任意盈余公积金的提取由股东大会根据需要决定。

2. 股利

企业向股东分配股利，要在提取公积金之后。股利的分配应以各股东持有股份的数额为依据，每一股东取得的股利与其持有的股份数成正比。

12.1.2　利润分配的顺序

企业向股东分派股利，应按一定的顺序进行。按照我国《公司法》的有关规定，利润分配应按下列顺序进行：

第一步，计算可供分配的利润。将本年净利润（或亏损）与年初未分配利润（或亏损）合并，计算出可供分配的利润。如果可供分配的利润为负数（即亏损），则不能进行后续分配；如果可供分配的利润为正数（即本年累计盈利），则进行后续分配。

第二步，计提法定盈余公积金。按抵减年初累计亏损后的本年净利润计提法定盈余公积金。提取盈余公积金的基数，不是可供分配的利润，也不一定是本年的税后利润。只有不存在年初累计亏损时，才能按本年税后利润计算应提取数。这种“补亏”是按账面数字进行的，与所得税法的亏损后转无关，关键在于不能用资本发放股利，也不能在没有累计盈余的情况下提取盈余公积金。

第三步，计提任意盈余公积金。任意盈余公积金计提标准由股东大会确定，如确因需要，经股东大会同意后，也可用于分配。

第四步，向股东（投资者）支付股利（分配利润）。

企业股东大会或董事会违反上述利润分配顺序，在抵补亏损和提取法定盈余公积金、公益金之前向股东分配利润的，必须将违反规定发放的利润退还企业。

12.1.3 股利分配的程序

股份有限公司向股东分配股利必须遵循法定的程序，按照日程安排来进行。一般情况下，先由董事会提出分配预案，然后提交股东大会决议通过才能进行分配。股东大会决议通过分配预案后，要向股东宣布发放股利的方案，并确定股权登记日、除息日和股利发放日。

1. 股利宣告日

股利宣告日即股东大会决议通过并由董事会将股利支付情况予以公告的日期。公告中将宣布每股支付的股利、股权登记期限、股利支付日期等事项。

2. 股权登记日

股权登记日即有权领取本期股利的股东资格登记截止日期。凡在这一天列于公司股东名册上的股东，都将获得此次分派的股利；而在这一天之后才列入股东名册的股东，将不能得到这次分派的股利。

3. 除息日

除息日即领取股利的权利与股票分离的日期。在除息日之前购买的股票才能领取本次股利，而在除息日当天或是以后购买的股票，则不能领取本次股利。由于失去了“付息”的权利，因此除息日也称为除权日，在除息日股票价格会下跌。

4. 股利发放日

股利发放日即企业按照公布的分红方案向股权登记日在册的股东实际支付股利的日期。

12.1.4 股利分配的方式

股利分配有很多种方式，常见的有以下几种。

1. 现金股利

现金股利是以现金支付的股利，它是股利支付的主要形式。现金股利方式手段简单，几乎没有直接的财务费用，分配后企业原有的控制权结构不会变动，更不会被稀释。不过，现金股利也有缺点，主要包括两个方面：第一，会导致现金流出量增加，增大了企业的财务风险。第二，股东需要缴纳个人所得税，减少了股东的既得利益，那些拥有企业控制权的股东往往更倾向于低现金支付股利政策，而属于高税率的投资者可能更支持非现金性质的股利支付方式。在这种情况下，那些低税率以及中小股东的利益往往会由于大股东的操纵而蒙受损失。

2. 财产股利

财产股利是以现金以外的资产支付的股利，主要是以企业所拥有的其他企业的有价证券，如债券、股票等，作为股利支付给股东。财产股利一般不受股东欢迎，因为股东投资入股的根本目的是为了获取现金，而不是获取实物财产。

3. 负债股利

负债股利是企业以负债方式支付的股利，通常以企业的应付票据支付给股东，在不得已的情况下也有发行企业债券抵付股利的。负债股利只是企业已宣布并必须立即发放股利而货币资金又不足时所采取的一种权宜之计。负债股利一般是在企业财务状况不佳的情况下采用的，它会对企业的股票价格产生负面影响，因此企业在使用时一定要谨慎。

4. 股票股利

股票股利是企业以增发的股票作为股利的支付方式。采用股票股利实际上是将应分给股东的现金留在企业作为发展再生产之用，它与股份公司暂不分红派息没有太大的区别。股票股利并不直接增加股东的财富，不导致企业资产或负债的增加，因而不是企业资金的使用，同时也并不会因此而增加企业的财产，但会引起所有者权益各项目的结构发生变化。

财产股利和负债股利实际上是现金股利的替代方式，目前这两种股利方式在我国企业实务中很少使用。

拓展案例 12-1

北京同仁堂股份有限公司主营业务为中药生产、科研、销售。2010 年，公司收入为 3 824 446 141.96 元，比上年增长 16.30%；主营业务利润为 552 765 052.80 元，比上年增长 20.49%；归属于母公司所有者的净利润为 343 233 607.45 元，比上年增长 19.19%；现金及现金等价物 167 398 797.92 元，比上年减少 60.86%，主要原因是本期销售商品收到的现金减少使经营活动产生的现金流量净额比去年同期下降 22.34%，本期固定资产投资增加使投资活动产生的现金流量净额比去年同期下降，本年支付股利增加使筹资活动产生的现金流量净额比去年同期下降。

公司 2010 年按照合并报表实现归属于上市公司股东的净利润 343 233 607.45

元，按母公司实现净利润的10%提取法定盈余公积金25 165 831.41元，加年初未分配净利润1 458 268 356.41元，减去2009年利润分配已向全体股东派发的现金股利119 790 043.94元，2010年度可供股东分配利润为1 656 546 088.51元。公司拟以2010年年末总股本520 826 278股为基数，向全体股东每10股送红股5股，同时派发现金股利3.5元。

资料来源 汤谷良，韩慧博，祝继高．财务管理案例[M]．北京：北京大学出版社，2012：160-161.

12.2 股利理论

股利理论是研究股利分配是否影响企业价值，在股利分配对企业价值的影响这一问题上，存在不同的观点。

12.2.1 股利无关论

股利无关论是由米勒和莫迪格莱尼（以下简称MM）在一篇关于股利政策的论文中首次提出的。MM认为在完善的资本市场条件下，股利政策不会影响企业的价值，即企业价值是由企业投资决策所确定的本身获利能力和风险组合所决定的，而不是由企业盈余的分割方式（即股利分配政策）所决定的。关键假设有：

第一，完善的资本市场。其中所有的投资者都是理性的，所有人均可无成本地获得利息，瞬间交易没有成本，证券可以无限分割，并且任何一个投资者都没有能力影响证券市价。

第二，企业发行证券没有发行费用。

第三，没有所得税。

第四，企业的投资政策已确定，而且不准备改变。

第五，每个投资者对企业未来的投资和利润都有完全的把握（MM后来放弃了这一假定）。

基于这些假设，MM假设认为投资者只关心他们的总收益，而并不在意这些收益是来自股利收入还是资本所得。所以，如果股利无关的MM理论是正确的话，那就不存在最优股利政策，因为股利政策本身并不影响企业价值。但是在现实中，企业股利政策受到很多因素的影响，如筹资成本、市场效率、所得税负等。MM理论对股利研究的贡献在于：它为理论成立的条件进行了全面系统的分析。

12.2.2 股利相关论

股利相关论认为企业的股利分配对企业市场价值有影响。在现实生活中，不存在无关论提出的假定前提，企业的股利分配是在种种制约因素下进行的，企业不可能摆脱这些因素的影响。股利相关论的代表性观点如下：

1. “一鸟在手”论

在股东的投资报酬中，股利和资本得利的风险等级是不同的。股利支付可以减少投资报酬中的不确定性和风险。这种不确定性的减少和消亡，使人们在投资报酬的选择上偏好前者。正如未来的资本利得就像林中的鸟一样不一定能抓得到，眼中的股利则犹如手中的鸟一样飞不掉，“二鸟在林，不如一鸟在手”。该理论认为，股东认为企业当期实现的利润虽少，但分配后就实实在在地分到股东手里，不存在风险了，比企业留用下来再投资将来赔掉更好。因此，股东更偏好股利收益而不是未来不确定的、有风险的资本利得。

2. 信号传递理论

投资者如果预期企业的股利上升 5%，若股利真的上升了 5%，在股利宣布上升的日子，股票价格一般不会产生显著的变动。因为股利上升幅度已被市场预测到，然而，如果股利上升了 25%，股票价格就会上涨；相反，如果股利上升的幅度没有预期的高，或者股利下降，那往往会导致股价下跌。

股利的大幅度提高通常会导致股票价格上涨，这个事实可能是由于一部分投资者对股利收益的偏好胜过资本利得而导致的。而 MM 理论则持有不同的观点，他们注意到了一个不容争辩的事实，那就是企业既不愿意减少股利，同样也不轻易增加股利，除非预测到未来收益将高于目前的水平或至少与现在持平。因此，MM 认为，股利异乎寻常的增加是一个信号，它表明公司的管理部门对未来的收益情况持乐观态度；反之，股利减少是一个收益下降的信号。因此，MM 声称投资方对股利支付变化的反应并不一定表明投资者对股利的偏好甚于资本利得，而是股票价格的变化仅仅说明了股利通告本身包含了重要的信息。事实上，股利通告给投资者提供了以前只有管理层才知道的信息。这种理论被称为信息假说。该理论得以成立的基础是，信息在各个市场参与者之间的概率分布不同，即信息不对称。股利政策的定位与变动，反映着经理人员对公司未来发展认识方向的信号，投资者可据此作出自己的恰当判断，并调整对公司收益状况的判断和对公司价值的期望值。

3. 所得税差异理论

在许多国家的税法中，长期资本利得所得税税率要低于普通所得税税率。因为股利税率比资本利得的税率高，投资者自然喜欢企业少支付股利而将较多的收益保存下来以作为再投资用，以期提高股票价格，把股利转化为资本利得。即使资本利得与股利收入的税率相同，由于股利所得税在股利发放时征收，而资本利得在股票出售时征收，对股东来说，资本利得也有推迟纳税的效果。同时，为了获得较高的预期资本利得，投资者将愿意接受较低的股票必要报酬率。根据这种理论，股利决策与企业价值也是相关的，而只有采取低股利和推迟股利支付的政策，才有可能使企业的价值达到最大。

4. 代理理论

该理论认为，企业的股东、债权人、经理人员等利益相关者的目标并非完全一致，他们之间存在着代理冲突。

（1）股东与债权人之间的代理冲突：股东通过发行债务支付股利或为支付股利而放弃净现值为正的投资项目，从而削弱对债权人利益的保护。债权人为了维护自己的利益，往往在借款合同中加入限制股利发放水平的约束性条款。

（2）股东与经理人员之间的代理冲突：当企业拥有较多的自由现金流量时，经理人员为了控制资源而盲目投资，或为追求个人私利而在职消费。因此，多支付股利有利于减少企业的自由现金流量，从而减少经理人员的盲目投资和在职消费，还能满足股东对股利收益的愿望。

（3）控股股东与中小股东之间的代理冲突：控股股东拥有企业的决策权，少分股利可以控制更多的资源，有可能损害中小股东的利益。因此，有些企业为了向外部中小投资者表明自身盈利前景与公司治理良好的状况，通过高股利支付率政策向外界传递积极信息。

股利政策有助于缓解管理者与股东之间、股东与债权人之间以及控股股东与中小股东之间的代理冲突。股利政策是协调这些代理关系的一种约束机制，因此，高股利政策有助于降低公司的代理成本。

5. 客户效应

该理论认为，处于不同等级边际税率的投资者对股利政策的偏好不同，高收入者因其拥有较高的税率而偏好较低股利支付率，而收入低的投资者以及享有税收优惠的养老基金投资者则偏好较高的股利支付率。因此企业在制定或调整股利政策时，不能忽视不同类别股东对股利政策的偏好，应该对投资者分门别类地制定股利政策。

这种观点可以这样理解：一个企业建立了某种股利支付政策，然后吸引了客户，假定客户是那些喜欢这种股利政策的投资者。一部分股东，比如说大学捐赠基金和退休人员，他们通常关心本期收入大于未来资本收益，所以他们选择那些能将其收益的较高比重作为股利予以发放的公司。还有一些股东，他们不需要立即取得投资收益，他们更愿意将所得的股利收益重新投资，因此，他们偏好低发放率的股利政策。那些需要本期投资收益的投资者购买发放高股利的企业股票，而那些不急需本期现金收入的投资者则应投资于低股利发放企业，这说明企业的股东受企业采取的股利政策的吸引。

12.3 股利政策

股利政策是指股份有限公司在确定股利以及与股利有关的事项上所采取的方针和政策。具体来说，股利政策是关于企业是否发放股利、发放多少股利以及何时发放股利等方面的方针和策略，所涉及的主要是企业对其收益进行分配还是留存以用于再投资的策略问题。分配给股东的盈余与留在企业的盈余，存在此消彼长的关系。因此，股利政策既要决定给股东分配多少股利，也要决定给企业留存多少净利。其核心问题是确定分配与留存的比例，即股利支付率。

12.3.1　股利政策的类型

在进行股利分配的实务中，企业经常采取以下几种股利政策。

1. 剩余股利政策

剩余股利政策是指在企业有着良好的投资机会时，根据一定的目标资本结构，测算出投资所需的权益资本，先从盈余当中留用，然后将剩余的盈余作为股利予以分配。

采用这一政策，应遵循以下几个步骤：

第一，根据资本投资计划和综合资本成本确定最佳资本支出水平；

第二，设定目标资本结构，即确定股东权益资本和债务资本的比率，并以此确定所要达到的股东权益的数额；

第三，最大限度地利用留存收益来满足这一股东权益数额，如果留存收益不足，则需发行新股弥补不足；

第四，留存收益有剩余的情况下才可发放股利。

从上述分析可知，剩余股利政策的理论依据是股利无关论。采用剩余股利政策的根本理由在于保持理想的资本结构，使综合资本成本最低。按照剩余股利政策，股利发放额每年将会随投资机会和盈利水平的变动而变动，即使在盈利水平不变的情况下，股利也将与投资机会的多少反方向变动，投资机会越多，股利越少；反之，投资机会越少，股利发放越多。而在投资机会不变的情况下，股利的多少又随着每年盈利的多少而同向变动。在这种政策下，股利变动较大，因此很少有人会机械地照搬剩余股利理论，但许多上市公司运用这种理论来建立一个长期目标发放率。完全执行剩余股利政策，将使股利发放额每年随投资机会和盈利的波动而波动，不利于投资者安排收入与支出，也不利于企业树立良好的形象，适用于企业的初创阶段。

【例 12-1】W 股份公司 2014 年的税后净利润为 8 000 万元，由于公司尚处于初创期，产品市场前景看好，产业优势明显。确定的目标资本结构为：负债资本为 70%，股东权益资本为 30%。如果 2015 年该公司有较好的投资项目，需要投资 6 000 万元，该公司采用剩余股利政策，则该公司应当如何融资和分配股利。

【解】首先，确定按目标资本结构需要筹集的权益资本为：

6 000×30%=1 800（万元）

其次，确定应分配的股利总额为：

8 000-1 800=6 200（万元）

因此，W 股份公司还应当筹集债务资本：

6 000-1 800=4 200（万元）

2. 固定股利或稳定增长的股利政策

固定股利或稳定增长的股利政策是企业将每年派发的股利额固定在某一特定水平上，然后在一段时间内不论企业的盈利情况和财务状况如何，派发的股利额均保持不变。只有当企业对未来利润增长确有把握，并且这种增长被认为是不会发生逆转时，才增加每股股利额。

这一政策的特点是，不论经济状况如何，也不论企业经营业绩好坏，都将每期的股利固定在某一水平上保持不变，只有当企业管理当局认为未来盈利将显著地、不可逆转地增长时，才会提高股利的支付水平。这一政策的一个重要原则是：绝对不要降低年度股利的发放额。但通货膨胀促使收益增长，从而使绝大多数奉行固定股利政策的企业转而实现所谓的稳定增长政策，即企业制定一个目标增长率，并努力按照这个幅度增长。显然，只有在收益稳定的情况下，这一政策才是可行的。

采用该政策的理论依据是“一鸟在手”理论和股利信号理论。采用这种股利政策的优点是：

（1）股利政策向投资者传递重要信息。如果企业支付的股利稳定，就说明该企业的经营业绩比较稳定，经营风险较小，有利于股票价格上升；如果企业的股利政策不稳定，股利忽高忽低，这就给投资者传递企业经营不稳定的信息，导致投资者对风险的担心，进而使股票价格下降。稳定的股利或股利增长率等于向投资者传递了该企业经营业绩稳定或稳定增长的信息，从而使企业股票价格上升。

（2）稳定的股利有利于投资者。稳定的股利政策，是许多依靠固定股利收入生活的股东更喜欢的股利支付方式，它更利于投资者有规律地安排股利收入和支出。普通投资者一般不愿意投资于股利支付额忽高忽低的股票。

采用这种股利政策的缺点是：

（1）企业股利支付与企业盈利相脱离，造成投资的风险与投资的收益不对称。

（2）它可能会给企业造成较大的财务压力，甚至侵蚀企业留存利润和企业资本。因此，企业很难长期采用该政策。

固定股利或稳定增长股利政策一般适用于经营比较稳定的企业。

3. 固定股利支付率政策

固定股利支付率政策是企业确定固定的股利支付率，并长期按此比率从净利润中支付股利的政策。在这种情况下，企业每年所发放的股利会随着企业盈余的变动而变动，从而使企业的股利支付极不稳定，由此导致股票市价上下波动，很难使企业的价值达到最大。

固定股利支付率政策的理论依据是“一鸟在手”理论。采用这种股利政策的优点是：

（1）使股利与企业盈余紧密结合，以体现多盈多分、少盈少分、不盈不分的原则。

（2）保持股利与利润间的一定比例关系，体现了风险投资与风险收益的对称。

采用这种股利政策的缺点是：

（1）企业财务压力较大。根据固定股利支付率政策，企业实现利润越多，派发股利也就应当越多。而企业实现利润多只能说明企业盈利状况好，并不能表明企业的财务状况就一定好。在此政策下，用现金分派股利是刚性的，这必然会给企业带来一定的财务压力。

（2）传递的信息容易成为企业的不利因素。多数企业每年的收益很难保持稳定不变，如果企业每年收益状况不同，固定支付率的股利政策将导致企业股利分配额的频繁变化。而股利通常被认为是企业未来前途的信号传递，那么波动的股利向市场传递的信息就是企业未来收益前景不明确、不可靠等，很容易给投资者带来企业经营状况不稳定、投资风险较大的不良印象。

固定股利支付率政策只能适用于稳定发展的企业和企业财务状况较稳定的阶段。

4. 低正常股利加额外股利政策

低正常股利加额外股利政策是企业事先设定一个较低的经常性股利额，一般情况下，企业每期都按此金额支付正常股利，只有企业盈利较多时，再根据实际情况发放额外股利。

低正常股利加额外股利政策的理论依据是“一鸟在手”理论和股利信号理论。采用这种股利政策的优点是：

（1）赋予企业较大的灵活性。低正常股利加额外股利政策赋予企业一定的灵活性，使企业在股利发放上留有余地和具有较大的财务弹性，同时，每年可以根据企业的具体情况，选择不同的股利发放水平，以完善企业的资本结构，进而实现企业的财务目标。

（2）有助于稳定股价，增强投资者信心。低正常股利加额外股利政策有助于稳定股价，增强投资者信心。由于企业每年固定派发的股利维持在一个较低的水平上，在企业盈利较少或需用较多的留存收益进行投资时，企业仍然能够按照既定承诺的股利水平派发股利，使投资者保持一个固有的收益保障，这有助于维持企业股票的现有价格。而当企业盈利状况较好且有剩余现金时，就可以在正常股利的基础上再派发额外股利，而额外股利信息的传递则有助于企业股票的股价上扬，增强投资者信心。

可以看出，低正常股利加额外股利政策既吸收了固定股利政策可以保障股东投资收益的优点，同时又摒弃了其对企业所造成的财务压力方面的不足，所以在资本市场上颇受投资者的欢迎。

采用这种股利政策的缺点是：

（1）容易给投资者以企业收益不稳定的感觉。由于各年份之间企业的盈利波动使得额外股利不断变化，或时有时无，造成分派的股利不同，容易给投资者以企业收益不稳定的感觉。

（2）传递的信号可能会引起企业股价下跌。当企业在较长时期持续发放额外股利后，可能会被股东误认为是“正常股利”，而一旦取消了这部分额外股利，传递出去的信号可能会使股东认为这是企业财务状况恶化的表现，进而可能会引起企业股价下跌的不良后果。

低正常股利加额外股利政策主要适用于经营状况和利润不稳定的企业和盈利水

平随着经济周期而波动较大的企业或行业。

【例 12-2】某企业本年实现的净利润为 400 万元，年初未分配利润为 500 万元，年末企业讨论决定股利分配的数额。上年实现净利润 360 万元，分配的股利为 108 万元。

要求：计算回答下列互不关联的问题：

(1) 预计明年需要增加投资资本 600 万元。企业的目标资本结构为权益资本占 55%，债务资本占 45%。企业采用剩余股利政策，权益资本优先使用留存收益，企业本年应发放多少股利？

(2) 企业采用固定股利政策，本年应发放多少股利？

(3) 企业采用固定股利支付率政策，本年应发放多少股利？

(4) 企业采用低正常股利加额外股利政策，规定每股正常股利为 0.15 元，按净利润超过最低股利部分的 20%发放额外股利，该企业普通股股数为 500 万股，本年应发放多少股利？

【解】(1) 采用剩余股利政策：

增加投资资本中权益资本=600×55%=330（万元）

利润留存=330 万元

本年股利=400−330=70（万元）

(2) 采用固定股利政策：

本年股利=上年股利=108 万元

(3) 采用固定股利支付率政策：

股利支付率=108÷360×100%=30%

本年股利=400×30%=120（万元）

(4) 采用低正常股利加额外股利政策：

正常股利总额=0.15×500=75（万元）

额外股利=（400−75）×20%=65（万元）

本年股利=75+65=140（万元）

12.3.2 股利政策的选择

以上四种股利政策各有利弊，企业在选取股利政策时，必须结合自身情况，选择最适合本企业当前和未来发展的股利政策。企业应根据自己所处的发展阶段来确定相应的股利政策。

企业的发展阶段一般分为初创阶段、高速增长阶段、稳定增长阶段、成熟阶段和衰退阶段。由于每个阶段的生产特点、资金需要、产品销售等不同，股利政策的选取类型也不同。

在初创阶段，企业面临的经营风险和财务风险都很高，企业急需大量资金投入，融资能力差，即使获得了外部融资，资本成本一般也很高。因此，为降低财务风险，企业应贯彻先发展后分配的原则，剩余股利政策为最佳选择。

在高速增长阶段，企业的产品销售急剧上升，投资机会快速增加，资金需求大而紧迫，不宜宣派股利。但此时企业的发展前景已相对较明朗，投资者有分配股利的要求。为了平衡这两方面的要求，应采取低正常股利加额外股利政策，股利支付方式应采用股票股利的形式，避免现金支付。

在稳定增长阶段，企业产品的市场容量、销售收入稳定增长，对外投资需求减少，每股收益值呈上升趋势，企业已具备持续支付较高股利的能力。此时，理想的股利政策应是稳定增长股利政策。

在成熟阶段，产品市场趋于饱和，销售收入不再增长，利润水平稳定。此时，企业通常已积累了一定的盈余和资金，为了与企业的发展阶段相适应，企业可考虑由稳定增长股利政策转为固定股利支付率政策。

在衰退阶段，产品销售收入减少，利润下降，企业为了不被解散或被其他公司兼并重组，需要投入新的行业和领域，以求新生。因此，企业已不具备较强的股利支付能力，应采用剩余股利政策。

因此，企业应当根据不同发展阶段的特点，确定适合的股利政策，具体见表12-1。

表12-1 企业股利政策选择表

企业发展阶段	特 点	适合的股利政策
初创阶段	经营风险高，融资能力差	剩余股利政策
高速增长阶段	产品销量急剧上升，需进行大规模的投资	低正常股利加额外股利政策
稳定增长阶段	销售收入稳定增长，企业的市场竞争力增强，行业地位比较稳定，公司扩张的投资需求减少，净现金流稳步上升，每股盈利呈上升趋势	固定或稳定增长的股利政策
成熟阶段	产品市场趋于饱和，销售收入难以增长，但盈利水平稳定，股利支付能力下降	固定股利支付率政策
衰退阶段	产品销量急剧下降，销售收入减少，不具备支付股利的能力	剩余股利政策

12.3.3 股利政策的影响因素

企业在制定股利政策时，必须充分考虑股利政策的各种影响因素，从保护股东和债权人的利益出发，才能使其他的收益分配合理化。

1. 限制条件

（1）债券契约。企业在接受贷款后，股利的发放通常会受到债务合同的约束。同时，合同中也规定，只有在流动比率、利息保障倍数和其他安全比率超过规定的最小值后，才能支付股利。

（2）资本减损规则。股利的支出不得超过资产负债表中的“留存收益”项目，这一法律限制被称为“资本减损规则”，是用来保护贷款人权益的。如果没有这条规定，陷入麻烦的企业有可能将绝大部分资产用于向股东支付股利，而把贷款人晾在一边。

（3）现金的可得性。现金股利只能用现金支付，因此，银行账户上现金的短缺使股利支付受到限制，但是借款能力可以抵消这一因素的影响。

（4）非正当积累收益惩罚税。为了防止富裕者逃避缴纳个人所得税，税法规定，对非正当积累收益加收一种特殊的附加税，但这种因素通常只对私有企业实施。

2. 经济条件

（1）宏观经济环境。经济的发展具有周期性，企业在制定股利政策时同样受到宏观经济环境的影响。比如，我国上市公司在形式上表现为由前几年的大比例送配股，到近年来现金股利的逐年增加。

（2）通货膨胀。当发生通货膨胀时，折旧储备的资金往往不能满足重置资产的需要，企业为了维持其原有生产能力，需要从留存利润中予以补足，可能导致股利支付水平的下降。

（3）市场的成熟程度。在比较成熟的资本市场中，现金股利是最重要的一种股利形式，股票股利则呈下降趋势。我国属于新兴的资本市场，和成熟的市场相比，股票股利成为一种重要的股利形式。

3. 企业自身条件

（1）投资机会。股利政策在较大程度上要受到投资机会的制约。一般来说，若企业的投资机会多，对资金的需求量大，往往会采取低股利、高留存利润的政策；反之，若投资机会少，资金需求量小，就可能采取高股利政策。另外，受企业投资项目加快或延缓的可能性大小影响，如果这种可能性较大，股利政策就有较大的灵活性。比如有的企业有意多派发股利来影响股价的上涨，使已经发行的可转换债券尽早实现转换，达到调整资本结构的目的。

（2）资本成本。企业在确定股利政策时，应全面考虑各条筹资渠道资金来源的数量大小和成本高低，使股利政策与企业合理的资本结构、资本成本相适应。

（3）偿债能力。偿债能力是企业确定股利政策时要考虑的一个基本因素。现金股利是现金的支出，而大量的现金支出必然影响企业的偿债能力。因此，企业在确定股利分配数量时，一定要考虑现金股利分配对企业偿债能力的影响，保证在现金股利分配后企业仍能保持较强的偿债能力，以维护企业的信誉和借贷能力。

（4）变现能力。如果一个企业的资产有较强的变现能力，现金的来源较充裕，其支付现金股利的能力就强。而高速成长中的、盈利性较好的企业，如其大部分资金投在固定资产和永久性营运资金上，它们通常不愿意支付较多的现金股利而影响企业的长期发展战略。

4. 股东自身条件

(1) 股东对股利分配的态度。有的股东是企业的永久性股东，关注企业长期稳定发展，不大注重现期收益，他们希望企业暂时少分股利以进一步增强企业长期发展能力；有的股东其投资目的在于获取高额股利，十分偏爱定期支付高股利的政策；而另一部分投资者偏爱投机，投资目的在于短期持股期间股价大幅度波动，通过炒股获取价差。股利政策必须兼顾这三类投资者对股利的不同态度，以平衡企业和各类股东的关系。

(2) 对企业的控制。如果企业股东和管理人员较为看重原股东对企业的控制权，则该企业可能不大愿意发行新股，而是更多地利用企业的内部积累。这种企业的现金股利分配就会较低。

企业确定股利政策时要考虑许多因素，由于这些因素不可能完全用定量方法来测定，因此决定股利政策主要依靠定性判断。

12.4 股票分割与股票回购

12.4.1 股票分割

1. 股票分割的概念

股票分割是指将面额较高的股票交换成面额较低的股票的行为。例如，将一张较大面值的股票拆成几张较小面值的股票，但股本总额不变。股票分割不属于某种股利方式，但其所产生的效果与发放股票股利近似。

股票分割对企业的资本结构不会产生任何影响，一般只会使发行在外的股票总数增加，资产负债表中股东权益各账户（股本、资本公积、留存收益）的余额都保持不变，股东权益的总额也保持不变。

股票分割给投资者带来的不是现实的利益，但是投资者持有的股票数增加了，给投资者带来了今后可多分股利和更高收益的希望，因此股票分割往往比增加股利派发对股价上涨的刺激作用更大。

2. 股票分割的作用

(1) 股票分割会使股票每股市价降低，买卖该股票所必需的资金量减少，易于增加该股票在投资者之间的换手，并且可以使资金实力有限的潜在股东变成持股股东。因此，股票分割可以促进股票的流通和交易。

(2) 股票分割可以向投资者传递企业发展前景良好的信息，有助于提高投资者对企业的信心。

(3) 股票分割可以为企业发行新股作准备。企业股票价格太高，会使许多潜在的投资者力不从心而不敢轻易对股票进行投资。在新股发行之前，利用股票分割降低股票价格，可以促进新股的发行。

(4) 股票分割有助于企业并购政策的实施，增加对被并购方的吸引力。

（5）股票分割带来的股票流通性的提高和股东数量的增加，会在一定程度上加大对企业股票恶意收购的难度。

如果企业认为其股票价格过低，不利于其在市场上的声誉和未来的再筹资时，为提高股票的价格，会采取反分割措施。反分割又称股票合并或逆向分割，是指将多股股票合并为一股股票的行为。反分割显然会降低股票的流通性，提高企业股票投资的门槛，它向市场传递的信息通常都是不利的。

3. 股票分割和股票股利的比较

股票分割和股票股利既有相同之处，又有不同之处。

（1）股票分割和股票股利的相同点。

①普通股股数增加。

②每股收益和每股市价下降。

③股东持股比例不变。

④资产总额、负债总额、股东权益总额不变。

（2）股票分割和股票股利的不同点。

①股票分割：股票面值变小，股东权益结构不变，不属于股利支付方式。

②股票股利：股票面值不变，股东权益结构改变，属于股利支付方式。

股票股利和股票分割的比较见表 12-2。

表 12-2 **股票股利和股票分割的比较表**

项目	股票股利	股票分割
普通股股数	增加	增加
每股收益	下降	下降
每股市价	下降	下降
股东权益总额	不变	不变
股东持股比例	不变	不变
股东权益结构	变化	不变
股票面值	不变	变小
股利支付方式	属于	不属于

尽管股票分割与发放股票股利都能达到降低企业股价的目的，但一般地讲，只有在企业股价暴涨且预期难以下降时，才采用股票分割的办法降低股价；而在企业股价上涨幅度不大时，往往通过发放股票股利将股价维持在理想的范围之内。

【例 12-3】假设 W 公司目前的资产负债表见表 12-3，股价为每股 10 元。

（1）假设公司计划发放 10%的股票股利；

（2）假设公司计划实施股票分割，将一股股票分割为两股股票。

要求：编制新的资产负债表。

表 12-3 **目前的资产负债表** 单位：万元

项目	金额	项目	金额
资产	1 000	负债	300
		普通股（1 000 000股，每股1元）	100
		资本公积	100
		未分配利润	500
		股东权益合计	700
		负债与股东权益合计	1 000

【解】(1) 假设公司计划发放10%的股票股利，则公司需要增发100 000股新股，当时的股价为每股10元。发放股票股利之后，未分配利润中有1 000 000元(100 000×10) 的资金要转移到普通股和资本公积账户中。由于面值不变，因此增发100 000股新股后，普通股账户仅增加100 000元，其余的900 000元转移到资本公积账户，而股东权益总额保持不变。

(2) 假设公司计划实施股票分割，将一股股票分割为两股股票。则股票的面值由原来的每股1元变为每股0.5元，股数由原来的1 000 000股变为2 000 000股，资产负债表的项目均保持不变。

发放股票股利和实施股票分割后的资产负债表见表12-4。

表 12-4 **新的资产负债表** 单位：万元

		发放股票股利		实施股票分割	
项目	金额	项目	金额	项目	金额
资产	1 000	负债	300	负债	300
		普通股（1 100 000股，每股1元）	110	普通股（2 000 000股，每股0.5元）	100
		资本公积	190	资本公积	100
		未分配利润	400	未分配利润	500
		股东权益合计	700	股东权益合计	700
		负债与股东权益合计	1 000	负债与股东权益合计	1 000

12.4.2 股票回购

1. 股票回购的概念

股票回购是指上市公司利用现金等方式，从股票市场上购回本企业发行在外的一定数额的股票予以注销或者作为库存股的一种资本运作方式。企业在股票回购完成后可以将所回购的股票注销。但在绝大多数情况下，企业将回购的股票作为“库藏股”保留，仍属于发行在外的股票，但不参与每股收益的计算和分配。库藏股日后可移作他用，如发行可转换债券、雇员福利计划等，或在需要资金时将其出售。

企业有现金，既可以采取现金股利的方式分配给股东，也可以采用股票回购的方式回报股东。如果企业选择股票回购，由于市场上流通的股票数量将减少，在企业总利润不变的情况下，企业流通在外的每股收益会有所提高，从而导致股价上涨，股东可以从股票价格的上涨中获取资本利得。正因为如此，股票回购实际上可以看做现金股利的一种替代方式。

2. 股票回购的动机

在证券市场上，股票回购的动机主要有以下几个方面：

（1）现金股利的替代。对企业来讲，派发现金股利会对企业产生未来的派现压力，而股票回购属于非正常股利政策，不会对企业产生未来的派现压力。对股东来讲，需要现金的股东可以选择出售股票，不需要现金的股东可以选择继续持有股票。因此，当企业有富余资金，但又不希望通过派现方式进行分配的时候，股票回购可以作为现金股利的一种替代。

（2）提高每股收益。由于每股收益是以流通在外的股数作为计算基础，有些企业为了自身形象、上市需求和投资人渴望高回报等原因，采取股票回购的方式来减少实际支付股利的股份数，从而提高每股收益指标。

（3）改变企业的资本结构。股票回购可以改变企业的资本结构，提高财务杠杆水平。

（4）传递企业信息以稳定或提高企业股价。由于信息不对称和预期差异，证券市场上的股票价格可能被低估，而过低的股价将会对企业产生负面影响。因此，如果企业认为股价被低估，可以进行股票回购，以向市场和投资者传递企业真实的投资价值，稳定或提高企业股价。

（5）巩固既定控制权或转移企业控制权。许多股份公司的大股东为了保证其所代表的控制权不被改变，往往采取直接或间接的方式回购股票，从而巩固既有的控制权。

（6）防止敌意收购。股票回购有助于企业管理者避开竞争对手企图收购的威胁，因为它可以使企业流通在外的股份数变少，股价上升，从而使收购方要获得控制企业的法定股份比例变得更为困难。

（7）满足认股权的行使。在企业发行可转换债券、认股权证或实行经理人员股票期权计划及员工持股计划的情况下，采取股票回购的方式既不会稀释每股收益，又能满足认股权的行使。

3. 股票回购的作用

一般来说，股票回购具有以下作用：

（1）作为反收购措施。股票回购在国外经常是作为一种重要的反收购措施而被运用。回购将提高本企业的股价，减少在外流通的股份，给收购方造成更大的收购难度。

（2）改善资本结构。股票回购还是改善企业资本结构的一个较好途径。回购一部分股份后，企业的资本得到了充分利用，每股收益也提高了。

（3）稳定企业股价。股价过低会使人们对企业的信心下降，削弱公司出售产品、开拓市场的能力。在这种情况下，通过回购股票以支撑企业股价，有利于改善企业形象，股价在上升过程中，投资者又重新关注企业的运营情况，企业也有了进一步配股融资的可能。

（4）建立企业员工持股制度的需要。企业以回购的股票作为奖励优秀经营管理人员、以优惠的价格转让给员工的股票储备。

4. 股票回购的方式

股票回购的方式主要包括公开市场回购、要约回购和协议回购三种。其中，公开市场回购，是指企业在公开交易市场上以当前市价回购股票；要约回购是指企业在特定期间向股东发出的以高出当前市价的某一价格回购既定数量股票的要约；协议回购则是指企业以协议价格直接向一个或几个主要股东回购股票。

到底是选择现金股利还是股票回购，取决于企业业务发展处于何种阶段，资金需求状况以及二级市场对企业的估值状况。

关键词

股利无关论　股利相关论　“一鸟在手”论　信号传递理论　所得税差异理论　代理理论　客户效应　剩余股利政策　固定股利或稳定增长的股利政策　固定股利支付率政策　低正常股利加额外股利政策　现金股利　股票股利　负债股利　财产股利　股票分割　股票回购

基本训练

◆ 单项选择题

1. 有观点认为，要想获得减税效应，应采用低股利支付率，这种观点是指（　　）。

A. 股利无关论　　　　B. “一鸟在手”论

C. 所得税差异理论　　D. 信号传递理论

2. 由于股利比资本利得具有相对的确定性，因此公司应采用较高的股利支付率，这种观点是指（　　）。

A. 股利无关论　　　　B. “一鸟在手”论

C. 所得税差异理论　　D. 信号传递理论

3. 下列股利政策中，会造成股利支付极不稳定，股票市价上下波动的股利政策是指（　　）。

A. 剩余股利政策 B. 固定股利或稳定增长的股利政策

C. 固定股利支付率政策 D. 低正常股利加额外股利政策

4. 下列股利政策中，股利的发放额随着投资机会和盈利水平的变动而变动的股利政策是（ ）。

A. 剩余股利政策 B. 固定股利或稳定增长的股利政策

C. 固定股利支付率政策 D. 低正常股利加额外股利政策

5. 某企业需要投资 100 万元，目前企业的资产负债率为 50%，现有盈余 130 万元。如果采用剩余股利政策，则需要支付股利（ ）万元。

A.60 B.80

C.70 D.90

6. 企业事先设定一个较低的经常性股利额，一般情况下，企业每期都按此金额支付正常股利，只有企业盈利较多时，再根据实际情况发放额外股利。这种股利政策是指（ ）。

A. 剩余股利政策 B. 固定股利或稳定增长的股利政策

C. 固定股利支付率政策 D. 低正常股利加额外股利政策

7. 企业股利支付与企业盈利相脱离，造成投资风险与投资收益不对称的股利政策是指（ ）。

A. 剩余股利政策 B. 固定股利或稳定增长的股利政策

C. 固定股利支付率政策 D. 低正常股利加额外股利政策

8. 不论经济状况如何，也不论企业经营业绩好坏，将每期的股利固定在某一水平上保持不变，只有当企业管理当局认为未来盈利将显著地、不可逆转地增长时，才会提高股利的支付水平。这种股利政策是（ ）。

A. 剩余股利政策 B. 固定股利或稳定增长的股利政策

C. 固定股利支付率政策 D. 低正常股利加额外股利政策

9. 对于经营状况和利润不稳定的企业和盈利水平随着经济周期而波动较大的企业或行业，应采用的股利政策是（ ）。

A. 剩余股利政策 B. 固定股利或稳定增长的股利政策

C. 固定股利支付率政策 D. 低正常股利加额外股利政策

10. 采用剩余股利政策的原因是（ ）。

A. 保持理想的资本结构 B. 有利于投资者安排收入与支出

C. 有利于企业树立良好的形象 D. 股利支付与企业盈利紧密相联

◆ 多项选择题

1. 处于初创阶段的企业，一般不宜采用的股利分配政策有（ ）。

A. 固定股利政策 B. 剩余股利政策

C. 固定股利支付率政策 D. 稳定增长股利政策

2. 股票回购对企业产生的影响有（ ）。

A. 每股收益不变 B. 每股市价不变

C. 流通在外的普通股股数减少　　D. 公司库存股增加

3. 股票分割对企业产生的影响有（　　）。

A. 每股收益不变　　B. 每股市价降低

C. 流通在外的普通股股数增加　　D. 股东权益总额不变

4. 股票股利和股票分割的相同之处表现为（　　）。

A. 没有增加股东的现金流量

B. 会计处理相同

C. 流通在外的普通股股数增加

D. 股东权益总额不变

5. 企业在确定股利支付率水平时，应当考虑的因素有（　　）。

A. 投资机会　　B. 筹资成本

C. 资本结构　　D. 股东偏好

6. 采用低正常股利加额外股利政策的理由包括（　　）。

A. 赋予企业较大的灵活性

B. 有助于稳定股价，增强投资者信心

C. 容易给投资者以企业收益不稳定的感觉

D. 传递的信号可能会引起企业股价下跌

7. 采用固定股利支付率政策，可能对企业产生的不利影响包括（　　）。

A. 股利与企业盈余紧密结合

B. 企业财务压力较大

C. 体现了风险投资与风险收益的对称

D. 传递的信息容易成为企业的不利因素

8. 下列符合股利代理理论观点的有（　　）。

A. 股利政策相当于是协调股东与管理者之间代理关系的一种约束机制

B. 股利政策向市场传递有关公司未来盈利能力的信息

C. 用留存收益再投资带给投资者的收益具有很大的不确定性

D. 使代理成本和外部融资成本之和最小的政策是最优股利政策

9. 下列关于固定股利或稳定增长的股利政策的说法中，正确的有（　　）。

A. 股利政策向投资者传递重要信息

B. 企业股利支付与企业盈利相脱离

C. 稳定的股利有利于投资者

D. 可能会给公司造成较大的财务压力

10. 下列股利政策中，先确定股利的数额，后确定留存收益的数额的有（　　）。

A. 剩余股利政策

B. 固定股利支付率政策

C. 固定或稳定增长的股利政策

D. 低正常股利加额外股利政策

◆ 判断题

1. 对企业来讲，派发现金股利会对企业产生未来的派现压力，而股票回购属于非正常股利政策，不会对企业产生未来的派现压力。 ( )

2. 股利宣告日即股东大会决议通过并由董事会将股利支付情况予以公告的日期。公告中将宣布每股支付的股利、股权登记期限、股利支付日期等事项。 ( )

3. 客户效应理论认为处于不同等级边际税率的投资者对股利政策的偏好不同，高收入者因其拥有较高的税率而偏好较低股利支付率，而收入低的投资者以及享有税收优惠的养老基金投资者则偏好较高的股利支付率。 ( )

4. 固定股利支付率政策是企业将每年派发的股利额固定在某一特定水平上，然后在一段时间内不论企业的盈利情况和财务状况如何，派发的股利额均保持不变。 ( )

5. 股东为防止控制权稀释，往往希望公司提高股利支付率。 ( )

6. 股票分割有助于企业管理者避开竞争对手企图收购的威胁，因为它可以使企业流通在外的股份数变少，股价上升，从而使收购方要获得控制企业的法定股份比例变得更为困难。 ( )

7. 股票回购对企业的资本结构不会产生任何影响，一般只会使发行在外的股票总数增加，资产负债表中股东权益各账户（股本、资本公积、留存收益）的余额都保持不变，股东权益的总额也保持不变。 ( )

8. 剩余股利政策是指在企业有着良好的投资机会时，根据一定的目标资本结构，测算出投资所需的权益资本，先从盈余当中留用，然后将剩余的盈余作为股利予以分配。 ( )

9. 税收因素是高收入股东不愿意进行股利分红的重要影响因素。 ( )

10. 按照股利的所得税差异理论，股利政策与股价相关，由于纳税影响，企业应采取高股利政策。 ( )

◆ 实务题

1. 某公司本年实现的净利润为 200 万元，年初未分配利润为 600 万元，年末公司讨论决定股利分配的数额。上年实现净利润 180 万元，分配的股利为 108 万元。

要求：计算回答下列互不关联的问题：

（1）预计明年需要增加投资资本 300 万元。公司的目标资本结构为权益资本占 55%，债务资本占 45%。公司采用剩余股利政策，权益资金优先使用留存收益，公司本年应发放多少股利？

（2）公司采用固定股利政策，公司本年应发放多少股利？

（3）公司采用固定股利支付率政策，公司本年应发放多少股利？

（4）公司采用低正常股利加额外股利政策，规定每股正常股利为 0.1 元，按净利润超过最低股利部分的 30%发放额外股利，该公司普通股股数为 500 万股，公司本年应发放多少股利?

2. 某公司 201×年年末每股股票市价为 16 元，每股收益为 2 元，股利支付率为 60%，收益分配前的资料见表 12-5。

表 12-5　**收益分配前的资料表**

普通股股本（面值 1 元，流通在外 1 000 万股）	1 000 万元
资本公积	800 万元
盈余公积	300 万元
未分配利润	1 800 万元
股东权益合计	3 900 万元

要求：

（1）若发放 20% 的股票股利（按面值折算），计算发放股票股利后股东权益各项目数额和每股净资产。

（2）若按 1∶4 的比例进行股票分割，计算股票分割后普通股股数、每股面值和每股净资产。

（3）若按市价用现金回购 10 万股股票，假设净利润和市盈率不变，之后的每股收益和每股市价。

（4）若按市价每 10 股发放 2 股股票股利，计算发放股票股利后股东权益各项目数额。

◆ 案例分析题

（一）案例资料

甲公司是一家上市公司，年终利润分配前的股东权益项目中，股本总额为 400 万元（每股面值 1 元）；资本公积项目为 160 万元；未分配利润为 840 万元。所有者权益合计为 1 400 万元。公司当前的市价为每股 32 元。现在公司拟制订两种股利分配方案：

（1）发放股票股利，计划按每 20 股送 1 股的比例发放，股票股利的金额按照现行市价进行计算；

（2）进行股票分割，按照 1 股换 4 股的比例进行。

（二）案例分析

计算两种方案对股东权益各项目和股东权益总额的影响，并比较两种方案的不同点和相同点。

第13章　营运资金管理

学习目标

◆ 重点掌握现金管理和存货管理的内容和方法；掌握信用政策制定与应收账款的管理方法；了解营运资金的概念以及营运资金管理的策略。

❖ 引 例

家乐福存货管理

大型流通零售企业在近年的发展中形成了很好的物流经验，特别是沃尔玛、家乐福等国际零售企业在发展中形成了良好的存货控制、仓储管理、信息管理的系统。这些经验为我国制造业物料管理提供了良好的借鉴。

1. 需求估算阶段

第一个环节是计划环节。预先周全的计划，可以防止各种可能的缺失，也可以使人力、设备、资金、时机等各项资源得到有效充分的运用，又可以规避各类可能的大风险。制订一份良好的库存计划可以减少公司不良库存的产生，又能最大效率地保证生产的顺利进行。在库存商品的管理模式上，家乐福实行品类管理，优化商品结构。一个商品进入之后，会有POS机实时收集库存、销售等数据进行统一的汇总和分析，根据汇总分析的结果对库存的商品进行分类。然后，根据不同的商品分类拟订相应适合的库存计划模式，对于各类型的不同商品，根据分类制定不同的订货公式的参数。根据安全库存量的方法，当可得到的仓库存储水平下降到确定的安全库存量或以下的时候，该系统就会启动自动订货程序。

2. 购料订货阶段

在家乐福有一个特有的部门——OP(order pool)，也就是订货部门，是整个家乐福的物流系统核心，控制了整个企业的物流运转。在家乐福，采购与订货是分开的。由专门的采购部门选择供应商，议定合约和订购价格。OP负责对仓库库存量的控制；生成正常订单与临时订单，保证所有的订单发送给供应商；同时进行库存异动的分析。作为一个核心控制部门，它的控制动作将它的资料联系到其他各个部门。对于仓储部门，它控制实际的和系统中所显示的库存量，并控制存货的异动情况；对于财务部门，它提供相关的入账资料和信息；对于各个营业部门，它提供存量信息给各个部门，提醒各部门根据销售情况及时更改订货参数，或增加临时订量。

3. 仓储作业阶段

家乐福的做法是将仓库、财务、OP、营业部门的功能和供应商的数据整合在一起。从统一的视角来考虑订货、收货、销售过程中的各种影响因素。因此，看家乐福仓储作业的管理就必须联系它的OP、财务、营业部门来看，这是一个严密的有机体。仓库在每日的收货、发货之外会根据每日存货异动的资料，存量资料的数据传输给OP部门，OP则根据累计和新传输的资料生成各类分析报表。同时，家乐福已逐步将周期盘点(cycle count)代替传统一年两次的“实地盘点”。在实行了周期盘点后，家乐福发现，最大的功效是节省一定的人力、物力、财力，没有必要在两次实地盘点的时候兴师动众了；同时，盘点效率得到了提高。

4. 账务管理阶段

家乐福的做法是从整体的角度出发，考虑仓库、财务、采购各个部门的职责和功能，减少不必要的流程，最大限度地提高效率和减少工作周期。在家乐福，账务管理的基本结构包括三个部分：一是库存管制，由仓管制定；二是异动管理，由OP部门负责入库、出库，物料增减情况的登录；三是库存资讯，包括库存量查询在内，OP提供有关管理需求的账面报表，财务提供有关财务需求的报表。

资料来源　佚名．家乐福存货管理引用案例[EB/OL].（2010-05-07）[2015-09-23]. http://wuliu.sh.bendibao.com/news/201057/55675.shtm.

13.1　营运资金概述

资金，犹如企业的血液，失去了资金，再精妙的管理方案也会付之东流。就像凯恩斯所说的，如果一家企业一味地追求利润和资产，而忽视资金管理，那么“最后我们都会死去”。企业要生存、发展和获利，就必须筹集、拥有和支配一定数量的资金，其中非常重要的一部分就是营运资金。一个企业要维持正常的运转就必须要拥有适量的营运资金，因此，营运资金管理是企业财务管理的重要组成部分。营运资金管理既包括流动资产管理，也包括流动负债管理，具体表现为对营运资本主要项目的管理。

13.1.1　营运资金的概念

营运资金，也称营运资本，从会计的角度看是指流动资产与流动负债的总额。在数量上等于为可用来偿还支付义务的流动资产，减去支付义务的流动负债的差额。营运资金可以用来衡量企业的短期偿债能力，其金额越大，代表该企业对于支付义务的准备越充足，短期偿债能力越好。当营运资金出现负数，也就是一家企业的流动资产小于流动负债时，这家企业的营运可能随时因周转不灵而中断。

会计上不强调流动资产与流动负债的关系，而只是用它们的差额来反映一个企业的偿债能力，这与流动比率的概念相近。但是在这种情况下，不利于财务人员对营运资金的管理和认识；从财务角度看，营运资金应该是流动资产与流动负债关系的总和，在这里“总和”不是数额的加总，而是关系的反映，这有利于财务人员意识到，对营运资金的管理要注意流动资产与流动负债这两个方面的问题。

13.1.2 营运资金的特点

为了有效地管理企业的营运资金，必须研究营运资金的特点，以便有针对性地进行管理。营运资金一般具有以下特点：

1. 周转时间短

流动资产和流动负债在一个正常运转经营的企业中，周转循环的时间比较短，对企业的影响时间也比较短。根据这一特点，说明营运资金可以通过商业信用、短期借款等短期筹资方式加以解决。

2. 变现能力强

现金和银行存款在一般情况下可以随时供企业支配，不存在变现的问题。其他的非现金形态的营运资金如存货、应收账款、短期有价证券等流动资产相对于非流动资产来说一般具有较强的变现能力，这一特点对企业在财务上满足临时性资金需求有重要意义。

3. 数量波动性大

流动资产易受企业内外部环境的影响，其资金占用量通常变动较大。随着流动资产的变动，流动负债的数量也会发生相应变动。企业必须能够有效地预测和控制这种波动，防止其影响正常的生产经营活动。

4. 来源多样化

营运资金的来源具有灵活多样性。营运资金的需求问题既可通过长期筹资方式解决，也可通过短期筹资方式解决。仅短期筹资就有：银行短期借款、短期融资、商业信用、票据贴现等多种方式。而短期筹资通常比长期筹资更容易、更便捷、给债务人带来更大的灵活性。

13.1.3 营运资金管理的策略

营运资金管理的策略主要包括流动资产投资策略和流动资产筹资策略。

1. 流动资产投资策略

流动资产投资策略是指当企业的产销规模一定时，流动资产投资规模的选择。流动资产是企业日常经营活动的必要条件，其投资的核心在于流动资产能否在生产经营中发挥作用，即流动资产的周转与企业的经济效益能否保持一致。流动资产投资策略主要涉及三个方面，其决策目标是降低流动资产的使用和占用，最大化实现企业利润，具体如图 13-1 所示。

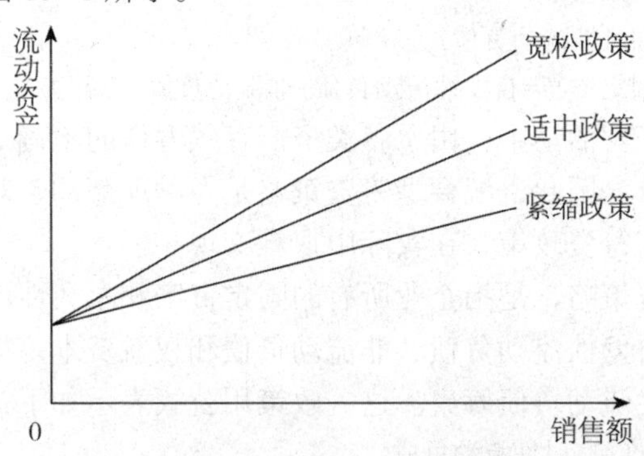

图 13-1　流动资产投资策略

（1）适中的流动资产投资策略，是指在保证流动资产正常需要量的情况下，适当保留一定的保险储备量以防不测的投资组合策略。采用这种政策，流动资产最优的投资规模，取决于持有成本和短缺成本总计的最小化。这种政策的特点是风险与获益的平衡。在企业能够比较准确地预测未来各种经济情况时，可采用该政策。

（2）宽松的流动资产投资政策，是指从稳健经营的角度出发，在安排流动资产时，除保证正常需要量和必要的保险储备量外，还安排一部分额外的储备量，以最大限度地降低企业可能面临的流动性风险。具体表现为企业持有较多的现金和有价证券，充足的存货，提供给客户宽松的信用条件并保持较高的应收账款水平。采用这种政策需要较多的流动资产投资，承担较大的流动资产持有成本。但是，充足的现金、存货和宽松的信用条件，使企业中断经营的风险很小，其短缺成本较小，盈利水平也较低。

（3）紧缩的流动资产投资政策，是指企业对流动资产的投资只保证流动资产的正常需要量，不保留或只保留较少的保险储备量，以便最大限度地减少流动资产占用水平，提高企业的运营效率。具体表现为企业持有尽可能少的现金和进行小额有价证券投资，储存较少的存货，采用严格的销售信用政策或者禁止赊销。该政策可以降低流动资产的持有成本，同时，企业要承担较大的风险，例如经营中断和丢失销售收入等短缺成本。因此，在外部环境相对稳定、企业能够准确预测未来的情况下，可采用该政策。

2. 流动资产筹资策略

流动资产筹资策略是指当流动资产规模及结构一定时，流动负债规模的选择。根据流动负债规模的不同，可划分为配合型筹资策略、稳健型筹资策略和激进型筹资策略。

（1）配合型筹资策略，是指筹资方式的期限选择与资产投资的到期日相匹配，其特点是临时性或季节性流动资产所需资金通过临时性流动负债筹集，永久性流动资产和所有固定资产所需资金通过自发性流动负债、非流动负债和权益资本筹集。这一政策用公式表示如下：

临时性流动资产=临时性流动负债 （13-1）

永久性流动资产+固定资产=自发性流动负债+非流动负债+权益资本 （13-2）

在企业的生产经营活动中，由于各类资产存续寿命的不确定性，往往做不到资产与负债的完全结合。因此，配合型筹资策略是一种理想的、对企业有着较高资金使用要求的流动资产筹资政策，在实际中很难实现。

（2）稳健型筹资策略，是指企业所有的固定资产和永久性流动资产以及一部分临时性流动资产用自发性流动负债、非流动负债和权益资本筹集，只有一部分临时性流动资产由临时性流动负债筹集。这一政策用公式表示如下：

部分临时性流动资产=临时性流动负债 （13-3）

永久性流动资产+固定资产+部分临时性流动资产=自发性流动负债+非流动负债+权益资本 （13-4）

在这种政策下，临时性流动负债在企业的全部资金来源中所占比例较小，企业留有较多的营运资金，可降低企业无法偿还到期债务的风险，同时蒙受短期利率变动损失的风险也较低。但是，降低风险的同时也降低了企业的收益。因此，稳健型筹资策略是一种风险和收益都较低的流动资产筹资策略。

（3）激进型筹资策略，又称进取型筹资策略，是指企业全部临时性流动资产和一部分永久性流动资产由临时性流动负债筹集，而另一部分永久性流动资产和全部固定资产则由自发性流动负债、非流动负债和权益资本筹集。激进型筹资策略的特点是流动负债不仅融通临时性流动资产的资金需要，而且还解决部分永久性流动资产的资金来源。这一政策用公式表示如下：

临时性流动资产+部分永久性流动资产=临时性流动负债 （13-5）

部分永久性流动资产+固定资产=自发性流动负债+非流动负债+权益资本 （13-6）

在这种政策下，临时性流动负债在企业的全部资金来源中所占比例较大，企业的资本成本较低。另一方面，企业为了满足永久性资产的长期资金需要，必然要在临时性流动负债到期后重新举债或者申请债务展期，这样企业或经常借债和还债，从而增加筹资的困难和风险。因此，激进型筹资策略是一种风险和收益都较高的流动资产筹资策略。

一般来说，如果企业对营运资金的使用能够做到游刃有余，则最为有利的筹资策略就是收益和风险相匹配的配合型筹资策略。

拓展案例 13-1

中央电视台 2006 年 8 月份的一期《对话》节目中，刚刚参加完“2006 冠军来自中国”高峰论坛的两位嘉宾——重庆力帆的董事长尹明善先生和格力电器的总裁董明珠女士发生了一场争论，争论的焦点在于企业是否应向银行贷款。

尹明善认为向中国的银行借钱，其成本属世界最低之一，因此压力不大，比较合算；董明珠则强调“即使它再低，只要你这个企业去贷款，你就有成本”。情急之下，尹明善说出了“不到银行借钱的企业有点呆，在银行钱借得太多的有点狂”这样坦率的话。

事实上，尹明善和董明珠探讨的问题并不在同一起点上，负债的来源并非只有银行贷款等需要支付利息的方式，运用成功的财务措施，完全可以筹集大量无息的资金供企业发展所需。当董明珠直言“再低成本的银行贷款也有成本”的时候，她所领导的格力电器已经找到了“零成本”的资金来源——来自上下游企业的应付和预收款项成为格力电器最重要的负债。不要以为董明珠是“不会借钱的企业家”，她是善于“借鸡下蛋”的负债经营高手。

按照董明珠的说法，格力电器有过向银行借钱的经历，但那已经是1995年以前的事情。打开格力电器2006年半年报，你会发现格力电器（母公司）确实没有一分钱银行借款，只是由于2004年10月格力电器收购了珠海凌达压缩机有限公司等4家企业，才使得合并报表中有了1.16亿元的短期借款。然而与公司150.55亿元的总资产相比，这些借款可以说是微不足道。

资料来源 孙旭东.格力电器的资本之道[EB/OL].（2006-11-17）[2015-09-23].http://stock.jrj.com.cn/2006-11-17/000001788902.shtml.

13.2 现金和有价证券管理

现金是企业流动性最强的资产，拥有大量的现金可以满足企业经营开支的需要。但是，现金属于非盈利性的资产，持有过多的现金会增加持有现金的机会成本和管理成本，降低企业的收益。因此，企业现金管理的目标在于确定最佳的现金持有量，既保证企业正常经营所需的现金，又能够减少闲置现金的数量，提高现金的收益率。

13.2.1 现金概述

1. 现金的概念

现金，是指立即可以投入流通的交换媒介。它具有普遍的可接受性，可以立即用来购买商品、货物、服务或偿还债务，因此是企业中流通性最强的资产。

现金的定义有广义和狭义之分。狭义的现金是从会计核算的角度出发，只包括库存现金。广义的现金既包含库存现金，还包括银行存款、支票和汇票、3个月内变现的有价证券等所有可以即时使用的支付手段。从财务管理的视角，现金的定义应该选择广义的解释。

2. 持有现金的动机

根据英国经济学家约翰·梅纳德·凯恩斯的观点，现金作为价值尺度体现两种职能：一是交换媒介或支付手段；二是价值贮藏。因此，企业持有的现金，主要满足日常经营过程中交易性需要、投机性需要和预防性需要。

(1) 交易性需要，是指企业持有的应付日常经营所产生的现金需求的资金。在企业日常经营中，现金流入和现金流出往往不同步。流入量大于流出量时，形成置存现金；流入量小于流出量时，则需要补充不足现金。因此企业只有保持适当的现金结余，才能维持其业务活动正常、顺利进行。

(2) 投机性需要，是指置存现金用于不寻常购买机会的需要。市场上各种商品及证券的价格随时发生变动，使人们产生了“为卖而买”的投机心理。当企业确信得到了有利的购买时机，而需要动用现金时，必要的现金结余则是投机者不失时机操作的保证。例如遇到廉价原材料或其他资产供应的机会，便可利用手头现金大量购入，或在适当时机购入价格有利的股票和其他有价证券来投机获利等。

(3) 预防性需要，是指企业为应付意外现金需求而保留的资金。企业在经营过程中有时会发生预料之外的开支，从而使现金流量具有一定的不确定性。企业现金流量的不确定性越大，预防性现金的数额也就越大；反之，企业现金流量的可预测性强，预防性现金数额则可以小些。当然，预防性现金数额的多少与企业的借款能力有关。如果企业有能力随时筹措短期资金，也可以减少预防性现金的数额；若筹资能力有限，则应扩大预防性现金数额。如航空公司的现金流不确定性较高，天气情况、燃料价格等因素使其现金预测十分困难，因此，航空公司要求持有一部分现金预防意外发生。这部分资金只占企业现金库存量中极小的份额。

3. 现金的成本

企业持有的现金将会有四种成本：

(1) 机会成本。持有现金就不能将其投入生产经营活动，从而必须放弃一些投资收益。它与现金持有量呈同方向变化，即现金持有量越大，机会成本越高，反之就越低。机会成本是一种变动成本。衡量机会成本通常采用有价证券的利率、资本成本率等指标。

(2) 交易成本。现金与有价证券的这种交易成本与交易次数有关，交易次数越多，成本就越高。它与现金持有量呈反方向变化，如经纪人的费用、相关税金等。

(3) 短缺成本，是指在现金持有量不足而又无法及时通过有价证券变现加以补充而给企业造成的损失，包括直接损失与间接损失。现金的短缺成本随现金持有量的增加而下降，即与现金持有量呈反方向变化。

(4) 管理成本。企业持有现金所发生的管理费用，如管理人员工资、福利、安全措施费等。管理成本是一种固定成本，在相关范围内，它与现金持有量之间无明显的比例关系。

13.2.2 最佳现金持有量的确定

最佳现金持有量又称为最佳现金余额，是指现金满足生产经营的需要，又使现金使用的效率和效益最高时的现金最低持有量。最佳现金持有量即能够使现金管理的机会成本与转换成本之和保持最低的现金持有量。确定最佳现金持有量的模型有以下几种：

1. 存货模型

存货模型，是将存货经济订货批量模型原理用于确定目标现金持有量，其着眼点也是现金相关成本之和最低。这一模型最早由美国学者威廉·百特于1952年提出，因此也被称为百特模型。

该模型假设现金流入和流出都是持续和稳定的，流出超过流入。如果现金持续地从企业流出，企业需要通过出售证券定期地补充现金，图13-2阐明了这个过程。在时刻0上，企业售出有价证券，使现金水平达到1。因为现金流出超过流入，并且都很稳定，因此到时刻1时，现金的水平就下降到了0。在这一点上有价证券被售出，现金水平再次返回到1。

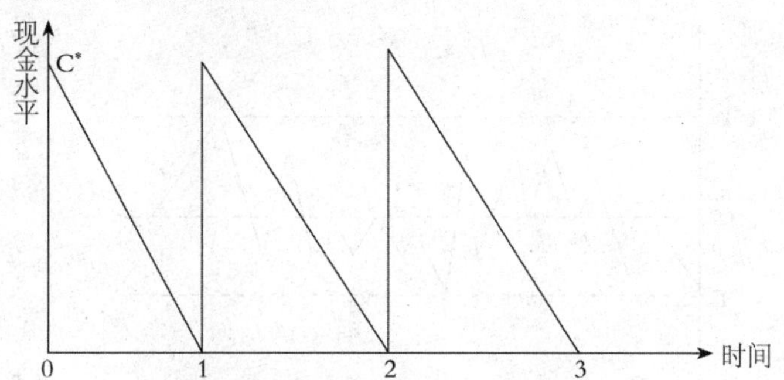

图13-2 存货模型下的现金持有量

存货模型考虑了当必须出售证券来增加现金时，企业所作的权衡包括出售证券的交易成本和持有现金的利息收入。如果企业仅仅变现少量的有价证券去补充现金，那它必须经常进行大量的证券交易，这就增加了交易成本。然而，企业却保持较低的现金余额，使持有现金的成本最小化。如果企业采取其他方法，在每一次交易中出售大量的证券，交易次数就减少了，总的交易成本就降低了。然而，企业的平均现金余额也会较大，持有现金的成本也增加了。为了在每次需要现金时，确定证券最佳售出数量 C^*，需要确定以下因素：出售证券的固定成本（F）、证券的利率（k）、给定期间内总的期望现金流出量（TCF）。它们之间的关系如下：

$$C^*=\sqrt{\frac{2F(TCF)}{k}} \tag{13-7}$$

【例13-1】ABC企业预期1年内将有3 200万元的净现金流出，其预期在有价证券上能获得10%的年利息收入，但每次出售证券将花费2.5万元。该公司的最佳现金持有量是多少？

【解】 $C^*=\sqrt{\frac{2F(TCF)}{k}}=\sqrt{\frac{2\times2.5\times3\,200}{10\%}}=400$（万元）

这个分析指出，企业每次出售证券将售出400万元。因为ABC企业在这期间总共要花费800万元，它需要在这1年共出售证券2次，平均每180天1次。这1年中，企业平均持有现金数量为200万元，就是说，企业在每180天的开始持有400万元，末尾持有0元，平均持有量为200万元。

尽管存货模型在实际中被一些企业采用，但平稳现金流的假设局限了它的应用。

2. 米勒-奥尔模型

默顿·米勒和丹尼尔·奥尔认为，企业现金流量中总存在着不确定性。在确定目标现金持有量时必须充分考虑这种不确定性因素。米勒-奥尔模型假设在现金流量表上现金流入和流出是随机改变的，因此也叫随机模型。该模型基本上确定了企业该持有的最高现金水平 U 和最低现金水平 L，如图 13-3 所示的直线 U 和 L。如果企业的现金水平达到 L（在图中的 t_1 点），企业将售出大量的有价证券把现金水平提升到目标现金水平 C^*。如果现金水平达到 U（在图中的 t_2 点），企业购入足够的证券使现金水平降低，重返到目标现金水平 C^*。

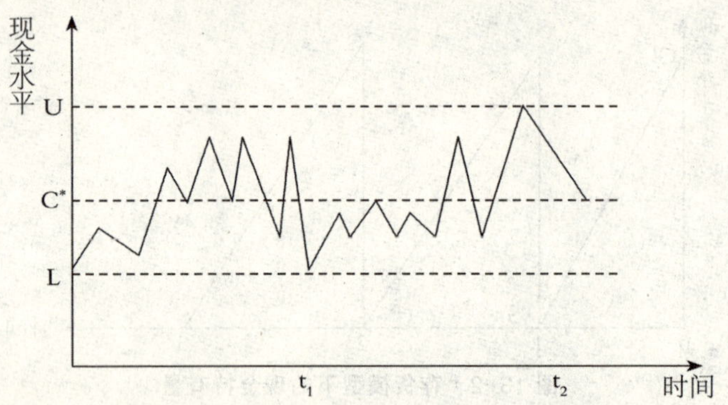

图 13-3 米勒-奥尔模型下的现金持有量

现金的最低水平 L 由企业主观判断得到，目标现金水平 C^* 和最高现金水平 U 根据使企业的持有总成本最小化原则确定。这些成本包括交易成本 F，每天现金投资的机会成本是 k。另外决定日净现金流量的方差 σ^2 也很重要，当计划期间现金水平有相等的增长额下降的可能性时，则存在以下关系：

$$C^* = \left(\frac{3F\sigma^2}{4k}\right)^{1/3} + L \tag{13-8}$$

$$U = 3C^* - 2L \tag{13-9}$$

【例 13-2】假设 ABC 企业现金的日均机会成本是 0.02%，确定的最低现金水平为 10 万元，净现金流量的方差是 300，交易成本为 3 万元。则目标现金水平 C^*、最高现金水平 U 是多少？

【解】 $C^* = \left(\frac{3F\sigma^2}{4k}\right)^{1/3} + L = \left(\frac{3\times3\times300}{4\times0.02\%}\right)^{1/3} + 10 = 160$（万元）

$U = 3C^* - 2L = 3\times160 - 2\times10 = 460$（万元）

【例 13-3】某公司持有有价证券的平均年利率为 5%，公司的现金最低持有量为 3 000 元，现金余额的回归线为 16 000 元。如果公司现有现金 40 000 元，根据现金持有量随机模型，此时应当投资于有价证券的金额是多少？

【解】 $U = 3C^* - 2L = 3\times16\ 000 - 2\times3\ 000 = 42\ 000$（元）

根据现金管理的随机模型，如果现金量在控制上下限之间，可以不必进行现金与有价证券的转换。由于现有现金小于最高限，所以不需要投资。

米勒-奥尔模型已经被广泛应用于实践，并被证明是有限的，或比其他方法更有效。然而，它并非没有限制，最主要的限制是假设现金流量的随机变化，如果现金流量并非随机运动，其他的现金管理方法可能提供更为优越的结果。

3. 现金周转模型

现金周转模型是按现金周转期来确定最佳现金余额的一种方法。现金周转期是指现金从投入生产经营开始，到最终转化为现金的过程。

现金周转期=存货周转期+应收账款周转期-应付账款周转期 (13-10)

最佳现金持有量=年现金需求总额÷360×现金周转期 (13-11)

现金周转模型操作比较简单，但该模型要求有一定的前提条件：

首先，必须能够根据往年的历史资料准确测算出现金周转次数，并且假定未来年度与历史年度周转效率基本一致；

其次，未来年度的现金总需求应根据产销计划比较准确地预计。

如果未来年度的周转效率与历史年度相比较发生变化，但变化是可以预计的，那该模型仍然可以采用。

【例 13-4】预计 ABC 企业全年需要用资金 2 000 万元，预计存货周转期为 90 天，应收、应付账款周转期均为 60 天，计算最佳现金持有量。

【解】现金周转期=存货周转期+应收账款周转期-应付账款周转期=90+60-60=90（天）

最佳现金持有量=年现金需求总额÷360×现金周转期=2 000÷360×90=500（万元）

就企业而言，最佳现金持有量意味着现金余额为零。但是，基于交易、预防、投机动机的要求，企业又必须保持一定数量的现金，企业能否保持足够的现金余额，对于降低或避免经营风险与财务风险具有重要意义。

13.2.3 有价证券管理

1. 有价证券的概念

有价证券是指标有票面金额，证明持有人有权按期取得一定收入并可自由转让和买卖的所有权或债权凭证。有价证券是虚拟资本的一种形式，它本身没有价值，但代表着一定量的财产权利，持有者可凭以直接取得一定量的商品、货币，或是取得股利、利息等收入，因而可以在市场上买卖和流通。

有价证券有狭义和广义两种概念，广义的有价证券包括商品证券、货币证券及资本证券。其中，资本证券是有价证券的主要形式，人们通常把资本证券称为有价证券。因此，狭义的有价证券即指资本证券，本书所阐述的就是狭义的有价证券。

2. 有价证券的分类

有价证券可以根据不同标准进行分类。

（1）按证券发行主体的不同，有价证券可分为政府证券、政府机构证券和公司证券。

政府证券，也称政府债券，是指中央政府或地方政府或其他代理机构以政府名义发行的一种债务凭证。从形式上分，中央政府债券也称国债，一般由财政部发行。地方政府债券由地方政府发行。我国目前尚不允许除特别行政区以外的各级地方政府发行债券。政府机构证券是由经批准的政府机构发行的证券，我国目前也不允许政府机构发行债券。公司证券是指企业等经济法人为筹集资金而发行的证券，主要包括公司股票、公司债券、商业票据、优先认股权证和认股证书等。此外，如果是银行、保险公司、信用社、投资公司等金融机构为筹集经营资金而发行的证券，通常称为金融证券，主要包括金融机构股票、金融债券、定期存款单、可转让大额存款单和其他储蓄证券等。

(2) 按是否在证券交易所挂牌交易，有价证券可分为上市证券和非上市证券。上市证券又称挂牌证券，是指经证券主管机关核准发行，并向证券交易所注册登记，获得在交易所内公开买卖资格的证券。上市公司的股票属于上市证券。非上市证券也称非挂牌证券、场外证券，是指未申请上市或不符合在证券交易所挂牌交易条件的证券。非上市证券可以在交易所以外的场外交易市场进行交易。凭证式国债、电子式储蓄国债、普通开放式基金份额或非上市公司的股票属于非上市证券。

(3) 按照募集方式的不同，有价证券可分为公募证券和私募证券。公募证券是指发行人通过中介机构向不特定的社会公众投资者公开发行的证券。公募证券审核较严，并采取公示制度。私募证券是指发行人向少数特定的投资者发行的证券。私募证券审核条件相对宽松，投资者也较少，不采取公示制度。目前，我国信托投资公司发行的信托计划以及商业银行和证券公司发行的理财计划均属私募证券。另外，上市公司采取定向增发方式发行的有价证券也属于私募证券。

(4) 按收益是否固定，有价证券可分为固定收益证券和变动收益证券。固定收益证券是指证券持有人可以在特定的时间内取得固定的收益，并预先知道取得收益的数量和时间的证券。固定利率债券和优先股股票等属于固定收益证券。变动收益证券是指证券的收益因客观条件的变化也随之变化的证券。普通股股票和浮动利率债券属于变动收益证券。

3. 有价证券的特征

(1) 有价证券的产权性，是指它代表着一定的财产所有权，权利人拥有证券就意味着享有对应财产的占有、使用、收益和处分的权利。证券直接代表财产权利，券面文字表明的财产权利和证券不能分离。

(2) 有价证券的流动性，又称变现性，是指证券持有人在不造成资金损失的前提下，可以灵活地转让证券以换取现金。有价证券的流动性可通过到期兑现、承兑、贴现、转让等方式实现。不同证券的流动性是不同的。

(3) 有价证券的收益性，是指持有者通过转让资本所有权或使用权，可以获得一定数额的收益回报。有价证券的产权性保障了权利人对某种特定资产的所有权或债权，同时也保障了权利人对这部分资产增值收益的权利，因而有价证券本身具有收益性。

(4) 有价证券的风险性，是指持有者面临着预期投资收益不能实现，甚至连投资本金也受到损失的可能。一般情况下，证券的风险与收益成正比，风险越大的证券，预期收益越高；而风险越小的证券，预期收益越低。

13.3 存货管理

存货管理就是对企业的存货进行管理，主要包括存货的信息管理和在此基础上的决策分析，最后进行有效控制，达到存货管理的最终目的——提高经济效益。存货管理水平的高低直接影响着企业的生产经营能否顺利进行，并最终影响企业的收益、风险等状况。因此，存货管理是财务管理的一项重要内容。

13.3.1 存货概述

存货，是指企业在日常活动中持有的以备出售的产成品或商品、处在生产过程中的在产品、在生产过程或提供服务过程中耗用的材料和物料等。它是反映企业流动资金运作情况的晴雨表，往往成为少数人用来调节利润、偷逃国家税费基金的调节器。因为它不仅在企业营运资本中占很大比重，而且又是流动性较差的流动资产。

1. 存货的成本

要想持有一定数量的存货，必然有一定量的成本支出。存货的主要成本有以下三种：

(1) 储存成本，是指存货在储存过程中发生的费用，包括存货占用资金所计的利息（若企业用现金购买存货，便失去将现金存放在银行或投资于有价证券应取得的利息，视为“放弃利息”；若企业借款购买存货，便要支付利息费用，视为“付出利息”）、仓库费用、保险费用、存货破损和变质损失等，它一般都会随着平均存货量的增加而增加。

(2) 订货成本，是指从发出订单到收到存货整个过程中所付出的成本，如订单处理成本（包括办公成本和文书成本）、运输费、保险费以及装卸费等。订货成本有一部分与订货次数无关，称为订货的固定成本；另一部分与订货次数有关，称为订货的变动成本。

(3) 缺货成本，又称亏空成本，是指由于存货供应中断而造成的损失，包括材料供应中断造成的停工损失、产成品库存缺货造成的拖欠发货损失和丧失销售机会的损失（还应包括需要主观估计的商誉损失）等；如果生产企业以紧急采购代用材料来解决库存材料中断之急，那么缺货成本表现为紧急额外购入成本（紧急额外购入的开支会大于正常采购的开支）。

缺货成本能否作为决策的相关成本，应视企业是否允许出现存货短缺的不同情形而定。若允许缺货，则缺货成本便与存货数量反向相关，即属于决策相关成本；反之，若企业不允许发生缺货的情况，此时缺货成本为零，也就无需加以考虑。

2. 存货管理的目标

企业持有存货的原因，一方面是为了保证生产或销售的经营需要，另一方面是出自价格的考虑，零购物资的价格往往较高，而整体购买在价格上有优惠。但是，过多的存货要占用较多资金，并且会增加包括仓储费、保险费、维护费、管理人员工资在内的各项开支，因此，存货管理的目标，就是在保证生产或销售经营需要的前提下，最大限度地降低存货成本。具体包括以下几个方面：

(1) 保证生产正常进行。生产过程中需要的原材料和在产品，是生产的物质保证。企业为保障生产的正常进行，必须储备一定数量的原材料，否则可能会造成生产中断、停工待料的现象。尽管当前部分企业的存货管理已经实现计算机自动化管理，但要实现存货为零的目标实属不易。

(2) 有利于销售。一定数量的存货储备能够增加企业在生产和销售方面的机动性和适应市场变化的能力。当企业市场需求量增加时，若产品储备不足就有可能失去销售良机，所以保持一定量的存货是有利于市场销售的。

(3) 便于维持均衡生产，降低产品成本。有些企业的产品属于季节性产品或者需求波动较大的产品，此时若根据需求状况组织生产，则可能有时生产能力得不到充分利用，有时又超负荷生产，这会造成产品成本的上升。为了降低生产成本，实现均衡生产，就要储备一定的产成品存货，并应相应地保持一定的原材料存货。

(4) 降低存货取得成本。一般情况下，当企业进行采购时，进货总成本与采购物资的单价和采购次数有密切关系。而许多供应商为鼓励客户多购买其产品，往往在客户采购量达到一定数量时，给予价格折扣，所以企业通过大批量集中进货，既可以享受价格折扣，降低购置成本，也因减少订货次数，降低了订货成本，使总的进货成本降低。

(5) 防止意外事件的发生。企业在采购、运输、生产和销售过程中，都可能发生意外的事故，保持必要的存货保险储备，可以避免和减少意外事件的损失。

13.3.2 经济订货批量的确定

经济订货批量是固定订货批量模型的一种，可以用来确定企业一次订货（外购或自制）的数量。当企业按照经济订货批量来订货时，可实现订货成本和储存成本之和最小化。

1. 基本模型

经济订货批量模型是目前大多数企业最常采用的货物订购方式。该模型适用于整批间隔进货、不允许缺货的存储问题，即某种物资单位时间的需求量为常数D，存储量以单位时间消耗数量D的速度逐渐下降，经过时间T后，存储量下降到零，此时开始订货并随即到货，库存量由零上升为最高库存量Q，然后开始下一个存储周期，形成多周期存储模型。

该模型中需要作出的主要假设有：①已知全部需求的满足数；②已知连续不变

的需求速率；③已知不变的补给完成周期；④与订货数量和时间保持独立的产品的价格不变（即购买数量或运输价格不存在折扣）；⑤不限制计划制订范围；⑥多种存货项目之间不存在交互作用；⑦没有在途存货；⑧不限制可得资本等。不过，通过计算上的延伸，可以克服这些假设强加的限制。总而言之，经济订货批量概念说明了与储存成本和收购成本有关的优选问题的重要性（如图 13-4 所示）。

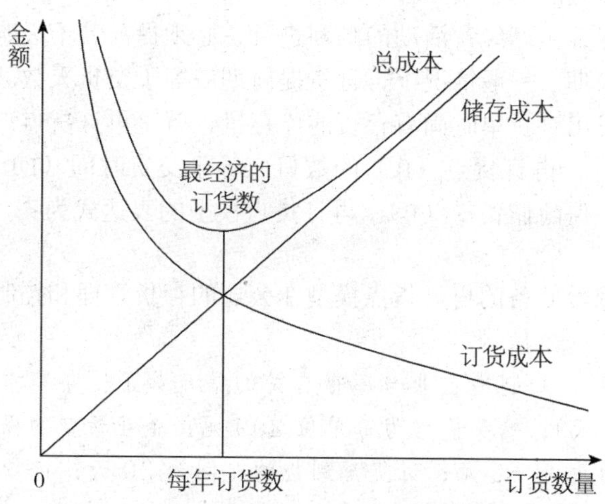

图 13-4　经济订货批量下的存货总成本

根据图 13-4 可知：

存货总成本（TIC）= 存储成本（TCC）+ 订货成本（TOC）　　(13-12)

$$TIC = H \times \frac{Q}{2} + \frac{FS}{Q} \quad (13\text{-}13)$$

式中：Q 为经济订货批量；F 为每次订货的固定成本；S 为年需要量；H 为单位存货的年保管费用。

这里 F 与 H 必须单位相同，总成本曲线呈 U 形，并在持有成本与订货成本相等的订货批量处达到最小值。

$$Q = \sqrt{\frac{2FS}{H}} \quad (13\text{-}14)$$

【例 13-5】某企业每年耗用甲材料 14 400 千克，该材料单位成本为 20 元，单位储存成本为 4 元，一次订货成本为 50 元。计算该企业的经济订货批量、相关储存成本、相关订货成本和与批量相关的存货总成本。

【解】 $Q = \sqrt{\frac{2FS}{H}} = \sqrt{\frac{2 \times 50 \times 14\,400}{4}} = 600$（千克）

也就是说，每次订货 600 千克时，成本最低。

经济订货批量的相关储存成本 $= \frac{600}{2} \times 4 = 1\,200$（元）

经济订货批量的相关订货成本 $= \frac{14\,400}{600} \times 50 = 1\,200$（元）

与批量相关的存货总成本 = 1 200+1 200=2 400（元）

2. 再订货点

（1）再订货点的概念。

再订货点是用来明确启动补给订货策略时的货品单位数。一旦存货量低于再订货点即补给订货。当需求量或完成周期存在不确定性的时候，须使用合适的安全库存来缓冲或补偿不确定因素。

（2）再订货点的基本模型。

企业为了保证生产经营活动的顺利进行，必须提前若干天购入存货，提前的天数就是订货提前期。一般情况下，订货提前期应等于交货天数。在提前进货的条件下，企业再次发出订货单时尚有存货的库存量，就是再订货点。一般情况下，在考虑到保险库存时，再订货点（R）的数量应等于交货时间（L）与平均每日需求量（d）之积再加上保险储备量（B）。再订货点模型的表达式为：

$$R = d \times L + B \tag{13-15}$$

这一含有保险储备的再订货点模型在公司的存货管理和控制中很有用处，是企业应发出订单的一个信号。

【例 13-6】已知制造企业与库存有关的信息如下：年需求量为 60 000 单位（假设每年 360 天）；购买价格为每单位 200 元；企业希望的保险储备量为 1 050 单位；订货成本每次 60 元；订货至到货的时间为 20 天；订货数量只能按 100 的倍数（四舍五入）确定。求再订货点。

【解】$R = d \times L + B = \frac{60\,000}{360} \times 20 + 1\,050 = 4\,383$（单位）

13.3.3 存货控制

为了实施期望的存货管理政策，必须对控制程序进行设计。存货控制就是实施一项存货政策的机械程序。这些程序用于明确经常性检查存货水平的要求，并与有关存货参数进行对照，确定何时订货以及订货数量。

1. 存货控制的目的

存货控制本身不能产生利润，但用减少管理费用和劳务费用的方法，可达到开源节流的目的，仍然可以产生效益。存货控制的目的是：（1）达到最经济的订购量；（2）在最适当的时间订购存货；（3）把存货量控制在一个适当的范围。

简言之，存货控制的目的是配合生产，以最少的费用维持对生产或客户的服务。

2. 存货控制的方法

（1）ABC 法。

ABC 法就是把品种繁多的存货，按其重要程度、消耗数量、价值大小、资金占用等情况进行分类排队，然后采用不同的管理方法，做到抓住重点，照顾一般。首先，要确定存货分类的标准。分类的标准主要有两个：一是金额标准；二是品种数量标准。其中金额标准是最基本的，品种数量标准仅作为参考。A 类存货的特点是金额巨大，但品种数量较少；B类存货金额一般，品种数量相对较多；C类存货品种数量繁多，但价值金额却很小。其次，根据上述标准对A、B、C三类存货进行具体划分。最后，在对存货进行ABC分类的基础上，企业应分清主次，采取相应的对策进行有效的管理、控制。

例如，某企业存货的品种很多，按其所占资金大小排队，可分为ABC三类：A类存货，品种占10%，资金占用65%；B类存货，品种占35%，资金占用25%；C类存货，品种占55%，资金占用10%。根据分类，该企业存货管理的主要精力放在A类存货上，对其实行严格的控制，进行详细计算、记录和经常检查；对B类存货，实行一般控制，一般记录，定期检查；对C类存货，实行简单控制，一般记录，必要时检查。

（2）JIT法。

JIT也叫及时管理，是日本丰田公司的副总裁大野耐一于1953年综合了单件生产和批量生产的特点和优点，创造了一种在多品种小批量混合生产条件下高质量、低消耗的生产方式。JIT在推广应用过程中，经过不断发展完善，为日本汽车工业的腾飞插上了翅膀，提高了生产效率。这一生产方式亦为工业界所注目，被视为当今制造业中最理想且最具有生命力的新型生产系统之一。

13.4 应收账款管理

应收账款管理是指在赊销业务中，从销售商将货物或服务提供给购买商，债权成立开始，到款项实际收回或作为坏账处理结束，授信企业采用系统的方法和科学的手段，对应收账款回收全过程所进行的管理。应收账款管理的目的是保证足额、及时收回应收账款，降低和避免信用风险。应收账款管理是信用管理的重要组成部分，它属于企业后期信用管理范畴。

13.4.1 应收账款概述

应收账款是指企业因销售商品、提供劳务等经营活动，向购货单位或接受劳务单位收取的款项，主要包括企业销售商品或提供劳务等向有关债务人收取的价款及代购货单位垫付的包装费、运杂费等。它是企业流动资产的一个重要组成部分。随着市场经济的发展、商业信用的扩展，应收账款的数额明显增多，在流动资产中所占比例也越来越大。

1. 应收账款的功能

应收账款的发生意味着企业有一部分资金被客户占用，同时企业持有应收账款也是有成本的。既然如此，企业为什么愿意持有应收账款呢?主要是因为应收账款有以下两个功能：

（1）增加销售。商业竞争是应收账款产生的直接原因。市场竞争激烈时，赊销是促进销售的一种重要方式。因为企业提供赊销不仅向顾客提供了商品，也在一定时间内向顾客提供了购买该商品的资金，顾客将从赊销中得到好处。所以赊销会带来企业销售收入和利润的增加。因此，在市场竞争激烈的情况下，如果企业不采用赊销方式，那么市场就会萎缩，销售收入和利润就会减少，最终可能导致企业亏损甚至倒闭。

（2）减少库存。企业持有一定产成品存货时，会相应地占用资金，形成仓储费用、管理费用等成本；而赊销则可避免这些成本的产生。所以当企业的产成品存货较多时，一般会采用优惠的信用条件进行赊销，将存货转化为应收账款，节约支出。

2. 应收账款的成本

企业通过提供商业信用，采取赊销、分期付款等方式可以扩大销售，增强竞争力，获得利润。但是另一方面，应收账款作为企业为扩大销售和盈利的一项投资，会形成一项资金占用，其赊销额越大，赊销期越长，企业占用在应收账款上的资金就越多，所付出的代价也就越大，这种代价就是应收账款的成本。

应收账款的成本主要包括：

（1）应收账款的机会成本，是指现金不能收回而丧失的再投资机会的损失。应收账款作为企业用于强化竞争、扩大市场占用率的一项短期资金占用，明显丧失了该部分资金投资于证券市场及其他方面的收入。这种因投放于应收账款而放弃其他投资所带来的收益，即为应收账款的机会成本。

（2）应收账款的管理成本，是指因为进行应收账款管理所发生的费用，主要包括对客户的资信调查费用，应收账款账簿的记录费用，收账过程开支的差旅费、通讯费、人工工资、诉讼费以及其他费用。应收账款发生的日常费用类似于固定费用的管理成本，它不会随着应收账款数额的增加而增加。

（3）应收账款的坏账成本，是指应收账款不能收回而形成的坏账给企业造成的损失。在赊销交易中，债务人由于种种原因无力偿还债务，债权人就有可能无法收回应收账款而发生损失，这种损失就是坏账成本。而此项成本一般与应收账款发生的数量成正比。

13.4.2 应收账款管理

1. 应收账款管理的目标

应收账款管理的目标，是要制定科学合理的应收账款信用政策，并在这种信用政策所增加的销售盈利和采用这种政策预计要担负的成本之间作出权衡。只有当所增加的销售盈利超过运用此政策所增加的成本时，才能实施和推行使用这种信用政策。同时，应收账款管理还包括企业未来销售前景和市场情况的预测和判断及对应收账款安全性的调查。如企业销售前景良好，应收账款安全性高，则可进一步放宽其收款信用政策，扩大赊销量，获取更大利润。相反，则应严格其信用政策，或对不同客户的信用程度进行适当调整，确保企业获取最大收入的情况下，又使可能的损失降到最低。

拓展案例 13-2

中小企业一个很重要的问题便是对应收账款的管理。

1. 应收账款的事前管理

“不战而屈人之兵”、“胜于庙堂之上”堪称战争的最高境界了。对于应收账款这个强大的“敌人”，这一点同样具有现实意义。

2. 应收账款的内部控制

（1）把应收账款的管理作为一项财务和销售之外的独立内容来认识和对待。财政部《内部会计控制规范》规定：“内部会计控制应当涵盖单位内部涉及会计工作的各项经济业务及相关岗位，并应针对业务处理过程中的关键控制点，落实到决策、执行、监督、反馈等各个环节。”目前，大多数企业的应收账款由销售部门或销售人员自己管。这样做的问题很明显，让销售人员对的业务进行评价必然造成管理失效。

（2）建立应收账款责任制。中小企业可根据企业所在行业的特点制订计划，每月、每两个月或每季度将滞期超过 30 天、60 天和 90 天的应收账款列出明细，制成表格转给销售负责人。具体来说，表格可这样设置：明细后设两栏，一栏留给销售负责人对应收账款发生的原因进行解释，并提供相应的催款计划；另外一栏标明，如果该批货还没有在商业体系内消化，销售负责人应列明详细的销售计划，怎样把该批货最终卖掉。如果一定期限（1 个月、2 个月、3 个月等）内计划没有完成，按涉及金额的一定比例（如万分之几）对相关负责人进行处罚。

（3）对应收账款实行辅助核算，建立应收账款核销制度。按照应收账款发生的时间顺序，以及货款回收的时间顺序逐笔核销，以准确确认应收账款的账龄；对于因质量、数量合同纠纷等没有得到处理的应收账款单独设账管理，并计提坏账准备。

资料来源 徐涛．中小企业应收账款管理[EB/OL].(2013-02-04)[2015-09-23].http://www.110.com/ziliao/article-349633.html.

2. 应收账款政策

应收账款政策又称信用政策，是指企业为对应收账款进行规划与控制而确立的基本原则性行为规范，是企业财务政策的一个重要组成部分。企业应收账款政策是管理和控制应收账款余额的政策，它由信用标准、信用条件和收账政策组成。

（1）信用标准，是企业用来衡量客户是否有资格享受商业信用所具备的基本条件。客户达到了信用标准，可以享受赊销条件；达不到信用标准，不能享受赊销，必须要支付现金。如果企业执行的信用标准过于严格，可能会降低对符合可接受信用风险标准客户的赊销额，因此会限制企业的销售机会；如果信用标准过于宽松，可能会对不符合可接受信用风险标准的客户提供赊销，因此会增加随后还款的风险并增加坏账成本。企业应根据具体情况进行权衡。信用标准合理与否，对企业的收益与风险有很大影响，企业需要一个明确的尺度来作为判断的依据，它告诉企业应如何运用商业信用，应如何拒绝客户赊账的要求。

（2）信用条件，是客户可以享受的优惠条件，包括信用期间、现金折扣和折扣期间。信用条件经常表示为（30，1 / 10），它的含义是：客户在购买货物后，可以在 30 日内付款；如果客户在 10 日内付款，可以享受 1%的价格折扣。提供比较优惠的信用条件能够增加销售量，但是也会给企业带来额外的负担，如增加应收账款的机会成本、坏账成本、现金折扣成本等。在实务中，企业是否向客户提供现金折扣，关键仍在于成本效益的分析，即提供折扣应以取得的收益大于现金折扣的成本为标准。

（3）收账政策，是在信用条件被违反时企业采取的收账策略，有积极型和消极型两种。采用积极型收账政策，对超过信用期限的客户通过派人催收等措施加紧收款，必要时行使法律程序；采用消极型收账政策，对超过信用期限的客户通过发函催收或等待客户主动偿还。企业如果采取较积极的收账政策，可能会减少应收账款投资，减少坏账损失，但要增加收账成本；如果采用较消极的收账政策，则可能会增加应收账款投资，增加坏账损失，但会减少收账费用。企业需要作出适当的权衡。一般来说，可以参照评价信用标准、信用条件的方法来评价收账政策。

应收账款管理工作要做得好，最重要的是制定科学合理的应收账款信用政策。

3. 应收账款管理

应收账款发生后，企业应采取各种措施，尽量争取按期收回款项。

（1）调查企业信用。应收账款管理的首要依据是对客户的信用状况进行调查，包括客户的付款历史、产品的生产状况、企业的经营状况、财务实力的估算数据、企业所有者的背景等。

（2）评估企业信用。搜集好信用资料后，要对顾客信用状况进行评估。这里主要介绍 5C 评估法。由于这 5 个领域都是以字母 C 开头，所以称之为信用的 5C 系统。

①品德（character），指顾客还债的可能性。该因素比较重要，因为每项信用交易都包含着支付承诺，有经验的信用经理通常坚持认为借方的道德品质是信用评估的主要问题。因此，顾客的信用报告被用来提供过去表现的背景信息，除了我们将会仔细讨论的信用报告外，银行、供应商、顾客甚至竞争对手对顾客的意见所形成的公司声誉也是信用分析的主要内容。总之，信用历史对于决定是否给予信用资格是至关重要的。

②能力（capacity），是对顾客支付能力的主观判断。能力是用来衡量信用顾客有足够现金还债的能力，因此该因素的评估主要建立在顾客的现金流入量上，它的计量部分来源于顾客以前的记录。

③资本（capital），是对顾客财务状况的分析。不同的风险率的侧重点不同，如资产负债表、流动比率以及期间利息率。

④抵押品（collateral），指的是顾客为了取得信用而提供的以示安全的资金。

⑤情况（condition），指的是能够影响顾客还债能力的总的经济趋势和特定地区或部门的特殊发展情况。有些企业在经济下滑时表现很差，那么债权人在经济紧缩时期借钱给这样的公司就要特别小心谨慎。

这5个方面的信息来自于企业以前同顾客接触的经验和完善发展的外部信息收集系统的补充。当然在这5C信息都具备的情况下，信用经理仍需作有关潜在顾客信用资格的最后决定，信用经理必须依靠他们的背景知识和直觉来作出决定。

（3）监控应收账款。在任何情况下，有关应收账款恶化的提早警告，都可以促使企业采取行动阻止其进一步恶化。所以，对应收账款的密切监控是十分重要的。

①账龄分析表。账龄是指债务人所欠账款的时间。账龄越长，发生坏账损失的可能性就越大。账龄分析法是指根据应收账款的时间长短来估计坏账损失的一种方法，又称“应收账款账龄分析法”。采用账龄分析法时，将不同账龄的应收账款进行分组，并根据前期坏账实际发生的有关资料，确定各账龄组的估计坏账损失百分比，再将各账龄组的应收账款金额乘以对应的估计坏账损失百分比，计算出各组的估计坏账损失额之和，即为当期的坏账损失预计金额。

②应收账款账户余额模式。该模式反映了一定期间（如一个月）的赊销额在发生赊销的当月月末及随后的各月仍未偿还的百分比（余额）。企业收款的历史决定了其正常的应收账款余额的模式。企业管理部门通过将当前的模式和过去的模式进行对比来评价应收账款的收账效率。企业还可以运用应收账款账户余额模式来进行应收账款金额水平的计划，以及预测未来的现金流。

然而，在实务中，通常会有一定比例的应收账款逾期或者发生坏账，对应收账款账户余额模式稍作调整可以反映这些项目。

【例13-7】某企业1月份销售额为250 000元，收款模式见表13-1。要求计算1月份的销售在3月末仍未收回的应收账款。

表13-1 **某企业1月份收款模式表** 单位：元

1月份销售	250 000
1月份收款（销售额的5%）	
2月份收款（销售额的40%）	
3月份收款（销售额的35%）	

【解】答案见表13-2。

表13-2 **某企业1月份收款模式答案表** 单位：元

1月份销售	250 000
1月份收款（销售额的5%）	250 000×5%=12 500
2月份收款（销售额的40%）	250 000×40%=100 000
3月份收款（销售额的35%）	250 000×35%=87 500
收款合计	12 500+ 100 000+87 500=200 000
1月份的销售仍未收回的应收账款	250 000-200 000=50 000

③ABC 分析法。它是现代经济管理中广泛应用的一种“抓重点、照顾一般”的管理方法，又称重点管理法。它将企业的所有欠款客户按其金额的多少进行分类排队，然后分别采用不同的收账策略的一种方法。它一方面能够加快应收账款收回，另一方面能够将收账费用与预期收益联系起来。

例如，A 类客户，其逾期金额比重大，占客户数量的比例低；C 类客户，其逾期金额比重小，占客户数量比例高；B 类客户介于 A 类客户与 C 类客户之间。对这三类不同的客户，应采取不同的收款策略。对 A 类客户，可以发出措辞较为严厉的信件催收，或派专人催收，或委托收款代理机构处理，甚至可通过法律解决；对 B 类客户，则可以多发几封信函催收，或打电话催收；对 C 类客户，只需要发出通知其付款的信函即可。

（4）催收拖欠款项。在向客户催收货款时，必须讲究方式才能达到目的，催收拖欠款项的方式一般有以下几种：

①由企业内部业务员直接出面。一般情况下，业务员可能与客户有多年的交情，见面易于沟通，这是其他人所做不到的。

②由企业内部专职机构出面。在业务员的协调下，可以集中多人的智慧采取最佳方式与客户接触和谈判，避免可能的极端行为给催收造成不必要的麻烦。

③委托收账企业代理追讨。当作了种种努力，仍未能收回客户欠款时，为了避免耗费无法预测的追讨成本，这笔逾期应收账款的追收工作可以委托专业的收账企业继续追收。

在市场竞争日益激烈的今天，企业要想提高销售量和市场占有率，就必须进行赊销，应收账款对企业来说是不可避免的。所以，加强对应收账款的核算和管理，尽量降低三角债、呆账和坏账事件的产生，避免企业的资金在非生产环节上沉淀，是保障企业资金正常运行的一种重要措施。

关键词

营运资金　流动资产投资策略　流动资产筹资策略　最佳现金持有量　经济订货批量　再订货点　应收账款成本　应收账款政策

基本训练

◆ 单项选择题

1. 现金作为一种资产，其（　　）。

A. 流动性强，盈利性差　　B. 流动性强，盈利性也强

C. 流动性差，盈利性也差　　D. 流动性差，盈利性强

2. 甲企业全年需要一种材料 240 吨，每次的进货成本为 40 元，每吨该种材料的年储存成本为 12 元，则每年最佳进货次数为（　　）次。

A.3　　B.4

C.5　　D.6

3. 应收账款管理的目标是（　　）。

A. 减少占用在应收账款上的成本

B. 对不同客户的信用程度进行适当调整

C. 扩大赊销量，获取更大利润

D. 在信用政策所增加的销售盈利和采用这种政策预计要担负的成本之间作出权衡

4. 由于应收账款不能收回而形成的所谓坏账而给企业造成的损失，这种损失称为（　　）。

A. 储存成本　　B. 机会成本

C. 坏账成本　　D. 管理成本

5. 下列属于储存成本的变动成本是（　　）。

A. 仓库折旧　　B. 差旅费

C. 存货的保险费用　　D. 仓库职工的固定工资

6. 已知 B 公司应收账款周转期为 50 天，应付账款周转期为 20 天，存货周转期为 60 天，则现金周转期为（　　）天。

A.100　　B.110

C.90　　D.80

7. 企业持有的有价证券的年利率为 6%，每次固定转换成本为 45 元，企业的现金最低余额为 2 500 元，根据历史资料分析，现金余额波动的方差为 28 800，如果企业现有现金 21 200 元，则根据随机模型应将其中的（　　）元投资于有价证券。

A.7 900　　B.13 300

C.18 700　　D.19 400

8. 给定的信用条件为“1/10，n/40”，则其含义为（　　）。

A. 付款期限为 10 天，现金折扣率为 10%，信用期限为 40 天

B. 信用期限为 10 天，现金折扣率为 1/40

C. 如果在 10 天内付款，可享受 1%的现金折扣，否则应在 40 天内按全额付款

D. 如果在 10 天内付款，可享受 10%的现金折扣，否则应在 40 天内按全额付清

9. 评估企业信用的 5C 分析法中，能力是指（　　）。

A. 顾客还债的可能性

B. 对顾客支付能力的主观判断

C. 对顾客财务状况的分析

D. 顾客为了取得信用而提供的以示安全的资金

10. 下列对信用期限的叙述正确的是（　　）。

A. 信用期限越长，企业坏账风险越小

B. 信用期限越长，表明客户享受的信用条件越优越

C. 延长信用期限，不利于销售收入的扩大

D. 信用期限越长，应收账款的管理成本越低

◆ 多项选择题

1. 存货的主要成本包括（　　）。

A. 储存成本　　B. 订货成本

C. 缺货成本　　D. 管理成本

2. 确定最佳现金持有量的常见模式有（　　）。

A. 存货模型　　B. 随机模型

C. 证券分析模型　　D. 现金周转模型

3. 应收账款的管理成本是指因为进行应收账款管理所发生的费用，主要包括（　　）。

A. 对客户的资信调查费用　　B. 应收账款账簿的记录费用

C. 收账过程开支的差旅费　　D. 收账过程开支的通讯费

4. 下列关于存货控制的 ABC 法的说法，正确的有（　　）。

A.A 类存货的特点是金额巨大，但品种数量较少

B.B 类存货金额一般，品种数量相对较多

C.C 类存货品种数量繁多，但价值金额却很小

D. 存货管理的主要精力放在 B 类存货上，对其实行严格的控制

5. 与存货经济批量相关的因素有（　　）。

A. 每次订货的固定成本　　B. 年需要量

C. 单位存货的年保管费用　　D. 存货的短缺成本

6. 营运资金的特点包括（　　）。

A. 周转时间短　　B. 变现能力强

C. 数量波动性大　　D. 来源多样化

7. 交易性动机是指持有现金以满足日常支付的需要，主要指（　　）。

A. 购买材料　　B. 支付工资

C. 缴纳税款　　D. 支付股利

8. 企业预防性现金持有量的多少主要取决于（　　）。

A. 企业临时举债能力的强弱　　B. 企业愿意承担风险的程度

C. 企业对现金流量预测的可靠程度　　D. 企业的经营规模

9. 现金折扣政策的目的在于（　　）。

A. 吸引顾客为享受优惠而提前付款　　B. 减轻企业税负

C. 缩短企业平均收款期　　D. 扩大销售量

10. 有关现金持有量的叙述，正确的有（　　）。

A. 管理成本是企业保留一定的现金余额而发生的管理费用

B. 现金持有量越高，转换成本越低

C. 现金持有量越少，转换成本越高

D. 机会成本与转换成本相等时的现金持有量为最佳现金余额

◆ 判断题

1. 宽松的流动资产投资政策是指企业对流动资产的投资只保证流动资产的正常需要量，不保留或只保留较少的保险储备量，以便最大限度地减少流动资产占用水平，提高企业的运营效率。（ ）

2. 稳健型筹资策略是指企业所有的固定资产和永久性流动资产以及一部分临时性流动资产用非流动负债、自发性流动负债和权益资本筹集，只有一部分临时性流动资产由临时性流动负债筹集。（ ）

3. 企业现金流量的不确定性越小，预防性现金的数额也就越大；反之，企业现金流量的可预测性弱，预防性现金数额则可以小些。（ ）

4. 持有现金就不能将其投入生产经营活动，从而必须放弃一些投资报酬，它与现金持有量呈反方向变化。（ ）

5. 应收账款账龄分析表反映了一定期间（如一个月）的赊销额在发生赊销的当月月末及随后的各月仍未偿还的百分比（余额）。（ ）

6. 企业持有现金所发生的管理费用叫做管理成本，管理成本是一种固定成本，在相关范围内，它与现金持有量之间无明显的比例关系。（ ）

7. 预防性现金数额的多少与企业的借款能力有关。如果企业有能力随时筹措短期资金，也可以减少预防性现金的数额；若筹资能力有限，则应扩大预防性现金数额。（ ）

8. 企业的信用标准严格，给予客户的信用期限很短，使得应收账款周转率很高，将有利于增加销售量，从而增加企业的利润。（ ）

9. 收账费用与坏账损失之间存在反向变动的关系，发生的收账费用越多，坏账损失就越小。因此，企业应不断增加收账费用，以便将坏账损失降低至最小。（ ）

10. 只有当应收账款所增加的盈利超过应收账款所增加的成本时，才应当放宽信用条件。（ ）

◆ 实务题

1. 甲企业的原料购买和产品销售均采用信用方式，其应收账款的平均收账天数为 80 天，应付账款平均付款天数为 75 天，从原料购买到产成品销售的天数为 85 天。

要求：

（1）计算该企业的现金周转期。

（2）计算该企业的现金周转次数。

（3）若该企业现金年度需求总量为 270 万元，计算最佳现金余额。

2. 假定甲公司有价证券的年收益率为 7.20%，每次固定转换成本为 230.40 元，公司认为任何时候其现金余额均不能低于 8 000 元，又根据以往经验测算出现金每日余额波动的标准差为500。该公司当前持有现金 25 500 元。

要求：

（1）计算该公司的目标现金水平 C^*。

（2）计算该公司的最高现金水平 U。

（3）计算该公司当前应当投资于有价证券的金额。

3. 已知 H 公司与存货有关的信息如下：年需求数量为 50 000 单位（假设每年 360 天）；购买价格每单位 200 元；单位存货储存成本为 50 元；订货成本每次为 500 元。

要求：

（1）计算 H 公司经济订货批量。

（2）计算 H 公司经济订货批量存货占用的资金。

（3）计算 H 公司经济订货批量下的存货相关总成本。

（4）计算 H 公司最佳订货次数以及最佳订货周期。

◆ 案例分析题

（一）案例资料

WW 公司于 2010 年成立，主要生产小型家电，其市场主要目标定位于个人。该公司目前的状况如下：该产品的单位变动成本是 60 元，单位售价是 80 元。公司目前采用 30 天按发票金额付款的信用政策，约有 80%的顾客（按销售量计算，下同）能在信用期内付款，另外 20%的顾客平均在信用期满后 20 天付款，逾期应收账款的收回需要支出占逾期账款 5%的收账费用，公司每年的销售量为 36 000 件，平均存货水平为 2 000 件。

由于该公司的产品质量优秀，价格合理，因此在市场上很受欢迎，销路良好。该公司规模也迅速由几十万元资本扩张到上亿元资本。为了进一步扩大销售量、占领市场、缩短平均收现期，公司拟推出“5/10，2/20，n/30”的现金折扣政策。采用该政策后，预计销售量会增加 15%，约有 40%的顾客会在 10 天内付款，30%的顾客会在 20 天内付款，20%的顾客会在 30 天内付款，另 10%的顾客平均在信用期满后 20 天付款，逾期应收账款的收回需要支出占逾期账款 5%的收账费用。为了保证及时供货，平均存货水平需提高到 2 400 件，其他条件不变。假设资本成本为 10%，1 年按 360 天计算。

（二）案例要求

假设你是 WW 公司的财务人员，整理相关资料后计算分析以下几个问题，为该公司是否应该采用新的信用政策提出意见：

（1）计算改变信用政策后边际贡献、收账费用、应收账款机会成本、存货应计利息、现金折扣成本的变化额。

（2）计算改变信用政策的净损益，并判断 WW 公司是否应采用该信用政策。

主要参考文献

[1] KEOWN A J. 公司理财学基础[M].3 版 . 北京：清华大学出版社，2004.

[2] SCOTT D F. 现代财务管理基础[M]. 金马翻译工作室，译 .8 版 . 北京：清华大学出版社，2004.

[3] BENNINGA S. 财务金融建模[M]. 邵建利，译 .3 版 . 上海：上海财经大学出版社，2003.

[4] 罗斯，马奎斯 . 金融市场学[M]. 陆军，译 .10 版 . 北京：机械工业出版社，2009.

[5] 史密森 . 管理金融风险[M]. 应惟伟，译 .3 版 . 北京：中国人民大学出版社，2003.

[6] 埃默瑞，等 . 公司财务管理[M]. 荆新，译 .2 版 . 北京：中国人民大学出版社，2008.

[7] 赖利，布朗 . 投资分析与组合管理[M]. 陈跃，译 .6 版 . 北京：中信出版社，2004.

[8] 钱斯 . 衍生金融工具与风险管理[M]. 郑磊，译 .5 版 . 北京：中信出版社，2004.

[9] 罗斯 . 公司理财[M]. 方红星，译 .9 版 . 北京：机械工业出版社，2009.

[10] 贝斯利 . 财务管理精要[M]. 刘爱娟，译 .12 版 . 北京：机械工业出版社，2003.

[11] 范霍恩 . 财务管理基础[M]. 刘曙光，译 .12 版 . 北京：清华大学出版社，2006.

[12] MODIGLIANI F，MILLER M H.Corporate income taxes and the cost of capital-a correction[J].American Economic Review，1963，53（3）：433-443.

[13] ROSS S A.The arbitrage theory of capital assets pricing[J].Journal of Economic Theory，1976（8）：343-362.

[14]陈志斌 . 财务管理学导论[M]. 南京：南京大学出版社，2006.

[15]冯建，冉春芳 . 我国当前财务理论研究的特征与趋势：基于最新文献的分析[J]. 财经科学，2014（9）：110-120.

[16]马忠 . 公司财务管理：理论与案例[M]. 北京：机械工业出版社，2011.

[17]高明华 . 公司治理学[M]. 北京：中国经济出版社，2009.

[18]谷祺，刘淑莲 . 财务管理[M]. 大连：东北财经大学出版社，2007.

[19]何瑛，周访，郝雪阳 . 财务管理理论研究国际比较与展望[J]. 经济管理，2013（2）：175-185.

[20]康小齐 . 浅析促进企业可持续增长的财务管理对策[J]. 财务与会计，2014（2）：53-54.

[21]李伟 . 企业社会责任与财务绩效关系研究：基于交通运输行业上市公司的数据分析[J]. 财经问题研究，2012（4）：89-94.

[22]李拓 . 关于财务预测的几点思考[J]. 湖北经济学院学报，2006（7）：73-74.

[23]李延喜，秦学志，张悦玫 . 财务管理[M]. 北京：清华大学出版社，2010.

[24]李延喜，周颖，刘彦文 . 财务管理[M]. 大连：大连理工大学出版社，2006.

[25]刘斌，李伟 . 财务管理[M]. 大连：东北财经大学出版社，2011.

[26]卢雁影 . 财务分析[M]. 北京：科学出版社，2009.

[27]刘淑莲 . 财务管理[M]. 北京：科学出版社，2010.

[28]刘华 . 中国文化对财务管理的影响：一个初步的分析框架[J]. 现代管理科学，2014（5）：58-60.

[29]陆正飞，朱凯，童盼 . 高级财务管理[M]. 北京：北京大学出版社，2008.

[30]汤谷良，韩慧博，祝继高 . 财务管理案例[M]. 北京：北京大学出版社，2012.

[31]王德发 . 财务报表分析[M]. 北京：中国人民大学出版社，2007.

[32]王化成 . 财务管理[M]. 北京：中国人民大学出版社，2010.

[33]徐鹿，邱玉兴 . 高级财务管理[M]. 北京：科学出版社，2010.

[34]徐咏梅 . 企业财务价值链及其管理研究[J]. 西南民族大学学报：人文社会科学版，2015（2）：150-152.

[35]杨雄胜 . 高级财务管理[M]. 大连：东北财经大学出版社，2009.

[36]张超豪 . 浅析财务预测区间分析法[J]. 财会通讯：理财版，2008（12）：78-79.

[37]张先治 . 高级财务管理[M]. 大连：东北财经大学出版社，2009.